भारतीय इतिहास प्रश्नोत्तरी

भारतीय इतिहास प्रश्नोत्तरी

योगेन्द्र प्रसाद

प्रतिभा प्रतिष्ठान, नई दिल्ली

प्रकाशक : प्रतिभा प्रतिष्ठान,
694-बी (निकट अजय मार्केट), चावड़ी बाजार, दिल्ली-110006
 / संस्करण : प्रथम, 2022 / मूल्य : तीन सौ पचास रुपए
मुद्रक : आर-टेक ऑफसेट प्रिंटर्स, दिल्ली ISBN 978-93-92012-12-9

BHARATIYA ITIHAS PRASHNOTTARI
by Shri Yogendra Prasad ₹ 350.00
Published by **PRATIBHA PRATISHTHAN**
694-B (Near Ajay Market), Chawri Bazar, Delhi-110006

दो शब्द

भारतीय इतिहास की यह प्रश्नोत्तरी बिहार राज्य के माध्यमिक विद्यालयों के निर्धारित पाठ्यक्रम के आधार पर वर्ग दशम एवं एकादश के छात्रों के लिए लिखी गई है। इस विषय पर अब तक जितनी पुस्तकें प्रकाशित हुई हैं, उन सभी से इस पुस्तक को अधिक आकर्षक और छात्रोपयोगी बनाने की चेष्टा की गई है। छात्रों की कठिनाइयों को ध्यान में रखते हुए प्रत्येक विषय को सरल बनाकर प्रस्तुत किया गया है। पिछले सभी वर्षों के बोर्ड में आए प्रश्नों के उत्तर सरल और सुबोध भाषा में दिए गए हैं और अंत में टिप्पणियों का भी उल्लेख कर दिया गया है। प्रत्येक अध्याय में जिन विषयों पर अधिक प्रश्न पूछे जाते हैं, उनके उत्तर विशेष रूप से अधिक सामग्री के साथ एक ही स्थल पर छात्रों को मिल जाएँगे और टेक्स्ट बुक का अभाव भी प्रायः नहीं खटकेगा।

अंत में मैंने जिन विद्वानों की पुस्तकों से सहायता ली है, उनका आभारी हूँ।

—योगेन्द्र प्रसाद

अनुक्रम

प्रथम खंड

बाबर

प्रश्न-1 : बाबर के आक्रमण के समय हिंदुस्तान की राजनीतिक अवस्था कैसी थी?

उत्तर : भारत में मुसलमानी राज्य की नींव 12वीं सदी में मोहम्मद गोरी ने डाली थी। तब से लेकर बाबर के आक्रमण से पहले तक गुलाम, खिलजी, तुगलक, सैयद, लोदी आदि कई राजवंशों ने यहाँ शासन किया। इनके शासनकाल को भारतीय इतिहास में 'तुर्क-अफगान काल' कहा गया है। बाबर ने जिस समय हिंदुस्तान पर आक्रमण किया, उस समय यह साम्राज्य अपनी अंतिम साँस ले रहा था। इसकी अवस्था जीर्ण-शीर्ण एवं जर्जर हो चुकी थी। देश छोटे-छोटे टुकड़ों में बँटा हुआ था। एक शब्द में संपूर्ण भारत की राजनीतिक स्थिति डाँवाँडोल थी। सारा देश छोटे-छोटे टुकड़ों में बँटा हुआ था। एक शक्तिशाली और मजबूत केंद्रीय शक्ति का सर्वथा अभाव था। श्री ईश्वरी दत्त के शब्दों में, 'भारत 16वीं शताब्दी के प्रारंभिक वर्षों में राज्यों का एक समूह था, जो किसी भी आक्रमणकारी का, जो उसे जीतने की शक्ति और इच्छा रखता हो, सरलता से शिकार हो सकता था।' छोटे-छोटे शासक तो बहुत से थे, पर किसी में बाहरी आक्रमण का सामना करने की शक्ति न थी। ये शासक आपस में ही लड़कर अपनी शक्ति का ह्रास कर रहे थे। उनके बीच आपसी मन-मुटाव, छल-प्रपंच, लूट-खसोट का बाजार गरम था। देश में ऐसी कोई राजनीतिक शक्ति नहीं थी, जो इन छोटी-छोटी शक्तियों को एक कर सकती। बाबर ने स्वयं उस समय की राजनीतिक दशा का वर्णन किया है, 'उस समय भारत में पाँच मुसलमान और दो हिंदू शासक प्रसिद्ध थे। सबसे बड़ा भाग दिल्ली साम्राज्य के अधीन था। परंतु देश में कई स्वतंत्र और शक्तिशाली राज्य थे।' संक्षेप में केंद्रीय सरकार की शक्ति दिल्ली के आस-पास ही सीमित थी और शेष भाग विद्रोह, असंतोष आदि का अखाड़ा बना हुआ था।

जनता और सरकार के बीच बिगड़ा हुआ संबंध, राष्ट्रीयता का अभाव

जनता और सरकार के बीच किसी प्रकार का संबंध नहीं रह गया था। राष्ट्रीयता किस चिड़िया का नाम है, लोग भूल गए थे। स्वाभाविक शक्ति और राष्ट्रीय समर्थन, ये दोनों ही तत्त्व भारत से विदा ले चुके थे।

दिल्ली दरबार षड्यंत्र का अखाड़ा, राजपूतों का षड्यंत्र

दिल्ली की गद्दी पर इब्राहिम लोदी बैठा था, जो सभी दृष्टियों से अयोग्य शासक था। उद्दंडता, अभिमान और अत्याचार की भावना उसमें कूट-कूटकर भरी हुई थी। यहाँ तक कि दरबार के अमीरों, सामंतों और सरदारों सभी से उसका संबंध अच्छा नहीं था। फलत: वे सभी उससे असंतुष्ट थे और उसके पतन का ही इंतजार कर रहे थे। जनता का सहयोग भी उसे प्राप्त नहीं हुआ। अत: जब बाबर ने दिल्ली के राज्य पर आक्रमण किया तो जनता ने मुक्ति की साँस ली। साम्राज्य के अन्य प्रांतों में भी विद्रोह की आग सुलग रही थी। बंगाल, मालवा, मेवाड़, गुजरात, कश्मीर सभी प्रांत स्वतंत्र होने के लिए विद्रोह कर रहे थे। राजपूत सरदार एक नया स्वप्न देखने लगे थे। उनमें आशा की नई कोंपलें फूट रही थीं। इस लड़खड़ाते साम्राज्य को एक धक्का और लगाकर वे फिर से हिंदू साम्राज्य की स्थापना की कल्पना करने लगे थे। संक्षेप में, राजपूत सरदार भी षड्यंत्र में लगे हुए थे। ऐसे राजपूतों में राणा सांगा प्रमुख थे, जिन्होंने बाबर को भारत पर आक्रमण करने का निमंत्रण दिया था। इब्राहिम के चाचा आलम खाँ भी उससे असंतुष्ट थे और दिल्ली के तख्त पर अपना अधिकार जमाने के प्रयास में थे। इब्राहिम लोदी ने पंजाब के शासक दौलत खाँ तथा उसके पुत्र दिलावर खाँ के साथ बुरा सलूक किया था। उसने दिलावर खाँ से उद्दंडता से पूछा था, 'क्या तुमने उन व्यक्तियों की दशा देखी है, जिन्होंने मेरी आज्ञा का पालन नहीं किया?' फलत: ये दोनों भी उसके दुश्मन बन गए थे। इसी दौलत खाँ ने राणा सांगा से मिलकर बाबर को भारत आने का निमंत्रण दिया था। प्रारंभ में इन लोगों ने सोचा था कि तैमूर, चंगेज की तरह बाबर भी लूट-पाट मचाकर वापस लौट जाएगा और तब इन्हें अपने स्वार्थों की पूर्ति का अवसर मिलेगा, लेकिन ऐसा न हुआ।

बंगाल में विद्रोह, बिहार में विद्रोह, दक्षिण में विद्रोह

पंजाब की तरह बंगाल में भी विद्रोह शुरू हो गया था। गुजरात में मुजफ्फरशाह ने अपने को स्वतंत्र घोषित कर दिया था। मेवाड़ के राणा सांगा की शक्ति बढ़ रही थी। बिहार के अमीरों ने दरिया खाँ के नेतृत्व में विद्रोह का झंडा खड़ा किया था। दक्षिण भारत की दशा और भी अस्त-व्यस्त थी। खानदेश, विजयनगर सभी राज्यों में अव्यवस्था फैलने लगी थी। इस प्रकार बाबर के आक्रमण के समय भारत की राजनीतिक स्थिति डाँवाँडोल थी। इस दशा के लिए भारत की सैनिक स्थिति का भी कम दोष नहीं था।

सैनिक संगठन का अभाव

भारत का सैनिक संगठन निर्बल और दोषपूर्ण था। सेना पद्धति चार भागों में बँटी थी, पर उसकी गति बड़ी शिथिल हो गई थी। रण कौशल उन्हें भले ही आता था, पर उनके पास आधुनिक वैज्ञानिक हथियारों की कमी थी। बाबर की तोप, बंदूक, गोले-बारूद के सामने वे तलवार से लड़कर युद्ध कैसे जीतते? सेना में राष्ट्रीयता के बदले जातीयता की भावना अधिक प्रबल थी। संक्षेप में, सारा देश अव्यवस्थित और जर्जर बना हुआ था। उसे केवल एक धक्के की जरूरत थी और बाबर ने उसे ऐसा धक्का दिया कि वह साम्राज्य सदा के लिए सो गया और उसके ध्वंसावशेष पर नए मुगल राज्य की नींव पड़ी।

प्रश्न-2 : बाबर की जीवनी लिखिए और भारत में उसकी विजयों पर प्रकाश डालिए। (1860 वा. 1862 पू. 1863 वा. 1865 वा.)

प्रश्न-3 : बाबर की जीवनी लिखकर यह बताइए कि उसने भारत में मुगल राज्य की नींव कैसे डाली ?

उत्तर : प्रारंभिक जीवन : बाबर का पूरा नाम जहीरुद्दीन मुहम्मद बाबर था। इसके पिता उमर शेख मिर्जा फरगाना के शासक थे। वहीं 14 फरवरी, 1486 ई. को बाबर का जन्म हुआ था। यह पिता की ओर से तैमूर वंश और माता की ओर से चंगेज वंश का था। इस प्रकार उसकी धमनियों में मध्य एशिया के दो महान् विजेताओं तथा योद्धाओं का खून बह रहा था। पिता की मृत्यु के बाद बाबर फरगाना के छोटे से राज्य का शासक बना। उस समय उसकी उम्र केवल 11 वर्ष, 4 महीने की थी। लेकिन इस अल्पायु में ही उसने जिस दूरदर्शिता का परिचय दिया, वह प्रशंसनीय है। गद्दी पर बैठने के समय वह चारों ओर से दुश्मनों से घिरा हुआ था। यहाँ तक कि उसके चाचा भी उसकी जान के दुश्मन बने थे। उजबेग जाति उस

पर आक्रमण की योजना बना रही थी। लेकिन बाबर इनसे घबरानेवाला नहीं था। कठिनाइयों की पाठशाला में ही उसने शिक्षा पाई थी। थोड़े ही समय में उसने सभी प्रतिद्वंद्वियों को हरा दिया।

समरकंद में उसके चाचा की मृत्यु हो जाने से उत्तराधिकार के प्रश्न पर संघर्ष चल रहा था। बाबर ने इस मौके का लाभ उठाकर समरकंद पर आक्रमण कर दिया। लेकिन दो बार जीतकर भी आखिर समरकंद उसके हाथ से निकल ही गया। इसी प्रयास में उसे फरगाना से भी हाथ धोना पड़ा और कई वर्षों तक वह भटकता रहा। परंतु 1494 में पुनः फरगाना उसके हाथ आ गया। 1504 में उसने गजनी और काबुल को भी जीत लिया। उसकी यह विजय शानदार थी। उसने स्वयं लिखा है, 'दूसरी ईस्वी के अंतिम दस दिनों में बिना किसी लड़ाई के सर्वशक्तिमान परमात्मा की असीम अनुकंपा से मैंने काबुल और गजनी पर अधिकार कर लिया। 1510 में उसने समरकंद पर भी आक्रमण किया।

भारत पर आरंभिक हमले

अब तक बाबर भारत की धन-संपत्ति की खबर सुन चुका था। अतः उसने अब भारत की सीमा पर आक्रमण किया। 1518 में उसने बेजौर को अपने अधिकार में किया। पुनः झेलम नदी पार कर उसने मेरा नामक नगर पर भी कब्जा कर लिया। 1544 में कांधार भी उसके अधीन हो गया। 1524 में उसने चौथी बार भारत पर आक्रमण किया और लाहौर को अधिकृत कर लिया। इस प्रकार भारत के कई प्रांतों पर अपनी जीत का झंडा गाड़कर वह काबुल वापस लौट गया। इसी समय उसे राणा सांगा का भारत पर आक्रमण करने का निमंत्रण मिला। यह निमंत्रण पाकर वह फूला नहीं समाया और एक विशाल सेना लेकर वह भारत की ओर चल पड़ा।

पानीपत की पहली लड़ाई

पहले बाबर ने पंजाब पर अधिकार किया और पुनः उसने दिल्ली पर आक्रमण किया। इब्राहिम लोदी ने भी एक विशाल सेना लेकर उसका सामना किया। 21 अप्रैल, 1526 को पानीपत के मैदान में दोनों की मुठभेड़ हुई। यद्यपि बाबर के पास सैनिकों की संख्या कम थी, पर वे कुशल योद्धा थे और आधुनिक अस्त्र-शस्त्र से लैस थे। फलतः बाबर की तोप-बंदूक के सामने इब्राहिम लोदी की सेना नहीं टिक सकी और युद्ध में उसकी हार हो गई। वह युद्ध करता हुआ ही मारा गया।

बाबर ने दिल्ली एवं आगरा पर अधिकार कर लिया। इस प्रकार पानीपत के मैदान में उसने मुगल राज्य की नींव डाल दी। लेकिन अभी भी बाबर के दो बड़े दुश्मन मौजूद थे और उनके रहते बाबर का भारत का बादशाह बनने का सपना कभी पूरा होनेवाला नहीं था। ये दो बड़े दुश्मन थे—मेवाड़ के राणा सांगा और बिहार-बंगाल का अफगान सरदार। यद्यपि राणा सांगा ने बाबर को निमंत्रण देकर बुलाया था, लेकिन उसने यही सोचा था कि बाबर भी तैमूर चंगेज की तरह लूटपाट कर वापस चला जाएगा। पर उसका अनुमान गलत निकला। अब उसने बाबर से लोहा लेने की ठानी। इधर बाबर ने भी यह समझ लिया था कि भारत का बादशाह होने के लिए राणा सांगा को हराना जरूरी है।

खानवा का युद्ध

अंत में राणा सांगा ने एक विशाल सेना लेकर वियना पर चढ़ाई कर दी और उसे अपने अधिकार में कर लिया। राणा की सेना में 20000 घुड़सवार तथा 500 हाथी थे। बाबर भी उसका सामना करने को सामने आ डटा। दोनों के बीच खनवा का युद्ध आरंभ हो गया। राजपूतों की वीरता के सम्मुख मुगलों के पैर उखड़ने लगे। यह देख बाबर बहुत घबराया और उसने अपनी सेना को जोशीले भाषण दिए। सैनिकों को कुरान की शपथ दिलाई। बाबर के भाषणों का आश्चर्यजनक प्रभाव उसकी सेना पर पड़ा और वे दुगने उत्साह से राजपूतों पर टूट पड़े। राणा सांगा घायल होकर युद्ध से भाग खड़ा हुआ। इस प्रकार इस युद्ध में भी बाबर की ही जीत हुई। खनवा के युद्ध का परिणाम पानीपत से अधिक महत्त्वपूर्ण सिद्ध हुआ। राजपूत शक्ति अब बहुत दिनों के लिए समाप्त हो गई। एक इतिहासकार के शब्दों में—'khanwa is one of the most decesive battle in the Indian History.'

घाघरा का युद्ध

लेकिन अभी भी अफगानों को हराना बाबर के लिए बाकी था। यद्यपि इब्राहिम लोदी की हार से अफगानों की कमर टूट चुकी थी, फिर भी वे महमूद लोदी के नेतृत्व में बिहार और बंगाल में अपनी शक्ति संगठित कर रहे थे। इनकी संगठित शक्ति देखकर ही बाबर ने उन पर 1524 ई. में आक्रमण कर दिया। छर्बिरा के मैदान में दोनों में युद्ध हुआ और इस युद्ध में पुनः बाबर की विजय हुई। अब उसके रास्ते के सारे कंटक दूर हो चुके थे और वह सही रूप में भारत का बादशाह बन चुका था। 1530 ई. में उसकी मृत्यु हो गई।

प्रश्न-4 : बाबर की चारित्रिक विशेषताओं का उल्लेख करें!

उत्तर : बाबर इतिहास के महान् पुरुषों में एक था। भारत में एक आक्रमणकारी के रूप में आकर उसने जिस साम्राज्य का निर्माण किया, वह उसके बाद कई शताब्दियों तक चलता रहा। डॉ. स्मिथ के शब्दों में—'Babar the most brilliant Asiatic Prince of his age and worthy of a high place among the Soverigns of any age of Country.' वस्तुत: अपनी शूरवीरता, गुण ग्राहकता, दानशीलता, न्यायप्रियता आदि कई गुणों के कारण वह एशिया के शासकों में ऊँचा स्थान रखता है।

व्यक्तिगत चरित्र

बाबर का संपूर्ण जीवन उतार-चढ़ाव की कहानी है। जितनी कम उम्र में ही उसने विपत्तियों का मुकाबला किया, वह उसके धैर्य और सहनशीलता का परिचायक है। उसने विपत्ति में मुसकराना सीखा था और कोई भी खतरा उसे अपने मार्ग में से नहीं हटा सकता था। वीरता की तो वह साक्षात् मूर्ति था। बाबर का अर्थ ही होता है 'शेर' और वह सच्चे अर्थ में शेर था। वह दो आदमियों को बगल में दबाकर किले की दीवार पर आसानी से दौड़ सकता था। भारत की प्राय: सभी नदियों को उसने तैरकर ही पार किया था। 80 मील तक घोड़े की पीठ पर लगातार बैठे चले जाना उसके लिए मामूली बात थी। अपने परिवारवालों से वह बहुत प्यार करता था। अपनी पत्नी और मित्रों के साथ उसका व्यवहार सौजन्यपूर्ण था। वह शराब पीता था, पर शराब का गुलाम नहीं था, यहाँ तक कि युद्ध में शराब के सभी प्याले उसने फोड़ डाले थे।

शासक के रूप में

शासक के रूप में भी बाबर सफल रहा। उसने केवल भारत का राज्य ही नहीं जीता, वरन् उसका सुंदर प्रबंध भी किया। यातायात के साधनों में तरक्की की तथा चोर-डाकुओं से जनता की रक्षा का इंतजाम किया। शासन में वह कठोरता की नीति बरतता था और कठोर अनुशासन का पक्षपाती था। फिर भी शासन के क्षेत्र में कोई महत्त्वपूर्ण सुधार उसने नहीं किए।

सैनिक के रूप में

बाबर एक कुशल सैनिक था। बचपन से ही वह युद्ध करता आया था, अत: उसका जीवन सैनिक जीवन बन गया था। वह स्वयं सैनिकों की बहाली भी करता

था। सैनिकों के साथ उसका व्यवहार कोमल था। यही कारण था कि उसके सैनिक उस पर अपनी जान न्योछावर करते थे। लेकिन सेना में अनुशासन की कमी वह बरदाश्त नहीं कर सकता था और इसके लिए वह सैनिकों को कठोर दंड देता था।

विद्वान् के रूप में

बाबर तुर्की भाषा का बहुत बड़ा विद्वान् भी था। 'बाबरनामा' में उसने अपनी जो आत्मकथा लिखी है, उससे उसकी विद्वत्ता और साहित्य-प्रेम का पता चलता है। वह प्रकृति का भी अनन्य पुजारी था। हँसते फूल, गाते झरने को देखकर उसका मन भी हँसने-गाने को हो जाता था। उसकी कविताओं का तुर्की भाषा में बड़ा सम्मान है। एक इतिहासकार के शब्दों में—'In this respeet it is almost the only Specimen of real History in India.'

धार्मिक के रूप में

बाबर खुदा का बंदा था। लेकिन अपनी धर्मांधता का परिचय उसने कभी नहीं दिया। हिंदी धर्म के प्रति उसमें आदर का भाव था, राजनीति को उसने हमेशा धर्म से अलग रखा।

दानी के रूप में

बाबर बहुत बड़ा दानी भी था। यहाँ तक कि दान के पीछे उसने खजाना खाली कर दिया और जब हुमायूँ गद्दी पर बैठा, उसका खजाना खाली था।

इस प्रकार बाबर में एक साथ कई गुण विद्यमान थे। हैवेल के शब्दों में—'अपने मनोरम व्यक्तित्व, कलात्मक स्वभाव तथा अद्‌भुत चरित्र के कारण वह इसलाम के इतिहास में सबसे अधिक आकर्षक चरित्र है।' लूनपूल ने लिखा है, 'वह मध्य एशिया और भारतवर्ष, लुटेरे झुंडों और संगठित साम्राज्यवादी शासन—तैमूर और अकबर को जोड़नेवाली कड़ी है। उसमें एक ओर तातारों का साहस था तो दूसरी ओर ईरानियों की सभ्यता थी।' अपने इन्हीं उपर्युक्त गुणों के कारण बाबर इतिहास का महान् व्यक्ति बन गया है।

प्रश्न-5 : 'खनवा के युद्ध ने पानीपत के अधूरे कार्य को पूरा कर दिया' इस कथन की समीक्षा कीजिए।

उत्तर : भारत के इतिहास में पानीपत का युद्ध अपना विशिष्ट महत्त्व रखता है, क्योंकि इस युद्ध ने भारत के भाग्य का तीन-तीन बार फैसला किया। इसमें भी पहला

युद्ध सबसे अधिक महत्त्वपूर्ण है, क्योंकि इसी युद्ध में भारत में एक नए राजवंश की नींव पड़ी, जिसका शासन इस देश में सैकड़ों वर्ष तक कायम रहा। यह युद्ध मुगल बादशाह बाबर और अंतिम मुसलमान बादशाह इब्राहिम लोदी के बीच 1526 ई. में लड़ा गया।

पानीपत का युद्ध

उस समय भारत 'सोने की चिड़िया' कहलाता था। अपने धन-वैभव के लिए यह विदेशों में प्रसिद्ध था। बाबर के कानों में भी भारत की प्रशंसा पहुँची और उसने कई बार इस देश की सीमा पर हमला भी किया, लेकिन हर बार उसे निराश होकर लौट जाना पड़ा। अंत में इब्राहिम लोदी की अकर्मण्यता से ऊबकर राजपूत सरदार राणा सांगा ने बाबर को हिंदुस्तान पर आक्रमण करने का निमंत्रण दिया। बाबर भला ऐसा मौका कब चूकनेवाला था! उसने एक विशाल सेना लेकर भारत पर आक्रमण कर दिया और पंजाब पर अपना अधिकार भी कर लिया। इब्राहिम लोदी भी एक बड़ी सेना लेकर उसका सामना करने को तैयार हो गया। अंत में 21 अप्रैल को पानीपत के मैदान में दोनों की सेना की मुठभेड़ हुई और घमासान युद्ध के बाद बाबर की जीत हुई। यद्धपि बाबर के पास सैनिक कम थे, पर वे कुशल योद्धा थे। उनके पास आधुनिक अस्त्र-शस्त्र थे। अतः बाबर के तोप और गोलों के सामने इब्राहिम लोदी की एक न चली। बाबर की तुलना में इब्राहिम में सैनिक गुणों की कमी थी। यद्यपि बाबर युद्ध हार रहा था, पर उसने सैनिकों को उत्साहित किया, उनके बीच जोशीला भाषण दिया। इन सबका सेना पर आश्चर्यजनक प्रभाव पड़ा और वह दुगने वेग से शत्रु पर टूट पड़ी। इब्राहिम युद्ध में मारा गया और बाबर ने दिल्ली एवं आगरा पर अधिकार कर लिया। इस प्रकार बाबर ने अपने को बादशाह घोषित कर मुगल राज्य की नींव डाल दी।

पानीपत का महत्त्व

पानीपत का यह युद्ध भारत के इतिहास में भाग्य निर्णायक युद्ध कहा जाता है। इस युद्ध में भारत में एक नए राजवंश की स्थापना हुई। यहाँ से भारत के इतिहास का एक नया अध्याय आरंभ हुआ। डॉ. ईश्वरी प्रसाद के शब्दों में, 'पानीपत के युद्ध ने दिल्ली साम्राज्य को बाबर के हाथों में सौंप दिया।' इस युद्ध के बाद लोदियों की शक्ति समाप्त हो गई तो दूसरी ओर अफगानों की आँखें खुल गईं। अब उनमें नई शक्ति का संचार हुआ। इस युद्ध का सबसे बड़ा परिणाम यह हुआ कि अब राजपूत मुगलों के कट्टर दुश्मन बन गए। लेकिन इससे यह समझ लेना कि बाबर पूर्ण रूप

से सुरक्षित हो गया था—भूल होगी। कुछ ही महीनों के बाद बाबर को अनेक शक्तियों से जूझना पड़ा।

बाबर का सबसे बड़ा दुश्मन मेवाड़ का राणा सांगा था। वह बड़ा प्रतापी और वीर था। उसने जब बाबर को भारत पर आक्रमण करने का निमंत्रण दिया था, तो उसने यही सोचा था कि बाबा भी तैमूर की तरह लूटपाट कर चला जाएगा और तब उसे लोदी वंश के खँडहर पर हिंदू राज्य स्थापित करने का मौका मिलेगा। लेकिन यह उसकी भूल थी। जब बाबर यहाँ का शासक बन बैठा, तब उसकी आँखें खुलीं और उसने बाबर को भगाने की योजना बनाई। बाबर ने भी यह अनुभव कर लिया था कि भारत का बादशाह होने के लिए राणा सांगा से लड़ना जरूरी है। अंत में राणा सांगा ने एक विशाल सेना लेकर उस पर चढ़ाई कर दी। बाबर भी सामने आ डटा। लेकिन राजपूतों की वीरता के सामने उसकी सेना के पैर उखड़ गए। उसने सेना को अपने भाषणों से उत्साहित किया, इस युद्ध को उसने 'धर्मयुद्ध' का रूप दिया। यहाँ तक कि सेना का जोश बढ़ाने के लिए उसने शराब के प्याले भी फोड़ डाले। सेना को कुरान की शपथ दिलाई और इन सबका प्रभाव सेना पर अद्‌भुत पड़ा। सेना भयंकर वेग से राजपूतों पर टूट पड़ी। राणा सांगा घायल होकर युद्ध से भाग खड़ा हुआ और पुनः बाबर की जीत हुई।

युद्ध का परिणाम

इस प्रकार खनवा के युद्ध ने पानीपत के अधूरे कार्य को पूरा कर दिया। पानीपत में बाबर की जीत अवश्य हुई थी, पर उस युद्ध में उसकी शक्ति का सही अंदाज नहीं लगा था। इब्राहिम लोदी एक विलासी, अकर्मण्य और कमजोर राजा था, जिसे जनता और सरदारों का भी सहयोग प्राप्त नहीं था। लेकिन राणा सांगा के साथ संपूर्ण राजपूत जाति थी। इब्राहिम लोदी नहीं जानता था कि उसे अचानक युद्ध करना पड़ जाएगा, लेकिन राणा सांगा ने युद्ध की तैयारी करके युद्ध किया था। संक्षेप में परिणाम की दृष्टि से खानवा का युद्ध पानीपत से बढ़कर महत्त्वपूर्ण सिद्ध हुआ। एक इतिहासकार के शब्दों में—'Khanwa is one most decisive battle in the Indian history.' अब राजपूत शक्ति बहुत दिनों के लिए समाप्त हो गई। बाबर के रास्ते में अब कोई ऐसी शक्ति न बची, जिससे वह हारता। इस प्रकार पानीपत के अधूरे कार्य को खनवा के युद्ध ने पूरा कर दिया।

□

हुमायूँ

प्रश्न–1 : हुमायूँ के मार्ग की प्रारंभिक कठिनाइयों का वर्णन करें।

उत्तर : हुमायूँ बाबर का सबसे बड़ा पुत्र था। अतः बाबर ने इसे अपने जीवनकाल में ही अपना उत्तराधिकारी घोषित कर दिया था। 1530 ई. में जब बाबर की मृत्यु हो गई तो हुमायूँ गद्दी पर बैठा। प्रारंभ में इसे अपदस्थ करने के षड्यंत्र रचे गए, पर वे षड्यंत्र सफल न हुए और हुमायूँ निर्विरोध गद्दी पर बैठ गया। लेकिन हुमायूँ के लिए दिल्ली की गद्दी काँटों की शय्या साबित हुई। एक इतिहासकार ने लिखा भी है, 'जिस राज्य सिंहासन पर हुमायूँ आसीन हुआ, वह फूलों की शय्या न होकर काँटों की शय्या थी।' गद्दी पर बैठते ही उसे कितनी ही कठिनाइयों का सामना करना पड़ा, जिसमें निम्लिखित मुख्य हैं—

(1) **साम्राज्य में दृढ़ता का अभाव :** बाबर ने मुगल साम्राज्य की स्थापना तो की, पर उसे यहाँ के शासन में दृढ़ता लाने का अवसर न मिला, क्योंकि केवल चार वर्ष राज करने के बाद ही उसकी मृत्यु हो गई। बाबर से पहले इस देश में सैनिक शासन व्यवस्था कायम थी और बाबर ने इस व्यवस्था में कोई परिवर्तन नहीं किया। अतः उसके राज्य का आधार निर्बल हो गया। रसब्रुक विलियम ने ठीक ही लिखा है, 'बाबर ने अपने पुत्र के लिए ऐसा साम्राज्य छोड़ा था, जो केवल युद्ध के समय संगठित रखा जा सकता था और जो शांति के समय के लिए नितांत दुर्बल, रचनाविहीन और निराधार था।' अतः बाबर के मरते ही अमीर, सरदार अपनी स्वतंत्र सत्ता की स्थापना में लग गए।

(2) **रिक्त राजकोष :** बाबर ने भारत में जो भी धन पाया था, उसे वह खर्च कर चुका था। हुमायूँ जब गद्दी पर बैठा तो उसे खजाना खाली मिला। खजाने में जो भी रकम बची थी, उसका हुमायूँ ने भी अपव्यय

ही किया। फलतः ऐसी हालत में पैसे के अभाव में न तो हुमायूँ शासन का उचित प्रबंध कर सकता था, न सेना का संगठन।

(3) **उत्तराधिकार युद्ध :** मुगलों में उत्तराधिकार का कोई निश्चित नियम नहीं था। तलवार ही उसका निर्णय करती थी। हुमायूँ के तीनों भाई इसी कारण गद्दी पर गिद्ध दृष्टि लगाए बैठे थे और हुमायूँ को इनसे किसी भी क्षण लड़ना पड़ सकता था।

(4) **दोषपूर्ण सैनिक संगठन :** मुगलों में सेना का संगठन दोषपूर्ण था। सेना में चगताई, उजबेग, मुगल, ईरानी आदि कई जातियों के लोग मिल गए थे। अतः सेना में एकता का अभाव था। ऐसी सेना पर कब तक भरोसा रखा जाता ?

(5) **राजपूत शक्ति :** यद्यपि खनवा के युद्ध में राजपूत सरदार राणा सांगा हार गया था, फिर भी अभी राजपूत शक्ति पूरी तरह समाप्त नहीं हुई थी। ये राजपूत पुनः अपनी शक्ति संगठित कर अपने अपमान का बदला लेना चाह रहे थे।

(6) **अफगान शक्ति :** अफगान भी यद्यपि पराजित हो चुके थे, पर ये ही हुमायूँ के सबसे बड़े दुश्मन भी थे। राजपूतों की तरह इनकी शक्ति भी पूरी तरह अभी नष्ट नहीं हुई थी। गुजरात में बहादुरशाह और बिहार में शेरखाँ के नेतृत्व में अफगान आक्रमण के लिए तैयार थे।

(7) **संबंधियों का विश्वासघात :** हुमायूँ के कई ऐसे संबंधी भी थे, जो उसे पदच्युत करने का षड्यंत्र रच रहे थे। ऐसे लोगों में मुहम्मद जमाल मिर्जा, मुहम्मद सुल्तान मिर्जा और मीर मुहम्मद मेंहदी ख्वाजा प्रमुख थे।

(8) **भाइयों का असहयोग :** हुमायूँ के तीन भाई थे, जो स्वयं बादशाह बनने का ख्वाब देख रहे थे। कामरान काबुल और कांधार का सूबेदार था। अस्करी और हिंदाल को अलवर के प्रदेश दिए गए थे। लेकिन ये इतने से ही संतुष्ट होनेवाले नहीं थे। फलतः इन लोगों ने हुमायूँ के समक्ष भीषण समस्याएँ उत्पन्न कर दी थीं।

(9) **हुमायूँ का व्यक्तिगत चरित्र :** हुमायूँ के चरित्र में कई ऐसे दुर्गुण विद्यमान थे, जिससे उसकी कठिनाइयाँ घटने के बजाय और भी बढ़ गईं। न तो वह कुशल सेनापति था और न दूरदर्शी शासक। फलतः अपने जीवन में उसे कई बुरे दिन देखने पड़े।

प्रश्न : 2 हुमायूँ के जीवन पर प्रकाश डालते हुए उसकी असफलताओं के कारण बतलाएँ (1858, 1861, 1836, 1866, 1862)

अथवा

'शासक के रूप में हुमायूँ असफल रहा', विवेचना कीजिए (1864 पू.)।

हुमायूँ की अधिकांश कठिनाइयाँ उसकी गलतियों का परिणाम थीं, कैसे ?

उत्तर : प्रारंभिक जीवन : हुमायूँ बाबर का सबसे बड़ा पुत्र था। इसका जन्म 1507 ई. में काबुल में हुआ था। इसकी माँ माहिम बेगम शिया धर्म को माननेवाली थी। बाबर ने हुमायूँ की शिक्षा की ओर विशेष ध्यान दिया और हुमायूँ ने शीघ्र ही तुर्की, अरबी तथा फारसी भाषा का पर्याप्त ज्ञान प्राप्त कर लिया। दर्शन, गणित, ज्योतिष और नक्षत्र विद्या में भी उसने जानकारी पाई। अपने पिता के जीवनकाल से ही उसने युद्ध की शिक्षा पाई थी और उस काल में इसने कई युद्ध भी किए। पानीपत और खनवा के युद्ध में इसकी सैनिक कुशलता देखकर बाबर अत्यंत प्रसन्न हुआ था। 1530 ई. में बाबर की मृत्यु हो जाने पर वह गद्दी पर बैठा। आरंभ में इसे पदच्युत करने की कोशिश भी की गई। लेकिन षड्यंत्र सफल न हुआ और हुमायूँ निर्विरोध दिल्ली की गद्दी पर बैठ गया। पर दिल्ली की गद्दी उसके लिए काँटों का ताज साबित हुई। आरंभ में ही उसके मार्ग में कितनी ही कठिनाइयाँ आईं, जो स्वयं उसने पैदा की थीं और यही कारण था कि हुमायूँ अपने जीवन में असफल शासक हो गया। (हुमायूँ की कठिनाई के लिए देखें, प्रश्न नं. 1) संक्षेप में हुमायूँ की भूलें तथा असफलता के कारण निम्नलिखित हैं—

(1) **साम्राज्य का बँटवारा :** हुमायूँ की सबसे बड़ी भूल थी, अपने भाइयों के बीच राज्य का बँटवारा कर देना। बाबर ने मरते समय हुमायूँ से अपने भाइयों के प्रति रहमदिल होने की सलाह दी थी और हुमायूँ ने इसका अपने जीवन में पालन किया। लेकिन मानवता के दृष्टिकोण से भले ही हुमायूँ का कार्य प्रशंसनीय हो, राजनीति की दृष्टि से यह उसकी भयंकर भूल हुई और इस भूल का उन तीनों भाइयों ने फायदा उठाया। उसने हिंदाल को मेवात का प्रांत, प्रस्करी मिर्जा को संभल का प्रांत तथा कामरान को काबुल और कांधार का शासक बना दिया। परंतु भाइयों ने दगा की। कामरान ने पंजाब पर अधिकार करके अपने को स्वतंत्र घोषित कर दिया। इससे हुमायूँ के साम्राज्य की एकता नष्ट हो गई और

दिल्ली की सुरक्षा पर खतरा उपस्थित हो गया। हुमायूँ कामरान को दंड कहाँ तक देता, उलटे उसका अधिकार उसने स्वीकार कर लिया।

(2) **प्रजा का सहयोग नहीं पाना :** यह हुमायूँ की असफलता का दूसरा कारण था। उसने हिंदुस्तान की जनता को आकर्षित करने की ओर तनिक भी ध्यान नहीं दिया। फलतः यहाँ की जनता ने उसके किसी कार्य में कोई सहयोग नहीं दिया।

(3) **कुशल नेतृत्व का अभाव :** यद्यपि हुमायूँ बाबर के समय से ही सैनिक कुशलता का परिचय देता आया था, फिर भी उसमें नेतृत्व का अभाव था। वह अपनी सेना अथवा अपने अफसरों पर नियंत्रण नहीं रख सकता था। अतः अनुशासन के अभाव में सैनिक काररवाई ठीक ढंग से नहीं हो पाई।

(4) **कालिंजर का युद्ध :** हुमायूँ ने गद्दी पर बैठने के छह महीने बाद ही कालिंजर पर आक्रमण कर दिया। लेकिन इस युद्ध में उसे सफलता नहीं मिली और उसे वहाँ के राजा को काफी धन-दौलत देकर संधि करनी पड़ी। अभी युद्ध चल ही रहा था कि उसे अधूरा छोड़कर उसने चुनार पर आक्रमण कर दिया और फिर शेरशाह की शक्ति नष्ट किए बिना ही उसे छोड़ भी दिया। यह हुमायूँ की दूसरी भयंकर भूल थी, जिसका परिणाम उसे बाद में भुगतना पड़ा।

(5) **बहादुरशाह से युद्ध :** चुनार से लौटकर हुमायूँ आमोद-प्रमोद में लग गया। उधर गुजरात में बहादुरशाह की शक्ति दिन-ब-दिन बढ़ रही थी। पर हुमायूँ उसकी ओर से बिल्कुल आँख मूँदे बैठा था। बहादुरशाह ने मालवा और रायसीन के किले पर कब्जा कर लिया था और अब वह मेवाड़ पर आक्रमण कर बैठा। मेवाड़ की रानी कर्णावती ने हुमायूँ के पास राखी भेजकर उससे सहायता माँगी, लेकिन उसने इस ओर कोई ध्यान नहीं दिया। यह उसकी जबरदस्त भूल थी। यदि वह राजपूतों की सहायता कर देता तो राजपूत उसके पक्ष में हो जाते और इस तरह एक बहादुर जाति की मैत्री उसे मिल जाती। पर हुमायूँ ने राजपूतों को अपना दुश्मन बना लिया। बाद में जब वह मेवाड़ पहुँचा, तब तक बहुत देर हो चुकी थी और बहादुरशाह ने चित्तौड़ पर अधिकार कर लिया था। अंत में 1535 में हुमायूँ ने बहादुरशाह पर आक्रमण किया और मालवा एवं गुजरात पर अधिकार कर लिया। लेकिन युद्ध से लौटकर वह रासरंग में

लिप्त हो गया और इधर मौका पाकर पुनः बहादुरशाह ने अपना राज्य वापस ले लिया। अगर हुमायूँ उसे पूरी तरह कुचल देता तो बाद में उसे वैसे दिन नहीं देखने पड़ते।

(6) **शेर खाँ से युद्ध :** अभी हुमायूँ बहादुरशाह की ओर लगा था कि शेरशाह ने गौड़ पर चढ़ाई कर दी। हुमायूँ उसकी शक्ति रोकने के लिए बिहार की ओर भागा। यहाँ भी उसने एक भूल कर दी। पहले गौड़ न जाकर रास्ते में उसने चुनार के किले पर आक्रमण कर दिया, जिससे उसका बहुत सा समय बरबाद हो गया। बाद में उसने गौड़ पर कब्जा भी जमाया, लेकिन रासरंग में उसने अपना बहुत सा समय नष्ट कर दिया। फलतः शेर खाँ ने पुनः बिहार लौटकर अपनी शक्ति संगठित कर ली और हुमायूँ का दिल्ली लौटने का मार्ग भी उसने बंद कर दिया। इसके बाद हुमायूँ को नदी में कूदकर अपनी जान बचानी पड़ी। इस सभी कारणों के अलावा उसमें व्यक्तिगत ऐसे कई अवगुण थे, जिसके कारण भी वह एक सफल शासक नहीं बन पाया।

व्यक्तिगत अवगुण

(1) उसमें कूटनीति एवं व्यवहारकुशलता का बिल्कुल अभाव था।

(2) उसका दिल दयालु और उदार था। जिस कारण उसे कितनी ही आपत्तियों से गुजरना पड़ा।

(3) यद्यपि उसमें वीरता और साहस की कभी नहीं थी, पर वह कुशल सेनापति नहीं बन सका।

(4) परिस्थिति का अध्ययन किए बिना ही वह अपना कार्यक्रम निश्चित कर लेता था।

(5) युद्ध से लौटकर वह नशे में धुत्त हो जाता था और अपना अधिकांश समय भोग-विलास, नाच-रंग में बिता देता था।

(6) स्वभाव का झक्की होने के कारण एक शत्रु को पूरी तरह कुचले बिना ही दूसरे पर चढ़ बैठता था और यही कारण था कि वह किसी भी शत्रु को परास्त नहीं कर सका।

(7) उदार स्वभाव होने के कारण वह अपने शत्रुओं को भी क्षमा कर देता था। अपने भाइयों को भी क्षमा करके उसने भारी भूल की। इस प्रकार हुमायूँ ने अपने बुरे दिनों को स्वयं आमंत्रित किया। हुमायूँ का अर्थ होता

है भाग्यवान। लेकिन इतिहास में ऐसा अभागा राजा शायद ही कोई हुआ हो (His name mans Fortunate and never was an unlucky soveriegn more misealled)

प्रश्न-5 : हुमायूँ और शेरशाह के संबंध की विवेचना कीजिए। (1858 पू. 1861)

उत्तर : हुमायूँ का सबसे प्रबल शत्रु था शेरखाँ। वह अफगानों का संगठन कर बिहार और बंगाल में अपनी शक्ति धीरे-धीरे बढ़ा रहा था। दूसरी ओर गुजरात में बहादुरशाह की शक्ति दिन-ब-दिन बढ़ती जा रही थी। उसने मालवा और रायसेन के किले पर कब्जा कर लिया था और उसके बाद उसने मेवाड़ पर भी आक्रमण कर दिया। मेवाड़ की महारानी कर्णावती ने हुमायूँ को राखी भेजकर सहायता माँगी। लेकिन हुमायूँ ने इस ओर कोई ध्यान नहीं दिया। फलतः बहादुरशाह का कब्जा मेवाड़ पर हो गया, साथ ही हुमायूँ ने राजपूतों की समानुभूति हमेशा के लिए खो दी। बाद में जब उसे अपनी गलती का अनुभव हुआ तो उसने सन् 1535-36 में बहादुरशाह पर चढ़ाई की और मालवा तथा गुजरात पर अपना पुनः अधिकार कर लिया। जिस समय वह बहादुरशाह से उलझा हुआ था, उस समय तक बिहार में शेरखाँ ने अफगानों की शक्ति काफी बढ़ा ली थी और उसने गौड़ पर आक्रमण भी कर दिया। हुमायूँ के लिए शेरखाँ की शक्ति को कुचलना अति आवश्यक था। यही सोचकर वह बिहार की ओर चल पड़ा और मार्ग में चुनार के किले पर आक्रमण किया। लेकिन चुनार विजय उसके लिए विशेष लाभप्रद सिद्ध नहीं हुई और इस बीच शेरखाँ ने गौड़ एवं रोहतास के दुर्ग पर पूरा कब्जा कर लिया था। चुनार जीतने के बाद हुमायूँ बनारस चला गया और शेरखाँ से संधि की बात सोचने लगा। लेकिन फिर उसने सन् 1538 ई. में गौड़ पर आक्रमण कर दिया और वहाँ के दुर्ग को अपने अधिकार में कर लिया। लेकिन इस जीत की खुशी में हुमायूँ कई महीनों तक रंगरैलियाँ ही मनाता रहा और इस बीच शेरखाँ ने बंगाल से लौटकर बनारस पर आक्रमण कर दिया। बनारस जीतने के बाद उसने जौनपुर, कन्नौज एवं उसके आसपास के इलाकों को जीतकर अपना आधिपत्य स्थापित किया। साथ ही, उसने हुमायूँ के दिल्ली लौटने का रास्ता भी बंद कर दिया। इसी बीच हुमायूँ के भाई हिंदाल ने आगरा में उसके विरुद्ध विद्रोह का झंडा खड़ा कर दिया। हुमायूँ के लिए आगरा लौटना अनिवार्य हो गया। शेरखाँ तो इसी मौके की ताक में था। उसने अपनी सेना रोहतास के किले में इकट्ठी कर ली और जैसे ही हुमायूँ वहाँ पहुँचा, उसने उस पर आक्रमण कर दिया। बक्सर के निकट चौसा के मैदान में 26 जून, 1538 को दोनों

में मुठभेड़ हुई। इस युद्ध में हुमायूँ हार गया और अपने प्राण बचाने के लिए वह नदी में कूद पड़ा। जहाँ एक भिश्ती ने मश्क की सहायता से उसकी जान बचाई। अब शेरशाह वास्तविक अर्थ में बिहार और बंगाल का शासक बन गया। 1540 ई. में एक बार पुनः हुमायूँ ने अपनी बची-खुची शक्ति इकट्ठी कर शेरशाह पर आक्रमण किया। दोनों के बीच कन्नौज में विलग्राम में पुनः युद्ध हुआ, लेकिन हुमायूँ इस बार भी हार गया और शरणार्थी की तरह कई वर्षों तक भटकता रहा।

□

शेरशाह

प्रश्न-1 : सूरवंश का संस्थापक कौन था ? उसके जीवन एवं विजय का इतिहास लिखें। (1856 वा., 1858 वा., 1866 वा.)।

उत्तर : पानीपत की पहली लड़ाई में अफगान हार तो गए थे, पर उनकी शक्ति समाप्त नहीं हुई थी। अभी भी वे यत्र-तत्र बिखरे पड़े थे। उन्हें एक नेता की आवश्यकता थी, जो उनकी बिखरी शक्ति को एकत्र करके फिर से दिल्ली की गद्दी पर अधिकार करे और तभी शेरशाह के रूप में उनको योग्य नेता मिला। शेरशाह ने अपनी दूरदर्शिता और वीरता के सहारे पुनः एक बार अफगानों का राज स्थापित किया।

आरंभिक जीवन

शेरशाह का आरंभिक जीवन बड़ा साधारण था। इसके बचपन का नाम फरीद था। इसके पिता का नाम हसन खाँ और बाबा का नाम इब्राहिम खाँ था। इसका जन्म 1486 ई. में हिसार फिरोजा (पंजाब) में हुआ था। प्रारंभ में इसके दादा घोड़े के व्यापारी थे। जिस समय दिल्ली की गद्दी पर बहलोल लोदी बैठा था, उसी समय वे नौकरी की खोज में पेशावर से भारत आए थे। हसन खाँ ने जमाल खाँ के यहाँ नौकरी कर ली थी। इसी जमाल ने हसन के कार्यों पर प्रसन्न होकर उसे सहसराम की जागीर दे दी। फरीद का बचपन इसी सहसराम में व्यतीत हुआ। फरीद की अपनी सौतेली माँ से नहीं बनती थी, अतः विमाता के अत्याचार से तंग आकर वह जौनपुर चला गया। वहाँ उसने अपने परिश्रम से फारसी का अच्छा ज्ञान प्राप्त कर लिया। तभी हसन उसे पुनः मनाकर सहसराम ले गया और वहाँ की जागीर उसके हाथ में सौंप दी। फरीद ने अपनी कुशलता से शासन का सुंदर प्रबंध किया। लेकिन तभी फिर विमाता के चलते उसे घर छोड़कर आगरा जाना पड़ा। इसी समय हसन खाँ की मृत्यु हो गई और फरीद को अपनी जागीर मिल गई। 1522 ई. में उसने बिहार

के शासक बहार खाँ लोदी के यहाँ नौकरी कर ली। यहीं एक शेर को तलवार से दो टुकड़े कर देने पर इसे 'शेरखाँ' की उपाधि मिली। लेकिन बाद में बादशाह ने इससे नाखुश होकर इसकी जागीर छीन ली। अब उसने बाबर की सेना में नौकरी कर ली। बाबर उसकी प्रतिभा से बड़ा खुश हुआ और उसकी जागीर वापस दिलवा दी, साथ ही उसे बिहार का उपगवर्नर भी नियुक्त कर दिया।

बहार खाँ लोदी की मृत्यु के बाद शेर खाँ उसके नाबालिग पुत्र जलाल खाँ का संरक्षक बना और धीरे-धीरे सारी शक्ति उसने अपने हाथ में ले ली। 1538 ई. में इसने बंगाल के शासक नसरतशाह को हराया और 1530 ई. में उसने चुनार की विधवा रानी से शादी कर ली, जिससे चुनार का किला इसे प्राप्त हो गया। इससे इसकी सैनिक शक्ति सुदृढ़ हो गई। शेर खाँ की इस बढ़ती हुई शक्ति से घबराकर जलाल खाँ ने उस पर आक्रमण कर दिया। 1533 ई. में सूरजगढ़ में दोनों का युद्ध हुआ। युद्ध में शेर खाँ की विजय हुई। अब वह बिहार का सही अर्थ में शासक बन गया।

चौसा की विजय

इस समय दिल्ली की गद्दी पर मुगल बादशाह हुमायूँ था। वह शेरशाह की बढ़ती हुई ताकत से चिंतित था। अतः उसने शेर खाँ पर आक्रमण कर दिया। उस समय शेरशाह बंगाल में था। आक्रमण की खबर पाकर वह बिहार लौटा और चौसा नामक स्थान पर उसने मुगलों से युद्ध छेड़ दिया। इस युद्ध में उसकी शानदार विजय रही। हुमायूँ को नदी में कूदकर अपनी जान बचानी पड़ी। इस प्रकार अब तक शेर खाँ एक बड़े भू-भाग का स्वामी बन चुका था। अब उसने 'शेरशाह' की उपाधि धारण की और अपने नाम के सिक्के भी चलाने आरंभ कर दिए।

हुमायूँ ने हिम्मत नहीं हारी थी और उसने दुबारा अपनी स्थिति सुधारकर पुनः शेरशाह पर आक्रमण किया। कन्नौज में 1540 में बिलग्राम के पास दोनों की मुठभेड़ हुई। लेकिन शेरशाह का सितारा अभी बुलंद था। उसने पुनः विजय पाई। अब वह दिल्ली और आगरा का भी स्वामी था।

अन्य विजय

दिल्ली पर अधिकार हो जाने के बाद से उसने राज्य विस्तार की नीति अपनाई। सबसे पहले उसने खोखरों पर विजय पाई। कामरान से उसने पंजाब छीन लिया। इसी वर्ष मालवा, रणथंभौर और राजपूताने पर भी इसका अधिकार हो गया। 1541 में

सिंध और 1544 में जोधपुर भी उसके अधिकार में आ गया। सबसे अंतिम आक्रमण इसने कालिंजर पर किया। अभी युद्ध जारी ही था कि वहीं बारूद के खजाने में आग लग जाने से 22 मई, 1545 को वह झुलसकर मर गया। इस प्रकार इस महान् विजेता का अंत हो गया। उस समय इसका राज्य पूरब में सोनार गाँव से लेकर पश्चिम में उत्तर प्रदेश तक फैला हुआ था।

प्रश्न-2 : शेरशाह के शासन प्रबंध का वर्णन कीजिए। (1756 वा., 1756 पू., 1758 वा.) अथवा

प्रश्न-3 : शेरशाह के सुधारों का वर्णन करें (1758 पू. 1762 वा. 1766 वा.)

प्रश्न-4 : शेरशाह की गणना भारत के महान् शासकों में क्यों होती है (1760 पू. 1764 वा.) ?

उत्तर : शेरशाह एक महान् विजेता ही नहीं, एक कुशल शासक भी था। उसकी महानता में उसके शासन प्रबंध ने बहुत अधिक सहयोग दिया है। यद्यपि वह स्वेच्छाचारी और निरंकुश शासक था, फिर भी उसके शासन का मूलभूत सिद्धांत प्रजा को सुख-शांति पहुँचाना था। अपने से पहले के शासकों की नीति का उसने त्याग कर दिया और उसकी जगह पर एक मजबूत और स्थायी शासन की नींव डाली। उसके सुंदर शासन प्रबंध के कारण 'कीन' ने लिखा है—'No Govt/even the British has shown so much wisdom as this Pathan.' (किसी भी सरकार ने, यहाँ तक कि अंग्रेजी सरकार ने भी इतनी बुद्धिमानी नहीं दिखाई, जितनी कि इस पठान ने दिखाई थी।)

(1) शासन के विभाग : शेरशाह ने अपने संपूर्ण राज्य को छोटे-छोटे विभागों में बाँट दिया था। उनकी संख्या 50 के लगभग थी। प्रत्येक विभाग में कई सरकारें होती थीं। फिर सरकार कई परगनों में बँटी थी। प्रत्येक परगने में कई गाँव सम्मिलित होते थे। प्रत्येक विभाग में एक सरदार नियुक्त रहता था। परगने में एक शिकदार, एक अमीन, एक खजांची और एक हिंदी तथा फारसी का लेखक होता था। परगने में पंचायत की व्यवस्था थी। प्रत्येक गाँव में एक चौधरी, एक मुकद्दम तथा एक पटवारी होता था। सूबेदार अपने कार्यों के लिए सम्राट् के प्रति उत्तरदायी था। यद्यपि शेरशाह ने मंत्रियों की बहाली की थी, लेकिन इनकी बात को मानना, न मानना उसकी इच्छा पर था। वह सरकारी कर्मचारियों की बदली करता रहता था, क्योंकि एक ही जगह अधिक समय तक रहने से वे शक्तिशाली हो सकते थे।

(2) भूमि प्रबंध : शेरशाह का सबसे महत्त्वपूर्ण सुधार भूमि प्रबंध है। इसकी नीति पर चलकर अकबर ने भी भूमि का प्रबंध कराया था। शेरशाह ने राज्य की संपूर्ण जमीन की माप कराई और उपज का चौथा भाग राज्य कर निश्चित किया। जनता यह कर चाहे अबाज के रूप में, चाहे नकद रुपए में दे सकती थी। कर निर्धारित करने में वह नरमी से पेश आता था, लेकिन उसे वसूल करने में सख्ती बरतता था। जागीरदारी की प्रथा भी उसने उठा दी। किसानों के अधिकार कबूलियत द्वारा सुरक्षित कर दिए गए। किसान अपना लगान सीधे राज्यकोष में जमा कर सकते थे। इससे राजा और किसान में सीधा संपर्क स्थापित हुआ। फसल खराब होने पर, अकाल आदि होने पर किसानों का कर माफ कर दिया जाता था और राज्य की ओर से उन्हें सहायता भी मिलती थी। अगर राज्य के सैनिक अथवा कर्मचारी फसल को हानि पहुँचाते थे तो उन्हें कड़ी सजा मिलती थी।

(3) न्याय प्रबंध : शेरशाह इंसाफपसंद बादशाह था। उसकी न्याय व्यवस्था में पूर्वकालीन सुल्तानों की भाँति धार्मिक कट्टरता नाम की कोई चीज नहीं थी। दंड विधान के समक्ष सब बराबर थे। फौजदारी मुकदमों का फैसला शिकदार-ए-शिकदारान तथा मालगुजारी के मुकदमे का फैसला मुंसिफ-ए-मुंसिफान करते थे। शेरशाह ने यह आज्ञा दे रखी थी कि सूबेदारों को अपने इलाके में हुई चोरी, डकैती आदि का पता लगाना होगा, अन्यथा उन्हें ही दंड का भागी होना होगा। इलाके के मुखिया को पकड़कर तब तक हिरासत में रखा जाता था, जब तक अपराधी का पता नहीं चल जाता था। इस सबका फल यह हुआ कि उसके राज्य से चोरी, डकैती आदि समाप्त हो गई।' शेरशाह के शासनकाल में कोई भी सौदागर रेगिस्तान में यात्रा करते हुए सो सकता था।' उसने कई न्यायालय भी खोले।

(4) सैनिक प्रबंध : शेरशाह जानता था कि उसके नए राज्य की सुरक्षा सेना पर ही निर्भर है। अतः वह सेना को स्वयं देखभाल कर बहाल करता था। सैनिकों के लिए उसने सामंती प्रथा समाप्त कर दी और उन्हें नकद वेतन देने लगा। संपूर्ण राज्य में कई फौजी छावनियाँ बनाई गईं, जहाँ एक फौजदार के मातहत कितनी ही सेना रहती थी। उसकी सेना में 1,50,00,000 घुड़सवार, 25,000 पैदल 5,000 हाथी तथा एक बहुत बड़ा तोपखाना था। शेरशाह ने घोड़े को दागने की प्रथा चलाई। पुराने किलों की मरम्मत करवाई। सेना में अनुशासन की कमी वह बरदाश्त नहीं कर सकता था।

(5) पुलिस प्रबंध : आंतरिक शासन में सुव्यवस्था और शांति लाने के लिए उसने पुलिस का उत्तम प्रबंध किया। एक इतिहासकार के शब्दों में, 'शेरशाह के

शासनकाल में एक वृद्धा भी टोकरी में सोने के आभूषण भरकर यात्रा कर सकती थी।' पुलिस के अलावा बहुत से गुप्तचर रहते थे, जो स्थिति से राजा को वाकिफ कराते रहते थे।

(6) मुद्रा सुधार : शेरशाह से पहले मुद्राओं की दशा शोचनीय थी। उसने सोने, चाँदी, ताँबे के अनुपात में एक नए प्रकार की मुद्रा प्रणाली शुरू की। ब्रिटिश मुद्रा पद्धति पर भी उसकी छाप पड़ी थी। मुद्रा पर उसने अपने चिह्न अंकित करवाए।

(7) यातायात में सुधार : शेरशाह ने यात्रियों की सुविधा के लिए कई सड़कें बनवाईं। ग्रैंड ट्रंक रोड आज भी प्रसिद्ध है। यह सड़क बंगाल के सोनार गाँव से आरंभ होकर आगरा, दिल्ली, लाहौर होती हुई सिंध तक जाती है तथा उसकी लंबाई 1500 मील है। इसके अलावा भी कई सड़कें बनवाई गईं। इसके किनारे छायादार वृक्ष लगवाए गए। जगह-जगह यात्रियों के आराम के लिए कुएँ और सराय बनवाए गए। शेरशाह ने डाक भेजने का प्रबंध किया।

(8) धार्मिक नीति : शेरशाह की धार्मिक नीति उदार थी। यद्यपि वह कट्टर सुन्नी मुसलमान था, पर हिंदू धर्म को भी आदर के साथ देखता था। सरकारी नौकरी, सेना आदि सभी स्थानों में वह हिंदुओं को प्रधानता देता था।

(9) शेरशाह का स्थान : भारत के मुसलमान शासकों में शेरशाह का स्थान सबसे ऊँचा है। अपने गुणों के चलते ही वह एक मामूली जागीरदार से एक सम्राट् बना था। एक इतिहासकार के शब्दों में, 'अकबर से पूर्व किसी भी अन्य राजा में शेरशाह जैसी विधायक भावना और प्रजा संरक्षकता नहीं थी।' उसने शासन व्यवस्था में आधुनिकता को जन्म दिया। 16वीं सदी का वह महान् शासक था। स्मिथ के शब्दों में, 'यदि वह कुछ समय तक और जीवित रहता तो मुगल सम्राट् इतिहास के रंगमंच पर नहीं आते।'

□

अकबर

प्रश्न–1 : अकबर की आरंभिक कठिनाइयों का वर्णन करें। इसे उसने कैसे दूर किया ? अथवा

प्रश्न–2 : पानीपत की दूसरी लड़ाई का विवरण उपस्थित करें।

उत्तर : जब हुमायूँ शेरशाह से हारकर मारा–मारा फिर रहा था, उसी काल में अमरकोट के किले में 23 नवंबर, 1542 को अकबर का जन्म हुआ था। अकबर का मन पढ़ने–लिखने से अधिक खेल–कूद और शिकार में ही लगता था। अतः वह वर्णमाला तक का भी ज्ञान प्राप्त न कर सका, लेकिन तलवार चलाने, घुड़सवारी करने आदि की कला में पारंगत हो गया। हुमायूँ ने उसको इन्हीं गुणों के चलते उसे 8 वर्ष की उम्र में ही युवराज घोषित कर दिया और बैरम खाँ को इसका संरक्षक बनाया। 1555 ई. में हुमायूँ के मरने के बाद अकबर गद्दी पर बैठा। उस समय उसकी उम्र केवल 13 वर्ष की थी। बैरम खाँ उसका संरक्षक बना।

जिस समय अकबर गद्दी पर बैठा था, उसके सामने कठिनाइयों का पहाड़ खड़ा था। (1) भारत की राजनीतिक दशा शोचनीय थी। शेरशाह ने यद्यपि राजनीतिक एकता का प्रयास किया था, पर उसकी मृत्यु के साथ–साथ वह एकता भी समाप्त हो चुकी थी। उसके अयोग्य उत्तराधिकारियों के चलते संपूर्ण राज्य में अराजकता फैली हुई थी। हुमायूँ ने गद्दी तो प्राप्त की थी, पर वह उसमें दृढ़ता नहीं ला सका था। सिंध, मुल्तान, कश्मीर, मालवा, गुजरात आदि प्रांत अपनी स्वतंत्र सत्ता स्थापित कर रहे थे। काबुल पर अकबर के सौतेले भाई मुहम्मद हकीम का अधिकार था। पंजाब में सिकंदर सूर अपनी खोई प्रतिष्ठा को पाने का प्रयास कर रहा था। हेमू की अधीनता में अफगान पुनः संगठित हो रहे थे। खनवा के युद्ध के बाद से राजपूत भी चौकस हो गए थे। दक्षिण भारत में खान देश, बरार, अहमद नगर, गोलकुंडा आदि जगहों की स्थिति भी डाँवाँडोल थी। पश्चिमी तट पर पुर्तगाली अपनी शक्ति संगठित कर रहे थे। हुमायूँ ने चूँकि सैनिक संगठन नहीं किया था, अतः सैनिकों पर

भी भरोसा नहीं रह गया था। देश की आर्थिक स्थिति शोचनीय बन गई थी। चारों ओर लूट-खसोट, अकाल आदि के ही दृश्य नजर आ रहे थे। संक्षेप में, संपूर्ण भारत अस्त-व्यस्त और छिन्न-भिन्न हो रहा था।

गद्दी पर बैठने के समय अकबर के पास कोई निश्चित राज्य नहीं था। केवल पंजाब के कुछ जिलों पर ही उसका शासन था। डॉ. स्मिथ ने ठीक ही लिखा है, 'सही अर्थों में बादशाह होने के पूर्व अकबर को यह सिद्ध करना था कि वह दिल्ली की गद्दी से लिए संघर्ष करनेवाले अपने प्रतिद्वंद्वियों से अधिक योग्य है। देश की जो परिस्थिति थी, उस हालत में दावे का अंतिम निर्णय तलवार द्वारा ही हो सकता था।'

पानीपत की दूसरी लड़ाई

गद्दी पर बैठते ही अकबर को हेमू से उलझना पड़ा। हेमू आरंभ में एक मामूली व्यक्ति था। बाद में वह आदिलशाह का मंत्री बन गया और उसकी कमजोरी का फायदा उठाकर दिल्ली और आगरा पर अपना कब्जा कर लिया। उसकी इस बढ़ती हुई शक्ति को देखकर मुगल भयभीत हो गए। अंत में 5 नवंबर, 1556 ई. को पानीपत के मैदान में हेमू और अकबर की सेना आ जुटी। आरंभ में हेमू की वीरता के सामने मुगलों के पैर उखड़ने लगे, लेकिन तभी अचानक एक तीर उसकी आँख में आ लगा। वह बेहोश होकर हाथी से गिर पड़ा और बंदी बना लिया गया। इस प्रकार पानीपत के मैदान में दूसरी बार भारत के भाग्य का फैसला हुआ।

पानीपत के दूसरे युद्ध का परिणाम

पानीपत का दूसरा युद्ध महत्त्व की दृष्टि से पहले युद्ध से बढ़कर साबित हुआ। इस युद्ध ने अकबर को दिल्ली और आगरा का एकच्छत्र स्वामी बना दिया। हेमू की हार से हिंदू साम्राज्य की पुनर्स्थापना की आशा टूट गई और अफगानों का भी सदा के लिए अंत हो गया। इस प्रकार जिस साम्राज्य के निर्माण के लिए बाबर ने झाड़-झंखाड़ साफ किया, हुमायूँ ने जिसकी नींव दी, अकबर ने उस नींव पर मुगल साम्राज्य का भवन तैयार करना आरंभ कर दिया। पानीपत के युद्ध से अकबर की धाक इतनी जम गई कि 1558 में सिकंदर सूरी ने स्वयं आत्मसमर्पण कर दिया। 1560 ई. में ग्वालियर, अजमेर और जौनपुर पर भी मुगलों का अधिकार हो गया।

बैरम खाँ का विद्रोह और उसका पतन

अबतक शासन की बागडोर बैरम खाँ के ही हाथों में थी लेकिन बैरम खाँ धीरे-धीरे घमंडी और उद्‌दंड हो गया था। अकबर प्रत्येक कामों में उसका दखल देना नापसंद करता था। दरबार के अमीर उमराव भी उससे असंतुष्ट होने लगे थे। बैरम दिन-ब-दिन अपनी शक्ति का दुरुपयोग करने लगा था। अतः उससे अकबर ने शासन की बागडोर अपने हाथों में ले ली और बैरम को कहला भेजा, 'अब तक आपकी वफादारी पर मुझे भरोसा था, लेकिन अब मैंने निश्चय किया है कि राज्य की समस्त बागडोर मैं अपने हाथ में ले लूँ। अतः आप मक्का चले जाएँ, जिसका बहुत दिनों से आपका इरादा भी था।' इस पर बैरम खाँ ने अकबर के विरुद्ध विद्रोह कर दिया। लेकिन उसका विद्रोह दबा दिया गया। अकबर ने उसे माफ कर दिया और मक्का जाने की आज्ञा दे दी। वह मक्का जा ही रहा था कि रास्ते में एक अफगान ने उसकी हत्या कर दी। इस प्रकार अकबर अब सही रूप से बादशाह बना।

प्रश्न-3 अकबर के शासनकाल में मुगल साम्राज्य के विस्तार का वर्णन करें (1758 वा. 1765 वा.) अथवा

प्रश्न-4 : अकबर को साम्राज्य निर्माता क्यों कहा जाता है ? (1855 वा. 1855 पू., 1860 वा.)

उत्तर-4 : अकबर प्रारंभ से ही महत्त्वाकांक्षी और साम्राज्यवादी था। वह भारत को एक राष्ट्रीय सूत्र में स्थापित करना चाहता था। उसकी विजय नीति का मुख्य उद्‌देश्य था—स्थानीय शासकों के निरंकुश शासन से प्रजा को छुटकारा दिलाना। लेकिन साथ-साथ साम्राज्यवाद की भावना भी उसमें कूट-कूटकर भरी थी। उसका सिद्धांत था, 'एक शासक को सदा विजय अभियान करना चाहिए, अन्यथा उसके पड़ोसी विद्रोह करेंगे और सैनिक आलसी हो जाएँगे।' इसी उद्‌देश्य को ध्यान में रखकर उसने विजय अभियान आरंभ किया।

(1) मालवा : बैरम खाँ के समय में ही भारत के बहुत से इलाकों पर मुगलों का अधिकार हो चुका था। अब बचे-खुचे हिस्सों पर अकबर ने आक्रमण करना आरंभ किया। सबसे पहले उसने मालवा पर आक्रमण किया। वहाँ का शासक बाज बहादुर विलासी और कमजोर बादशाह था। अतः उसका शासन शिथिल था। अकबर ने इस मौके का लाभ उठाकर सन् 1562 ई. में अधम खाँ के सेनापतित्व में एक विशाल सेना भेजकर मालवा पर अधिकार कर लिया।

(2) गोंडवाना : गोंडवाना में रानी दुर्गावती राज करती थी। वह एक बहादुर और दिलेर रानी थी। उसकी प्रजा भी उस पर जान देती थी। आरंभ में आसफ खाँ

के अधीन अकबर ने वहाँ सेना भेजी। रानी बहादुरी से लड़ी, पर हार गई और अंत में उसने आत्महत्या कर ली। इस प्रकार 1564 में गोंडवाना पर भी अकबर का अधिकार हो गया।

(3) गुजरात : यह एक तरह से मुगलों का ही प्रदेश था, क्योंकि हुमायूँ ने भी इस पर कई वर्षों तक शासन किया था। गुजरात का महत्त्व व्यापारिक दृष्टिकोण से अधिक था। अतः दो बार के आक्रमण के बाद 1583 ई. में यह प्रदेश भी मुगलों के अधीन हो गया।

(4) राजपूताना : राणा सांगा की मृत्यु के बाद से राजपूतों की शक्ति समाप्त ही होती जा रही थी। राजपूतों की कमजोरी का फायदा उठाकर अकबर ने पहले चित्तौड़ पर आक्रमण किया। वहाँ का राणा उदय सिंह भय से जंगल में भाग गया। यद्यपि राजपूत सरदारों ने चित्तौड़ की रक्षा के लिए युद्ध चालू रखा, लेकिन अंत में चित्तौड़ पर भी अकबर का अधिकार हो ही गया। उस समय चित्तौड़ राजपूतों की शक्ति का प्रमुख केंद्र था। उसके हारते ही रणथंभौर, कालिंजर, बीकानेर आदि राज्यों ने भयभीत होकर अकबर से संधि कर ली।

लेकिन मेवाड़ अभी भी अजेय था। वहाँ महाराणा प्रताप का शासन था। उन्हें अधीन में लाने के लिए अकबर ने कई प्रयास किए, लेकिन महाराण प्रताप नहीं झुक सके। अंत में 1587 में दोनों के बीच हल्दीघाटी के मैदान में युद्ध हुआ। यद्यपि युद्ध में महाराणा की हार हुई, पर उन्होंने अकबर की अधीनता स्वीकार नहीं की और जंगलों में जा छिपे।

(5) बंगाल : बिहार में और बंगाल में अफगानों का प्रभाव था। वहाँ के राजा दाउद ने अकबर की अधीनता मानने से इनकार कर दिया। अतः 1586 में यह भी मुगल साम्राज्य में मिला लिया गया। इसके बाद बिहार की बारी आई और 1583 में उड़ीसा भी जीत लिया गया।

(6) उत्तर-पश्चिम सीमा : उत्तरी-पश्चिमी सीमा सुरक्षा की दृष्टि से बड़ी महत्त्वपूर्ण थी, क्योंकि इसे लेकर विदेशी हमले हो सकते थे। यहाँ काबुल में अकबर के भाई मिर्जा हकीम का शासन था। 1686 में उसकी मृत्यु के बाद काबुल को भी अकबर ने अपने राज्य में मिला लिया। 1586 में कश्मीर भी कब्जे में आ गया। इसी प्रकार 1581 में सिंध और 1585 में कांधार भी जीत लिया गया। दूसरे वर्ष मुल्तान, बलूचिस्तान आदि भी मुगल राज्य में आ गए। इस प्रकार अकबर ने उत्तर-पश्चिमी सीमा को दृढ़ किया। इस अर्थ में अकबर ने वैधानिक सीमा प्राप्त की, जिसको प्राप्त करने के उद्‌देश्य में अंग्रेजों को भी सफलता नहीं मिली।'

(7) दक्षिण विजय : अकबर ने अफगानिस्तान से लेकर नर्मदा तक समस्त उत्तरी भारत पर अपनी विजय का झंडा फहरा दिया, लेकिन इतने पर भी साम्राज्य की उसकी लालसा न मिटी। अतः उसने दक्षिण की ओर अपना अभियान आरंभ किया। दक्षिण भारत उस समय आपसी फूट और कलह का अखाड़ा बना हुआ था। अतः अकबर ने इस मौके का फायदा उठाकर अहमद नगर पर आक्रमण किया और उसे जीत लिया 1588 ई. में खानदेश भी हार गया। संक्षेप में, अकबर का साम्राज्य पूरब में बंगाल और उड़ीसा से लेकर पश्चिम में सिंधु और काबुल तक तथा उत्तर में हिंदूकुश से लेकर दक्षिण में नर्मदा तक फैल गया।

अकबर ने केवल देश ही नहीं जीते, वरन् उसकी नींव इतनी मजबूत बना दी कि उसकी मृत्यु के बाद भी वह साम्राज्य बहुत दिनों तक कायम रहा। अपनी दूरदर्शिता से उसने शासन प्रबंध इतने कौशल से किया कि हिंदू भी उसके दोस्त बन गए और उसके साम्राज्य विस्तार में उन्होंने भी अपना सहयोग दिया। इस अर्थ में अकबर वस्तुतः एक साम्राज्य निर्माता था।

प्रश्न–5 : अकबर के महत्त्वपूर्ण शासन संबंधी सुधारों का वर्णन कीजिए।

प्रश्न–6 : 'अकबर एक विजेता ही नहीं कुशल शासक भी था', सिद्ध करें।

उत्तर : अकबर एक विजेता ही नहीं, सफल शासक भी था। अपने पिता से उसने जिस विरासत को पाया था, वह एक मामूली विरासत थी, लेकिन अपनी कुशल प्रतिभा की बदौलत उसने एक विशाल साम्राज्य का निर्माण किया, जो उसकी मृत्यु के बाद भी कई सौ वर्षों तक कायम रहा। उसके साम्राज्य के स्थायित्व का सबसे प्रधान कारण उसका सुंदर शासन प्रबंध था। उसने शासन में प्रजाहित को मुख्य रखा। विजित प्रांतों में न्यास, सहिष्णुता, योग्यता एवं प्रतिभा के बल पर सुव्यवस्थित शासन की स्थापना की और राष्ट्रीय राजतंत्र का सूत्रपात किया। शासन में उसने धर्म को नहीं घुसेड़ा। उसने प्रत्येक वर्ग और प्रत्येक जाति को धार्मिक स्वतंत्रता प्रदान की। सभी की संस्कृति की रक्षा के उपाए किए। हिंदुओं को उसने दोस्त बनाया। अकबर ने भली प्रकार समझ लिया था कि भारत में शासन करने के लिए हिंदुओं का सहयोग परमावश्यक है। इसी उद्देश्य से अपने शासन में उसने हिंदुओं के प्रति उदार नीति का परिचय दिया और शासन में उन्हें कई सुविधाएँ दीं।

(1) केंद्रीय शासन प्रबंध : अकबर यद्यपि स्वेच्छाचारी शासक था, लेकिन उसकी स्वेच्छाचारिता उदार थी। उसने निरंकुश और एकात्मक शासन स्थापित

किया। हिंदू और मुसमलान दोनों को संतुष्ट कर उसने एक नए राजनीतिक युग का सूत्रपात किया। शासन में सम्राट् ही सर्वेसर्वा था। उसके अधिकार असीमित थे, जिसपर किसी प्रकार का नियंत्रण नहीं था। केंद्रीय शासन में निम्नलिखित मंत्री होते थे, लेकिन उनकी बात मानना या न मानना राजा की इच्छा पर निर्भर करता था—

वजीर—सम्राट् के बाद इसी का स्थान आता था। यह आय-व्यय का हिसाब रखता था और लगान संबंधी नियम बनाता था।

मीर बख्शी—यह सेना विभाग का संचालक था। सेना की भरती करना, अफसरों के कार्यों को नियत करना इसका कार्य था।

खान-ए-सामान—यह राजा के खाने-पीने की व्यवस्था करता था।

काजी-उल-कगात—यह न्याय विभाग का प्रधान होता था और प्रांतीय काजियों को नियुक्त करता था।

सद्र-उस-सदूर—इसका काम शाही खैरात बाँटना था और धार्मिक मामलों में यह राजा को सलाह देता था।

मुहत्सिव—इसके अधीन जनता के आचरण का निरीक्षण कार्य था।

दारोगा-ए-डाकचौकी—यह गुप्तचर विभाग का प्रधान था और अपराधियों का पता लगता था।

मीर आतिश—यह तोपखाने का प्रबंधक था।

इस प्रकार अकबर का केंद्रीय शासन दृढ़ था।

(2) प्रांतीय शासन : अकबर ने शासन की सुविधा के लिए समूचे साम्राज्य को कई प्रांतों में बाँट दिया था। ये प्रांत निम्नलिखित थे—1. दिल्ली, 2. आगरा, 3. काबुल, 4. मुल्तान, 5. लाहौर, 6. अजमेर, 7. बंगाल, 8. इलाहाबाद, 9. बिहार, 10. अहमदाबाद, 11. मालवा, 12. अहमदनगर, 13. खानदेश, 14. बरार, और 15. गुजरात। हर सूबे में एक सूबेदार होता था, जो अपने कार्यों के लिए राजा के प्रति उत्तरदायी था। सूबेदार के अधीन भी दीवान आमील, कोतवाल, फौजदार आदि कई पदाधिकारी होते थे। बड़े शहरों का प्रबंध और वहाँ शांति बनाए रखने का कार्य कोतवाल करता था। प्रत्येक गाँव में एक पटवारी होता था, जिसकी सहायता गाँव का मुखिया करता था।

(3) न्याय व्यवस्था : न्याय का स्रोत सम्राट् होता था। वह मुकदमों की अपील सुनता था और फैसला देता था। सम्राट् के बाद काजी न्याय का प्रधान होता था। इसकी सहायता के लिए सहायक काजी और मीर अदल होते थे। यह दीवानी और फौजदारी दोनों प्रकार के मुकदमों का फैसला करता था। फैसला अधिकतर

कुरान के आधार पर होता था, लेकिन हिंदुओं के रीति-रिवाज का भी खयाल रखा जाता था। सजा के नियम कठोर थे। अंगभंग भी कर दिया जाता था, लेकिन मृत्युदंड केवल राजा ही दे सकता था। राज्य कर्मचारियों की बहाली योग्यता के आधार पर राजा खुद करते थे। नैलिसन के शब्दों में—'In His Eyes merit has merit, whelligs evened ley a Hindu Prince of by an Uzbek musalman.'

(4) भूमि प्रबंधन : भूमि प्रबंध के लिए अकबर शेरशाह का बहुत अधिक ऋणी है। अकबर ने लगान निश्चित करने के लिए सारी जमीन की पैमाइश कराई। इस काम में उसने टोडरमल की सहायता ली, जो शेरशाह का भी मंत्री रह चुका था। उपज के आधार पर संपूर्ण भूमि को तीन भागों में बाँट दिया गया और दस वर्ष की उपज का औसत निकालकर वार्षिक लगान निश्चित किया। अकाल पड़ने या फसल बरबाद होने पर रैयतों को सरकार की ओर से मदद भी मिलती थी।

(5) सैनिक प्रबंध : अकबर ने जिस विशाल साम्राज्य का निर्माण किया, वह बिना सेना की शक्ति पर निर्भर नहीं रह सकता था। अत: उसने एक विशाल सेना का निर्माण किया। सेना घुड़सवार, पैदल, हाथी और नौसेना आदि चार भागों में बँटी थी और प्रत्येक विभाग के अलग-अलग पदाधिकारी थे। सेना के प्रबंध के लिए कई विभाग बने थे। अकबर ने मनसबदारी की प्रथा चलाई और तोपखाने का प्रयोग किया। फिर से घोड़े को दागने का प्रबंध किया गया। प्रत्येक मनसबदार के अधीन 90 से 90000 तक घुड़सवार होते थे। गुप्तचर विभाग सेना की कारवाइयों पर नियंत्रण रखता था।

(6) यातायात में सुधार : सेना और यात्रियों की सुविधा के लिए अकबर ने कई बड़ी-बड़ी सड़कों का निर्माण किया। इनके किनारे वृक्ष लगवाए गए, सराय बनवाई गईं, जिनमें यात्री ठहरा करते थे। अकबर ने भी शेरशाह की तरह डाक की व्यवस्था की। डाक घोड़े पर ढोई जाती थी।

(7) सामाजिक सुधार : अकबर ने समाज में भी सुधार लाने का प्रयास किया। उसने कानून बनाकर सती प्रथा, बाल विवाह आदि को रुकवा दिया। हिंदू और मुसलमानों को मिलाने के लिए भी उसने कसर बाकी न रखी। खुद उसने हिंदुओं से शादी-ब्याह का नाता जोड़ा। गुलामी प्रथा दूर की गई।

(8) धार्मिक सुधार : अकबर की धार्मिक नीति उदार थी। डॉ. स्मिथ ने सही लिखा है—'अकबर अपनी जवानी के प्रथम प्रहर से ही ईश्वर तथा मनुष्य के संबंध के रहस्य को समझने में बड़ी रुचि लेता था।' उसने फतेहपुर सीकरी में एक इबादत खाना की स्थापना की। यहाँ वह सभी धर्मों की अच्छी-अच्छी बातें सुना

करता था। सभी धर्मों को मिलाकर उसने एक नया धर्म भी चलाया, जो 'दीन-ए-इलाही' कहलाया। वह हिंदू देवताओं की भी पूजा करता था। हिंदुओं पर जो धार्मिक कर लगे थे, उसे उसने हटा दिया।

(9) साहित्य और कला को प्रोत्साहन : यद्यपि अकबर स्वयं पढ़ा-लिखा नहीं था, पर विद्या से उसे प्रेम था। उसका दरबार विद्वानों से भरा पड़ा था। उसके पास एक विशाल पुस्तकालय भी था, जिसमें 28 हजार विभिन्न धर्मों और विषयों से संबंधित पुस्तकें थीं। अकबर ने कई हिंदू धर्म ग्रंथों का अनुवाद फारसी में करवाया। साहित्य के साथ उसने कला को भी प्रोत्साहन दिया। भवन निर्माण कला का सबसे अधिक विकास हुआ। फतेहपुर सीकरी में इबादतखाना, दीवाने खास, बुलंद दरवाजा आदि सुंदर भवन बनाए गए। संगीत कला का प्रसिद्ध गायक तानसेन इसी के दरबार में रहता था।

इस प्रकार अकबर के कुशल शासन में सभ्यता और संस्कृति के प्रत्येक क्षेत्र में आशातीत प्रगति हुई। उसके इसी सुंदर प्रबंध के कारण उसने एक छोटे से साम्राज्य को विशाल रूप दिया, जो उसके मरने के कई सौ वर्ष बाद भी अक्षुण्ण रहा।

प्रश्न : 7 अकबर की राजपूत नीति क्या थी? इस नीति का उसके शासन पर क्या प्रभाव पड़ा? (1959 वा., 1863 पू., 1964 वा.)

प्रश्न : 8 अकबर और राजपूत संबंध की विवेचना कीजिए?

उत्तर :

राजपूत नीति के कारण

अकबर एक दूरदर्शी बादशाह था। उसने इस तथ्य को भलीभाँति समझ लिया था कि भारत में वही शासक सफल हो सकता है, जिसके मित्र राजपूत हों। उसके पूर्वज बाबर और हुमायूँ के समय में राजपूतों की शक्ति समाप्त नहीं हुई थी। राणा सांगा की हार के बाद से राजपूत छिपे-छिपे अपना संगठन कर रहे थे। वीरता और बहादुरी की भी उनमें कमी नहीं थी। साथ ही अकबर के सामने कुछ ऐसी परिस्थिति आई जिसमें राजपूतों को अपना दोस्त बनाना ही उसने उचित समझा—सबसे पहला कारण यह था कि अकबर चारों ओर से परेशानियों से घिरा था। उसका साम्राज्य अभी शैशवावस्था में था, जिसके बहुत से दुश्मन थे यहाँ तक कि मुसलमान अनुयायियों से भी उसे भय था। राजपरिवार चारों ओर से षड्यंत्रों का अखाड़ा बना हुआ था। खुद अकबर का भाई मिर्जा हकीम उसकी जान का दुश्मन बना था। बैरम

खाँ भी, जिसपर अकबर का विश्वास था, बागी बन गया था। अधम खाँ ने मालवा को जीतकर सारा धन हथिया लिया था। इन सभी कारणों से अकबर भीतर-ही-भीतर भयभीत था। इसके अलावा अकबर को सैनिकों की आवश्यकता थी और उसके लिए राजपूत ही योग्य थे राजस्थान की भौगोलिक स्थिति भी ऐसी थी कि अकबर राजपूतों से दुश्मनी मोल ले ही नहीं सकता था, अन्यथा वह सारा जीवन राजपूतों से युद्ध में ही उलझा रह जाता।

बाबर, हुमायूँ ने यद्यपि अफगानों की शक्ति कुचल दी थी, फिर भी वे पूरी तरह नष्ट नहीं हुए थे और उनके विरुद्ध राजपूतों की शक्ति ही लगाई जा सकती थी। अकबर स्वयं राजपूतों की बहादुरी का कायल था और बीरबल, टोडरमल जैसे लोगों की प्रतिभा से काफी प्रभावित भी हुआ था। और सबसे बड़ा कारण तो यह था कि अकबर एक विशाल साम्राज्य की स्थापना करना चाहता था, जिसमें राजपूतों की मदद अनिवार्य थी। राजनीतिक एकता के साथ-साथ अकबर देश में सामाजिक और आर्थिक एकता भी चाहता था। इस कारण भी उसने शासन में राजपूतों को बराबरी का दर्जा दिया। पंडित नेहरू के शब्दों में—'In his old dream of a united India again look shape, united not only pelitically is one slate but organically fused into our people.' अत: इन सभी कारणों से अकबर ने राजपूतों से दोस्ती का हाथ बढ़ाया।

राजपूतों के साथ संबंध

अकबर ने सबसे पहले राजपूतों के साथ वैवाहिक संबंध स्थापित किया। उसने सन् 1562 में अजमेर के राजा बिहारीमल की लड़की से शादी की। दूसरी शादी उसने बीकानेर के रायमल की लड़की से की। बेनियन के शब्दों में—'Such a marriage was a symbol of his errevicuble union with India and her destiness.' अकबर ने राजपूतों को राज्य में ऊँचे-ऊँचे पद दिए। मारमल, भगवानदास, मानसिंह आदि लोगों को सेना में ऊँचा पद दिया गया। इन्हें मनसबदारी भी प्रदान की गई। बीरबल और टोडरमल को भी राज्य में ऊँचा पद मिला। राजपूत राजाओं के साथ उदारता की नीति बरती गई। युद्ध के बाद भी अकबर उन्हें सम्मान देता था। उसने हिंदुओं पर से जजिया कर, तीर्थ यात्राकर आदि हटा दिए और उन्हें धार्मिक स्वतंत्रता प्रदान की। वह हिंदू देवताओं की भी पूजा करता था। उसने कई हिंदू मंदिर भी बनवाए।

परिणाम

अकबर की इस नीति का फल बड़ा लाभदायक हुआ—

(1) राजपूतों ने अकबर के राज्य-विस्तार में कंधा मिलाकर सहयोग दिया।

(2) वैवाहिक संबंध स्थापित होने से दोनों में प्रेम का संचार हुआ। धार्मिक उदारता पाते ही वे अकबर को श्रद्धा की दृष्टि से देखने लगे। जिस शक्ति से अकबर को सबसे अधिक भय था, वही शक्ति उसकी मित्र बन गई।

(3) राजपूतों की देखा-देखी अन्य जितनी भी शक्तियाँ थीं, सब अपने आप झुक गईं।

(4) सांस्कृतिक क्षेत्र में भी राजपूतों ने अपना महत्त्वपूर्ण योगदान दिया।

(5) हिंदू-मुसलिम मिश्रित एक नई सभ्यता और संस्कृति का जन्म हुआ। संक्षेप में, अकबर की राजपूत नीति के महत्त्वपूर्ण परिणाम निकले।

राजपूत नीति के परिणाम

(1) मुगल साम्राज्य विस्तार में राजपूतों का सहयोग।

(2) आपसी प्रेम भाव का विकास।

(3) अन्य शक्तियों का झुकना।

(4) हिंदू-मुसलिम मिश्रित नई संस्कृति का जन्म।

प्रश्न-9 : अकबर की धार्मिक नीति की विवेचना कीजिए।(1963 वा.)

उत्तर :

धार्मिक उदारता के कारण

अकबर के शासन में मूलभूत सिद्धांत ही था धार्मिक सहिष्णुता। अतः उसकी धार्मिक नीति उदार थी। बचपन से ही वह ऐसे वातावरण में पला था, जिससे धार्मिक संकीर्णता उसमें घर न कर सकी। यह सत्य है कि व्यक्ति पर उसके वंश और संस्कार का प्रभाव पड़ता है। अकबर पर भी उसके पूर्वजों का प्रभाव पड़ा। बाबर और हुमायूँ केवल विजेता ही नहीं थे, धर्म के भी पक्के अनुयायी थे। अतः अकबर पर भी उनकी उदारता का असर पड़ा। अकबर की माता हमीदाबानो बेगम धार्मिक खयाल की औरत थी और उसने बचपन से ही अकबर के दिल में उदारता के बीज बो दिए थे।' अकबर की शिक्षा-दीक्षा भी ऐसे वातावरण में हुई थी कि उसकी धार्मिक साहिष्णुता और अधिक विकसित हुई। उसका शिक्षक अनुज अबुफजल

था, जो अपने समय का बहुत बड़ा उदारवादी था। जब अकबर राजपूतों के संपर्क में आया तो उसकी धार्मिक भावना को और अधिक बल मिला। उसकी राजपूत पत्नी ने भी उसे सहिष्णु बनाने में सहयोग दिया। काबुल में सूफी संतों के प्रभाव में आने से भी वह प्रभावित हुआ। संयोग से वह उस साम्राज्य का शासक था, जो शासन हिंदुओं से भरा था। हिंदू जनता धर्मप्रिय थी और अकबर ने अपनी दूरदर्शिता से यह समझ लिया था कि भारत में राज्य की स्थापना बिना हिंदुओं की मदद नहीं हो सकती। अत: उसे हिंदुओं और उनकी धार्मिक भावनाओं का आदर करना पड़ा। इतना ही नहीं, इस समय बौद्ध, जैन आदि धर्मों का प्रचार धड़ल्ले से हो रहा था। इन सभी कारणों से अकबर ने अनुभव किया कि इन विभिन्न धर्मवालों पर शासन करने के लिए धार्मिक संकीर्णता से ऊपर उठना पड़ेगा। वह स्वयं भी उदार था। डॉ. ईश्वरी ने लिखा है, 'अकबर अपनी जवानी के प्रथम प्रहर से ही ईश्वर तथा मनुष्य के संबंध के रहस्यों को समझने में बड़ी रुचि लेता था।'

धार्मिक उदारता

अत: उपर्युक्त सभी कारणों से अकबर ने धार्मिक सहिष्णुता की नीति बरती। उसने सन् 1575 में फतेहपुर सीकरी में एक इबादतखाना की स्थापना की, जहाँ वह विभिन्न धर्मावलंबियों से वार्त्तालाप करके अपनी धार्मिक जिज्ञासा शांत करता था। जैन, पारसी, ईसाई सभी धर्मों की बातों को वह बड़े ध्यान से सुनता था। सभी धर्मों की अच्छी बातों को लेकर उसने एक नया धर्म भी चलाया, जिसे 'दीन-ए-इलाही' कहते हैं। राज्य की ओर से अकबर का यह नया और क्रांतिकारी प्रयास था। प्रत्येक व्यक्ति, चाहे वह किसी भी धर्म अथवा जाति का हो, इसका अनुयायी हो सकता था। दीन-ए-इलाही का सिद्धांत था—ईश्वर एक है और सम्राट् उसका प्रतिनिधि है। इस धर्म में सूर्य और अग्नि की उपासना अनिवार्य थी। संक्षेप में, इस धर्म ने राष्ट्रीय एकता, हिंदू मुस्लिम एकता आदि का सूत्रपात किया। लेकिन यह धर्म प्रचलित नहीं हो सका। डॉ. स्मिथ के शब्दों में—'दीन-ए-इलाही अकबर की मूर्खता का स्मारक है।' लेकिन फिर भी अकबर का यह प्रयास स्तुत्य है। इतना ही नहीं, उसने हिंदुओं पर से जजिया टैक्स तथा तीर्थयात्रा कर जैसे करों को हटा दिया। हिंदुओं से शादी-ब्याह का नाता जोड़कर उसने धार्मिक उदारता का परिचय दिया। उसने आज्ञा निकालकर गोमांस खाने की मनाही कर दी। अपने निजी घर में उसने ब्राह्मण देव रखे तथा

जैन आचार्यों को अपने दरबार में आदर दिया। 'वह ग्रंथ साहिब का भी उतना ही आदर करता था, जितना कुरान शरीफ का।'

इस प्रकार अकबर ने अपनी उदार धार्मिक नीति का परिचय देकर हिंदू, मुसलमान दोनों को मिलाने की चेष्टा की थी। उसका दोष इतना ही था कि वह मुसलमान घर में पैदा हुआ था, अन्यथा हिंदू उसकी पूजा करते थे। वह पहला सम्राट् हुआ, जिसने निश्चय किया कि मेरा साम्राज्य न मुसलमानों का होगा, न हिंदुओं का, न द्रविड़ों का। मेरा साम्राज्य भारतीय साम्राज्य होगा।

प्रश्न-10 : 'अकबर एक महान् सम्राट् था', सिद्ध करें।

(इस प्रश्न के उत्तर के लिए देखें प्रश्न न. 3 और 5। संक्षेप में, अकबर की जीत और शासन प्रबंध लिखकर निम्नलिखित अंश जोड़ दें)

उत्तर : अकबर का स्थान भारत के ही इतिहास में नहीं, विश्व इतिहास में प्रसिद्ध है। वह सही अर्थों में युग प्रवर्तक था और भारत की राजनीतिक दशा में उसने अभूतपूर्व परिवर्तन किया था। उसका व्यक्तित्व भी बड़ा रौबीला था। साहस की उसमें कमी नहीं थी। बड़े-बड़े युद्ध में भी वह बिना किसी हिचक के आगे बढ़ जाता था। उसका स्वभाव नम्र और कोमल था, पर युद्ध में वह भयंकर बन जाता था। उसका अधिकांश समय राजकार्य की देखभाल में ही बीतता था और उसमें से जो समय बचता, उसे वह साहित्य चर्चा में लगाता था। यद्यपि वह निरक्षर था, पर उसकी स्मरणशक्ति बहुत तेज थी। किसी बात को सुनकर ही वह बहुत दिनों तक याद रख लेता था। विद्वानों और साधुओं का वह आदर करता था। उसका दरबार हमेशा विद्वानों से भरा रहता था। उसकी धार्मिक सहिष्णुता ने उसकी प्रसिद्धि और अधिक बढ़ा दी। 'दीन-ए-इलाही' उसके धर्म समन्वय का ज्वलंत उदाहरण है। हिंदू-मुसलमान में एकता लाने के उसके प्रयास स्तुत्य हैं। डॉ. स्मिथ के शब्दों में, 'He was a bron king of men with a rightful claim to rank as one of the gretest soverigns known of history.' साहस और रणकौशल की दृष्टि से उसकी समता नेपोलियन और सिकंदर से की जा सकती है। प्रजापालन में वह अशोक के तुल्य था। साहित्य और कला के दृष्टिकोण से वह चंद्रगुप्त विक्रमादित्य था।' जीते हुए इलाकों का उसने कुशल शासन प्रबंध किया और वहाँ सामाजिक, धार्मिक, सांस्कृतिक एकता लाने का प्रयास किया।

□

जहाँगीर

प्रश्न-1 : जहाँगीर के प्रारंभिक जीवन का उल्लेख करें। उसके राज्य में कौन सी प्रमुख घटनाएँ घटीं? अथवा जहाँगीर की विजय का इतिहास लिखें।

आरंभिक जीवन और राज्याभिषेक

उत्तर : जहाँगीर का जन्म 30 अगस्त, 1567 ई. को हुआ था, बच्चे का जन्म अनेक देवी-देवताओं की मनौती माँगने व तीर्थयात्रा करने के बाद हुआ था। अतः यह अकबर का दुलारा पुत्र था। इसकी शिक्षा-दीक्षा अब्दुर्र रहीम खानखाना की देखरेख में हुई थी। इसने तुर्की, अरबी आदि भाषाओं का अच्छा ज्ञान प्राप्त किया था। लेकिन सद्‌चरित्र युवक न बन सका। इसका आरंभिक नाम सलीम था।

1605 ई. में अकबर की मृत्यु हो गई और सलीम गद्‌दी पर बैठा। उस समय इसकी उम्र 36 वर्ष की थी। गद्‌दी पर बैठते ही उसने अपना नाम 'नुरुद्‌दीन मुहम्मद जहाँगीर बादशाह गाजी' रखा। यद्यपि अपने पिता की दूरदर्शिता इसने नहीं पाई थी, फिर भी उसी की नीति बरती। शासन में स्थिरता और दृढ़ता लाने के लिए उसने कई आदेश जारी किए। कई प्रकार के कर बंद हो गए। मादक वस्तुओं पर रोक लगा दी गई। रोगियों की चिकित्सा, चोर-डाकुओं से प्रजा की रक्षा आदि की इसने सुंदर व्यवस्था की। न्याय के क्षेत्र में जहाँगीर आज भी प्रसिद्ध है। उसने महल के बाहर एक घंटा लगवाया। कोई भी फरियादी जब चाहे इस घंटे को बजाकर अपनी फरियाद राजा को सुना सकता था। धर्म के क्षेत्र में उसने अकबर की नीति का ही अनुसरण किया।

प्रमुख घटनाएँ

(1) खुसरो का विद्रोह : जहाँगीर के राज्य की पहली प्रमुख घटना है खुसरो का विद्रोह। अकबर खुसरो को बहुत चाहता था और खुसरो की उम्मीद थी

कि अकबर की मृत्यु के बाद उसे ही गद्दी मिलेगी। उसके मामा मानसिंह और श्वसुर अजीज कोका के उसे गद्दी पर बैठाने के षड्यंत्र सफल नहीं हुए, अतः जहाँगीर के गद्दी पर बैठने के कुछ महीने बाद ही खुसरो ने पंजाब में विद्रोह का झंडा खड़ा कर दिया। सिखों के पाँचवें गुरु अर्जुन ने भी खुसरो की सहायता की। जहाँगीर ने एक बड़ी फौज लेकर खुसरो पर आक्रमण कर दिया। खुसरो हार गया और पकड़कर जहाँगीर के सम्मुख लाया गया। लेकिन सम्राट् ने उसे क्षमा कर दिया। पर उसके सभी साथी पकड़ लिये गए और उन्हें कठोर सजा दी गई। गुरु अर्जुन की सारी संपत्ति जब्त कर ली गई और उन्हें मृत्युदंड मिला। जहाँगीर का यह कार्य राजनीति की दृष्टि से बहुत बड़ी भूल हुई। सिक्ख, जो आजतक एक शांतिप्रिय जाति थी, मुगल साम्राज्य की प्रबल शत्रु बन गई, जिसके फलस्वरूप आगे चलकर मुगल बादशाहों को बड़ी कठिनाई का सामना करना पड़ा।

(2) नूरजहाँ के साथ ब्याह : जहाँगीर के राजकाल की सबसे प्रमुख घटना है नूरजहाँ के साथ उसका ब्याह। भारत के इतिहास में ऐसी कई औरतें हुई हैं, जिन्होंने तत्कालीन राजनीति को बहुत हद तक प्रभावित किया है। नूरजहाँ ऐसी ही औरत थी। यह अपने जमाने की सबसे खूबसूरत औरत थी। यह अपने पिता के साथ कभी-कभी दरबार जाया करती थी, जो अकबर के दरबार में नौकर थे। वहीं एक दिन जहाँगीर की दृष्टि उस पर पड़ी और वह इससे शादी करने को तैयार हो गया। लेकिन अकबर नहीं चाहता था कि युवराज की शादी एक दासी से हो। अतः उसने नूरजहाँ की शादी अली-कुली बेग से कर दी और उसे बंगाल का नवाब बना दिया। जब जहाँगीर गद्दी पर बैठा तो उस समय बंगाल विद्रोह का अखाड़ा बना हुआ था, अतः जहाँगीर ने कुतुबुद्दीन को उसके विरुद्ध भेजा। युद्ध में अली-कुली बेग मारा गया और नूरजहाँ कैद करके जहाँगीर के महल में भेज दी गई। बाद में जहाँगीर ने उससे शादी कर ली। लेकिन इस शादी का प्रभाव उसके शासन पर बड़ा बुरा पड़ा। नूरजहाँ ने धीरे-धीरे अपने रूप के जाल में जहाँगीर को फँसाकर शासन पर अपना अधिकार जमा लिया। अपने संबंधियों को बड़े-बड़े पद पर बहाल करने लगी। राजमहल षड्यंत्र का अखाड़ा बन गया। दरबार के अमीर, सरदार आदि राज्य के दुश्मन बन गए। शाहजहाँ ने विद्रोह कर दिया। अतः जहाँगीर के शासनकाल में ही चारों ओर विद्रोह और अशांति के लक्षण दिखाई पड़ने लगे।

(3) शाहजहाँ का विद्रोह : आरंभ में खुसरो ने जो बगावत का झंडा खड़ा किया, उसकी देखा-देखी जहाँ-तहाँ कई विद्रोह आरंभ हो गए। नूरजहाँ के कारण इन विद्रोहों को और अधिक बल मिला। उसी की नीति से तंग आकर शाहजहाँ ने

भी विद्रोह कर दिया। नूरजहाँ शहायार को गद्दी पर बैठाने का षड्‌यंत्र रच रही थी, लेकिन शाहजहाँ अपने को गद्दी का हकदार समझता था। नूरजहाँ ने उसे कांधार भेजने की चाल चली, लेकिन 1625 ई. में शाहजहाँ ने विद्रोह कर दिया। लेकिन अंत में उसकी हार हो गई और उसे जहाँगीर से संधि करनी पड़ी।

(4) महावत खाँ का विद्रोह : महावत खाँ जहाँगीर का सेनापति था और वह नूरजहाँ के प्रभाव को स्वीकार करने को तैयार नहीं था। अतः नूरजहाँ उससे जलती थी। आरंभ में तो उसने नूरजहाँ का साथ दिया, लेकिन बाद में तंग आकर उसने भी विद्रोह कर दिया। इतना ही नहीं, उसने कश्मीर जाने के मार्ग में जहाँगीर और नूरजहाँ को कैद भी कर लिया, लेकिन नूरजहाँ चालाकी से जहाँगीर को कैद से छुड़ाकर भाग निकली।

(5) बंगाल का विद्रोह : बंगाल में अभी भी अफगानों का बोलबाला था। अपने खोए साम्राज्य को पाने की आशा में वे यदा-कदा विद्रोह कर बैठते थे। 1612 ई. में उन्होंने पुनः विद्रोह कर दिया। जहाँगीर ने इस्माल खाँ के नेतृत्व में एक सेना भेजी। युद्ध में अफगानों का नेता उस्मान खाँ मारा गया और इस प्रकार अफगानों की शक्ति नष्ट हुई।

(6) मेवाड़ विजय : मेवाड़ विजय जहाँगीर के राज्य की एक महत्त्वपूर्ण घटना है। इसे अकबर ने झुकाने की लाख कोशिश की, पर वह सफल नहीं हुआ था। इस समय राणा प्रताप का पुत्र अमर सिंह मेवाड़ का शासक था। जहाँगीर ने शाहजहाँ के नेतृत्व में एक विशाल सेना यहाँ भेजी। युद्ध में राजपूत संधि करने को तैयार हो गए और मुगलों के मित्र बन गए। राणा को चित्तौड़ का किला वापस मिल गया। उनके पुत्र कर्ण सिंह को पंच हजारी मनसबदार बनाया गया।

(7) अहमद नगर की विजय : अहमद नगर अभी तक एक स्वतंत्र राज्य था। 1608 में जहाँगीर ने पहली बार इस पर आक्रमण किया। दूसरी बार 1616 ई. में पुनः उसने एक बहुत बड़ी सेना भेजी। लाचार होकर वहाँ के शासक मलिक अंबर ने मुगलों से संधि कर ली।

(8) काँगड़ा विजय : इस प्रदेश पर राजपूतों का अधिकार था। इसका दुर्ग पंजाब में एक ऊँची पहाड़ी पर अवस्थित था। अकबर ने इसे झुकाने के कई प्रयत्न किए थे, लेकिन उसे सफलता नहीं मिली थी। जहाँगीर ने इसे भी अपने अधिकार में कर लिया।

(9) कांधार का पतन : कांधार राजनीतिक और व्यापारिक दृष्टि से महत्त्वपूर्ण स्थल था। अकबर ने इस पर अधिकार जमा रखा था। लेकिन उसकी

मृत्यु के बाद वहाँ के शाह ने जहाँगीर को भुलावे में रखा और जिस समय जहाँगीर आंतरिक कलह में लगा हुआ था, शाह ने पुनः कांधार पर अधिकार कर लिया। जहाँगीर आंतरिक कलह के चलते पुनः इस पर अधिकार नहीं कर सका।

(10) यूरोपीय व्यापारी : जहाँगीर के शासनकाल से पहले से ही विदेशी व्यापारी भारत में व्यापार करने आने लगे थे। इस समय पुर्तगालियों और अंग्रेजों में व्यापारिक प्रतिद्वंद्विता चल रही थी। पुर्तगालियों ने जहाँगीर के राज्य में लूटपाट मचाना शुरू कर दिया था। क्रोधित होकर जहाँगीर ने उसके सभी गिरजाघरों को बंद करवा दिया। अंग्रेजों से उसका संबंध अच्छा था।

(11) यूरोपीय यात्री : इस समय बहुत से यूरोपीय यात्री भी भारत आए। 1608 में इंग्लैंड के राजा जेम्स प्रथम ने कैप्टन हॉकिन्स को भारत भेजा था। 1615 ई. में सर टामसमनरो नामक एक दूसरा अंग्रेज यात्री भारत आया। इन यात्रियों ने तत्कालीन भारत का सुंदर वृत्तांत लिखा है।

इस प्रकार जहाँगीर के शासनकाल में कई महत्त्वपूर्ण घटनाएँ घटीं। 1627 ई. में जहाँगीर की मृत्यु हो गई।

प्रश्न-2 : नूरजहाँ कौन थी ? जहाँगीर के साथ उसकी शादी का उसके शासन पर क्या प्रभाव पड़ा ?

उत्तर :

प्रारंभिक जीवन

जिन नारियों ने इतिहास को समय-समय पर प्रभावित किया है, उसमें नूरजहाँ सबसे अधिक महत्त्वपूर्ण है। वह अपने जमाने की बहुत खूबसूरत औरत थी। अपने रूप के बदौलत ही वह एक दासी से महारानी बनी। वह केवल खूबसूरत ही नहीं, दूरदर्शी और महत्त्वाकांक्षी औरत भी थी। उसके प्रारंभिक जीवन के संबंध में कई तरह की कहानियाँ प्रचलित हैं, जिससे असलियत का पता नहीं चलता। उसके बचपन का नाम मेहरुन्निसा था। उसका पिता ग्यासबेग एक मामूली आदमी था। जब वह नौकरी की खोज में भारत आ रहा था तो रास्ते में ही मेहरुन्निसा का जन्म हुआ। ग्यासबेग गरीबी से इतना तंग था कि उसने बच्ची को वहीं छोड़ दिया। लेकिन माँ की ममता नहीं मानी और वे दोनों उसे लेने लौटे। वहाँ उन्होंने एक साँप को उसकी रक्षा करते हुए पाया। पिता ने इसका नाम मेहर (चाँद) रखा। भारत आकर ग्यासबेग को अकबर के दरबार में नौकरी मिल गई। मेहरुन्निसा भी कभी-कभी अपने पिता के साथ दरबार जाती थी। वहीं जहाँगीर की दृष्टि उसपर पड़ी और दोनों एक-दूसरे

को चाहने लगे। जब अकबर को यह बात मालूम हुई तो उसने नूरजहाँ की शादी अलीकुलबेग से कर दी और उसे 'शेरे-अफगान' की उपाधि देकर वर्धमान का नवाब बना दिया।

जहाँगीर से शादी

जब जहाँगीर गद्दी पर बैठा तो वह नूरजहाँ को भूल नहीं सका था। उन दिनों बंगाल विद्रोह का अखाड़ा बना हुआ था। 'शेरे-अफगान' ने भी अपने को स्वतंत्र घोषित कर दिया था। अतः यही मौका देखकर 1607 ई. में जहाँगीर ने कुतुबुद्दीन को शेरे-अफगान के विरुद्ध भेजा। युद्ध में शेरे-अफगान मारा गया और मेहरुन्निसा कैद कर जहाँगीर के पास भेज दी गई। यहीं जहाँगीर ने 1611 ई. में उससे शादी कर ली और उसे 'नूरमहल' (महल की रोशनी) की उपाधि दी। आगे चलकर वह नूरमहल से 'नूरजहाँ' कहलाने लगी।

शादी का शासन पर प्रभाव

नूरजहाँ की शादी से शासन पर बड़ा बुरा प्रभाव पड़ा—अब वह शासन पर अपना अधिकार चाहने लगी। अपने रूप के जाल में जहाँगीर को फाँसकर धीरे-धीरे उसने सारा शासन अपने हाथ में ले लिया। इस प्रकार व्यवहार में अब शासन नूरजहाँ का हो गया। जहाँगीर स्वयं शासन का सारा भार नूरजहाँ के कंधे पर डाल निश्चिंत हो गया। उसका अधिकांश समय अब भोग-विलास में व्यतीत होने लगा। उसने स्वयं लिखा है—'I have sad the empire of hindustan to Nurjahan Beghum For Cup of wine and a piece of meat.' इसका फल यह हुआ कि नूरजहाँ के संबंधियों की बन आई। उसके पिता और भाई आसफ खाँ ने राज्य में ऊँचे-ऊँचे पद हथिया लिये और गद्दी पाने का ख्वाब भी देखने लगे। नूरजहाँ ने एक गुट ही बनाया, जिसका उद्देश्य षड्यंत्र रचकर गद्दी हथिया लेना था। लेकिन उसका यह उद्देश्य सफल नहीं हुआ। शाहजहाँ उसका दुश्मन बन गया और उसने विद्रोह भी खड़ा कर दिया। बड़े-बड़े अमीर और सरदार भी उससे असंतुष्ट हो गए। वह रोज झरोखे से दर्शन देती थी, लेकिन सरदार एक औरत के शासन में रहने को बिल्कुल तैयार नहीं थे। इस सबका फल यह हुआ कि आंतरिक विद्रोह के सारे लक्षण प्रकट होने लगे। शाहजहाँ और महावत खाँ के नेतृत्व में कई विद्रोह हुए और वे दबा दिए गए। इस प्रकार चारों ओर शासन में विद्रोह, षड्यंत्र, दलबंदी आदि का बोलबाला हो गया। जहाँगीर के पुत्रों में भी उत्तराधिकार के प्रश्न पर युद्ध आरंभ हो गया। अतः,

संक्षेप में, नूरजहाँ की शादी से शासन कार्य ढीला हो गया, जिसका परिणाम जहाँगीर को अपने जीवनकाल में ही भुगतना पड़ा।

नूरजहाँ का चरित्र

नूरजहाँ अपने समय की बहुत रूपवती स्त्री थी। राजनीति में भी यह पटु थी। दूरदर्शिता की बदौलत ही यह दासी से रानी बनी थी। उसकी महत्त्वाकांक्षा विशाल थी। प्रकृति से उसको असीम प्यार था। उसका हृदय कोमल और उदार था। वह सामाजिक नारी थी। उसने कवि का दिल भी पाया था। साहस और धैर्य की भी उसमें कमी नहीं थी। उसमें अगर कोई दोष था तो यही कि वह लालची और ईर्ष्यालु थी।

प्रश्न-3 : जहाँगीर की चरित्रगत विशेषताओं का वर्णन करें।

उत्तर : भारत के इतिहास में जहाँगीर का चरित्र बड़ा आकर्षक है। उसके संबंध में विद्वानों में एक मत नहीं है। कुछ लोगों ने उसे विरोधी तत्त्वों का सम्मिश्रण कहा है। उनके अनुसार, उसमें अच्छे और बुरे दोनों प्रकार के गुण विद्यमान थे। कभी वह अत्यंत क्रूर हो जाता था, तो कभी नम्र भी। वेवरिज ने लिखा है, 'जहाँगीर में विचित्र तत्त्वों का सम्मिश्रण था। यदि वह खड़ा होकर जीवित मनुष्य की खाल खिंचवा सकता था तो न्यायप्रेमी भी हो सकता था। उसके चरित्र में कोमलता और क्रूरता, न्यायप्रियता और झक्कीपन, शिवरता और बर्बरता, बुधिमत्ता और लड़कपन का विचित्र सम्मिश्रण था।'

जहाँगीर बहुत बड़ा विद्वान् था। उसे फारसी की अच्छी जानकारी थी। साहित्य, संगीत, चित्र, विज्ञान आदि में वह रुचि लेता था। कवित्व की प्रतिभा उसमें भरी हुई थी। बाग लगवाने का वह शौकीन था और लाहौर में उसने एक सुंदर बाग लगवाया था। अपने परिवारवालों और मित्रों से उसका व्यवहार कोमल और प्रेमपूर्ण था। जहाँगीर सबसे अधिक अपने न्याय के लिए प्रसिद्ध था। न्याय के लिए उसने दरबार में एक जंजीर लटकवा दी थी। इसे कोई भी खींचकर अपनी फरियाद राजा को सुना सकता था। अकबर की तरह धार्मिक मामले में जहाँगीर भी उदार था। अमीर-गरीब में उसने कोई विभेद उपस्थित नहीं किया। एक कुशल सैनिक के रूप में भी उसने अपना परिचय दिया। शासन व्यवस्था में उसने कोई परिवर्तन नहीं किया। वह अकबर की तरह न्यायप्रिय था तो बाबर की तरह दानी था और हुमायूँ की तरह प्रकृति का प्रेमी था। लेकिन वह शराब बहुत पीता था। जब शराब से उसे नशा नहीं होता था तो उसमें अफीम घोल लेता था और नशे की हालत में ही वह कभी-कभी क्रूर कार्य कर लेता था। इतिहासकार सर रियार्ड बर्न ने लिखा है, 'भारतीय राजाओं

में वह एक उदार, भावनापूर्ण, मृगया, ललितकला तथा सुव्यवस्थित जीवन का प्रेमी तथा जनहित चाहनेवाले के रूप में हमारे सामने आता है, जो अपने उत्कृष्ट मानसिक गुणों की अनुपस्थिति में श्रेष्ठतम शासकों के गौरव को न प्राप्त कर सका।'

□

शाहजहाँ

प्रश्न–1 : शाहजहाँ के शासनकाल की प्रमुख घटनाओं का वर्णन करें।
उत्तर :

प्रारंभिक जीवन

शाहजहाँ का जन्म सन् 1582 ई. में लाहौर में हुआ था। बचपन से ही इसकी बुद्धि तेज थी। जहाँगीर इसे बहुत चाहता था। इसकी शिक्षा–दीक्षा की भी अच्छी व्यवस्था हुई। अतः थोड़े ही दिनों में उसने फारसी, हिंदी आदि की जानकारी प्राप्त कर ली। तीर चलाने, घुड़सवारी आदि करने में भी यह पारंगत था। जहाँगीर के शासनकाल में कई बड़े–बड़े युद्ध जीतकर इसने अपने सैनिक गुणों का परिचय दिया। उसके इसी गुण पर प्रसन्न होकर जहाँगीर ने उसे 'शाहजहाँ' की पदवी दी।

राज्याभिषेक

1627 ई. में जहाँगीर के मरने पर नूरजहाँ के षड्यंत्र के परिणामस्वरूप शहरयार ने गद्दी पर अधिकार कर लिया। खुसरो को पहले ही मार डाला गया था। परवेज भी मर चुका था। उस समय शाहजहाँ दक्षिण में था। जब उसको जहाँगीर की मृत्यु का समाचार मालूम हुआ तो वह एक बड़ी फौज लेकर आगरा पहुँचा और शहरयार को कैद कर लिया। नूरजहाँ भी कैद कर ली गई। अंत में 6 फरवरी, 1628 ई. को वह 'अबुल मुजफ्फर शहाबुद्दीन मुहम्मद साहिब–ए–किरान शाहजहाँ गाजी' के नाम से गद्दी पर बैठा।

प्रारंभिक विद्रोह

शाहजहाँ के गद्दी पर बैठते ही कई विद्रोह आरंभ हो गए। पहला विद्रोह खाने जहाँ लोदी ने किया। वह दक्खिन का सूबेदार था, मराठे और राजपूतों से सहायता

पाकर उसने विद्रोह कर दिया। लेकिन 1630 ई. में वह युद्ध करता हुआ मारा गया। दूसरा विद्रोह जुझारसिंह बुंदेला के नेतृत्व में आरंभ हुआ। शाहजहाँ ने इस पर तीन-तीन बार आक्रमण किया। अंत में वह हारकर भाग गया।

पुर्तगालियों से युद्ध

पुर्तगाली व्यापारियों ने हुगली के निकट अपनी कई कोठियाँ बनवाईं। धीरे-धीरे इनकी शक्ति बढ़ने लगी और ये भारतीयों पर अत्याचार भी करने लगे। ये भारतीयों से जबरन टैक्स वसूलते थे और उन्हें जबरन ईसाई बना लेते थे। एक बार उन्होंने मुमताज महल की दो दासियों को पकड़ लिया। शाहजहाँ क्रोध से आगबबूला हो गया और पुर्तगालियों पर आक्रमण कर दिया। इसमें बहुत से पुर्तगाली मारे गए और जो बचे, वे कैद कर लिये गए। उनकी कोठियाँ भी तोड़ दी गईं।

दक्षिण का अकाल

शाहजहाँ के शासनकाल की यह प्रमुख घटना है। 1630 ई. में गुजरात और खानदेश में भीषण अकाल पड़ गया। इस अकाल में लाखों व्यक्ति भूखे मर गए। अब्दुल हमीद लाहौरी ने इस अकाल का वर्णन किया है—'निवासियों को घोर यातनाओं का सामना करना पड़ा। एक-एक रोटी के लिए लोग अपना जीवन बेचने को तैयार थे, लेकिन कोई खरीदनेवाला न था। सड़कें मुर्दों से पट गई थीं और राह चलनी बंद हो गई थी।' यद्यपि बादशाह ने सहायता की पूरी व्यवस्था की, फिर भी बहुत से लोग मर ही गए।

कांधार विजय

जहाँगीर के समय में ही कांधार मुगलों के हाथ से चला गया था। अतः शाहजहाँ ने इस पर पुनः अधिकार करने के लिए कई बार सेना भेजी, लेकिन सफलता नहीं मिली। शाहजहाँ को आर्थिक कठिनाई का सामना भी इस युद्ध के चलते सहना पड़ा। लेकिन कांधार मुगलों के हाथ नहीं आया। इससे मुगलों की प्रतिष्ठा को धक्का लगा।

मध्य एशिया

सन् 1646 ई. में मध्य एशिया में गृहयुद्ध आरंभ हुआ और शाहजहाँ ने इस अवसर से लाभ उठाकर मुराद के नेतृत्व में एक विशाल सेना वहाँ भेजी। वहाँ का

बादशाह वहाँ से भाग खड़ा हुआ और मुगलों को वहाँ अपार संपत्ति हाथ लगी। लेकिन वहाँ की जलवायु मुगलों के अनुकूल न थी, फलत: उन्हें वहाँ से हटना पड़ा। इस प्रकार शाहजहाँ की यह योजना असफल हो गई।

दक्षिण विजय

शाहजहाँ ने दक्षिण भारत को भी जीतने की योजना बनाई, सबसे पहले उसने अहमदनगर पर आक्रमण किया। उस समय वहाँ की राजनीतिक दशा अच्छी नहीं थी, अत: थोड़े ही प्रयास के बाद गोलकुंडा की बारी आई और वहाँ के शासक ने भयभीत होकर शाहजहाँ की अधीनता स्वीकार कर ली। शाहजहाँ ने बीजापुर पर भी तीन ओर से आक्रमण करके उसे अधीनता मानने को लाचार कर दिया।

मुमताज महल की मृत्यु

सन् 1631 ई. में शाहजहाँ की पत्नी मुमताज महल की मृत्यु हो गई। शाहजहाँ उसे बहुत प्यार करता था। उसकी याद में इसने आगरा में यमुना के किनारे एक मकबरा बनवाया, जो ताजमहल के नाम से प्रसिद्ध है।

उत्तराधिकार के लिए युद्ध

मुगलों में उत्तराधिकार का कोई नियम नहीं था, तलवार ही निर्णायक थी। डॉ. दत्त के शब्दों में, 'उत्तराधिकार के लिए मारपीट, भाई-भाई में संघर्ष करना चगताई नस्ल की परंपरा के अनुकूल था। 1658 ई. में शाहजहाँ बीमार पड़ा। उसकी बीमारी की खबर पाते ही उसके चारों पुत्रों में गद्दी के लिए भीषण संघर्ष प्रारंभ हो गया। इस संघर्ष में अंतिम जीत औरंगजेब की हुई। उसने शाहजहाँ को कैद कर लिया और गद्दी पर बैठते ही शासन पर अधिकार कर लिया।

शाहजहाँ का शासन

शाहजहाँ ने गद्दी पर बैठते ही शासन का इतना सुंदर प्रबंध किया कि उसका शासनकाल इतिहास में स्वर्ण युग कहलाया। उसने शासन में अपने दादा अकबर की नीति का अनुसरण किया। प्रजा के कल्याण के लिए सड़कें बनाना आदि कई सार्वजनिक कार्य हुए। सेना का सुंदर ढंग से संगठन किया गया। उसके समय आर्थिक स्थिति संतोषप्रद थी। व्यापार और वाणिज्य को प्रोत्साहन दिया गया। धार्मिक भेदभाव के रहते भी राजा में जनता की भक्ति थी। उसकी न्याय व्यवस्था

सराहनीय थी। सभी को उचित इंसाफ मिलता था। दंड व्यवस्था कठोर थी। संक्षेप में, शाहजहाँ का शासन ऐसा था, जैसा कि पिता का अपने परिवार और पुत्रों पर होता है।'

शाहजहाँ ने साहित्य और कला कौशल की ओर विशेष ध्यान दिया था। उसका बनाया ताजमहल आज भी 'संगमरमर का स्वप्न' कहा जाता है। दिल्ली में जामा मसजिद, मोती मसजिद आदि प्रसिद्ध इमारते बनीं। इस प्रकार शाहजहाँ के शासनकाल में कई महत्त्वपूर्ण घटनाएँ घटीं।

शाहजहाँ के अंतिम दिन

शाहजहाँ के अंतिम दिन सुख में नहीं बीते। औरंगजेब ने उसे कैद में डलवा दिया और उस पर ढेरों जुल्म ढाए। यहाँ तक कि पानी के अभाव में उसे तड़पना पड़ा। 'शाहजहाँ ने भी अपने घमंडी पुत्र को ढोंगी और लुटेरा कहकर चिल्लाते-चिल्लाते सो जानेवाले बच्चे की तरह शिकायत करना छोड़ दिया। अंत में 22 फरवरी, 1666 ई. को उसकी मृत्यु हो गई।

प्रश्न-2 : शाहजहाँ के पुत्रों के बीच उत्तराधिकार के युद्ध का वर्णन करें। (1762 वा., 1766 वा.) अथवा

प्रश्न-3 : औरंगजेब ने किस प्रकार दिल्ली के सिंहासन पर अपना अधिकार जमाया (1758 वा.) ?

उत्तर : मुगलों में उत्तराधिकार का कोई निश्चित नियम नहीं था। तलवार ही इसका निर्णय करती थी। डॉ. दत्त के शब्दों में, 'उत्तराधिकार के लिए मारपीट, भाई में संघर्ष करना चगताई नस्ल की परंपरा के अनुकूल था।' जब 1658 ई. में शाहजहाँ बीमार पड़ा, तब उसके चारों पुत्रों में उत्तराधिकार के लिए भयंकर संघर्ष छिड़ गया।

शाहजहाँ के पुत्र

शाहजहाँ का सबसे बड़ा पुत्र दारा था। यह योग्य, उच्चकोटि का विद्वान् और दार्शनिक था। शाहजहाँ उसे प्यार करता था और अपना उत्तराधिकारी इसे ही मनोनीत किया था। लेकिन यह धार्मिक प्रवृत्ति का था और राजनीति में इसे कोई विशेष दिलचस्पी नहीं थी। अतः वह अच्छा सैनिक और राजनीतिज्ञ नहीं बन सका। प्रो. कानूनगो के अनुसार, 'He was more a philosopher than a politician' परिणामस्वरूप राज्य के अधिकतर अधिकारी इससे संतुष्ट नहीं थे। दूसरा पुत्र शुजा था। इसमें योग्य सेनापति के सभी गुण विद्यमान थे। राजनीति और कूटनीति में यह

पारंगत था, लेकिन यह सुरा और सुंदरी के पीछे ही दीवाना बना रहता था। लेनपूल के अनुसार—शुजा का रनिवास ही उसकी महत्त्वाकांक्षा की कैद बन गया।' औरंगजेब तीसरा पुत्र था। यह दक्षिण का सूबेदार था। अपने सभी भाइयों से यह योग्य था। अपनी सैनिक कुशलता और राजनीतिक दूरदर्शिता का उसने कई बार परिचय दिया था। वरनियर के शब्दों में, 'वह मँजा हुआ शासक और सम्राट् था, जिसमें निपुणता और अद्वितीयता विद्यमान थी।' हंटर के अनुसार, 'उसका जीवन आदर्श होता, यदि उसे अपनी राह से हटाने के लिए उसका पिता न होता, हत्या करने के लिए कोई भाई न होता और दमन तथा अत्याचार करने के लिए प्रजा में हिंदू न होते।' सबसे छोटा पुत्र मुराद था। उस समय वह उत्तर-पश्चिम का सूबेदार था, लेकिन वह हमेशा औरंगजेब के हाथ का खिलौना बना रहा। उसके विषय में लेनपूल ने लिखा है, 'शाहजहाँ का सबसे छोटा पुत्र सिंह की तरह बहादुर था, लेकिन कूटनीति में मूर्ख था। युद्ध क्षेत्र में वह साक्षात् यम बन जाता था तो शराबखाने में सबसे अधिक पीनेवाला।' शाहजहाँ की दो पुत्रियाँ भी थीं। जहानआरा दारा का और रोशनआरा औरंगबेज का पक्ष लेती थी।

शाहजहाँ की बीमारी

सन् 1657 ई. में शाहजहाँ बीमार पड़ा। उसकी बीमारी की खबर पाते ही चारों पुत्र गद्दी के लिए दौड़ पड़े। फिर युद्ध की तैयारी आरंभ हो गई। दारा अपने पिता के साथ आगरा में ही था और शाहजहाँ उसे सम्राट् घोषित कर चुका था। यह देखा-देखी अन्य भाइयों ने अपने को सम्राट् घोषित कर दिया। शुजा और मुराद ने शाह की उपाधि धारण कर ली और अपने-अपने नाम के सिक्के भी चालू कर दिए। शाह शुजा अपने को सम्राट् घोषित कर, एक विशाल फौज लेकर आगरा की ओर चल पड़ा। लेकिन बनारस में दारा के पुत्र सुलेमान ने उसे पराजित कर दिया। शुजा हारकर पुनः बंगाल की ओर भाग गया। औरंगजेब दूरदर्शी था। वह जानता था कि अकेले दारा को परास्त करना कठिन है, अतः वह अवसर की बाट जोह रहा था। इसी समय मुराद ने अपने को अहमदाबाद का सम्राट् घोषित किया और सेना ले आगरा की ओर बढ़ा। औरंगजेब ने यही मौका पाया और मुराद से एक संधि कर ली। यह तय हुआ कि साम्राज्य को वे आपस में बाँट लेंगे। यह भी तय हुआ कि पंजाब, काबुल, कश्मीर और सिंध के इलाके मुराद को मिलेंगे तथा शेष भाग औरंगजेब का होगा। मुराद औरंगजेब की चाल में आ गया और दोनों की सेना मालवा में दीपालपुर के निकट आकर मिल गई।

धरमत का युद्ध

औरंगजेब और मुराद की मिली-जुली सेना आगरे की ओर चल पड़ी। गम्हरिया नदी के पश्चिमी तट पर उसने पड़ाव डाला। जब दारा को यह सूचना मिली तो उसने भी यशवंत सिंह के नेतृत्व में एक विशाल सेना भेजी। 15 अप्रैल, 1658 को उज्जैन से 14 मील उत्तर धरमत के मैदान में दोनों की मुठभेड़ हुई। युद्ध में औरंगजेब की जीत हुई। इससे उसकी प्रतिष्ठा तो बढ़ी ही, युद्ध के बहुत से सामान भी हाथ लगे।' उसकी सैनिक सफलता के यश ने उसे सारे भारतवर्ष में अजेय बना दिया।'

सामूगढ़ का युद्ध

धरमत के युद्ध में विजयी होकर औरंगजेब आगरे की ओर बढ़ा। पुनः दारा ने उसके विरुद्ध सेना भेजी। सामूगढ़ के मैदान में घोर युद्ध के बाद औरंगजेब विजयी हो गया। अब विजयी औरंगजेब ने आगरे में प्रवेश किया। दारा ने दुर्ग की रक्षा का बहुत उपाय किया, लेकिन अंत में औरंगजेब का अधिकार दुर्ग पर हो ही गया। उसने शाहजहाँ को कैद कर लिया और गद्दी पर अधिकार कर लिया। कुछ दिनों के बाद उसने मुराद का भी वध करवा दिया। दारा भी पकड़कर मरवा डाला गया। शुजा का भी अंत इसी प्रकार हुआ और औरंगजेब सच्चे अर्थों में बादशाह बन बैठा।

प्रश्न-4 : शाहजहाँ के पुत्रों के बीच जो उत्तराधिकार युद्ध हुआ, उसके क्या कारण थे? इस युद्ध का क्या परिणाम हुआ?

उत्तर :

शाहजहाँ के पुत्रों के बीच उत्तराधिकार के युद्ध के निम्नलिखित कारण थे—

(1) **पुत्रों में प्रेम का अभाव :** शाहजहाँ के पुत्रों के बीच आपसी प्रेम का अभाव था। प्रत्येक पुत्र एक-दूसरे से जलता रहता था। औरंगजेब परले सिरे का धूर्त, शक्की और ईर्ष्यालु था और अपने भाइयों पर हमेशा विश्वास किया करता था।

(2) **सम्राट् की मृत्यु का भय :** शाहजहाँ के बीमार पड़ते ही सभी भाइयों के दिल में यह शक पैदा हुआ कि यदि शाहजहाँ की मृत्यु हो गई तो दारा गद्दी पर अधिकार जमा लेगा, क्योंकि वह उस समय आगरे में ही था।

(3) **सम्राट् की घोषणा :** बीमार पड़ते ही शाहजहाँ ने दारा को सम्राट् घोषित कर दिया। इस खबर से सभी भाइयों में सनसनी दौड़ गई।

(4) महत्त्वाकांक्षा : शाहजहाँ के सभी पुत्र प्रौढ़ हो चुके थे। सभी को राज-काज की जानकारी भी हो चुकी थी। अतः सभी राज्य पर अधिकार करने की सोच रहे थे।

(5) सेनापति का अभाव : दरबार में अब कोई योग्य सेनापति नहीं बचा था और न ऐसा कोई व्यक्ति ही था जो इन पुत्रों को एक सूत्र में बाँधकर रखता अथवा उन्हें समझाता।

(6) उत्तराधिकारी नियम का अभाव : सबसे बड़ा कारण था उत्तराधिकारी नियम न होना। मुगलों में तलवार ही तख्त का निर्णायक थी। अतः बिना युद्ध के निर्णय हो ही नहीं सकता था। इन्हीं सारे कारणों के चलते शाहजहाँ के बीमार पड़ते ही चारों पुत्रों में गृहयुद्ध आरंभ हो गया। इस युद्ध के कई महत्त्वपूर्ण परिणाम निकले—(1) मुगलों की संपूर्ण शासन व्यवस्था अस्त-व्यस्त हो गई। (2) गृहयुद्ध की आग जब जोरों से फैली तो आसपास के शत्रुओं को मौका मिला और वे भी सिर उठाने लगे (3) शाहजहाँ और जहानआरा को कैदी का जीवन बिताना पड़ा। (4) राज्य की अपार संपत्ति और व्यक्तियों की हानि हुई। (5) दक्षिण के जितने भी राज्य थे, वे बहुत दिनों तक मुगलों की साम्राज्यवादी नीति का शिकार होने से बच गए। (6) औरंगजेब सम्राट् बना, जो योग्य था।

प्रश्न-5 : शाहजहाँ के शासनकाल को स्वर्णयुग क्यों कहा जाता है?

अथवा

प्रश्न-6 : शाहजहाँ के शासनकाल में साहित्य और कला के विकास का वर्णन करें।

उत्तर : जहाँगीर के शासकाल से ही शाहजहाँ को शासन कार्य देखने का मौका मिला था। फलतः जब वह गद्दी पर बैठा तो राज्य का इतना सुंदर प्रबंध किया कि कुछ ही दिनों में राज्य में अभूतपूर्व उन्नति हुई। यहाँ तक कि उसका शासनकाल भारत के इतिहास में स्वर्णयुग कहलाया। लेकिन बहुत से इतिहासकार उसके शासनकाल को स्वर्णयुग मानने के पक्ष में नहीं हैं। उनका कहना है कि शाहजहाँ के शासनकाल से ही मुगल साम्राज्य का पतन होना आरंभ हो गया था। 'उस शान-शौकत तथा राज्य के चमकीले वैभव में पतन के बीज बोए जा चुके थे, जो औरंगजेब के काल में उगे और उसका पतन हुआ।' इस बात में भी अतिशयोक्ति नहीं है कि शाहजहाँ के शासनकाल का अंधकार पक्ष भी है। एक तो उसका चरित्र स्वयं दूषित था। उसने पिता के विरुद्ध विद्रोह किया था तथा खुसरो की हत्या

करवा दी थी। वह दारा को सबसे अधिक चाहता था, जिसका फल गृहयुद्ध हुआ। शाहजहाँ की मध्य एशिया नीति तथा कांधार नीति बिल्कुल असफल रही, जिसका परिणाम उसके राज्य पर बुरा पड़ा। यद्यपि उसने बड़े-बड़े भवन बनवाए, लेकिन साथ ही उसने खजाना भी खाली कर दिया और पीछे जनता कर की मार से दबने लगी। फलस्वरूप उसके राज्य में भयंकर अकाल पड़ा, जिसमें लाखों व्यक्ति मर गए। धार्मिक मामलों में भी वह उदार नहीं था। उसने हिंदुओं के साथ कठोरता का व्यवहार किया। उसकी न्याय व्यवस्था भी कठोर थी। अतः इन सभी तर्कों के आधार पर बहुत से विद्वान् शाहजहाँ के शासनकाल को स्वर्णयुग मानने को तैयार नहीं हैं।

परंतु यह पक्ष कमजोर है। शाहजहाँ के ये सारे दुर्गुण परिस्थितिजन्य थे। अपने पिता एवं भाइयों के साथ उसका जो व्यवहार हुआ, वह उचित ही था, क्योंकि मुगलों में उत्तराधिकार नियम का अभाव था और गद्दी पर हक जमाने के लिए शाहजहाँ तलवार पर ही भरोसा रख सकता था। साधारणतः वह प्रेमी था और अपने परिवार से प्रेम करता था। टर्निया ने लिखा है—'शाहजहाँ इस प्रकार शासन नहीं करता था, जिस प्रकार कि एक राजा अपनी प्रजा पर करता है।' उसके शासनकाल में सामाजिक शांति और सुव्यवस्था थी। दो-दो बार भीषण अकाल पड़ने पर भी शांति भंग नहीं हुई थी। जो दो-चार छोटे-मोटे विद्रोह हुए, उन्हें इस प्रकार कुचल दिया गया कि वे फिर कभी सिर नहीं उठा सके। उसके शासनकाल में किसी बाहरी शत्रु ने आक्रमण नहीं किया।

व्यापारिक दृष्टिकोण से भी शाहजहाँ का शासनकाल महत्त्वपूर्ण है। व्यापार की सुविधा के लिए उसने कई सड़कें बनवाईं और व्यापारियों के माल की हिफाजत की व्यवस्था की। फलतः देश धन्य-धान्य से भर गया। सम्राट् के दरबार के शान-शौकत की कहानी विदेशों में भी प्रसिद्ध थी। शाहजहाँ ने साहित्य और कला की उन्नति की ओर विशेष ध्यान दिया। उसका दरबार विद्वानों का अखाड़ा था। वह स्वयं भी बहुत बड़ा विद्वान् था। कवि और अध्यात्मवादियों के अलावा उसके दरबार में अब्दुल हमीद लाहौरी, काजवीनी, इनायत खाँ आदि प्रसिद्ध इतिहासकार रहते थे। चिंतामणि त्रिपाठी, आचार्य सुंदरदास आदि प्रसिद्ध कवि इसी काल में हुए थे। शाहजहाँ ने शिक्षा के प्रचार-प्रसार के लिए बहुत से शिक्षा केंद्र भी खोले।

उसका पुत्र दारा स्वयं बड़ा विद्वान् था। संस्कृत, अरबी, फारसी आदि भाषाओं के अलावा उपनिषद, गीता का भी वह अच्छा जानकार था। वह हिंदू वेदांत का ज्ञाता था और उसका संपर्क उस काल के प्रसिद्ध सूफियों मुल्लाशाह बुखारी, शेखमुदिबुल्ला आदि से था।

साहित्य के साथ-साथ इस समय संगीत और चित्रकला का भी विकास हुआ। इस समय के चित्र भड़कीले होते थे। शाहजहाँ ने हिंदी में कई सुंदर गीतों की रचना खुद की थी। गाने और बजाने में वह आनंद पाता था। तानसेन का दामाद लाल खाँ जो 'गुमसमुद्र' कहलाता था, इसी समय हुआ था। यह संगीत का बहुत बड़ा ज्ञाता था। पंडित जगन्नाथ और जनार्दन भट्टजी भी संगीत के अच्छे जानकार थे।

भवन-निर्माण कला की दृष्टि से शाहजहाँ का शासन सच्चे अर्थों में स्वर्ण युग था। इस काल में कई सुंदर भवन बनाए गए। किसी ने लिखा भी है, 'Sahjahan was a great builder and he was rightly been called the prince of builders.' उसने अपने नाम से एक नई दिल्ली बसाई। उसके बनाए दीवाने आम और दीवाने खास आज भी प्रसिद्ध हैं। दिल्ली का लालकिला, जामा मसजिद, मोती मसजिद आदि मुगल वास्तुकला की पराकाष्ठा के परिचायक हैं। मुमताज की याद में बना ताजमहल आज भी विदेशियों की आँखें तृप्त करता है। यह 'संगमरमर का स्वप्न' कहलाता है। 'तख्ते ताउस' कला का प्रसिद्ध नमूना था। इसमें हीरे-जवाहरात जड़े थे।

शाहजहाँ की न्याय व्यवस्था भी प्रशंसनीय थी। न्याय के मामले में वह किसी के साथ पक्षपात नहीं करता था। फैसला वह सोच-समझकर देता था। उसके दंड विधान इतने कड़े थे कि कोई अपराध करने का साहस नहीं कर सकता था। इस प्रकार, सभी दृष्टियों से शाहजहाँ का शासनकाल स्वर्णयुग था।

शाहजहाँ का चरित्र

भारत के इतिहास में शाहजहाँ का चरित्र आकर्षक है। उसमें अपने पिता और अपने पुत्र दोनों के गुण मौजूद थे। कुछ मामलों में अगर वह अकबर और जहाँगीर की तरह उदार था, तो कुछ में औरंगजेब की तरह कट्टर भी था। वह महत्त्वाकांक्षी था। उसने एक प्रेमी का दिल पाया था। ताजमहल उसके प्रेम की अमर यादगार है। □

औरंगजेब

प्रश्न–1 : औरंगजेब की दक्षिण नीति के बारे में आप क्या जानते हैं ? इस नीति का उसके शासन पर क्या प्रभाव पड़ा ? (से.बो. 1836 वा.) अथवा औरंगजेब की दक्षिण विजय का इतिहास लिखें।

उत्तर : सन् 1657 ई. में शाहजहाँ बीमार पड़ा। उसके बीमार पड़ते ही उसके चारों पुत्रों में उत्तराधिकार का युद्ध छिड़ गया, जिसमें अंतिम जीत औरंगजेब की हुई। शाहजहाँ को कैद कर उसने गद्दी पर अपना अधिकार जमाया। औरंगजेब पूरा साम्राज्यवादी था और वह संपूर्ण भारत को एक शासनसूत्र में लाना चाहता था। फलस्वरूप उसने विजय अभियान आरंभ किया और एक–एक कर संपूर्ण उत्तरी भारत के राज्य उसके अधीन हो गए। अब उसका ध्यान दक्षिण भारत की ओर गया। आरंभ में उत्तराधिकार के युद्ध में फँसे रहने के कारण उसने दक्षिण की ओर ध्यान नहीं दिया था। गद्दी पर बैठने के बाद भी बहुत दिनों तक वह उत्तर भारत की राजनीति में ही उलझा रहा। फलतः इतने लंबे अरसे में दक्षिण भारत के राजा अपनी शक्ति संगठित कर चुके थे। दक्षिण में शिवाजी के नेतृत्व में मराठों की नई शक्ति का उदय हो चुका था, जो औरंगजेब का सबसे बड़ा सिर दर्द था। दक्षिण के अन्य छोटे-छोटे राजाओं ने भी शिवाजी से संधि कर ली थी और इस प्रकार वे शक्तिशाली बन गए थे। जब औरंगजेब उत्तर भारत की राजनीति से निश्चिंत हुआ, तब उसने दक्षिण की ओर प्रस्थान किया। दक्षिण विजय के तीन उद्देश्य थे। सबसे पहले तो वह अपने पुत्र अकबर को पकड़ना चाहता था, जो शिवाजी की मृत्यु के बाद उनके पुत्र शंभाजी से जा मिला था। दूसरा कारण था मराठों की बढ़ती हुई ताकत को कुचलना और तीसरा कारण था कि औरंगजेब कट्टर सुन्नी था। वह शिया मुसलमानों से घृणा करता था और दक्षिण के सभी राजा शिया धर्म को ही माननेवाले थे, अतः वह इन्हें कुचलना चाहता था। इन सभी कारणों के फलस्वरूप सन् 1681 ई. में औरंगजेब ने एक विशाल सेना लेकर दक्षिण की ओर कूच कर दिया।

बीजापुर

सन् 1685 ई. में औरंगजेब ने बीजापुर पर आक्रमण किया। बीजापुर ने भी मराठों की सहायता पाकर बड़ी बहादुरी से मुगलों का सामना किया। लेकिन अंत में उनकी हार हो गई। वहाँ का सुल्तान सिकंदर कैद कर लिया गया और इस प्रकार बीजापुर मुगल साम्राज्य में मिला लिया गया।

गोलकुंडा

बीजापुर के बाद गोलकुंडा की बारी आई। गोलकुंडा की आंतरिक राजनीति अस्त-व्यस्त थी, अतः उस आंतरिक अशांति से फायदा उठाकर औरंगजेब ने 1687 ई. में गोलकुंडा पर आक्रमण कर दिया। लेकिन 8 महीने की घेराबंदी के बाद भी गोलकुंडा हाथ न आया। तब औरंगजेब ने छल का सहारा लिया। उसने अब्दुलापनी नामक एक उच्चाधिकारी को लोभ देकर अपनी ओर मिला लिया। उसने किले का फाटक खोल दिया और इस प्रकार गोलकुंडा पर भी औरंगजेब का अधिकार हो गया।

मराठे

दक्षिण में शिवाजी की शक्ति बहुत अधिक बढ़ चली थी। वे बीजापुर आदि राज्यों पर आक्रमण करके चौथ, सरदेशमुखी आदि वसूला करते थे। सबसे पहलं औरंगजेब ने अफजल खाँ को इनके विरुद्ध भेजा, लेकिन अफजल खाँ मारा गया। दूसरी बार शाइस्ता खाँ भेजा गया। एक रात बाराती का भेष बनाकर अचानक शिवाजी ने उस पर आक्रमण कर दिया। किसी प्रकार शाइस्ता खाँ अपनी जान बचाकर भाग खड़ा हुआ। अंत में जयसिंह भेजे गए। इन्होंने समझा-बुझाकर शिवाजी को मुगल दरबार में चलने को राजी कर लिया। लेकिन वहाँ पहुँचने पर शिवाजी कैद कर लिये गए। बाद में वे कैद से भी भाग निकले और अपने जीवन भर वे औरंगजेब के सिरदर्द बने रहे। 1680 ई. में शिवाजी की मृत्यु हो गई। उनके पुत्र शंभाजी को औरंगजेब ने युद्ध में हरा दिया और पकड़कर कत्ल कर दिया। इस प्रकार औरंगजेब का साम्राज्य उत्तर से दक्षिण तक फैल गया। पर सच पूछा जाए तो यह स्थिति केवल ऊपर से थी। भीतर-भीतर औरंगजेब दक्षिण में अपना सबकुछ गँवा बैठा था। इस दक्षिण नीति के कई महत्त्वपूर्ण परिणाम निकले।

परिणाम

औरंगजेब ने दक्षिण भारत को जीत तो लिया, पर उसकी इस विजय का परिणाम उसके राज्य के लिए भयानक सिद्ध हुआ। सच पूछा जाए तो यहीं से उसके साम्राज्य का पतन प्रारंभ हुआ। ऊपर से देखने पर भले ही वह सबकुछ पा चुका था, लेकिन भीतर से सबकुछ गँवा चुका था। (1) उसका साम्राज्य अत्यंत विशाल हो गया, लेकिन शासन की व्यवस्था सुंदर न हो सकी। उतने विशाल साम्राज्य का शासन एक जगह से बैठकर करना असंभव हो गया। (2) शासन व्यवस्था में जैसे ही ढिलाई आई कि चारों ओर से इस साम्राज्य के शत्रु मुँह बाए दौड़कर पड़े। अफगान सिख, राजपूत, सभी ने एक साथ विद्रोह कर दिया, जिसका दमन औरंगजेब के लिए असंभव हो गया। (3) आर्थिक दृष्टि से भी इसका परिणाम बुरा निकला। सरकार दिवालिया हो गई। दक्षिण का यह युद्ध 30 वर्षों तक चलता रहा और प्रत्येक वर्ष लगभग 9 लाख मनुष्य तथा तीन लाख पशु मारे जाते रहे। फलत: युद्ध करते-करते खजाना बिल्कुल खाली हो गया। (4) खजाने के खाली होते ही वेतन के अभाव में सैनिकों ने विद्रोह कर दिया और जब औरंगजेब को कोई उपाय न सूझा तो उसने सेना को लूटपाट करने की छूट दे दी। (5) फल यह हुआ कि संपूर्ण साम्राज्य में अराजकता व्याप्त हो गई। (6) बहुत दिनों तक दक्षिण में रह जाने के कारण उत्तर से औरंगजेब का संपर्क टूट गया और उत्तर में भी विद्रोह के लक्षण दिखाई पड़ने लगे। स्थानीय शासक प्रभुत्व संपन्न होते गए। (7) दक्षिण के शिया राज्यों को जीतकर भी औरंगजेब ने अच्छा नहीं किया। ये राज्य उसके लिए कवच के समान थे। जब भी कोई बाहरी आक्रमण होता तो पहले इन राज्यों पर होता। मराठे पहले इन्हीं राज्यों पर आक्रमण करते थे, लेकिन वे अब सीधे औरंगजेब पर आक्रमण करने लगे। साथ ही शिया मुसलमान इसके कट्टर दुश्मन बन गए। (8) मराठों से दुश्मनी मोल लेना भी औरंगजेब की बहुत बड़ी भूल साबित हुई। जिस प्रकार अकबर ने राजपूतों को अपना दोस्त बनाया, उसी प्रकार औरंगजेब ने भी अगर मराठों को अपना दोस्त बनाया होता तो इतना शीघ्र उसके साम्राज्य का पतन नहीं होता। (9) इस समय साहित्य और कला का भी ह्रास हुआ, क्योंकि लगातार युद्ध के कारण उन्हें सरकारी संरक्षण नहीं मिला। संक्षेप में औरंगजेब की दक्षिण नीति पूर्णतया असफल रही। Smith ने ठीक ही लिखा है, 'Deccan was not only the grave of his body, but also of his empire.' (10) लगातार के युद्ध के चलते व्यापार और वाणिज्य भी चौपट हो गया। कृषि की हालत गिर गई और इस सबसे देश को भारी आर्थिक संकट का सामना करना पड़ा। नेपोलियन कहा करता

था, 'स्पेन के फोड़े ने मेरा अंत किया।' उसी प्रकार 'दक्षिण के फोड़े ने औरंगजेब का नाश किया।' उसके मरते ही मुगल साम्राज्य का पतन हो गया।

प्रश्न-2 : औरंगजेब की धार्मिक नीति के बारे में आप क्या जानते हैं ? इस नीति के क्या परिणाम हुए ?

उत्तर : भारत के इतिहास में औरंगजेब का शासनकाल धार्मिक कट्टरता तथा असहिष्णुता के लिए प्रसिद्ध है। यद्यपि प्रारंभ में उसने धार्मिक उदारता दिखलाई थी, पर बाद में इस नीति का उसने त्याग कर दिया। अकबर ने जिस धार्मिक सहिष्णुता का परिचय दिया था, औरंगजेब ने ठीक इसका उल्टा आचरण किया। हिंदुओं के प्रति उसने कठोरता की नीति बरती। जिस प्रकार मुसलमानों के समय में कभी अलाउद्दीन ने हिंदुओं के साथ कठोरता दिखलाई थी, वैसी ही कठोरता का परिचय औरंगजेब ने दिया। अपने राजत्व सिद्धांत को स्पष्ट करते हुए उसने कहा था, 'I was sent into the world by provider is live, labour not for myself, but for him. it is my duty not to think of my own happiness except so far as it is in Separately Commeted with the happiness of my people.' (Berni)

धार्मिक सिद्धांत

औरंगजेब कट्टर सुन्नी था। उसके जीवन का एकमात्र उद्देश्य था—इसलाम धर्म का प्रचार और प्रसार। कुरान में लिखी बातों का पालन करना वह अपना धर्म समझता था और कुरान शरीफ के कानूनों के आधार पर ही उसने राज्य पर शासन किया। गैर-मुसलिम देश में धर्मयुद्ध करना वह अपना कर्तव्य समझता था। दरबार में गाना-बजाना बंद कर दिया गया और सभी गवैये निकाल बाहर कर दिए गए। नैरोवी का उत्सव भी बंद कर दिया गया। राज्य के अधिकारियों को यह आदेश दिया गया कि वे भी कुरान के अनुसार ही अपना जीवन बिताएँ। मूर्ति पूजा को वह घृणा की दृष्टि से देखता था और यही कारण था कि उसने हिंदुओं के मंदिर तोड़ डाले। होली, मुहर्रम आदि अवसरों पर निकलनेवाले जुलूसों पर रोक लगा दी गई। सरकार की ओर से कई पदाधिकारी बहाल किए गए, जिनका काम यह देखना था कि जनता कुरान शरीफ के अनुसार आचरण करती है या नहीं। उसके धार्मिक सिद्धांत की सबसे बड़ी विशेषता थी कि वह जो कहता था, वह स्वयं करता भी था। अपना जीवन वह सादे ढंग से व्यतीत करता था। अपने जमाने के सारे दुर्गुणों से वह अलग था। युद्ध के मैदान में भी नमाज पढ़ने से बाज नहीं आता था। उसकी इस धार्मिक कट्टरता के कारण ही मुसलमानी जनता उसे जिंदा पीर कहती थी।

हिंदुओं के साथ व्यवहार

अपनी धार्मिक कट्टरता के कारण उसने हिंदुओं के साथ कठोरता का बरताव किया। उनके मंदिर तोड़ डाले गए। इस कार्य के लिए उसने कई कर्मचारी बहाल किए। मथुरा, जो मंदिरों की नगरी थी, ध्वस्त हो गई। मथुरा का नाम भी बदलकर उसने इस्लामाबाद कर दिया। सोमनाथ का मंदिर, काशी के विश्वनाथ का मंदिर आदि तोड़ डाले गए और उनकी जगह बड़ी-बड़ी मसजिदें बनाई गईं। मूर्तियों का अपमान किया गया और यह सिलसिला औरंगजेब के जीवनकाल तक चलता रहा। मंदिरों के साथ-साथ हिंदुओं की सभी शिक्षण संस्थाएँ बंद कर दी गईं। इस प्रकार औरंगजेब ने हिंदुओं के धर्म के साथ-साथ उसकी संस्कृति भी नष्ट करने की चेष्टा की।

अकबर ने हिंदुओं पर से जिस जजिया टैक्स को हटा दिया था, औरंगजेब ने उसे पुनः लागू कर दिया। उसकी नीति ही थी कि हिंदुओं से अधिक-से-अधिक धन वसूला जाए, जिससे आर्थिक दृष्टि से वे सरकार के मोहताज रहें। जजिया टैक्स के अलावा तीर्थ कर भी वसूला जाता था। हिंदू व्यापारियों पर दुगनी चुंगी लगा दी गई, जबकि मुसलमान व्यापारी चुंगी से मुक्त थे। इतना ही नहीं, उन्हें सरकारी सेवा से वंचित कर दिया गया। बहुत से हिंदुओं को ऊँचे पदों से हटाकर उनपर मुसलमानों को बहाल किया गया। जो हिंदू इसलाम धर्म को स्वीकार कर लेता था, उसे राज्य में बड़े पद और जागीर भी दी जाती थी।

औरंगजेब ने हिंदुओं पर कई सामाजिक प्रतिबंध भी लगा दिए। होली, दीवाली आदि पर्व रोक दिए गए। उन्हें पालकी, घोड़े, हाथी आदि पर चढ़ने की मनाही कर दी गई। संक्षेप में, जहाँ अकबर ने अपनी धार्मिक सहिष्णुता का परिचय देकर हिंदुओं का विश्वास प्राप्त कर लिया था, वहाँ औरंगजेब ने हिंदुओं को अपना दुश्मन बना लिया। फलस्वरूप जितनी भी प्रमुख हिंदू जाति थी, सभी ने विद्रोह कर दिया। राजपूत जो अबतक मुगल राज्य के स्तंभ थे, उसके घोर दुश्मन बन गए। और इन सबका फल औरंगजेब को अपने जीवनकाल में ही भुगतना पड़ा।

परिणाम : संक्षेप में औरंगजेब की धार्मिक नीति के निम्नलिखित परिणाम हुए—

(1) **जाटों का विद्रोह :** सबसे पहले जाटों ने विद्रोह किया। इनके नेता गोकला, राजाराम और चूरामन थे। लेकिन जाटों का विद्रोह तुरंत दबा दिया गया। गोकला का परिवार मुसलमान बना दिया गया और 1668 ई. में राजाराम की भी मृत्यु हो गई।

(2) **बुंदेलों का विद्रोह :** जाटों की तरह चंपतलाल के नेतृत्व में बुंदेलों ने भी विद्रोह का झंडा खड़ा किया। चंपतलाल की मृत्यु के बाद छत्रसाल ने विद्रोह को जारी रखा और कई बार मुगल सेना को परास्त भी किया।

(3) **सतनामियों का विद्रोह :** सतनामी ब्राह्मण जाति के थे और औरंगजेब की धार्मिक नीति से सबसे ज्यादा असंतुष्ट थे। इन्होंने कई बार मुगल सेना के छक्के छुड़ा दिए। अंत में स्वयं औरंगजेब ने 1882 ई. में इन्हें हराया।

(4) **सिखों का विद्रोह :** अन्य जातियों की तरह सिख भी औरंगजेब के दुश्मन बन गए। वैसे तो जहाँगीर के शासनकाल से ही सिक्ख जाति मुगल राज्य की दुश्मन बनी थी, औरंगजेब की धार्मिक असहिष्णुता से इन्हें और बढ़ावा मिला और इन्होंने खुलेआम विद्रोह का झंडा खड़ा कर दिया। सिक्खों के गुरु तेगबहादुर ने औरंगजेब का सामना किया, लेकिन उन्हें बंदी बनाकर उनका सिर काट लिया गया। इस घटना से सिक्ख लोग और अधिक बिगड़ गए। उनके दसवें गुरु गोविंद सिंह ने औरंगजेब के जीवनकाल तक युद्ध जारी रखा।

(5) **हिंदुओं की बेकारी :** औरंगजेब ने हिंदुओं के साथ जो व्यवहार किया, उसका उन पर बुरा असर पड़ा। उन पर इतना कर लाद दिया गया कि वे दिवालिया हो गए। नौकरी से निकाल बाहर करने के कारण उनमें बेकारी बढ़ गई।

(6) **आर्थिक परिणाम :** आर्थिक दृष्टि से राज्य दिवालिया हो गया। मुसलमानों पर से चुंगी हटा ली गई। मेले, खेल-तमाशे आदि से जो आमदनी होती थी, वह रुक गई। इसलाम धर्म के प्रसार के लिए भी पैसा पानी की तरह बहाया गया और इस सबका बड़ा बुरा असर राज्य पर पड़ा।

(7) **शिया मुसलमानों का विरोध :** औरंगजेब कट्टर सुन्नी था और शिया मुसलमानों से घृणा करता था। इस धार्मिक कट्टरता का फल यह हुआ कि हिंदू ही नहीं, मुसलमान भी उसके विरुद्ध हो गए।

(8) **कला का ह्रास :** औरंगजेब ने अपनी धार्मिक कट्टरता के फलस्वरूप राज्य में संगीत-नृत्य आदि कलाओं पर प्रतिबंध लगा दिया। फलतः इस समय कला का भी काफी ह्रास हुआ।

प्रश्न-3 : औरंगजेब के शासनकाल की प्रमुख घटनाओं का वर्णन करें।

उत्तर :

(1) प्रतिद्वंद्वियों का अंत

अपने पिता को कैद कर औरंगजेब गद्‌दी पर बैठा, पर उसके दुश्मनों की कमी नहीं थी। उसके सभी भाई अभी जीवित थे और गद्‌दी पर अपना हक मानते थे। लेकिन उसने एक-एक कर सभी प्रतिद्वंद्वियों को अपने मार्ग से हटाया। सबसे पहले उसने मुराद को कैद किया। शाहशुजा की हत्या करवा दी गई। दारा को पकड़कर फाँसी पर लटका दिया गया और इस प्रकार अपने भाइयों से वह निश्चिंत हो गया।

(2) राज्याभिषेक

अपने सभी प्रतिद्वंद्वियों को हराकर औरंगजेब गद्‌दी पर बैठा। उसका राज्याभिषेक दो बार हुआ। पहली बार 29 जुलाई, 1652 को सामूगढ़ के युद्ध में विजयी बनने के बाद उसने अपना राज्याभिषेक किया और दूसरी बार 5 जून, 1658 ई. को बड़े धूमधाम से अपना राज्याभिषेक किया। इसने अपना नाम भी बदलकर 'अबुल मुजफ्फर मोहीउद्‌दीन मुहम्मद औरंगजेब आलमगीर' रखा।

आरंभिक सुधार

गद्‌दी पर बैठते ही औरंगजेब ने अपने पूर्वजों की नीति का पालन कर कई सुधार किए। गृहयुद्ध के फलस्वरूप चारों ओर आंतरिक अव्यवस्था फैल गई थी। फौजों और चोर-डाकुओं के चलते खेतीबाड़ी को अपार क्षति पहुँची थी। जनता चुंगी और कई प्रकार के कर के बोझ के नीचे कराह रही थी। फलतः जनता में औरंगजेब के प्रति असंतुष्टि का भाव था। अतः औरंगजेब के लिए जनता का विश्वास प्राप्त करना आवश्यक था। इसके लिए उसने उदारता की नीति बरती। अमीर-गरीब सभी में भारी इनाम बाँटा गया। व्यापार को प्रोत्साहन देने के लिए चुंगी की दर घटा दी गई। जनता पर से कई प्रकार के कर हटा दिए गए। राहजनी, घाट आदि पर लगनेवाला कई प्रकार का कर बिल्कुल हटा दिया गया। बड़े-बड़े पदाधिकारियों को नियंत्रण में लाया गया। हिंदू जनता को खुश करने के लिए उसने कई प्रकार के धार्मिक कर बंद कर दिए। सुन्नी मुसलमानों को खुश करने के लिए सिक्कों पर कलमा खुदवाना तथा नैरोवी का उत्सव बंद

करवा दिया गया। झरोखे से दर्शन देने की प्रथा उठा दी गई। राजपूतों को खुश करने के लिए उन्हें राज्य में ऊँचे-ऊँचे पद दिए गए। जनता की नैतिकता को उठाने के लिए कई प्रकार के कानून बनाए गए। इस प्रकार अपने शासन के आरंभिक काल में ही औरंगजेब ने सुधार की जो नीति अपनाई, उससे उसके शासन की नींव मजबूत हो गई।

औरंगजेब और उत्तर-पश्चिमी एवं पूर्वी सीमा

औरंगजेब पक्का साम्राज्यवादी था। अतः राज्य में आंतरिक शांति स्थापित होते ही उसने साम्राज्य विस्तार का कार्य आरंभ कर दिया। उसके 50 वर्षों के शासनकाल में मुगल साम्राज्य का काफी विस्तार हुआ। भारत की उत्तर-पश्चिमी सीमा पर कुछ कबीली जातियाँ रहती थीं, जो बराबर आसपास के इलाकों में लूटपाट मचाती रहती थीं। इन जातियों में यूसुफजाइयों का सरदार भागू था। इसने सिंध नदी पार कर मुगल साम्राज्य पर भी आक्रमण कर दिया। सन् 1672 में दूसरा विद्रोह आरंभ हुआ। अफरीदी नेता अकमल खाँ ने अपने को स्वतंत्र घोषित कर दिया और धार्मिक युद्ध छेड़ दिया। खटकों ने भी इसी समय विद्रोह का झंडा खड़ा कर दिया। इस विद्रोह को रोकने के लिए महाबतखाँ, सुजातखाँ तथा यशवंत सिंह आदि योद्धा भेजे गए, लेकिन शाही फौज की हार हो गईं। इस हार से औरंगजेब की प्रतिष्ठा को गहरा धक्का लगा। उसने छल का सहारा लेकर और रुपए का लोभ देकर अफगानों को अपनी ओर मिला लिया। इसी प्रकार लोभ में आकर और भी कई विरोधी औरंगजेब से आ मिले। संक्षेप में, औरंगजेब ने 'दो हड्डियों को परस्पर मारकर' तोड़नेवाली नीति अपनाकर विद्रोहियों को ही आपस में लड़ा दिया। फिर भी इन युद्धों में औरंगजेब को काफी परेशानियों का सामना करना पड़ा। बहुत दिनों तक उत्तर में फँसे रहने के कारण दक्षिण में शिवाजी को अपनी शक्ति बढ़ाने का मौका मिल गया।

आसाम पर चढ़ाई

सन् 1658 ई. में कूच बिहार के राजा ने आसाम की राजधानी गोहाटी पर अधिकार कर लिया था। लेकिन 1661 ई. में बंगाल के सूबेदार मीर जुमला ने कूच बिहार और आसाम पर आक्रमण करके उसे अधिकार में कर लिया। पुनः दूसरी बार 1663 ई. में आसाम पर आक्रमण कर उसे पूर्णतः मुगल साम्राज्य में मिला लिया गया।

बंगाल पर चढ़ाई

बंगाल का गवर्नर शाइस्ता खाँ था। उस समय पुर्तगाली डाकू बंगाल में अशांति मचाए हुए थे। शाइस्ता खाँ ने पुर्तगालियों को दबाया और सोन द्वीप पर अधिकार कर लिया। आराकान के राजा से उसने चटगाँव भी छीन लिया। सन् 1661 ई. में दाउद खाँ ने पलामू को जीतकर उसे दक्षिण बिहार में मिला दिया। लद्दाख और तिब्बत के शासकों ने भी औरंगजेब की अधीनता मान ली।

औरंगजेब और राजपूत

औरंगजेब ने राजपूतों के साथ अच्छा सलूक नहीं किया। 1678 ई. में मारवाड़ के राजा यशवंत सिंह के मरने पर औरंगजेब ने उसके राज्य को मुगल राज्य में मिला लिया। फलतः दुर्गादास के नेतृत्व में राजपूतों ने विद्रोह कर दिया। औरंगजेब ने इस विद्रोह को दबाने का भरसक प्रयास किया। कई वर्षो तक दोनों का युद्ध चलता रहा। अंत में औरंगजेब के उत्तराधिकारी बहादुरशाह ने यशवंत सिंह के पुत्र अजितसिंह को राजा स्वीकार कर लिया।

हिंदुओं का विद्रोह

औरंगजेब ने अपनी धार्मिक असहिष्णुता की बदौलत हिंदुओं को अपना शत्रु बना लिया। हिंदुओं पर कई प्रकार के टैक्स लगा दिए गए, उनके मंदिरों और मूर्तियों को तोड़ दिया गया। उन्हें जबरन इसलाम धर्म में मिला लिया गया। फलतः हिंदुओं के कई विद्रोह आरंभ हो गए। बुंदेले, जाट, सतनामियों आदि जातियों ने विद्रोह का झंडा खड़ा कर दिया। सिक्ख मुगल साम्राज्य के सबसे बड़े दुश्मन बन गए। इन विद्रोहों को दबाने में औरंगजेब को काफी धन-जन की हानि उठानी पड़ी।

औरंगजेब और दक्षिण

उत्तर भारत से फुरसत पाकर औरंगजेब ने दक्षिण की ओर अपना ध्यान आकृष्ट किया। दक्षिण में शिया मुसलमानों के कई छोटे-छोटे राज्य थे। औरंगजेब ने बीजापुर, गोलकुंडा आदि सभी राज्यों को एक के बाद एक अपने अधिकार में कर लिया। लेकिन इस विजय का परिणाम उसके शासन के लिए अच्छा सिद्ध न हुआ।

औरंगजेब और मराठे

औरंगजेब के शासनकाल की सबसे महत्त्वपूर्ण घटना है—शिवाजी के नेतृत्व में नई मराठा शक्ति का उदय। शिवाजी ने मुगल साम्राज्य पर आक्रमण करना आरंभ कर दिया। अंत में लाचार होकर औरंगजेब को उनके साथ 'पुरंदर की संधि' करनी पड़ी और उन्हें स्वतंत्र राजा घोषित करना पड़ा।

प्रश्न-4 : औरंगजेब और मराठों के संबंध पर प्रकाश डालें (1858 पू. 1862 पू. 1864 वा 1856 वा.)।

उत्तर :

औरंगजेब के शासनकाल की सबसे महत्त्वपूर्ण घटना है। मराठा शक्ति का उदय। जिस समय औरंगजेब उत्तर भारत में अपने साम्राज्य विस्तार में लगा था, उस समय दक्षिण में शिवाजी के नेतृत्व में मराठों की नई शक्ति का उदय हो रहा था। ये मराठे औरंगजेब के लिए सबसे बड़ा खतरा थे। औरंगजेब अपने जीवन भर इन मराठों से लड़ता रहा, जिसमें उसके अपार धन-जन की हानि हुई, लेकिन हाथ कुछ न आया। जिस प्रकार अकबर ने राजपूतों को अपना दोस्त बनाकर अपनी राजनीतिक कुशलता का परिचय दिया था, उसी प्रकार अगर औरंगजेब भी मराठों को अपना दोस्त बना लेता तो उसके राज्य का पतन इतना शीघ्र कदापि न होता। लेकिन मराठों से शत्रुता मोल लेकर उसने बड़ी भूल की। मराठा जाति बहादुर जाति थी। वह जंगलों और पहाड़ों में छिपकर लड़ती थी, अतः औरंगजेब की स्थल सेना उसे कभी हरा नहीं सकी। इसके विपरीत, ये मराठे मुगल साम्राज्य पर हमेशा आक्रमण करते ही रहते थे और लूटपाट कर पुनः जंगल-पहाड़ों में छिप जाते थे। अंत में तंग आकर औरंगजेब को शिवाजी को स्वतंत्र राजा घोषित करना ही पड़ा।

दक्षिण में शिया मुसलमानों के कई छोटे-छोटे राज्य थे। शिवाजी के नेतृत्व में मराठे इन्हीं राज्यों पर आक्रमण कर इनसे चौथ और सरदेशमुखी वसूला करते थे। इस प्रकार दक्षिण में लूटपाट मचाकर शिवाजी ने अपना दबदबा काफी बढ़ा लिया। जब औरंगजेब को मराठों की इस बढ़ती हुई शक्ति का पता चला तो वह चिंतित हुआ और एक विशाल सेना लेकर उसने दक्षिण की ओर कूच किया। अबतक शिवाजी भी मुगल साम्राज्य पर आक्रमण करने लगे थे।

शाइस्ता खाँ और शिवाजी

शिवाजी की शक्ति को कुचलने के लिए सबसे पहले औरंगजेब ने अपने मामा शाइस्ता खाँ को भेजा। उसे दक्षिण का सूबेदार भी नियुक्त किया। शाइस्ता खाँ

अहमद नगर से प्रस्थान कर रास्ते के सभी किलों पर अधिकार करता हुआ पूना पहुँचा। पूना के आसपास के इलाकों पर भी मुगलों का कब्जा हो गया। शिवाजी ने खुलकर युद्ध करना उचित नहीं समझा। अतः एक रात बाराती का भेष बनाकर वे एकाएक शाइस्ता खाँ पर टूट पड़े। इस अचानक हमले से मुगल सेना घबरा गई और भाग खड़ी हुई। शाइस्ता खाँ भी खिड़की की राह अपनी जान बचाकर भागा लेकिन उसकी चार उँगलियाँ कट गईं। मराठों की इस विजय से उनकी प्रतिष्ठा काफी बढ़ गई।

शिवाजी और जयसिंह

मराठे अपनी इस सफलता पर फूले नहीं समाए। अब उन्होंने सूरत को लूटने का प्रयास किया और सन् 1664 ई. में उन्होंने सूरत को लूट लिया। सूरत एक समृद्धशाली व्यापारिक नगर था। अतः इस लूट में शिवाजी को अपार धन हाथ लगा। औरंगजेब इस घटना से बहुत अधिक चिंतित हुआ और उसने प्रसिद्ध सेनापति जयसिंह को मराठों के विरुद्ध भेजा। जयसिंह बहुत बड़ा कूटनीतिज्ञ था। उसने आसपास के इलाकों के सरदार को मिलाकर चारों ओर से मराठों पर आक्रमण कर दिया। मराठे इतनी बड़ी सेना का सामना नहीं कर सके और लाचार होकर शिवाजी को मुगलों से संधि करनी पड़ी। यह संधि 'पुरंदर की संधि' के नाम से प्रसिद्ध है। इस संधि के अनुसार, यह तय हुआ कि शिवाजी 23 दुर्ग मुगलों को वापस कर देंगे। शिवाजी को यह प्रतिज्ञा करनी पड़ी कि वे हमेशा मुगल साम्राज्य के भक्त बनकर रहेंगे। बदले में औरंगजेब ने शिवाजी के पुत्र शंभाजी को पंचहजारी मनसबदार बनाया और उसे मुगल दरबार में रखा। साथ ही शिवाजी को जागीर प्रदान की गई और उनकी जो हानि हुई थी, उसकी पूर्ति के लिए बीजापुर के इलाके से चौथ और सरदेशमुखी वसूल करने का अधिकार मिला।

शिवाजी का औरंगजेब के दरबार में जाना

'पुरंदर की संधि' के बाद जयसिंह ने शिवाजी को आगरा चलने के लिए राजी कर लिया। लेकिन उनके आगरा पहुँचने पर औरंगजेब उनसे बुरी तरह पेश आया और उन्हें कैद कर लिया गया। किसी प्रकार छल का सहारा लेकर शिवाजी कैद से निकलकर भाग सके और पुनः मुगल राज्य पर आक्रमण करने लगे। बाद में औरंगजेब ने उनसे संधि कर ली। लेकिन शिवाजी ने इस संधि की परवाह न करके पुनः सिंहगढ़, पुरंदर आदि दुर्ग पर अधिकार कर लिया। अंत में औरंगजेब ने उन्हें

राजा मान लिया। 1604 ई. में शिवाजी ने अपना राज्याभिषेक किया और छत्रपति की उपाधि धारण की।

शिवाजी की मृत्यु के बाद उनका पुत्र शंभाजी मराठों का नेता बना, लेकिन औरंगजेब ने उसे पराजित कर दिया और उसके दो पुत्रों को पकड़कर दिल्ली भिजवा दिया गया, जहाँ वे मुगल हरम में ही पाले-पोसे गए। लेकिन इतना सबकुछ होते हुए भी औरंगजेब मराठों को पूर्ण पराजित नहीं कर सका।

प्रश्न-5 : औरंगजेब की राजपूत नीति के बारे में आप क्या जानते हैं? इस नीति का उसके शासन पर क्या प्राभव पड़ा?

उत्तर : राजपूतों ने मुगल साम्राज्य के विस्तार में कंधा-से-कंधा मिलाकर कार्य किया थ। अकबर ने उनके साथ जिस दोस्ती के हाथ को बढ़ाया, राजपूतों ने भी उसका उचित निर्वाह किया। शाहजहाँ के शासनकाल तक वे मुगल साम्राज्य के शक्तिशाली स्तंभ बने रहे, लेकिन औरंगजेब ने अपनी नीति के चलते उन्हें सबसे बड़ा दुश्मन बना लिया। जब उत्तराधिकार का युद्ध आरंभ हुआ था तो राजपूतों ने इस युद्ध में दारा का साथ दिया। अतः औरंगजेब आरंभ से ही राजपूतों से असंतुष्ट था। लेकिन जब तक उसकी स्थिति सुदृढ़ नहीं हुई थी, तब तक तो राजपूतों से मित्रता की नीति कायम रखी। उसने राजपूत सरदारों—जयसिंह, यशवंत सिंह आदि को अपने दरबार में काफी मान और आदर दिया। अन्य कई राजपूत सरदारों को भी राज्य में ऊँचे-ऊँचे पद दिए गए। लेकिन जब औरंगजेब का शासन सुदृढ़ हो गया तो उसने धार्मिक पक्षपात आरंभ किया। वह कट्टर सुन्नी था और इसलाम का समर्थक। फलतः उसने राजपूतों के साथ बुरा सलूक करना आरंभ कर दिया। उन पर कई प्रकार के कर लगा दिए गए। जजिया टैक्स, तीर्थ टैक्स आदि फिर से लागू कर दिए गए। राजपूतों को ऊँचे-ऊँचे पदों से हटा दिया गया। दरबार से उन्हें निकाल बाहर कर दिया गया। जयसिंह और यशवंत सिंह औरंगजेब के कट्टर विरोधी थे, अतः औरंगजेब ने इन दोनों को मरवा डाला। उसने यशवंत सिंह के मरते ही मारवाड़ पर अधिकार कर लेना चाहा और वहाँ के राजपूतों पर जजिया टैक्स लगा दिया। मेवाड़ के राजपूतों ने यशवंत सिंह के पुत्र अजित सिंह को राजा बनाने का आग्रह किया, लेकिन औरंगजेब के कानों पर जूँ तक नहीं रेंगी। उलटे उसने अजित सिंह एवं उनकी माता को कैद करने के लिए सेना भेज दी। औरंगजेब के इस व्यवहार से राजपूतों के क्रोध की आग में घी पड़ गया। वे दुर्गादास के नेतृत्व में मुगल राज्य के खिलाफ संगठित हो गए और आक्रमण की योजना बनाने लगे। तभी औरंगजेब ने मारवाड़ पर आक्रमण किया।

राजपूतों ने बहादुरी के साथ मुगलों का सामना किया, लेकिन अंत में वे हार गए, फिर भी उन्होंने युद्ध जारी रखा।

परिणाम

इस प्रकार औरंगजेब ने अपनी नीति से राजपूतों को अपना दुश्मन बना लिया। अब संपूर्ण राजस्थान मुगल साम्राज्य के विनाश का उपाय ढूँढ़ने लगा, राजपूतों के साथ युद्ध में औरंगजेब की प्रतिष्ठा पर भी धक्का लगा। राजस्थान की मरुभूमि में उसके लाखों सैनिक मारे गए और करोड़ों की संपत्ति बरबाद हो गई। दक्षिण के युद्ध एवं पश्चिमोत्तर प्रांत के युद्ध में भी औरंगजेब को राजपूतों की सहायता न मिली। संक्षेप में, 'धार्मिक अत्याचार और राष्ट्रों के दमन का बीज बोकर जलालुद्दीन अकबर के परपोते ने जो फसल काटी, वह युद्ध तथा शासन दोनों में असफलता की फसल थी।'

प्रश्न-6 : मुगल साम्राज्य के पतन में औरंगजेब कहाँ तक दोषी है?

अथवा

औरंगजेब के कौन से कार्य मुगल राज्य के पतन के कारण हुए?

उत्तर :

औरंगजेब का चरित्र

मुगल बादशाहों में औरंगजेब का चरित्र सबसे अधिक मनोरंजक है। यद्यपि उसके वैयक्तिक चरित्र पर बहुत सारे आक्षेप लगाए गए हैं, फिर भी उसमें कई ऐसे गुण थे, जिसके कारण वह मुगल सम्राटों में अकबर के बाद सबसे अधिक प्रसिद्ध हुआ। साम्राज्य विस्तार की दृष्टि से भी औरंगजेब का शासनकाल प्रसिद्ध है। इस समय तक संपूर्ण भारत मुबल साम्राज्य के झंडे के नीचे आ गया था। औरंगजेब ने शाहजहाँ के शासनकाल में ही कई युद्ध जीतकर अपनी सैनिक प्रतिभा का परिचय दिया था। युद्ध में उसमें अदम्य साहस और अद्भुत वीरता रहती थी, कूटनीति में वह पारंगत था। शासक के रूप में भी उसने आदर्श का परिचय दिया। खजाने पर वह जनता का हक समझता था और अपने निजी खर्च के लिए वह राजकोष से एक पैसा भी नहीं लेता था। अपने दैनिक खर्च के लिए वह कुरान की आयतें नकल करके बेचता था तथा टोपियाँ सीकर बेचता था। मरने से पहले उसने आग्रह किया था कि उसका कफन भी उसकी सिली टोपियाँ बेचकर खरीदा जाए। इस अर्थ में औरंगजेब प्रजा वत्सल था।

उसका आचरण पवित्र था। अपने जमाने के सभी दुर्गुणों से वह दूर था। न तो वह शराब छूता था, न इस प्रकार के किसी दुर्व्यसन का शिकार था। अपने धर्म पर उसकी अटूट आस्था थी। इसलाम धर्म के अनुसार वह पाँच वक्त नमाज अता करता था। युद्धभूमि में भी चमकती तलवारों के बीच वह इस कार्य को नहीं छोड़ता था। टवेरनियन ने लिखा है—'He became thin and magne to which the great faces which he keeps has contributed.' एक अन्य विद्वान् के अनुसार, 'He was simple in his habits and pious in his life. He was absolutely free from vice and from the most innocent pleaoures of the idle rich.'

औरंगजेब इंसाफपसंद बादशाह था। न्याय के सम्मुख वह किसी प्रकार का भेदभाव नहीं करता था। विद्वत्ता की उसमें कमी नहीं थी। अरबी, फारसी, तुर्की आदि भाषाओं का वह अच्छा ज्ञाता था। लेकिन इन सभी गुणों के रहते हुए भी औरंगजेब में कई ऐसे अवगुण विद्यमान थे, जिससे अपने साम्राज्य का सबसे बड़ा दुश्मन वह आप बन बैठा। संक्षेप में, 'औरंगजेब चतुर कूटनीतिज्ञ तो था, परंतु कुशल राजनीतिज्ञ न था। वह एक महान् सैनिक था, परंतु दूरदर्शी नेता न था।' और यही कारण है कि उसके मरने से पहले ही उसका साम्राज्य मर चुका था और अब उसके शक्तिहीन उत्तराधिकारियों के अधीन केवल लाश का चीरा जाना और खत्म होना बाकी था।'

औरंगजेब की भूलें

धार्मिक कट्टरता

औरंगजेब की सबसे बड़ी भूल थी उसकी धार्मिक कट्टरता। अकबर ने इस तथ्य को अच्छी तरह जान लिया था कि भारत में वही राजा टिक सकता है जिसको यहाँ की हिंदू प्रजा का विश्वास प्राप्त हो। इसी कारण उसने हिंदुओं को अपना दोस्त बनाया था।

लेकिन औरंगजेब ने इस तथ्य को जानकर भी भुला दिया। उसके सिर पर इसलाम का भूत सवार था। फलतः उसने हिंदुओं के धर्म पर प्रहार करना आरंभ किया। उसकी धार्मिक असहिष्णुता से ऊबकर हिंदू उसके विरोधी बन गए। (विशेष अध्ययन के लिए देखें—(औरंगजेब की धार्मिक नीति) (2) उसने अपनी धार्मिक कट्टरता से केवल हिंदुओं को ही अपना दुश्मन नहीं बनाया, वरन् मुसलमान भी उसके विरोधी बन गए। वह कट्टर सुन्नी था और शिया मुसलमानों से घृणा करता था। दक्षिण के शिया राज्यों को नष्ट करने का कारण भी औरंगजेब की यही धार्मिक

कट्टरता थी। इन सबका फल यह हुआ कि न तो उसे हिंदू जनता का विश्वास मिला, न मुसलमान जनता का।

(3) अब तक राजपूत मुगल साम्राज्य के सबसे प्रबल स्तंभ थे। अकबर ने राजपूतों के महत्त्व को जानते हुए ही उनसे दोस्ती का हाथ बढ़ाया था। लेकिन औरंगजेब ने राजपूतों को भी अपना दुश्मन बना लिया। फलतः इस बहादुर जाति का सहयोग औरंगजेब को न मिला। (विशेष अध्ययन के लिए देखें—औरंगजेब-राजपूत संबंध) (4) औरंगजेब ने दक्षिण भारत को जीतकर भी भारी भूल की। इसका परिणाम उसके साम्राज्य पर बहुत घातक हुआ। सभी शिया मुसलमान तो उसके दुश्मन हो ही गए, साथ-साथ उसका साम्राज्य इतना विशाल हो गया कि उसका शासन प्रबंध उत्तम ढंग से न हो सका। खजाना अलग खाली हो गया। सैनिकों ने वेतन के अभाव में विद्रोह कर दिया। चारों ओर लूट-पाट और अशांति का वातावरण व्याप्त हो गया। बहुत दिनों तक दक्षिण में रह जाने के कारण उत्तर भारत में भी राजे स्वतंत्र हो गए। सच पूछा जाए तो दक्षिण में केवल औरंगजेब की ही कब्र न खुदी, उसके साम्राज्य की भी कब्र खुद गई। Smith के अनुसार, 'Deccan was not only the grave of his body, but also of his empire. (विशेष अध्ययन के लिए देखें—औरंगजेब की दक्षिण नीति) (5) अगर औरंगजेब इन सभी गलतियों के बावजूद भी मराठों की मदद लेता तो उसके साम्राज्य का इतना जल्द पतन न होता। लेकिन उसने मराठों को भी अपना दुश्मन बना लिया। अपने जीवन भर वह मराठों से लड़ता रहा, लेकिन उन्हें नहीं हरा सका। इस युद्ध का परिणाम भी उसके लिए भयंकर निकला। विशेष अध्ययन के लिए देखें—औरंगजेब-मराठा संबंध) (6) इन सभी अवगुणों के अलावा उसमें कुछ ऐसी व्यक्तिगत दुर्बलता थीं, जिससे भी उसके साम्राज्य को ठेस लगी। वह परले सिरे का शक्की था। यहाँ तक कि कर्मचारियों पर भी अविश्वास करता था। फलतः राज्य के कर्मचारी अपनी क्षमता खो बैठे और शासन व्यवस्था अस्त-व्यस्त होने लगी। शासक के रूप में भी वह असफल रहा। Smith के अनुसार, "When his jhdged as a sovereign, he must be pronouned a failure." उसका हृदय भी क्रूर था। अपने भाइयों के प्रति उसने जो व्यवहार किया, वह मनुष्यता के बाहर था। अतः वह अपनी प्रजा की नजर से गिर गया। अपने इस कठोर व्यवहार पर पश्चात्ताप करते हुए उसने लिखा था, 'बुढ़ापा आ गया है और दुर्बलता बढ़ गई है। मैं अकेला आया और अकेला ही जा रहा हूँ। मैं नहीं जानता मैं क्या हूँ और क्या करता आया हूँ? उन दिनों को छोड़कर,

जो तपस्या में बीते हैं, शेष सभी के लिए पश्चाताप होता है।' मरते समय उसने स्वीकारा था, 'मैं अपने पापों का बोझ उठाए हूँ और मुझे अपने दुष्कर्मों पर खेद है। जो कुछ भी मेरा होना है, होगा, मैं दूसरी दुनिया को जा रहा हूँ।' इस प्रकार औरंगजेब ने अपने कामों से ही अपने साम्राज्य का पतन कर दिया। 'जिस मुगल साम्राज्य के महल को बनाने के लिए बाबर ने झाड़-झंखाड़ साफ किया, हुमायूँ ने जिस महल की नींव डाली, अकबर ने जिस महल का निर्माण किया, जहाँगीर ने जिसे सजाया, सँवारा, शाहजहाँ ने जिस महल में बैठकर आनंद लूटा, उसी महल को औरंगजेब ने मिट्टी में मिला दिया।'

मराठों का उदय

प्रश्न-1 : मराठों के उदय के कारणों पर प्रकाश डालें।

उत्तर : भारतीय इतिहास के रंगमंच पर मराठों का उदय इतिहास की एक महत्त्वपूर्ण घटना है। इस जाति ने भारत की राजनीतिक दिशा ही बदल दी और लगभग सौ वर्षों तक भारत के राजनीतिक जीवन को प्रभावित करती रही। मराठा जाति के संगठन का सारा श्रेय शिवाजी को है। लेकिन इसके पहले से ही मराठे संगठित होने लगे थे। मध्ययुग के प्रारंभ में ही मराठों ने देवगिरि के राजा रामचंद्र के नेतृत्त्व में स्वतंत्रता का युद्ध छेड़ा था। बाद में मुसलमान बादशाह अल्लाउद्दीन ने रामचंद्र को हराकर मराठों की शक्ति छिन्न-भिन्न कर दी। पुनः 18वीं सदी में शिवाजी ने उनकी बिखरी शक्ति बटोरकर उनमें नवजीवन का संचार कर दिया। संक्षेप में मराठों के उत्थान के निम्नलिखित कारण थे—

(1) महाराष्ट्र की भौगोलिक बनावट ने उसकी शक्ति वृद्धि में बहुत बड़ा योगदान दिया। यह इलाका चारों ओर से पहाड़ों, नदियों तथा जंगलों से घिरा हुआ है। पहाड़ियों की गोद में बसे इस इलाके पर आक्रमण करना दुश्मन के लिए आसान न था। अतः यह इलाका हमेशा सुरक्षित रहा और यहाँ के निवासी बाहरी आक्रमण से निश्चिंत होकर अपनी शक्ति बढ़ाने में लगे रहे।

(2) पहाड़ों पर और जंगलों में मराठों ने कई अभेद्य दुर्ग बनवाए थे। कुछ दुर्ग उन्हें प्रकृतिप्रदत्त भी मिले थे। इन दुर्गों तक पहुँचना दुश्मन के लिए असंभव था और इसी में छिपकर मराठे अपना बचाव करते थे।

(3) पहाड़ी इलाका होने के कारण यहाँ कृषि की हालत बिल्कुल खराब थी। फलतः मराठों को अपना पेट भरने के लिए कठिन परिश्रम करना पड़ता था। इस तरह पेट की समस्या ने इन्हें परिश्रमी, स्वावलंबी और साहसी बना दिया।

(4) मराठों में परदे की प्रथा का अभाव था। अतः स्त्रियाँ भी पुरुषों की तरह परिश्रमी और साहसी होती थीं।

(5) इसी समय 16वीं और 17वीं सदी में महाराष्ट्र में धार्मिक क्रांति आई। राजनीतिक क्रांति से पहले सामाजिक और धार्मिक क्रांति होती ही है। वही यहाँ हुआ। इस समय एकनाथ तुकाराम, रामदास आदि कई प्रसिद्ध संत-महात्मा पैदा हुए। इन संतों ने ऊँच-नीच, धनी-गरीब आदि के भेदभाव को अपने उपदेशों से दूर किया तथा जातीय रक्षा का पाठ पढ़ाया। इन सबसे उनमें एकता की भावना आई।

(6) मराठा साहित्य और भाषा से भी इनमें एकता का सूत्रपात हुआ। संत-महात्माओं ने अपने उपदेश मराठी में दिए तथा मराठी साहित्य की रचना की।

(7) मराठों को राजनीति के कार्यों का भी ज्ञान था। उनके यहाँ स्वायत्त संस्था थी, जो शासन चलाती थी।

(8) दक्षिण के राज्यों में मराठे उच्च पदों पर आसीन थे। अतः उन्हें शासन प्रबंध की भी जानकारी थी। युद्ध में मराठों की भी सेना रहती थी। अतः इन्हें युद्ध का भी ज्ञान था। पहाड़ियों में रहने के कारण ये गुरिल्ला युद्ध में सिद्धहस्त थे।

(9) उस समय दक्षिण के जितने भी राज्य थे, वे सब पतन की ओर जा रहे थे। अतः मराठों के लिए उनपर आक्रमण करने का सुंदर मौका था। इस प्रकार मराठे पूर्णरूप से तैयार थे। केवल उन्हें एक नेता चाहिए था।

(10) और तभी शिवाजी का आविर्भाव हुआ। मराठों पर उनका जादू चल गया और वे औरंगजेब के विरुद्ध लोहा लेने को तैयार हो गए।

प्रश्न-2 : शिवाजी के जीवन चरित्र एवं कार्यों का वर्णन करें (1856 वो. 1857 वा. 1858 पू. 1862 पू. 1863 पू. 1865 वा.)।

उत्तर :

प्रारंभिक जीवन

शिवाजी का जन्म 6 अप्रैल, 1627 ई. को शिवनेर के पहाड़ी दुर्ग में हुआ था। इनके पिता शाहजी भोंसले सिसोदिया वंश के थे और बीजापुर राज्य में एक उच्च सैनिक पद पर आसीन थे। इनकी माता का नाम जीजाबाई था। शिवाजी के जन्म के बाद शाहजी अपनी नई जागीर पर चले गए। अतः शिवाजी का बचपन जीजाबाई की देखरेख में ही बीता। जीजाबाई एक आदर्श स्त्री थी। उसने शुरू

से ही शिवाजी को रामायण और महाभारत की वीरतापूर्ण कहानी सुनाकर उनमें शक्ति और साहस भर दिया। दादा कोणदेव, जो उनके गुरु थे, ने उन्हें युद्ध कला में निपुण बना दिया। रामदास ने उनके दिमाग में धर्म के बीज बो दिए। उन्हें हिंदू जाति और संस्कृति का रक्षक बताया। इस प्रकार शुरू से ही शिवाजी में हिंदू धर्म की रक्षा के भाव भर दिए गए थे। शिवाजी को साहित्यिक शिक्षा विशेष रूप से नहीं मिली, पर युद्ध की सभी विधाएँ उन्होंने सीख लीं। जीजाबाई, रामदास, कोणदेव आदि के प्रभाव पड़ने से हिंदू, गौ, ब्राह्मण के प्रति उनमें श्रद्धा पैदा हो गई। फलतः उन्होंने मराठों की बिखरी शक्ति को एकत्र किया और एक हिंदू साम्राज्य के निर्माण का निश्चय किया।

शिवाजी और दक्षिण के राज्य

अपनी शक्ति संगठित करके शिवाजी ने दक्षिण के सुल्तानों को हराने का निश्चय किया। उस समय दक्षिण भारत की राजनीतिक अवस्था डाँवाँडोल थी। सन् 1646 ई. में पहली बार शिवाजी ने बीजापुर के तोरणगढ़ पर कब्जा कर लिया। यहाँ शिवाजी को दो लाख हूण मिले। इस धन से उन्होंने रायगढ़ का किला बनवाया। इसके बाद चकन, कोंडाना, पुरंदर, रोहिंदा, सिंहगढ़ आदि किलों पर अधिकार कर लिया गया। शिवाजी की इन विजयों से बीजापुर का सुल्तान क्रोधित हो गया और उनके पिता शाहजी को कैद कर लिया। अतः लाचार होकर शिवाजी को कोंडाना का किला लौटा देना पड़ा। कुछ समय शांत रहने के बाद उन्होंने 1646 में जाबलि पर अधिकार कर लिया। जाबलि की विजय शिवाजी के जीवन में एक उल्लेखनीय घटना थी, क्योंकि इस विजय के बाद उनके राज्य के दक्षिण-पश्चिम में विस्तार के लिए द्वार खुल गए थे।" अब उनकी सैन्य शक्ति भी पहले से अधिक हो गई।

बीजापुर से संघर्ष

सन् 1657 ई. में औरंगजेब ने बीजापुर पर आक्रमण कर दिया। शिवाजी ने इस समय बीजापुर का साथ दिया और चुनार तथा अहमदनगर के जिलों को लूट लिया। इस लूट में शिवाजी को काफी धन हाथ लगा। लेकिन तभी बीजापुर के सुल्तान ने औरंगजेब से संधि कर ली। लाचार होकर शिवाजी को भी अपना कार्य स्थगित कर देना पड़ा। जब उत्तराधिकार के युद्ध के चलते औरंगजेब आगरा चला गया, तब फिर शिवाजी ने कोंकण पर अधिकार कर लिया।

शिवाजी और अफजल खाँ

शिवाजी की बढ़ती हुई ताकत से बीजापुर काफी भयभीत था। वहाँ के सुल्तान अली आदिल शाह ने अफजल खाँ को शिवाजी के विरुद्ध भेजा। अफजल खाँ ने शिवाजी को बंदी बनाकर लाने की घोषणा की और एक सेना लेकर रास्ते में मंदिरों, दुर्गों को तोड़ता-फोड़ता महाराष्ट्र पहुँचा। लेकिन शिवाजी के विरुद्ध युद्ध करने की हिम्मत उसकी नहीं हुई। अतः उसने छल का सहारा लिया और शिवाजी से गले मिलने की इच्छा जाहिर की। इस बहाने वह शिवाजी का गला दबाकर मार डालना चाहता था। उसने संधि का प्रस्ताव भेजा। शिवाजी भी पक्के खिलाड़ी निकले। वे अफजल खाँ की नीति ताड़ गए और कपड़े के नीचे लोहे का कवच पहनकर उससे मिलने गए। जब दोनों गले मिल रहे थे, तब अफजल खाँ ने उन पर वार कर दिया। लेकिन कवच होने के कारण शिवाजी का बाल बाँका भी नहीं हुआ। उन्होंने अफजल खाँ के पेट में बधनखा घुसेड़ दिया और इस प्रकार उसकी मृत्यु हो गई।

शिवाजी और औरंगजेब

(देखिए, औरंगजेब और शिवाजी संबंध)

अन्य विजय

राज्याभिषेक के बाद शिवाजी ने आर्थिक कठिनाई का अनुभव किया और उसकी पूर्ति के लिए उन्होंने विजय की योजना बनाई, सबसे पहले उन्होंने बीजापुर राज्य के कोली प्रदेश पर आक्रमण किया। फिर बलगान और खानदेश पर आक्रमण करके उसे लूट लिया। अपने राज्य को पश्चिम की ओर बढ़ाने के लिए उन्हें सिद्धियों से संघर्ष करना पड़ा। सन् 1604 में कर्नाटक पर भी अधिकार किया। उसके बाद तंजौर भी उनके अधिकार में चला आया।

शिवाजी का शासन

(देखिए, शिवाजी का शासन प्रबंध)

शिवाजी का चरित्र

भारतीय इतिहास में शिवाजी का चरित्र विवाद का विषय है। जहाँ पहले के इतिहासकारों ने उन्हें लुटेरा सिद्ध किया है, वहीं अनेक विद्वान् उन्हें महान् बताते हैं।

खफी खाँ ने लिखा है, "अपनी जाति में वह साहस और बुद्धि के लिए प्रसिद्ध था और कुटिलता तथा कुचाल में वह शैतान का बच्चा समझा जाता था।" स्मिथ के अनुसार, 'शिवाजी डाकू था और उसके द्वारा निर्मित राज्य डाकू राज्य था।' लेकिन ये सारे भ्रमपूर्ण तथ्य हैं। वास्तव में वह एक आदर्श चरित्र थे। उनका जीवन उज्ज्वल था। अपने परिवारवालों से उन्हें प्रेम था। माता की अपार भक्ति उनमें थी। वह मनुष्यों के जन्मजात नेता थे। सैनिक कुशलता उनमें कूट-कूटकर भरी थी। सेना की बहाली वह स्वयं करते थे। उनकी रणनीति सर्वोत्तम थी। एक बार फारस के बादशाह ने औरंगजेब को लिखा था, 'आप स्वयं को बादशाह कहते हैं। लेकिन शिवा जैसे साधारण जमींदार को भी वश में नहीं कर सकते।'

शासक के रूप में शिवाजी महान् थे। मजूमदार ने लिखा है, 'Shivaji was not during soldirs and a successful riletery congware, but also an enlight was rule of his people.' यह उनकी शासन व्यवस्था ही थी कि उनके मरने के बाद भी बहुत दिनों तक मराठा राज्य स्थापित रहा। उन्होंने धर्म को राजनीति से अलग रखा। वे विद्वानों का आदर करते थे। वैयक्तिक दुर्गुणों से दूर थे। यदुनाथ सरकार के शब्दों में, 'शिवाजी के समान सच्चे वीर राजा की स्मृति संपूर्ण मनुष्य जाति के लिए अमिट ऐतिहासिक विरासत है, जो आनेवाली पीढ़ियों के हृदय को ऊँची-से-ऊँची चेष्टाओं के लिए अनुप्राणित करती है, उनकी कल्पना को प्रज्वलित करती है और उनके मस्तिष्क को उत्साहित करती है।'

प्रश्न-3 : शिवाजी की शासन प्रणाली का वर्णन कीजिए। (1860 वा.)

उत्तर :

भारतीय इतिहास के रंगमंच पर शिवाजी का पदार्पण एक कुशल सेनानायक के रूप में ही नहीं हुआ, वरन् एक सफल शासक के गुण भी उनमें विद्यमान थे। इतिहासकार मजूमदार के शब्दों में, "Shivaji was not marely a daring soldier and a successful military Conquror, but also as rules of his people. अपने न्यायपूर्ण सुशासन तथा प्रजाहित चिंतन के कारण वे High rank in the page of history. कहलाए। यद्यपि अपने समकालीन शासकों की तरह शिवाजी भी स्वेच्छाचारी शासक थे, पर उनका प्रधान उद्देश्य जनता का कल्याण था।

केंद्रीय शासन

शिवाजी ने दृढ़ केंद्रीय शासन की स्थापना की। शासन पर उनका पूर्ण अधिकार था, लेकिन राजकार्य में सहायता देने के लिए एक समिति बनी थी जिसे 'अष्ट प्रधान' कहते थे। इसमें आठ मंत्री होते थे, जो राजा के प्रति उत्तरदायी थे, प्रत्येक मंत्री अपने विभाग की सुव्यवस्था का खयाल रखता था। ये मंत्री निम्नलिखित थे—

(1) पेशवा—यह प्रधानमंत्री था। इसका मुख्य काम संपूर्ण शासन को देखना तथा जनता के सुख-शांति को बनाए रखना था। राजा की अनुपस्थिति में यह सर्वोच्च शासक था।

(2) अमात्य—इसका कार्य राज्य के आय-व्यय का लेखा-जोखा रखना था।

(3) मंत्री—यह व्यक्तिगत परामर्शदाता था। इसका कार्य राजा के दैनिक कार्यों की व्यवस्था करना तथा दरबार की काररवाइयों का विवरण रखना था।

(4) सचिव—यह राजा की ओर से पत्र-व्यवहार करता था। राज्य के पत्रों से संबंधित प्रत्येक कार्यों का दायित्व इसी पर रहता था।

(5) न्यायाधीश—यह न्याय विभाग का सर्वोच्च पदाधिकारी था।

(6) सामंत—यह राजा को विदेशी संबंधों, जैसे युद्ध या संधि की सलाह देता था और विदेशों में अपने राज्य का गौरव बनाए रखता था।

(7) पंडितराव और दानाध्यक्ष—यह धार्मिक कार्यों को उचित ढंग से करवाता था और धार्मिक संस्थाओं को दान देता था।

सेनापति को छोड़कर सभी मंत्री ब्राह्मण होते थे और न्यायाधीश को छोड़कर जरूरत पड़ने पर सभी मंत्रियों को युद्ध में जाना पड़ता था। इन्हें जागीर के बदले नकद वेतन मिलता था।

प्रांतीय शासन

शासन के सुविधा के लिए शिवाजी ने समूचे राज्य को 4 प्रांतों में बाँट दिया था। इन प्रांतों में सूबेदार होते थे, जो प्रांत के सर्वोच्च शासक थे। इनकी नियुक्ति राजा स्वयं करते थे और अपने प्रत्येक कार्यों के लिए यह राजा के प्रति उत्तरदायी थे। प्रांतों में भी अष्टप्रधान की संस्था रहती थी।

स्थानीय शासन

ग्रामीण समुदाय पूर्ण रूप से स्वतंत्र थे। गाँव में लगान वसूल करने के लिए पहले देशपांडे आदि पदाधिकारी होते थे।

ये पदाधिकारी धीरे-धीरे सर्वोच्च बन गए, लेकिन शिवाजी ने इस व्यवस्था को समाप्त कर दिया और लगान वसूल करने के लिए अपने कर्मचारी बहाल किए। संक्षेप में, 'The much many of his administration was simple, but effecient.' बूलाले ग्रैंडफ के अनुसार, 'Under his the admimistration was conducive to the welfare and happeness of the people.'

आर्थिक प्रबंध

राज्य की ओर से संपूर्ण भूमि की माप कराई जाती थी। राज्य उपज का 2/5 भाग कर के रूप में लेता था। यह कर अनाज या रुपया किसी भी रूप में दिया जा सकता था। अकाल या संकट के समय किसानों को बीज और पैसा कर्ज के रूप में दिया जाता था, जिसे किश्तों में वसूला जाता था। कर की वसूली में कड़ाई बरती जाती थी, लेकिन सरकारी अफसर रैयतों पर अत्याचार नहीं कर सकते थे। शिवाजी ने जागीरदारी प्रथा समाप्त कर दी और रैयतवाड़ी प्रथा चलाई। आयात और निर्यात कर से भी राज्य को आमदनी थी, लेकिन आमदनी का मुख्य स्रोत था चौथ और सरदेशमुखी।

सैनिक प्रबंध

शिवाजी के पास एक स्थायी सेना थी, जिसमें 40 हजार घुड़सवार और 9 लाख पैदल सैनिक थे। हाथी, ऊँट भी सेना के अंग थे। उनकी सेना में 1260 हाथी तथा 3000 ऊँट थे। हर दस सिपाही पर एक नायक, पच्चीस नायक पर एक हवलदार आदि होते थे। सेना में तोप और बंदूकें भी थीं। जल सेना में करीब 200 जहाज थे। शिवाजी ने दुर्ग की रक्षा पर भी ध्यान दिया था। उनके पास 240 दुर्ग थे, जिनकी रक्षा के लिए कर्मचारी बहाल थे। सेना इन किलों को 'माँ' कहती थी।

न्याय प्रबंध

शिवाजी की न्याय प्रणाली पुराने ढंग की थी। न्यायालय का अभाव था और न कोई निश्चित नियम थे। गाँव में न्याय का कार्य पंचायत करती थी। न्याय में हिंदू

ग्रंथों, स्मृतियों तथा शुक्राचार्य के बनाए नियमों का पालन किया जाता था। दीवानी और फौजदारी दोनों प्रकार के मुकदमे न्यायाधीश सुनते थे। लेकिन इतना सबकुछ रहते हुए भी न्याय व्यवस्था में कोई नवीनता नहीं थी।

धार्मिक नीति

शिवाजी ने धर्म को राजनीति से अलग रखा। वे सभी धर्मों का आदर करते थे। मुसलमान औरतों के साथ उनका व्यवहार उदार था। उनकी धार्मिक उदारता के संबंध में खफी खाँ ने लिखा है, 'शिवाजी ने यह नियम जारी किया है कि जब उनके सैनिक लूटपाट करें तो वे मसजिद को, कुरान शरीफ को या किसी स्त्री को कोई हानि न पहुँचाएँ।' संक्षेप में धर्म ने कभी शिवाजी को कट्टरता की ओर प्रेरित नहीं किया।

□

मुगल और राजपूत

प्रश्न–1 : मुगलों के साथ राजपूतों के संबंध पर प्रकाश डालें।

उत्तर : भारतीय इतिहास में राजपूत सबसे बहादुर जाति हुई। 7वीं सदी के आरंभ में ही इनकी शक्ति प्रकट हुई और फिर मध्यकाल तक उनका स्थान गौरवपूर्ण रहा। डॉ. वेणी प्र. के शब्दों में, 'विश्व की कोई भी जाति मध्यकालीन भारत के राजपूतों से अभिक गौरवमय इतिहास, अधिक वीरतापूर्ण कृत्य, मान-मर्यादा तथा आत्मसम्मान की उच्चतर भावना रखने का गर्व करने में असमर्थ है।' राजस्थान इनका केंद्र था। यद्यपि तुर्क अफगानों ने इन्हें मिटाने की पूरी कोशिश की, पर वे सफल न हुए। बाद में तो इन्होंने मुगलों को नाको चने चबवा दिए।

बाबर और राजपूत

पानीपत की पहली लड़ाई जीतकर बाबर ने मुगल राज्य की नींव डाली। उस समय मेवाड़ का राणा संग्राम सिंह था। उसने राजपूतों का नेतृत्व किया और पुनः भारत में राजपूतों के राज्य की कल्पना की। यद्यपि कुछ विद्वानों के अनुसार उसी ने बाबर को भारत आने का निमंत्रण दिया था। लेकिन उसने सोचा था कि चंगेज वंश का वंशज बाबर भी उन्हीं की तरह लूटपाट कर वापस चला जाएगा, लेकिन उसका अनुमान गलत निकला। अतः उसने बाबर के खिलाफ तैयारी आरंभ कर दी। बाबर भी तैयार था। फलतः दोनों में खनवा का युद्ध हुआ। युद्ध में राणा सांगा की हार हो गई और राजपूतों की शक्ति को बड़ा आघात पहुँचा। फिर भी बाबर उन्हें पूरी तरह नहीं कुचल सका।

हुमायूँ और राजपूत

शक्ति संगठित कर राजपूत मुगलों पर आक्रमण की योजना बना रहे थे। हुमायूँ चाहता तो राजपूतों को अपना दोस्त बना सकता था और तब उस हालत में उसे

शेरशाह के भय से मारा-मारा नहीं फिरना पड़ता। बहादुरशाह ने जब चित्तौड़ पर आक्रमण किया तो वहाँ के राणा की बहन कर्णवती ने हुमायूँ से सहायता की प्रार्थना की। लेकिन हुमायूँ इस सुनहरे मौके का लाभ नहीं उठा सका। फलतः राजपूत मुगलों के और भी कट्टर दुश्मन बन गए।

अकबर और राजपूत

अकबर ने राजपूतों के साथ सहानुभूति की नीति अपनाई। वह एक दूरदर्शी बादशाह था। उसने यह बात समझ ली कि भारत में राजपूतों को दुश्मन बनाकर कोई भी शासक शासन नहीं कर सकता था। राजपूत बहादुर जाति थी और हिंदुओं का प्रतिनिधित्व करती थी। अकबर के सामने कई ऐसी कठिनाइयाँ उपस्थित हुईं, जिसमें राजपूतों की सहायता और भी आवश्यक हो गई। इन सभी कारणों के परिणामस्वरूप राजपूतों के साथ उसने अपने पूर्वजों की नीति का परित्याग कर दिया और उनसे मित्रता कर ली। उनके साथ वैवाहिक संबंध कायम किए। अंबर के शासक बिहारीमल की पुत्री से शादी की। पुनः 1570 में बीकानेर और जैसलमेर के शासकों के साथ वैवाहिक नाता जोड़ा।

राजपूतों को खुश करने के लिए उन्हें राज्य में ऊँचे-ऊँचे पद दिए, हिंदुओं को धार्मिक स्वतंत्रता मिली। उनपर से जजिया टैक्स, तीर्थ टैक्स आदि माफ कर दिए गए। हिंदू-मुसलिम एकता के लिए उसने दीने इलाही का भी सूत्रपात किया। (विशेष अध्ययन के लिए देखें—अकबर की राजपूत नीति)

अकबर साम्राज्यवादी था, अतः साम्राज्य-विस्तार की लालसा भी उसने नहीं छोड़ी। बहुत से राजपूत राज्य तो शादी-ब्याह के बंधन में ही बँधकर उसके अधिकार में आ गए थे। कुछ ने अकबर से संधि कर ली थी, लेकिन मेवाड़ ने अकबर की अधीनता मानने से इनकार कर दिया था। अकबर ने मेवाड़ पर आक्रमण किया। वहाँ का राजा उदयसिंह भागकर जंगलों में जा छिपा और चित्तौड़ दुर्ग पर अकबर का अधिकार हो गया। लेकिन मेवाड़ अभी भी अजेय था। उदयसिंह के बाद महाराणा प्रताप वहाँ का शासक बना। वह जीवन भर मुगलों से युद्ध करता रहा, लेकिन उनकी अधीनता स्वीकार नहीं की। सन् 1576 ई. में हल्दीघाटी का युद्ध हुआ। इस युद्ध में महाराणा प्रताप ने वीरता का परिचय दिया, लेकिन 9 लाख मुगलों के सामने मुट्ठीभर राजपूत क्या करते? महाराणा प्रताप हारकर जंगल में चले गए। वहाँ पच्चीस वर्षों तक मुसीबतें झेलते रहने के बाद भी उन्होंने अकबर की अधीनता नहीं मानी।

जहाँगीर और राजपूत

जहाँगीर ने अकबर की नीति का ही अनुसरण किया, लेकिन मेवाड़ के प्रति उसने आक्रमण की नीति अपनाई। इस दृष्टि से अकबर के अधूरे काम को वह पूरा करना चाहता था। उसने 1605 में पहला और 1608 में दूसरा आक्रमण किया। लेकिन दोनों ही युद्धों में उसे विशेष सफलता नहीं मिली। अंत में 1615 ई. में मुगलों की जीत हुई। अमरसिंह ने मुगलों से संधि कर ली। जहाँगीर ने उसका सम्मान किया और उसका राज्य लौटा दिया। इतना सबकुछ होते हुए भी जहाँगीर के शासन के उत्तरार्ध में नूरजहाँ की नीति के चलते राजपूतों से उसके संबंध खराब हो गए।

शाहजहाँ और राजपूत

अब तक के सभी राजाओं ने धर्म को राजनीति से अलग रखा था, लेकिन शाहजहाँ ने राजनीति में धर्म को घुसेड़ दिया। फलतः राजपूतों की सहानुभूमि मुगल साम्राज्य से हटने लगी। फिर भी इस समय तक राजपूत पूरी तरह मुगलों की अधीनता में आ गए थे। यहाँ तक कि एक बार चित्तौड़ के शासक ने किले की मरम्मत शुरू की तो शाहजहाँ बिगड़ पड़ा और राणा को क्षमा माँगनी पड़ी। लेकिन अभी भी दरबार में राजपूतों का सम्मान था। जोधपुर के राधा यशवंत सिंह और जयपुर के राणा जयसिंह का दरबार में काफी मान था। उत्तराधिकार के युद्ध में राजपूतों ने दारा का साथ दिया था।

औरंगजेब और राजपूत

औरंगजेब के गद्‌दी पर बैठते ही मुगलों के साथ राजपूतों के संबंध में असाधारण परिवर्तन आया। औरंगजेब ने अपने पूर्वजों की नीति छोड़ दी और अपने कार्यों से उसने राजपूतों को अपना दुश्मन बना लिया। उत्तराधिकार के युद्ध में राजपूतों ने दारा का साथ दिया था और तभी से औरंगजेब उनसे असंतुष्ट था। अतः अपनी स्थिति सुदृढ़ होते ही उसने यशवंत सिंह और जयसिंह को मरवा डाला। उसने मारवाड़ को भी मुगल साम्राज्य में मिलाने की कोशिश की और उस पर अधिकार करके वहाँ के हिंदुओं पर फिर से जजिया टैक्स लगा दिया। राजपूतों ने उससे आग्रह किया कि वह यशवंत सिंह के पुत्र अजीत सिंह को मारवाड़ का शासक स्वीकार कर ले, लेकिन औरंगजेब के कानों पर जूँ तब नहीं रेंगी। फलतः धर्म, देश, राजा सबको खतरे में देखकर राजपूत दुर्गादास

के नेतृत्व में आक्रमण की तैयारी करने लगे। दुर्गादास ने अजित सिंह को छिपा दिया। औरंगजेब ने यद्यपि मारवाड़ को जीत लिया, लेकिन राजपूत हमेशा उससे लड़ते ही रहे। संक्षेप में, औरंगजेब की राजपूत नीति असफल रही। (विशेष विवरण देखें—औरंगजेब की राजपूत नीति)

□

मुगल और उत्तर-पश्चिमी सीमा

प्रश्न-1 : मुगलों की उत्तर-पश्चिमी सीमा संबंधी नीति का वर्णन करें।

उत्तर : भारत के इतिहास में उत्तर-पश्चिमी सीमा का विशेष महत्त्व है। भारत में जितने भी साम्राज्य बने, सभी के लिए यह सिरदर्द रहा। इसका सबसे बड़ा महत्त्व इस कारण रहा है कि इससे होकर ही भारत में विभिन्न जातियों का आगमन हुआ है। इसको छोड़कर भारत पर आक्रमण करने का और कोई आसान मार्ग न था। यहाँ की पहाड़ियाँ बहुत नीची हैं और उनके बीच में दर्रे को पार कर सफलतापूर्वक भारत में प्रवेश किया जा सकता था। खुद मुगल इसी राह होकर भारत आए थे। अत: इस सीमा की सुरक्षा का उन्होंने हमेशा खयाल रखा। पहाड़ी इलाका होने के कारण यहाँ के निवासियों का भरण-पोषण नहीं हो पाता था, अत: लूटपाट करके वे जीवन निर्वाह करते थे और सीमा पार हमेशा अशांति पैदा करते रहते थे। यहाँ की जातियाँ स्वतंत्रताप्रिय थीं। कभी किसी के अधीन वे नहीं रही थीं। व्यापारिक दृष्टि से भी इस प्रदेश का महत्त्व था। कंधार सामरिक दृष्टि से महत्त्वपूर्ण था। काबुल के शासक के लिए कांधार पर अधिकार करना जरूरी था। 14वीं सदी में जब पुर्तगालियों ने हिंद महासागर पर अधिकार कर लिया, तब कांधार का महत्त्व और अधिक बढ़ गया। उस समय तुर्की, फारस, मध्य एशिया और भारत के व्यापार का केंद्र कांधार ही था। 16वीं सदी में भारत और फारस दोनों देशों में दो नवीन राज्य कायम हुए और दोनों ही कांधार पर अधिकार करने को सोचने लगे। इन सभी कारणों से कांधार का महत्त्व अधिक बढ़ गया था और मुगलों के लिए इस सीमा की सुरक्षा का खयाल रखना आवश्यक था।

बाबर, हुमायूँ और कंधार

16वीं शताब्दी में मुगलों में और फारस के बादशाह में कांधार को लेकर युद्ध छिड़ गया। सन् 1522 में बाबर ने कांधार को छीन लिया। लेकिन उसकी मृत्यु के

बाद हुमायूँ ने कांधार को जागीर के रूप में कामरान को दे दिया। हुमायूँ की यह बड़ी भूल थी। शेरशाह से हारकर भागते हुए वह फारस पहुँचा और वहाँ के शाह को कांधार देने का वचन देकर उससे सहायता माँगी। लेकिन बाद में जब वह दिल्ली की गद्‌दी पर बैठा तो वह अपने वचन से मुकर गया।

अकबर और पश्चिमोत्तर सीमा

1558 ई. में फारस के शाह ने अकबर की आंतरिक अव्यवस्था से फायदा उठाकर कांधार जीत लिया। इस समय काबुल का शासक मिर्जा हकीम था। वह दिल्ली पर अधिकार करना चाहता था और इसी उद्‌देश्य से उसने पंजाब पर आक्रमण भी किया, लेकिन हार गया। सन् 1585 में उसकी मृत्यु के बाद अकबर ने संपूर्ण काबुल को मुगल साम्राज्य में मिला लिया।

उजबेगों और यूसुफजइयों का दमन

उत्तर-पश्चिमी सीमा पर कई जातियाँ थीं, जो उपद्रव मचाया करती थीं। अकबर ने इन जातियों पर आक्रमण कर दिया। उजबेगों और यूसुफजइयों के विरुद्ध उसने बीरबल और जानी खाँ को भेजा, लेकिन दोनों सेनापतियों की पारस्परिक कलह के कारण यह सेना हार गई। इसके बाद टोडरमल और मुराद भेजे गए। इस बार यूसुफजइयों का दमन कठोरतापूर्वक कर दिया गया। एक अन्य जाति रोशनिया का भी कठोरतापूर्वक दमन कर दिया गया।

कांधार पर अधिकार

इस समय कांधार का शासक हुसैन मुजफ्फर था। उजबेगों के आक्रमण से तंग आकर सन् 1585 में उसने कांधार अकबर को दे दिया, इससे मुगल साम्राज्य की स्थिति बहुत दृढ़ हो गई।

जहाँगीर और कांधार

कांधार पर मुगलों के अधिकार को फारस का शाह सहन नहीं कर सका, लेकिन जब तक अकबर जिंदा रहा, वह चुप रहा। सन् 1606 ई. में जब जहाँगीर के विरुद्ध खुसरो ने विद्रोह किया तो इस आंतरिक अव्यवस्था का लाभ उठाकर उसने कांधार पर आक्रमण कर दिया, लेकिन उसे सफलता नहीं मिली। अब उसने कूटनीति का सहारा लिया और जहाँगीर से मित्रता का दिखावा करके उसे बहुत

दिनों तक भुलावे में रखा। 1622 में जब जहाँगीर और नूरजहाँ कश्मीर में थे तो शाह ने मौका देखकर कांधार पर अधिकार कर लिया। इसी समय खुर्रम ने भी विद्रोह कर दिया। फलतः जहाँगीर खुर्रम के विद्रोह को दबाने में ही लगा रहा और कांधार उसके हाथ से निकल गया।

शाहजहाँ और कांधार

इस समय कांधार का शासक अली मर्दान था, जो शाह का प्रतिनिधि था। शाहजहाँ ने उसे अपनी ओर मिलाना चाहा और उसे मौका भी मिल गया। किसी कारणवश शाह को अली मर्दान पर शक हो गया और उसे कैद करना चाहा। जब अली मर्दान को यह सूचना मिली तो उसने शाहजहाँ से संधि कर ली और उसे कांधार दे दिया। इसी समय वल्ख और बदखशाँ के घरेलू युद्ध से फायदा उठाकर शाहजहाँ ने उस पर भी अधिकार कर लिया। लेकिन इस युद्ध में शाह की भारी हानि हुई और कांधार पुनः उसके हाथों से निकल गया। बाद में शाहजहाँ ने तीन-तीन बार कांधार पर घेरा डाला, पर उसे ले नहीं सका।

औरंगजेब और पश्चिमोत्तर सीमा

इस समय तक पहाड़ी जातियाँ पुनः उत्पात मचाने लगी थीं। प्रारंभ में औरंगजेब ने उसके साथ संधि करना उचित समझा और इसी उद्देश्य से उसने अपने दूत भी इन देशों में भेजे। लेकिन 1667 में भागू के नेतृत्व में यूसुफजइ जाति ने विद्रोह कर दिया और सिंध नदी पार कर मुगलों पर आक्रमण कर दिया। सन् 1642 में अकमल खाँ के नेतृत्व में अफरीदियों और खुशहाल खाँ के नेतृत्व में खटकों ने भी विद्रोह का झंडा खड़ा कर दिया। औरंगजेब ने महाबत खाँ और सुजात खाँ को इनके विरुद्ध भेजा, लेकिन उसे सफलता नहीं मिली। अंत में औरंगजेब को स्वयं वहाँ जाना पड़ा। उसने कूटनीति का सहारा लेकर अफगानों को आपस में लड़ा दिया। इस प्रकार दो हड्डियों को परस्पर मारकर तोड़ने की नीति अपनाकर औरंगजेब ने वहाँ शांति की स्थापना की।

औरंगजेब ने सीमांत प्रदेशों पर किसी प्रकार विजय तो पाई, लेकिन उसका परिणाम उसके साम्राज्य के लिए हितकर नहीं हुआ। एक तो धन का अपव्यय हुआ और उसका खजाना खाली हो गया। इसके राजनीतिक परिणाम भी सुखकर नहीं हुए। मुगलों की प्रतिष्ठा को गहरा आघात लगा। अफगान मुगल के दुश्मन बन गए और औरंगजेब को इनके विरुद्ध राजपूतों की सहायता नहीं मिली। इस ओर लगे

रहने के कारण औरंगजेब शिवाजी की ओर भी विशेष ध्यान नहीं दे सका, अतः मराठों की शक्ति काफी बढ़ गई। संक्षेप में, अफगान और अफरीदियों ने औरंगजेब को बेकार के युद्धों में फँसाकर मराठों की सहायता की।

मुगल और सिक्ख

प्रश्न-1 : मुगल और सिक्ख संबंध पर प्रकाश डालें।

गुरु गोबिंद सिंह की मृत्यु काल तक सिक्खों के उत्थान का वर्णन कीजिए।

गुरु गोबिद सिंह ने सिक्खों को किस प्रकार संगठित किया? बिहार राज्य से उसका किस प्रकार का संबंध है?

जहाँगीर के शासनकाल से लेकर औरंगजेब तक के सिक्खों के संबंध पर प्रकाश डालें (1860 पू. 1836 वा. 1866 वा.)।

उत्तर :

सिक्ख जाति का उदय

मध्यकालीन भारत के इतिहास में सिक्ख संप्रदाय का उदय एक महत्त्वपूर्ण घटना है। यह संप्रदाय हिंदू धर्म का ही अंग है। सिक्ख शब्द का अर्थ होता है, 'शिष्य'। 14वीं-15वीं सदी से पूर्व इस संप्रदाय का कोई चिह्न नहीं था। लेकिन इस शताब्दी में भारत में धार्मिक आंदोलन प्रारंभ हुए और इसी समय इस संप्रदाय का जन्म हुआ। आगे चलकर सिक्खों ने भारत की राजनीति को बहुत हद तक प्रभावित किया।

इस संप्रदाय के प्रवर्तक गुरु नानक थे। इनका जन्म सन् 1467 ई. में पंजाब के तलवंडी नामक गाँव में हुआ था। आजकल यह स्थान ननकाना नाम से प्रसिद्ध है। इनके पिता कालू खत्री जाति के थे। नानक ने एक ऐसे धर्म की स्थापना की, जो जाति-पाँति, बहुदेववाद तथा धार्मिक आडंबर से बहुत दूर था। उनका सिद्धांत था, 'जाति-पाँति पूछै ना कोई, हरि को भजै सो हरि को होई।' उन्होंने एक ईश्वर की पूजा पर बल दिया। उनके अनुसार, मनुष्य अपने सत्कर्मों से मुक्ति पा सकता है। नानक ने आत्मा-परमात्मा के संबंधों पर प्रकाश डालते हुए बताया कि आत्मा-परमात्मा से भिन्न वस्तु नहीं है और इन दोनों का तादात्म्य संबंध होना ही मोक्ष पाना है। मस्तिष्क की उदारता, धर्म की सार वस्तु के प्रति श्रद्धा एवं संपत्ति तथा शक्ति के प्रति घृणा

ही उनका आदर्श था। नानक ने कहा, 'अपने आप को मिटा दो, ताकि तुम्हें ईश्वर मिल सके। काम, क्रोध, मोह, लोभ तथा अभिमान मनुष्यों के पाँच भयानक शत्रु हैं।' नानक के उपदेश का तत्कालीन जनता पर बहुत बड़ा असर पड़ा। लगभग 30 वर्षों तक वे उपदेश देने के लिए घूमते रहे। इस प्रकार गुरु नानक के सिद्धांत को लेकर एक संप्रदाय ही चल पड़ा, जो सिक्ख संप्रदाय के नाम से विख्यात हुआ और गुरु नानक उसके आदि गुरु कहलाए। 1568 ई. में उनका देहांत हो गया।

गुरु अंगद (1538-1552)

गुरु नानक के बाद सिक्ख संप्रदाय के उत्तराधिकारी गुरु अंगद हुए। इन्होंने गुरुनानक के सिद्धांतों का अपने जीवन में पालन किया और उसका प्रचार किया। इन्होंने गुरु लिपि का प्रचलन किया और इसी लिपि में नानक के उपदेशों का संकलन भी किया।

गुरु अमरदास (1552-1574)

गुरु अमरदास ने अपने शिष्यों की संख्या काफी बढ़ाई। इस समय पंजाब के जाट भी इस संप्रदाय में दीक्षित हो गए थे। इन्होंने गोइंदवाल में एक तालाब खुदवाया। बाद में यह तालाब सिक्खों का पवित्र तीर्थ बन गया। इन्होंने संपूर्ण संप्रदाय को 22 भागों में बाँट दिया और उसे एक-एक सिक्ख के अधिकार में दे दिया। उन्होंने सती प्रथा, मदिरापान आदि बंद करवा दिया तथा नए रीति-रिवाज प्रचलित किए। इंदुभूषण बनर्जी के अनुसार, इनके समय से ही हिंदू और सिक्खों का भेद अधिक स्पष्ट होने लगा। 1574 में इनकी मृत्यु हो गई।

गुरु अर्जुन और जहाँगीर

गुरु रामदास के बाद उनके पुत्र गुरु अर्जुन हुए। इनके समय में सिक्खों का काफी विकास हुआ। इन्होंने अमृतसर की खुदाई का कार्य पूरा किया तथा लाहौर में एक विशाल तालाब खुदवाया। 'मसनद प्रथा' इन्हीं की चलाई हुई है। सिक्खों से अपनी आय का 10वाँ हिस्सा इन्होंने कर के रूप में लेना शुरू किया। व्यापार को प्रोत्साहन देकर गुरु अर्जुन ने इसे सिक्खों का मुख्य पेशा बना दिया। इन्होंने सबसे बड़ा कार्य करते हुए आदि ग्रंथ का संकलन करवाया। खुशवंत सिंह के अनुसार, 'यह ग्रंथ एक अद्‌भुत ऐतिहासिक पुस्तक है। सारी धर्म पुस्तकों में एक यही ऐसा धर्मग्रंथ है, जिसमें धार्मिक साहित्य बिना परिक्षिप्त मिश्रण हुए मौलिक रूप में

सुरक्षित है।' गुरु अर्जुन ने साधुओं की वेशभूषा त्यागकर राजसी पोशाक धारण की और भारत की राजनीति में भाग लेना शुरू कर दिया।

यहीं से मुगलों के साथ सिक्खों की दुश्मनी पैदा हुई। जहाँगीर का पुत्र खुसरो धार्मिक मामले में बड़ा उदार था, अतः गुरु अर्जुन उसे श्रद्धा की दृष्टि से देखते थे। सन् 1606 ई. में खुसरो ने जहाँगीर के खिलाफ विद्रोह कर दिया। इस विद्रोह में गुरु अर्जुन ने उसका साथ लिया। लेकिन खुसरो की हार हो गई। जहाँगीर ने उसे तो माफ कर दिया, लेकिन गुरु ने जुर्माना देने से इनकार किया, फलतः उन्हें कैद करके मार डाला गया। लेकिन यह जहाँगीर की सबसे बड़ी राजनीतिक भूल थी। यद्यपि कुछ विद्वानों ने गुरु को विद्रोही करार देकर जहाँगीर के काम को उचित बताया है। लेकिन यह सच था कि जहाँगीर ने विद्वेष के कारण ऐसा किया था। अब सिक्ख मुगलों के पीछे हाथ धोकर पड़ गए और इस साम्राज्य की कब्र खोद डाली।

तेजसिंह के अनुसार—'जिस प्रकार से गुरु को मौत के घाट उतारा गया, उससे सिक्खों का यह दृढ़ विश्वास हो गया कि यदि उन्हें जीवित रहना है तो शस्त्र धारण करना पड़ेगा।'

गुरु हरगोविंद और शाहजहाँ (1606-1645)

गुरु हरगोविंद सिक्खों के छठे गुरु हुए। इन्होंने 'सच्चे बादशाह' की उपाधि धारण की और सिक्खों की सेना संगठित करनी आरंभ कर दी। उन्होंने सिक्ख संप्रदाय को एक राज्य के रूप में बदल डाला। अपने पिता का बदला लेने के उद्देश्य से इन्होंने तीन बार मुगल साम्राज्य पर धावा बोला। 1628 ई. में अमृतसर के निकट इन्होंने शाह फौज को हराया भी। लेकिन अंत में इन्हें कश्मीर में छिपना पड़ा। 1645 ई. में इनकी मृत्यु हो गई।

औरंगजेब और सिक्ख

गुरु तेगबहादुर (1664-1675)

तेगबहादुर से पहले भी हरिराम और हरिकिशन दो गुरु हुए, लेकिन इनके समय में कोई विशेष घटना नहीं घटी। गुरु तेगबहादुर सिक्खों के नवें गुरु हुए। इनका निवासस्थान आनंदपुर था। एक बार ये पटना आए और यहीं इनके पुत्र गोबिंद सिंह का जन्म हुआ। इन्होंने औरंगजेब की हिंदू विरोधी नीति का विरोध किया। फलतः औरंगजेब ने इन्हें कैद कर लिया। इन पर राजद्रोह का इलजाम लगाया गया और जबरन इसलाम धर्म स्वीकार करने को कहा गया। गुरु ने यह अस्वीकार कर दिया।

फलस्वरूप गुरु की हत्या करवा दी गई। मरते वक्त गुरु ने एक कागज के टुकड़े पर एक मंत्र लिखा और कहा कि उनकी गरदन पर चोट नहीं लग सकती। कहते हैं, जब जल्लाद ने उनकी गरदन काटी तो कागज पर लिखा हुआ पाया गया, 'सिर दिया सार न दिया।' इस तरह गुरु की हत्या करवाकर औरंगजेब ने सिक्खों के क्रोध की आग में घी डाल दिया। इतना ही नहीं, उसने कई सिक्ख मंदिरों को नष्ट करवा दिया और सिक्खों को शहर से बाहर निकलवा दिया। डॉ. नारंग के अनुसार, 'गुरु की हत्या सारे देश के हिंदुओं द्वारा उनके धर्म के प्रति बलिदान माना गया और सारे पंजाब में अपमान और प्रतिशोध की ज्वाला भड़क उठी।'

गुरु गोबिंद सिंह (1675-1708)

ये सिक्खों के अंतिम गुरु हुए। इनकी सेना 'खालसा' कहलाती थी। इन्होंने कई आदेश निकाले, जिनका पालन करना प्रत्येक सिक्ख के लिए आवश्यक था—

1. केश, कंघी, कच्छा, कृपाण और कड़ा प्रत्येक सिक्ख को धारण करना चाहिए।
2. प्रत्येक सिक्ख को सैनिक शिक्षा लेनी चाहिए।
3. किसी सिक्ख को शत्रु से मित्रतापूर्ण व्यवहार नहीं करना चाहिए।
4. गुरु की आज्ञा पर सर्वस्व लुटा देने को तैयार रहना चाहिए।
5. संपूर्ण सिक्ख जाति में समानता का व्यवहार होना चाहिए।
6. तंबाकू का सेवन नहीं करना चाहिए, आदि।

गोविंद सिंह ने पहाड़ी किले बनवाकर मुगलों से खुला संघर्ष आरंभ कर दिया। ज्योतिषियों ने भविष्यवाणी की थी—'He would canvert jackals into tigers and sparrows in to hawks.' और गोबिंद सिंह ने इसे चरितार्थ किया। उनके दो पुत्र भी युद्ध में काम आए और वो जीते-जी दीवार में चिन दिए गए, लेकिन गुरु ने अपना साहस नहीं छोड़ा। अंत में औरंगजेब ने गुरु को संधि करने के लिए दक्षिण बुलाया। तभी औरंगजेब की मृत्यु हो गई।

बहादुरशाह और गोबिंद सिंह

औरंगजेब की मृत्यु के बाद उसके पुत्रों में उत्तराधिकार का युद्ध आरंभ हुआ, जिसमें गोबिंद सिंह ने बहादुरशाह का समर्थन किया और उनकी सहायता करने वे दक्षिण गए। वहीं एक अफगान ने उनकी हत्या कर दी।

गुरु गोबिंद ने अपनी दूरदर्शिता से यह समझ लिया था कि आगे चलकर सिक्खों में गुरुपद को लेकर संघर्ष हो सकता है, अतः उन्होंने गुरुपद उठा दिया। सिक्खों की आध्यात्मिक उन्नति के लिए एक पंचायत कमिटी बनाई गई। उन्होंने बताया, 'मैं सदा पाँच सिक्खों के बीच रहूँगा।' उन्होंने आगे बताया, 'जो गुरु को देखना चाहता है, उसे गुरु नानक के ग्रंथ को देखना चाहिए।'

बंदा और मुगल

इसका जन्म 1660 ई. में हुआ था। गोबिंद सिंह ने इसे ही अपना उत्तराधिकारी चुना था। युवावस्था से ही इसने वैराग्य धारण कर लिया था, अतः लोग इसे 'बंदा वैरागी' कहते थे। बंदा ने सबसे पहले सरहिंद पर अधिकार किया। वहाँ इसने मुसलमानों से अपने गुरुपुत्रों की हत्या का भीषण बदला लिया। हजारों मुसलमानों का सिर काट डाला गया। वजीर खाँ की लाश चील और गिद्धों को खाने के लिए छोड़ दी गई। पंजाब के आसपास के सभी इलाकों पर बंदा का अधिकार हो गया। सन् 1710 में बहादुरशाह ने बंदा पर आक्रमण किया और उसे हराया। लेकिन बहादुरशाह के मरते ही बंदा ने पुनः लूटपाट आरंभ कर दी। अंत में 1716 ई. में सिक्खों की हार हो गई और बंदा का कत्ल कर दिया गया।

बंदा की मृत्यु के बाद भी सिक्खों ने अपना हमला जारी रखा। अंत में 1761 ई. में पानीपत की तीसरी लड़ाई में इनकी कमर टूट गई। लेकिन अहमद शाह अब्दाली के जाते ही उन्होंने पुनः समूचे पंजाब पर अधिकार कर लिया और छोटे-छोटे मिस्लों की स्थापना की।

□

मुगल और दक्षिण भारत

प्रश्न : मुगलों की दक्षिणी नीति के बारे में आप क्या जानते हैं ?

उत्तर :

16वीं सदी में दक्षिण भारत की राजनीतिक दशा

जिस समय उत्तर भारत में मुगलों के नए साम्राज्य की स्थापना हो रही थी, उस समय दक्षिणी भारत में हिंदू साम्राज्य का बोलबाला था। इसमें विजयनगर का साम्राज्य काफी शक्तिशाली था, लेकिन दक्षिण के मुसलमानी राज्य इस हिंदू साम्राज्य से जलते थे। फलतः 1564 ई. में बीजापुर, अहमदनगर, गोलकुंडा आदि राज्यों ने इसके खिलाफ षड्यंत्र रचना आरंभ किया और सभी ने मिलकर विजयनगर पर आक्रमण कर दिया। इस युद्ध में विजयनगर की हार हो गई। उसके सभी इलाकों पर मुसलमानी साम्राज्यों का कब्जा हो गया। लेकिन अब विजयनगर का खतरा टल जाने से ये मुसलमानी राज्य भी आपसी संघर्ष में लीन हो गए। अतः उनकी शक्ति दिन-पर-दिन कमजोर होती गई और मुगलों ने धीरे-धीरे सभी को अपने अधीन कर लिया।

बाबर और हुमायूँ

बाबर और हुमायूँ ने दक्षिण में अपने पैर नहीं रखे, क्योंकि एक तो उनके पैर उत्तर भारत में ही लड़खड़ा रहे थे, दूसरे उस समय दक्षिण में विजयनगर से लोहा लेना आसान न था।

अकबर की दक्षिणी नीति

अकबर जैसे साम्राज्यवादी राजा की नजर से दक्षिण भारत नहीं बचा। 1500 ई. में पुर्तगालियों ने दक्षिण में अपनी स्थिति मजबूत बना ली थी और उन्होंने

बीजापुर, गोलकुंडा आदि राज्यों को अपने उपनिवेश पर अधिकार करने से रोक दिया। अकबर एक विदेशी का यह हस्तक्षेप बरदाश्त नहीं कर सका। साथ ही वह संपूर्ण भारत को जीतना भी चाहता था। अत: उसने दक्षिण भारत की राजनीति में अपना दखल देना आरंभ कर दिया। उस समय दक्षिण में चार राज्य महत्त्वपूर्ण थे—बीजापुर, गोलकुंडा, अहमद नगर, खानदेश। 1561 ई. में अकबर ने सभी राज्यों में मुगल सत्ता को सौभाग्य मानने के उद्देश्य से अपने दूत भेजे। खानदेश को छोड़कर किसी ने उसकी अधीनता स्वीकार नहीं की। 1585 में अकबर ने अहमदनगर पर चढ़ाई की और वह मुगल साम्राज्य में मिला लिया गया। 1588 ई. में खानदेश और बुरहानपुर को भी मुगल साम्राज्य में मिला लिया गया। अकबर उन जीते हुए साम्राज्य का गवर्नर दानियाल को बनाकर आगरा लौट आया।

जहाँगीर

जहाँगीर ने भी दक्षिण में अकबर की ही नीति का अनुसरण किया। शाहजहाँ के नेतृत्व में उसने एक बहुत बड़ी सेना दक्षिण भेजी। उसने अहमदनगर के मंत्री मलिक अंबर से संधि कर ली। लेकिन इससे कोई विशेष लाभ नहीं हुआ।

शाहजहाँ

शाहजहाँ ने गद्दी पर बैठते ही दक्षिण के शिया राज्यों पर आक्रमण कर दिया, क्योंकि वह कट्टर सुन्नी था। 1863 में उसने दौलताबाद के किले पर अधिकार कर लिया। बीजापुर और गोलकुंडा ने शाहजहाँ की अधीनता स्वीकार कर ली।

औरंगजेब और दक्षिण

औरंगजेब धार्मिक कट्टरता में अपने पिता से भी बढ़कर था। अत: दक्षिण के शिया राज्यों को वह भी बरदाश्त नहीं कर सकता था। गद्दी पर बैठने के बाद बहुत दिन तक वह उत्तर भारत में ही उलझा रहा। जब उत्तर से वह निश्चिंत हुआ तो दक्षिण की ओर चल पड़ा। 1686 में बीजापुर एवं 1687 में गोलकुंडा उसके अधिकार में आ गया। इसी समय उसने शंभाजी को भी कैद कर लिया। इस प्रकार दक्षिण में औरंगजेब को पूरी सफलता मिली। लेकिन दक्षिण विजय के परिणाम बड़े हानिकारक हुए (विशेष विवरण देखें—औरंगजेब की दक्षिण नीति)

□

मुगलकालीन शासन व्यवस्था, समाज, धर्म व कला कौशल

प्रश्न–1 : मुगलों की शासन व्यवस्था का वर्णन करें (1856)।

उत्तर :

शासन का स्वरूप

मुगलों की शासन व्यवस्था कोई नई व्यवस्था नहीं थी। मुख्यतः यह शासन तुर्क अफगान काल की पद्धति पर आधारित था।' मुगल शासन भारतीय पृष्ठभूमि में फारसी–अरबी पद्धति थी।' इस पद्धति में लेखा–जोखा बहुत अधिक रखना पड़ता था। यही कारण है कि मुगल राज्य को 'कागजी राज्य' कहा जाता था। यद्यपि शासन का स्वरूप निरंकुश और सैनिक ढंग का था, फिर भी प्रजाहित को ध्यान में रखा जाता था।

सम्राट्

शासन का प्रधान सम्राट् था। धरती पर वह ईश्वर का प्रतिनिधि समझा जाता था। वह इसलाम का रक्षक और मुसलमानों का आध्यात्मिक नेता था। यद्यपि उसकी सहायता के लिए मंत्री परिषद् होता था, लेकिन उसकी बात मानना या न मानना सम्राट् की इच्छा पर निर्भर करता था। अबुल फजल ने लिखा है, 'राजा ईश्वर का तेज और सूर्य की किरण है और वह सारे संसार को चमका देता है। वास्तव में वह ईश्वर का प्रतीक और गुणों की खान है।' संक्षेप में, मुगल राजे निरंकुश और स्वेच्छाचारी थे, लेकिन अकबर जैसे कुछ ऐसे भी राजा हुए, जिन्होंने प्रजाहित को ध्यान में रखा।

शासन के विभाग : शासन की सुविधा के लिए उसे कई भागों में बाँट दिया गया था और प्रत्येक विभाग का एक अध्यक्ष होता था, जो अपने कार्यों के लिए राजा के प्रति उत्तरदायी होता था। ये विभाग निम्नलिखित मंत्रियों के अधीन थे—

1. **वजीरे आजम :** यह सम्राट् एवं अन्य मंत्रियों के बीच कड़ी का काम करता था। खजाना, लगान एवं कर वसूलने का कार्य इसी के जिम्मे था।
2. **मीर बख्शी :** इसके अधिकार में सैनिकों का वेतन तथा आय-व्यय का विभाग था।
3. **खानसामा :** यह गृह विभाग का प्रधान था। सम्राट् के दैनिक भोजन की व्यवस्था करना इसका प्रधान कार्य था।
4. **प्रधान काजी :** यह न्याय विभाग का प्रधान था।
5. **मुहतसीब :** यह जनता के सदाचार का निरीक्षण करता था। जनता के नैतिक स्तर को उठाना उसका प्रधान कार्य था।
6. **मीर आतिश :** सेना की समस्त तोपें और बंदूकें इसके अधीन होती थीं।
7. **दारोगा-ए-डाक चौकी :** यह डाक विभाग का प्रधान था।
8. **दारोगा-ए-टकसाल :** यह राज्य के टकसाल विभाग का प्रधान था।

प्रांतीय शासन

मुगल साम्राज्य की सीमा इतनी बढ़ गई थी कि एक जगह से संपूर्ण राज्य का शासन संचालन कठिन था। अत: साम्राज्य को प्रांतों में बाँट दिया गया था। अकबर के शासनकाल में ऐसे 15 सूबे थे, जहाँगीर के काल में 18, शाहजहाँ के समय में 22 और औरंगजेब के काल में 29 सूबे थे। प्रांतों के शासन का ढाँचा भी केंद्र जैसा ही था। इसका शासक सूबेदार कहलाता था। अपने कार्यों के लिए यह सम्राट् के प्रति उत्तरदायी था। प्रांतों में शांति और व्यवस्था के लिए उसके पास एक छोटी सी सेना भी रहती थी। सूबेदार के नीचे एक दीवान होता था, जो राजस्व का प्रधान होता था। सूबेदार की सैनिक सहायता के लिए एक फौजदार था। दीवान-ए-व्यूतत सड़कों, इमारतों, शाही सामानों, कारखानों, लावारिस संपत्ति की देखभाल करता था। कोतवाल आंतरिक शांति बनाए रखता था।

प्रांत को सरकार में बाँटा गया था। इसका प्रधान फौजदार था। डॉ. दत्त के शब्दों में, 'फौजदार जैसा कि उसके नाम का अर्थ है, जोकि उस सेना का अधिकारी होता था, जो छोटे-मोटे विद्रोहों को दबाने या डाकुओं को खदेड़ने के लिए रखा जाता था।' फौजदार की सहायता के लिए कोतवाल, शिकदार और दारोगा होते थे। परगने में एक शिकदार, एक आमिल और एक खजाँची तथा अन्य कर्मचारी होते थे।

राजस्व प्रबंध

राज्य की आमदनी का प्रधान जरिया लगान था। अकबर ने शेरशाह की ही पद्धति पर जमीन की नाप कराकर लगान निश्चित किया था। जमीन को उपज के अनुसार श्रेणियों में बाँटा गया था। प्रथम श्रेणी की जमीन को पोलज और द्वितीय श्रेणी को परौती कहते थे। तृतीय श्रेणी के अंतर्गत चाचर और चतुर्थ श्रेणी में बंजर भूमि आती थी। अकबर ने राजस्व की स्थिति में दृढ़ता लाने के उद्‌देश्य से जागीरदारी प्रथा को समाप्त कर रैयतवाड़ी प्रथा चलाई। लगान वसूलने के लिए पटवारी, पोद्‌दार, कानूनगो आदि कई कर्मचारी होते थे। लगान के अलावा चुंगी, व्यापार कर, जजिया कर आदि से भी आमदनी होती थी। लूटपाट से हुई आमदनी भी राज्य की ही थी। अर्थ विभाग मुद्रा की देखभाल करता था। अकबर ने मुद्रा प्रणाली में कई सुधार किए थे।

पुलिस प्रबंध

नगर में शांति स्थापना के लिए कोतवाल होता था। इसके कार्य थे—नगर की रक्षा करना, बाजार पर नियंत्रण रखना, संपत्ति की उचित व्यवस्था करना, जनता का नैतिक स्तर उठाना, अपराधों को रोकना, सामाजिक दुर्गुणों को दूर करना आदि। गाँव की शांति के लिए मुखिया एवं चौकीदार होते थे। पुलिस के साथ-साथ गुप्तचरों का जाल बिछा रहता था, जिनकी सहायता से जनता की गतिविधियों का पता चलता था।

सैनिक प्रबंध

मुगल राजा साम्राज्यवादी थे। अतः उन्होंने एक विशाल और संगठित सेना का निर्माण किया था। आरंभ में सेना मनसबदारी प्रथा पर आधारित थी। सबसे नीचे का मनसबदार 90 और सबसे ऊपर का 19000 का होता था। ये मनसबदार राजा द्वारा नियुक्त किए जाते थे। अकबर ने इस प्रथा को वैज्ञानिक रूप प्रदान किया। उसने इन्हें नकद वेतन देना शुरू किया और सेना की संख्या निर्धारित कर दी। उरबीन के अनुसार, 'मनसबदार बेईमान थे, सेना की गलत सूची रखते थे और बाजार के निठल्ले व्यक्तियों को पकड़कर गिनती पूरी कर देते थे।' सेना पैदल, हाथी, घुड़सवार, तोपखाना और जलसेना आदि विभागों में बँटी थी। पुनः इसके कई उपविभाग थे। लेकिन इतना सब होते हुए भी सेना में एकता का अभाव था। वे सम्राट् के प्रति उत्तरदायी भी नहीं थी। पीछे जब मुगल राजे कमजोर हो गए तो सेना में भी कई बुराइयाँ आ गईं।

न्याय व्यवस्था

यद्यपि मुगलों की न्याय व्यवस्था उत्तम कोटि की नहीं कही जा सकती, फिर भी मुगल सम्राट् न्याय के प्रति सजग रहते थे। उस समय न तो कोई श्रेणीबद्ध न्यायालय था और न कोई निश्चित कानून था। अकबर ने न्याय व्यवस्था में कई सुधार किए। जहाँगीर ने तो फरियाद करने के लिए सोने का घंटा भी लगवा दिया था। जहाँगीर, औरंगजेब आदि राजाओं ने 'बारह कानून, फतवा-ए-आलमगीरी' आदि पुस्तकों के रूप में कानून का संग्रह भी करवाया था। अंतिम न्याय राजा के हाथ में था। न्याय के दिन निश्चित होते थे। बुधवार निश्चित दिन था। सम्राट् के अधीन प्रधान काजी एवं अन्य काजी होते थे। न्याय के चार विभाग बने थे—राजस्व, दीवानी और फौजदारी, ग्राम पंचायत, फौजदार और सूबेदार। साधारणतः न्याय कुरान के आधार पर होता था, लेकिन प्रजा के रीति-रिवाज का भी खयाल रखा जाता था। औरंगजेब ने तो एक संहिता भी बनवाई थी। राजा के नियम बड़े कठोर थे।

प्रश्न-2 : मुगल काल में भारत की सामाजिक, आर्थिक, धार्मिक दशा का वर्णन करें (1856 वा. 1863 पू., 1865 पू., 1867 वा.)।

उत्तर :

सामाजिक दशा

सामाजिक स्वरूप : दिल्ली के सुल्तानों के समय सामाजिक शांति की स्थापना नहीं हो सकी थी, लेकिन मुगलों ने इस दिशा में सफलता पाई। विदेशी होने के नाते मुगलों ने भारत की सभ्यता एवं संस्कृति के प्रत्येक क्षेत्र में अपनी छाप लगाई। हिंदू और मुसलमानों के संपर्क से समाज में मौलिकता आई। लेकिन मुगलों को राष्ट्रीय शासक नहीं कहा जा सकता। 'बाबर ने तो यहाँ दफनाया जाना भी पसंद नहीं किया और यदि हुमायूँ की आकस्मिक मृत्यु न हो जाती तो वह भी अपने मृत शरीर की वसीयत कर जाता कि वह हिंदुस्तान में न गाड़ा जाकर काबुल में गाड़ा जाए, जिससे कि वह अपने पिता के निकट चिर शांति प्राप्त कर सके।' मुगलकालीन समाज वर्गों में बँटा था।

उच्च वर्ग : उच्च वर्ग के अंदर सम्राट् और मनसबदार आते थे। इस वर्ग के पास काफी संपत्ति थी, अतः ये भोग-विलास का जीवन बिताते थे। खुद अकबर के हरम में 5000 स्त्रियाँ थीं। सामंत भी राजा का ही अनुकरण करते थे। यद्यपि वे विद्या और कला के प्रेमी थे, फिर भी झूठे अहं और आत्मसम्मान के शिकार बने हुए थे। अमीरों की मृत्यु के बाद उनकी संपत्ति जब्त कर ली जाती थी, अतः वे जीते-जी ही

सारा धन फूँक देते थे। राजदरबार शान–शौकत के लिए विख्यात था। अमीर कीमती पोशाक और भोजन ग्रहण करते थे। इसके लिए फल बुखारा से मँगाया जाता था। पेल्सट के अनुसार, 'अमीरों के महलों में सज–धज विशेष रूप से विद्यमान रहती थी और वे व्यभिचार के केंद्र थे।'

मध्यम वर्ग : इस वर्ग में व्यापारी और राजकीय पदाधिकारी आते थे। इनका भी जीवन आराम का था। ये सादा और पवित्र जीवन बिताते थे और अमीरों के दुर्गुणों से अलग थे।

निम्न वर्ग : समाज में इस वर्ग की दशा बुरी थी। इस वर्ग में मजदूर, छोटे व्यापारी, कर्मचारी, किसान आदि आते थे। इन्हें कठिन परिश्रम करना पड़ता था। मजदूरों की मजदूरी बहुत कम थी। साधारणतः उन्हें बेगार ही खटना पड़ता था। डॉ. दत्त के अनुसार, 'श्रमिकों को बहुत कम वेतन मिलता था। सामंत तथा राजकीय अधिकारी वर्ग उनका शोषण करते थे और वे बेगार करने पर बाध्य किए जाते थे।' दासों की दशा सबसे बुरी थी।

स्त्रियों की दशा : समाज में स्त्रियों की दशा अच्छी नहीं थी। वे साधारणतः भोग–विलास की वस्तु समझी जाती थीं। उन्हें अपने पतियों की इच्छा पर निर्भर रहना पड़ता था। परदा प्रथा और भी कठोर हो गई थी। फिर भी गरीब लोगों की स्त्रियों को अपनी जीविका के लिए बाहर निकलना ही पड़ता था। समाज में वेश्या प्रथा प्रचलित थी। मुसलमानों में तलाक भी होता था। दहेज प्रथा, बाल विवाह आदि समाज में प्रचलित था। लेकिन समाज में दुर्गावती, झाँसी की रानी जैसी स्त्रियाँ भी होती थीं, जिन्होंने युद्धक्षेत्र में अपनी वीरता का परिचय दिया था। मुसलमानों में भी नूरजहाँ, चाँद बीबी आदि प्रसिद्ध औरतें हुईं।

सामाजिक दोष : समाज में सबसे बड़ा दोष था शिक्षा का अभाव। जुआखोरी, मद्यपान आदि दुर्गुण सर्वत्र विद्यमान थे। छुआछूत और जाति बंधन कठोर थे। जनता अंधविश्वासी थी। जादू–टोने में उसका विश्वास था। देवता को खुश करने के लिए मनुष्य की बलि चढ़ाई जाती थी। संक्षेप में, यह कहना ठीक होगा कि मुगलों के काल में भारत की सामाजिक स्थिति उन्नत नहीं थी और उसका मानसिक तथा भौतिक पतन हो चुका था। लोगों की मनोभावनाएँ पतित तथा कलुषित जीवन की ओर आकर्षित थीं।

आर्थिक दशा

मुगलकाल में आर्थिक दशा संतोषजनक नहीं थी। समाज के मुट्ठीभर लोगों का जीवन सुखी था। अधिकांश जनता अभावग्रस्त थी। अकबर ने इस दशा को

ऊपर उठाने का भरपूर प्रयास किया। जहाँगीर और शाहजहाँ ने जो इतना आनंद लूटा, उनका श्रेय अकबर की सुंदर आर्थिक नीति को ही जाता है। लेकिन बाद में युद्ध और विलास में पैसा पानी की तरह बहाया जाने लगा। फलतः मुगल साम्राज्य अपने अंतिम दिनों में दिवालिया हो गया था।

उन्नत नगर : इस समय उद्योग के विकास के कारण बड़े-बड़े नगरों का विकास हुआ। अमीर, सामंत और उच्चवर्ग के लोग शहरों में ही रहना पसंद करते थे। लाहौर, आगरा, बनारस, पटना, अहमदाबाद आदि ऐसे कई प्रसिद्ध शहर थे। एक्किन के अनुसार, 'लाहौर एक बड़ा और समृद्धशाली नगर था। वह व्यापार का बहुत बड़ा केंद्र था और वहाँ प्रत्येक उपयोगी वस्तु सरलता से मिल सकती थी।'

कृषि : मुगलकाल में भी यहाँ कृषि की दशा उन्नत थी। अकबर ने शेरशाह की ही तरह खेती में कई परिवर्तन किए थे। लेकिन खेती के तरीके पुराने थे। सिंचाई के अभाव एवं दैवी प्रकोप से भी फसल मारी जाती थी और तब अकाल भी पड़ते थे। शाहजहाँ के समय में भयंकर अकाल पड़ा था। गेहूँ, जौ, बाजरा, मक्का, गन्ना आदि मुख्य उपज थीं। बिहार और बंगाल में अधिकतर चावल की खेती होती थी। फिर भी किसान सुखी नहीं थे।

व्यापार : मुगल काल में व्यापार की काफी प्रगति हुई। भारत का व्यापार देश-विदेशों के साथ होता था। एशिया और यूरोप के कई देशों के साथ भारत का व्यापारिक संबंध था। अहमदाबाद, लाहौर, आगरा, बनारस आदि प्रमुख व्यापारिक केंद्र थे। पुर्तगीज, डच, अंग्रेज और फ्रांसीसी भारत की चीजें यूरोप के देशों में ले जाते थे। भारत अन्य देशों को सूती-रेशमी कपड़े, नील, काली मिर्च तथा मसाले भेजता था और दूसरे देशों से सोना-चाँदी, ताँबा एवं अन्य बहुमूल्य पत्थर मँगाता था। व्यापार के लिए संपूर्ण देश में सड़कों का जाल बिछा था। व्यापारियों की सुविधा के लिए जगह-जगह सराय बनी थीं। नदियों के द्वारा भी व्यापार होता था।

उद्योग-धंधे : व्यापार के अलावा कई प्रकार के उद्योग-धंधे होते थे। मछली पकड़ना, खान, नमक, शराब आदि मुख्य उद्योग थे। देश के अनेक भागों में लोहा पाया जाता था। पंजाब और कुमाऊँ प्रदेश की नदियों से सोना निकाला जाता था। गोलकुंडा में हीरे की खान थी। सबसे बड़ा उद्योग रुई की उपज और सूती वस्त्र का उद्योग था। मुल्तान और कश्मीर में ऊनी और सूती कपड़े बनते थे। राजस्थान और मध्य भारत में ताँबे की खान से ताँबा निकाला जाता था। जयपुर और जोधपुर में संगमरमर का काम होता था। फलतः देश धन-धान्य से भरा-पूरा था। चीजों की कीमत बहुत कम थी। अकबर के समय में 1 रुपए का 12 मन गेहूँ, 10 मन चावल,

18 मन मूँग और 44 सेर दूध मिलता था। भूमिहीन मजदूर आज की अपेक्षा अकबर और जहाँगीर के शासनकाल में अधिक खा-पहन सकते थे। नीचे की तालिका से उस समय के मूल्य का पता चल सकता है—

वस्तुएँ	प्रतिमान	मूल्य (दाम में)	वस्तुएँ	प्रतिमान	मूल्य (दाम में)
गेहूँ	"	12	दूध	"	23
आटा	"	22	दही	"	18
जौ	"	8	धान	"	10
घी	"	105	चावल	"	20
तेल	"	80	सरसों	"	10

औरंगजेब के शासनकाल से जनता की आर्थिक स्थिति खराब होने लगी। इस समय यहाँ विदेशियों के आक्रमण हुए, फलतः यहाँ का सारा धन विदेश चला गया और यहाँ की जनता दिन-प्रतिदिन गरीब होती चली गई।

धार्मिक अवस्था

मुगल सम्राटों में औरंगजेब को छोड़कर सभी ने धार्मिक उदारता की नीति अपनाई, जिसके फलस्वरूप हिंदुओं को धार्मिक स्वतंत्रता मिली। हिंदू-मुसलमान दोनों एक-दूसरे के पर्व-त्योहारों में खुलकर हिस्सा लेते थे। लेकिन दोनों ही अंधविश्वासी थे। ज्योतिष, तंत्र-मंत्र, जादू-टोने में लोगों का अधिक विश्वास था। हिंदू अनेक देवी-देवता एवं मुसलमान कई पैगंबरों में विश्वास करते थे। मुसलमानों में शिया-सुन्नी का भेदभाव था। इस समय तक भक्ति आंदोलन प्रारंभ हो चुका था। इसी समय सूरदास, तुलसीदास, चैतन्य महाप्रभु एवं एकनाथ आदि कई महात्मा हुए, जिन्होंने शुद्ध भक्ति का मार्ग प्रशस्त किया। उसके बाद औरंगजेब ने हिंदुओं पर खुलकर अत्याचार करना आरंभ किया। फलतः हिंदू मुगल राज्य के दुश्मन बन गए।

प्रश्न-3 : मुगलों के समय में भारत के साहित्य एवं कला-कौशल का वर्णन करें (1756 वा. 1758 पू. 1764 पू.)।

उत्तर :

शिक्षा और साहित्य

किसी भी शासन और साहित्य के उत्थान के लिए यह आवश्यक है कि वहाँ

शांति की स्थापना हो। मुगलकाल इस दृष्टि से महत्त्वपूर्ण है। योग्य सम्राटों के अधीन इस साम्राज्य में हमेशा शांति बनी रही। अतः इस समय साहित्य और कला की काफी उन्नति हुई। 'प्रस्तर खंडों में साधक कलाकारों की छेनी एवं तूलिका ने जो अमरत्व प्रदान किया है, वह हमारे अतीत गौरव गरिमा की बोलती कहानी है। ताजमहल हो अथवा मोती मसजिद, लालकिला हो अथवा दिल्ली गेट, जहाँगीरी महल हो अथवा हुमायूँ का मकबरा, फतेहपुर सीकरी हो अथवा जामा मसजिद, इसकी एक-एक ईंट हमारे ऐश्वर्य एवं चरमोत्कर्ष की जीवित गाथाएँ हैं, जो विश्वकला के इतिहास में अतुलनीय एवं अपरिमेय हैं।'

मुगल काल में आजकल की तरह शिक्षा की समुचित व्यवस्था नहीं थी। शिक्षा का प्रचार करना आम जनता का कार्य समझा जाता था, फिर भी मुगल राजे शिक्षाप्रेमी थे और शिक्षा प्रचार का प्रयास करते थे। हिंदू अपनी पाठशाला में तथा मुसलमान अपने मखतब में शिक्षा पाते थे। प्रारंभिक मुगल बादशाह बाबर और हुमायूँ स्वयं बड़े विद्वान् थे। हुमायूँ के पास एक बड़ा पुस्तकालय भी था। अकबर ने इस दिशा में अधिक प्रगति की थी। 'विद्यालयों में शिक्षा देने की परिपाटी की दृष्टि से अकबर का शासनकाल नवयुग माना गया है।' जहाँगीर ने तो नियम ही बनवा दिया था कि 'जब कोई धनी व्यक्ति या यात्री बिना उत्तराधिकारी के मरे तो उसकी संपत्ति पर सरकार का अधिकार होगा, जो पैसा मदरसों और मठों पर खर्च होगा।' शाहजहाँ भी बहुत बड़ा शिक्षाप्रेमी था। हिंदुओं को व्याकरण, ज्योतिष, दर्शन, साहित्य की शिक्षा दी जाती थी। लाहौर, जौनपुर, अहमदाबाद, बनारस आदि शिक्षा के मुख्य केंद्र थे। लेकिन स्त्रियों की शिक्षा की उचित व्यवस्था नहीं थी, फिर भी स्त्रियाँ विदुषी होती थीं। सलीमा, गुलबदन, नूरजहाँ, जहाँआरा आदि पढ़ी-लिखी औरतें थीं। पीछे औरंगजेब ने हिंदुओं की शिक्षा की उपेक्षा कर दी और उन्हें मिलनेवाली सहायता बंद कर दी।

साहित्य : इस काल में साहित्य की अभूतपूर्व उन्नति हुई। बाबर अरबी, फारसी, तुर्की का बहुत बड़ा विद्वान् था। 'बाबरनामा' उसकी अमर कृति है। अपने पिता की तरह हुमायूँ भी विद्वान् था। युद्ध क्षेत्र में भी वह एक बड़ा सा पुस्तकालय लेकर चलता था। अकबर स्वयं पढ़ा-लिखा तो नहीं था, लेकिन उसने कई साहित्यों का अनुवाद विभिन्न भाषाओं में करवाया। उसने रामायण और महाभारत का भी अनुवाद करवाया था। उसके समय का प्रसिद्ध विद्वान् अबुल फजल निबंधकार, आलोचक, कवि सबकुछ था। उसकी लिखी 'आईने अकबरी' प्रसिद्ध ग्रंथ है। मुल्ला दाउद की 'तारीखे अल्फी', निजामउद्दीन अहमद की 'तवकात-ए-अकबरी', फैजी सरहिंद का 'अकबरनामा', गुलबदन बेगम का 'हुमायूँनामा' आदि प्रसिद्ध ग्रंथ हैं।

दारा अपने समय का प्रसिद्ध विद्वान् और दार्शनिक था। उसने उपनिषद्, भगवद्गीता का अनुवाद फारसी में करवाया था। हिंदी साहित्य के विकास के लिए भी यह युग स्वर्णयुग था। हिंदी, गुजराती, मराठी आदि भाषाओं में उच्चकोटि की साहित्यिक रचनाएँ हुईं। इसी समय भक्ति आंदोलन प्रारंभ हुआ, जिसका फल साहित्य पर पड़ा और कई धार्मिक साहित्य लिखे गए। मलिक मुहम्मद जायसी ने अपना प्रसिद्ध ग्रंथ 'पद्मावत' लिखा। इसी समय सूरदास ने 'सूरसागर' और तुलसीदास ने 'रामचरित मानस' की रचना की। रहीम इस युग के प्रसिद्ध कवि हुए। बिहारी का 'सतसई' श्रृंगार रस का अनुपम ग्रंथ है। इन कवियों के बाद भी रसखान, नंददास आदि प्रसिद्ध कवि थे। वीररस के साहित्य में भूषण का स्थान सर्वोपरि है।

बंगाल साहित्य में चैतन्य महाप्रभु, कृष्णदास, वृंदावनदास आदि प्रमुख कवि हुए। चंडीदेवी और मंदादेवी की प्रशंसा में अनेक ग्रंथों की रचना हुई। तुकाराम, रामदास, बाबन पंडित, एकनाथ आदि मराठा साहित्य के प्रमुख कवि हुए।

कला कौशल : मुगलकाल कला की दृष्टि से स्वर्ण काल है। प्रायः प्रत्येक सम्राट् कला प्रेमी हुए, अतः कला के प्रत्येक क्षेत्र में प्रगति आई। इस काल में हिंदू और मुसलिम दोनों कलाओं का संगम होने से एक तीसरी शैली का आविर्भाव हुआ।

स्थापत्य कला : कला के क्षेत्र में सबसे अधिक उन्नति भवन निर्माण कला की हुई। बाबर ने ग्वालियर की शैली से प्रभावित होकर कई प्रसिद्ध भवन बनवाए, लेकिन आज एक-दो को छोड़कर सभी नष्ट हो चुके हैं। हुमायूँ की बनवाई फतेहाबाद की मसजिद आज भी प्रसिद्ध है। अकबर ने इस दिशा में और भी प्रगति की। उसकी बनाई जामा मसजिद, बुलंद दरवाजा, फतेहपुर सीकरी आदि काफी प्रसिद्ध हैं। उसका सर्वश्रेष्ठ भवन सिकंदरा का मकबरा है। फतेहपुर सीकरी के बारे में लेनपूल ने लिखा है, 'सारे भारतवर्ष में इससे सुंदर और शोकजनक स्थान और कहीं नहीं है, जितना की यह निर्जन नगर, जो एक उजड़े हुए स्वप्न का मूक साक्षी बनकर खड़ा है।' अबुल फजल के अनुसार, 'The place splendid edition and dressed the work of his mind and heart in gramant of stone and clay.'

शिल्प कला की सबसे अधिक उन्नति शाहजहाँ के समय हुई। लालकिला, दीवाने खास, जामा मसजिद, ताजमहल आदि उसके बनाए भवन विश्वप्रसिद्ध हैं। ताजमहल को बनाने में 22 वर्ष लगे और उस पर तीस करोड़ रुपया खर्च हुआ था। 'यमुना नदी के तट पर बसा हुआ यह मकबरा उसकी लहरों से खेलता हुआ वास्तव में दो प्रेमियों के सच्चे अनुराग का प्रतीक है और मानवता का सच्चा संदेश देता है।'

दीवाने खास की दीवारों पर आज भी अंकित है—

'अगर फिरदौस बरुये जमीं अस्त

हमीं अस्तो हमीं अस्तो हमीं अस्तो।' (यदि पृथ्वी पर कहीं स्वयं है तो वह यहीं है, यहीं है, यहीं है।) 'तख्ते ताउस' इस युग की कला की सबसे प्रसिद्ध कृति है। औरंगजेब ने अपने शासनकाल में कला को कोई प्रोत्साहन नहीं दिया।

चित्रकला : चित्रों में भी भारतीय और फारसी शैली का मिश्रण पाया गया। हुमायूँ ने फारस के कई चित्रकारों को बुलाया था। अकबर ने चीनी और मंगोलियन चित्रकला को अपने यहाँ स्थान दिया। फतेहपुर सीकरी की दीवारों पर उसने सुंदर चित्रकारी करवाई। जहाँगीर खुद एक अच्छा चित्रकार था। मंसूर, उस्ताद मुराद, मनोहर, गोवर्धन आदि उस काल के प्रसिद्ध चित्रकार थे। जहाँगीर ने तो लिखा है, 'यदि एक चित्र कई कलाकारों द्वारा बनाया गया हो, तो भी मैं प्रत्येक कलाकार की चित्रकारी अलग-अलग बता सकता हूँ।' अकबर ने मूर्तिकला को भी प्रोत्साहन दिया था। लेकिन औरंगजेब कला का कट्टर दुश्मन था। अतः इस समय उन कला का ह्रास होने लगा था।

संगीतकला : औरंगजेब को छोड़कर सभी मुगल सम्राट् संगीतप्रेमी थे। अकबर के दरबार में प्रसिद्ध गायक तानसेन रहता था। शाहजहाँ स्वयं संगीत का अच्छा ज्ञाता था। एक बार वह राजकवि जगन्नाथ से इतना प्रभावित हुआ कि उसके बराबर की तोल का उसने सोना प्रदान किया। लेकिन धीरे-धीरे इस कला का भी ह्रास हो गया।

□

मुगल साम्राज्य का पतन

प्रश्न : भारत में मुगल राज्य के पतन के कौन-कौन से कारण थे (1857 पू. 1860 पू. 1862 पू. 1866 पू.)?

उत्तर :

एक इतिहासकार ने लिखा है, 'बाबर ने जिस मुगल साम्राज्य के महल के लिए झाड़-झंखाड़ साफ किया, हुमायूँ ने जिस महल की नींव डाली, अकबर ने जिस महल को बनाया, जहाँगीर ने जिसे सजाया, शाहजहाँ ने बैठकर जिसमें आनंद लूटा, उसी महल को औरंगजेब ने धराशायी कर दिया।' वस्तुतः मुगल साम्राज्य के पतन का सबसे बड़ा कारण स्वयं औरंगजेब है। लेकिन सारा दोष औरंगजेब के मत्थे ही नहीं थोपा जा सकता। इस विशाल साम्राज्य के पतन के कई कारण थे।

राजनीतिक कारण

(1) स्वेच्छाचारी सम्राट् : मुगल सम्राट् का पद वंशानुगत था और सभी सम्राट् स्वेच्छाचारी होते थे। भीतरी या बाहरी, उनपर किसी प्रकार का नियंत्रण नहीं था। जब तक अकबर, जहाँगीर जैसे प्रजापालक बादशाह रहे, तब तक तो स्थिति ठीक रही। लेकिन औरंगजेब के बाद राजाओं की स्वेच्छाचारिता खुलकर खेलने लगी। फलतः जनता का सहयोग इन्हें न मिला।

(2) अयोग्य उत्तराधिकारी : औरंगजेब के शासनकाल तक मुगल साम्राज्य का बहुत विस्तार हो गया था और उसे सँभालने के लिए योग्य शासकों की जरूरत थी। लेकिन औरंगजेब के बाद जितने भी राजा हुए, सभी कमजोर, अयोग्य, निकम्मे और विलासी थे। उनमें राजनीति और कूटनीति का सर्वथा अभाव था। अतः वे इतने बड़े साम्राज्य को नहीं सँभाल सके।

(3) विशाल साम्राज्य : औरंगजेब ने साम्राज्य की सीमा काफी बढ़ा ली। जब तक वह जीवित रहा, शासन की बागडोर थामे रहा। लेकिन उसके बाद के

शासकों में वह क्षमता न रही। साथ ही उतने विशाल साम्राज्य का शासन एक जगह बैठकर कराना भी असंभव हो गया। फलतः केंद्रीय शासन के कमजोर पड़ते ही प्रांतीय शासक स्वतंत्र होने लगे।

(4) गृहयुद्ध : मुगलों में उत्तराधिकार के नियम का अभाव था। तलवार ही निर्णायक थी। अतः राजा के मरते ही उसके पुत्रों में गद्दी के लिए युद्ध ठन जाता था। हुमायूँ से जो गृहयुद्ध का ताँता लगा, वह अंत तक लगा ही रहा। इस युद्ध से व्यर्थ ही चारों ओर अशांति और अव्यवस्था फैल जाती थी और धन-जन की हानि होती थी।

(5) सरदारों का भ्रष्ट जीवन : मुगल सरदार और अमीर अत्यधिक धन कमाकर विलासी हो गए थे। स्वार्थ के अंधे बनकर अपनी नैतिकता खो चुके थे। इनके भ्रष्ट जीवन का असर शासन और जनता पर बुरा पड़ा। मासिर अल उमरा ने ठीक ही लिखा है—'यदि मुगलवंश के किसी सरदार की सफलताओं का वर्णन तीन पृष्ठ में आता था तो उसके लड़के का वर्णन एक ही पृष्ठ में आता था और उसके पोते का वर्णन कुछ ही पंक्तियों में समाप्त हो जाता था। उसने कोई भी ऐसा कार्य नहीं किया, जो वर्णित किया जाए।'

(6) जागीरदारी प्रथा : जागीरदारी प्रथा एक बहुत बड़ा दुर्गुण था। इससे अमीरों में आपसी मनमुटाव रहता था। धीरे-धीरे ये जागीरदार शक्तिशाली होकर स्वतंत्र हो जाते थे और राज्य की नींव कमजोर बना देते थे। इसी कारण अकबर ने इस प्रथा को बंद कर दिया था। लेकिन बाद के राजाओं ने उसे पुनः चालू कर दिया।

(7) औरंगजेब की दक्षिण नीति : मुगल साम्राज्य के पतन में औरंगजेब की दक्षिणी नीति ने बड़ी मदद की। यद्यपि दक्षिण में उसे सफलता मिली, लेकिन वह क्षणिक थी। वह लगातार 30 वर्षों तक दक्षिण में रहा। फलतः उत्तर भारत की राजनीति डाँवाँडोल हो गई। धन की इतनी बरबादी हुई कि खजाना ही खाली हो गया। मराठों को अपनी शक्ति बढ़ाने का मौका मिल गया।

(8) सम्राटों के निर्माता : शासन के अंतिम भाग में कई सम्राट् निर्माता बन गए। सैयद बंधुओं की काफी चलती हो गई। ये किसी भी योग्य सम्राट् को गद्दी पर बैठने ही नहीं देते थे। सम्राट् इनके हाथों की कठपुतली बने रहते थे।

आर्थिक कारण

(9) आर्थिक संकट : आर्थिक संकट इस राज्य के पतन का बहुत बड़ा कारण था। लगातार युद्धों में फँसे रहने के कारण खजाना एकदम खाली हो गया। अतः जनता पर कर का भार बढ़ चला। कृषि की हालत भी खराब हो गई।

जनता जब भूखी मरने लगी तो उसने लूटपाट का सहारा लिया। फलतः चारों ओर अशांति और अव्यवस्था फैल गई। राज्य की आर्थिक दशा कितनी बुरी थी, यह सर यदुनाथ सरकार के इस कथन से स्पष्ट हो जाता है, 'No fire was kinded in haram, kitchen for three days, and one day the princess could beer starvation no longs and in fandtic disnegard of parda rushed out of the place to the city.'

धार्मिक कारण

(10) औरंगजेब की धार्मिक असहिष्णुता : मुगल साम्राज्य के पतन के प्रधान कारणों में औरंगजेब की धार्मिक नीति प्रमुख है। जहाँ अकबर ने अपनी नीति से हिंदुओं को अपना दोस्त बताया था, वहीं औरंगजेब ने उन्हें अपना दुश्मन बना लिया। जजिया टैक्स, तीर्थ टैक्स आदि के कारण हिंदू मुगल राज्य के घोर दुश्मन बन गए। शिया मुसलमान भी औरंगजेब की कट्टरता से बिगड़ उठे।

(11) मराठों का विद्रोह : औरंगजेब की धार्मिक कट्रता के विरुद्ध पहला स्वर मराठों ने उठाया। औरंगजेब चाहता तो मरोठों को अपना दोस्त बनाकर अधिक फायदा उठा सकता था। लेकिन उसने दुश्मनी मोल लेकर बहुत बड़ी भूल की। लेनपूल ने ठीक ही लिखा है, 'His mistaken policy towards shivaji provided the foundation of a power that was to prove a successful rival to his own empire.'

(12) सिक्खों और जाटों का विद्रोह : औरंगजेब की धार्मिक कट्टरता से ऊबकर सिक्खों और जाटों ने भी विद्रोह का झंडा खड़ा कर दिया।

सैनिक कारण

(13) सैनिक कुव्यवस्था : मुगलों की सैन्य व्यवस्था दोषपूर्ण थी। मनसबदारी प्रथा के कारण सेना टुकड़ियों में बँटी रहती थी। उनमें राज्यभक्ति नाम की भी नहीं थी। राजा को भी सेना के लिए मनसबदारों पर निर्भर रहना पड़ता था। सेना का नैतिक पतन आरंभ हो चला था। वेतन के अभाव में वह हमेशा लूटपाट मचाती रहती थी। युद्ध क्षेत्र में भी वह प्रेमिका के साथ भोग-विलास में डूबी रहती थी।

(14) जलसेना का अभाव : मुगलों ने जलसेना की ओर कभी ध्यान नहीं दिया। अतः सेना का यह अंग हमेशा कमजोर रहा।

अन्य कारण

(15) नए मुसलमान राज्यों का उदय : शासन के अंतिम दिनों में आंतरिक अशांति से फायदा उठाकर बहुत से सरदारों ने अपने को स्वतंत्र घोषित कर दिया। इससे शत्रुओं की संख्या बढ़ गई।

(16) बाहरी आक्रमण : जब यह विशाल साम्राज्य अंतिम साँस ले रहा था, तभी कुछ ऐसे बाहरी आक्रमण हुए, जिससे साम्राज्य और भी लड़खड़ा गया। नादिरशाह, अहमदशाह आदि के आक्रमण से साम्राज्य का खोखलापन जाहिर हो गया।

(17) सम्राटों की लंबी शासन अवधि : कई ऐसे शासक हुए, जिन्होंने पचास-पचास वर्षों तक शासन किया। फलस्वरूप उनके उत्तराधिकारी अयोग्य रह गए और जब शासन भार उनके कंधे पर पड़ा तो वे सँभाल नहीं सके।

(18) मुगल साम्राज्य का विदेशी होना : लोगों के दिमाग में यह बात बैठ गई कि मुगल राज्य विदेशी है, अतः उनकी सहानुभूति इसके साथ नहीं थी।

(19) प्रजा में अज्ञानता : प्रजा में अज्ञानता थी। फारसी भाषा जनता नहीं समझती थी, अतः उसका विकास अवरुद्ध था। वर्नियर के अनुसार, 'There were great mistakes and generals, but the man of people were human sheep.'

(20) ईस्ट इंडिया कंपनी की स्थापना : उसी समय भारत में ईस्ट इंडिया कंपनी की स्थापना हुई, जिसने धीरे-धीरे भारत की राजनीति में टाँग अड़ाना शुरू कर दिया। मुगल राजा इसे नहीं रोक सके।

□

पेशवाओं का उदय

प्रश्न 1 : प्रथम तीनों पेशवाओं के विषय में आप क्या जानते हैं ?

प्रश्न 2 : सन् 1707 से 1760 ई. के बीच मराठा साम्राज्य के विकास का वर्णन कीजिए।

प्रश्न 3 : बाजीराव प्रथम को मराठा साम्राज्य का दूसरा संस्थापक क्यों कहते हैं ?

उत्तर :

छत्रपति शाहू

जिस समय मुगल साम्राज्य का भाग्य सूर्य अस्त हो रहा था, उस समय पेशवाओं के नियंत्रण में मराठों का नवीन जागरण हो रहा था। शिवाजी की मृत्यु के बाद उनके पुत्र शंभाजी को मरवा डाला गया और उसके पुत्र शाहूजी को औरंगजेब ने कैद कर लिया। लेकिन औरंगजेब की मृत्यु के बाद उसके पुत्र आजम ने शाहूजी को छोड़ दिया। शाहूजी महाराष्ट्र पहुँचा, लेकिन राजाबाई ने, जो मराठा राज्य का प्रबंध कर रही थी, उसे नेता मानने से इनकार कर दिया। फलत: 1707 में खदे नामक जगह पर दोनों में युद्ध हुआ, जिसमें शाहूजी की विजय हुई और वह मराठा राज्य का शासक बना। लेकिन वह विलासी निकला और राज्य का सारा इंतजाम बालाजी विश्वनाथ के हाथों में सौंप दिया। यहीं से राजा की जगह पेशवा होने लगा। इसके बाद बालाजी अपनी शक्ति बढ़ाकर इतना शक्तिशाली बन गया कि वही सर्वेसर्वा बन गया।

बालाजी विश्वनाथ (सन् 1713-1720)

सन् 1713 ई. में पेशवा पद पर आसीन होने के बाद बालाजी ने राज्य में कई आंतरिक सुधार किए। वह मराठों में एकता लाया। सन् 1814 ई. में उसने

सैयद बंधुओं से संधि कर ली। इस संधि के अनुसार उन सभी प्रदेशों पर मराठों का आधिपत्य हो गया, जिन पर शिवाजी का आधिपत्य था। मराठों को छह प्रदेश से चौथ और सरदेशमुखी वसूलने का अधिकार मिला। इस प्रकार बालाजी ने मुगलों से संधि करके मराठों को लाभ ही पहुँचाया। उसने सैयद बंधुओं को सैनिक सहायता भी दी, जिसकी सहायता से सैयद बंधुओं ने फरुखसियर को गद्दी से उतारा। अब मुगलों की दृष्टि में मराठों का महत्त्व बहुत अधिक बढ़ गया। इस प्रकार बालाजी, 'भावी उत्तराधिकारियों की अपेक्षा अधिक क्रियाशील था। उसका प्रबंध कल्पनाशील तथा उत्साहवर्धक था।' सन् 1720 ई. में उसकी मृत्यु हो गई।

बाजीराव प्रथम (सन् 1720-1740)

बालाजी विश्वनाथ के बाद शाहू ने उसके पुत्र बाजीराव प्रथम को पेशवा बनाया। इसी के समय से पेशवा का पद पैतृक हो गया। बाजीराव कुशल शासक और चतुर राजनीतिज्ञ था। मुगलों की गिरती दशा से वह पूरा लाभ उठाना चाहता था। सबसे पहले उसने राजपूतों से मित्रता की। छत्रसाल, बुंदेला और अंबर के राजा सवाई जयसिंह से मित्रता करके उसने मालवा, गुजरात, बुंदेलखंड पर अधिकार कर लिया। मुगल बादशाह ने मराठों को 50 लाख रुपए देने का वादा किया। सन् 1739 ई. में उसने पुर्तगालियों से बेसिन का किला छीन लिया। संक्षेप में, बाजीराव ने साम्राज्यवादी नीति का अनुसरण किया। उसने शाहूजी को परामर्श दिया, 'हम लोग सूखते हुए वृक्ष की जड़ ही काट लें। शाखाएँ अपने आप गिर जाएँगी। इस तरह मराठा ध्वज कृष्णामढ़ी से सिंधु तक फहराएगा।' फलस्वरूप उसने उपर्युक्त राज्यों को जीतकर दिल्ली पर भी आक्रमण कर दिया और मुगलों को संधि करने पर विवश कर दिया। इस प्रकार अपने छोटे से शासनकाल में उसने मराठों की शक्ति में चार चाँद लगा दिए। उसके इन्हीं गुणों के कारण उसे 'मराठा राज्य का दूसरा संस्थापक' कहा जाता है।

बालाजी बाजीराव (सन् 1740-1761)

बाजीराव की मृत्यु के बाद शाहूजी ने उसके पुत्र बालाजी को पेशवा नियुक्त किया। पेशवा बनने के समय उसकी उम्र केवल 18 वर्ष की थी, लेकिन उस कम उम्र में ही उसने अपनी योग्यता और प्रतिभा का पूर्ण परिचय दिया। मराठे उसे 'नाना साहब' भी कहते थे। जब तक शाहूजी जीवित रहा, उसने मराठों को एक सूत्र में बाँधे रखने का प्रयास किया, लेकिन 1744 ई. में उसकी मृत्यु हो गई। उसके मरते

ही मराठे आपस में ही ईर्ष्या-द्वेष की आग में जलने लगे। बालाजी ने इस विषम परिस्थिति में अपनी कुशलता का परिचय दिया। उसने सेना की संख्या बढ़ाई। सेना में घुड़सवारों को रखना शुरू कर किया। गैर मराठे भी सेना में रखे गए। उनके लड़ने का तरीका भी बदल दिया गया। अब वे लुकना-छिपना छोड़कर सामने लड़ने लगे। बालाजी ने राज्य विस्तार की नीति जारी रखी। उसने श्रीरंगपट्टम और आर्काट पर आक्रमण भी किया। 1760 में निजाम भी हार गया और 62 लाख रुपए के अतिरिक्त उसने असीरगढ़, बुरहानपुर, दौलताबाद, अहमदनगर, बीजापुर आदि राज्यों के इलाके मराठों को सौंप दिए। इस प्रकार दक्षिण भारत में अपनी प्रभुता स्थापित करके मराठों ने उत्तर भारत की ओर ध्यान दिया। पेशवा के भाई रघुनाथराव ने दो बार बंगाल पर आक्रमण किया एवं बूँदी, कोटा, जयपुर आदि राज्यों से कर वसूल किया। अहमदशाह अब्दाली के लौट जाने के बाद मराठों ने लाहौर और सरहिंद पर अधिकार कर लिया।

प्रश्न-4 : पानीपत की तीसरी लड़ाई के कारणों एवं परिणामों पर प्रकाश डालें (1758 पू., 1761 वा., 1766 वा.)।

उत्तर :

(1) अहमदशाह अब्दाली नादिरशाह का उत्तराधिकारी था। जब नादिरशाह की मृत्यु हो गई, तब उसने अफगानिस्तान पर अधिकार कर लिया और 1748 ई. में पंजाब पर चढ़ाई कर दी। उसने जी भरकर भारत को लूटा और अपार संपत्ति अपने साथ ले गया। उस समय मुगल राज्य की कमजोरी स्पष्ट हो चुकी थी। मराठों ने उसके जाते ही लाहौर पर अधिकार कर लिया और उसके बेटे को वहाँ से खदेड़ दिया। यह समाचार सुनकर अहमदशाह बहुत क्रोधित हुआ और एक विशाल सेना लेकर भारत पर आ धमका। इस समय मराठे दिल्ली पर अधिकार करके अन्य संकट का सामना कर रहे थे। अब्दाली ने मराठों के दुश्मनों से संधि कर ली, जिससे मराठों की स्थिति और भी कमजोर हो गई। लेकिन मराठों ने अब्दाली का सामना करने का निश्चय किया। इस प्रकार ऊपर से देखने पर पानीपत के तीसरे युद्ध का यही कारण दिखाई पड़ता है, लेकिन इसके अन्य भी कई कारण कहे जा सकते हैं।

(2) मराठों की उन्नति देखकर राजपूत और रुहेले भीतर-ही-भीतर जल रहे थे, अतः इन दोनों ने अब्दाली को मराठों पर आक्रमण करने का निमंत्रण दिया था।

(3) आंतरिक कलह भी इस युद्ध का प्रधान कारण था। मुगलों ने रुहेलों को हराने में मराठों की सहायता ली थी। इससे मुगलों पर मराठों का दबदबा बढ़ गया

था। जयपुर की राजगद्दी को लेकर राजपूतों में संघर्ष चल रहा था। इस संघर्ष में भी मराठों के दखल देने से राजपूत असंतुष्ट थे। अतः अब्दाली ने मराठों के इन दुश्मनों को अपनी ओर मिलाकर मराठों को और कमजोर कर दिया।

(4) इसके अलावा मराठों के प्रयास के कारण प्राचीन हिंदू धर्म काफी विकसित हो चला था, जिससे मुसलमान भीतर-ही-भीतर जल रहे थे। इन सभी कारणों से अब्दाली के साथ मराठों का युद्ध अवश्यंभावी हो गया। 14 जनवरी, 1761 ई. में पानीपत के मैदान में जहाँ भारत के भाग्य का दो-दो बार फैसला हुआ था, वहाँ एक बार पुनः युद्ध आरंभ हो गया। इस युद्ध में मराठे हार गए। उनकी कमर टूट गई। महाराष्ट्र में कोई भी ऐसा घर नहीं बचा था, जिसका कोई लाल इस युद्ध में नहीं मारा गया हो।' किसी इतिहासकार ने सही लिखा है, 'कदाचित् भारत के इतिहास में इससे अधिक न तो कोई निर्णायक पराजय हुई थी और न निश्चयात्मक विजय ही।'

परिणाम : परिणाम की दृष्टि से पानीपत का तीसरा युद्ध अधिक महत्त्वपूर्ण है। पानीपत के मैदान में एक ही राजवंश के समय में तीन-तीन युद्ध लड़े गए और तीनों ही निर्णयात्मक थे। (1) मुगल साम्राज्य का अंत हो गया। उसके चारों ओर स्वतंत्र राज्य स्थापित हो गए। (2) इस युद्ध ने भारत के खोखलेपन को प्रकट कर दिया, फलतः विदेशी जातियों को मौका मिला और यहाँ की फूट से फायदा उठाकर उन्होंने अपना राज्य स्थापित कर लिया। (3) मुसलमानों में इस युद्ध से एकता की भावना आई और उन लोगों ने अब्दाली का साथ दिया। (4) मराठों ने जिस हिंदू साम्राज्य की पुनःस्थापना का स्वप्न देखा था, वह सपना भी अब टूट गया। (5) मराठों की तो इस युद्ध में कमर ही टूट गई। उनके अपार धन-जन की हानि हुई। करीब 75000 आदमी इस युद्ध में काम आए। (6) अब पेशवाओं की शक्ति का दिन-प्रतिदिन ह्रास होता चला गया, इससे उनकी एकता भी समाप्त होने लगी। (7) साथ ही इस युद्ध से निजाम हैदर अली और सिक्खों को अपनी शक्ति-विस्तार का मौका मिला। (8) इस युद्ध से यह भी स्पष्ट हो गया कि जरूरत पड़ने पर मराठे मिलकर नहीं लड़ सकते, अतः उनके नैतिक बल का ह्रास हो गया।

□

द्वितीय खंड

यूरोपीय जातियों का आगमन

प्रश्न : भारत में यूरोपीय जातियों के आगमन का इतिहास लिखें।

उत्तर : प्राचीनकाल से ही भारत का पश्चिमी संसार के साथ घनिष्ठ व्यापारिक और राजनीतिक संबंध रहा है। लेकिन व्यापारिक सुविधा के लिए इन दोनों देशों के बीच कोई सीधा समुद्री रास्ता नहीं था। सन् 1453 ई. तुर्कों ने जब कुस्तुनतुनिया पर अधिकार कर लिया, तब भारत और यूरोप के बीच स्थल मार्ग द्वारा व्यापार ठप पड़ गया। लेकिन यूरोपीय जातियों ने भारत के साथ व्यापार कर जो फायदा उठाया था, उसके मोह ने उन्हें दूसरा रास्ता खोजने को विवश कर दिया। भारत का अपार वैभव उनके दिल को कचोट रहा था। फलत: उन्होंने जलमार्ग खोज निकाला। इसी समय 16वीं शताब्दी में यूरोप में बौद्धिक पुनर्जागरण (रेनेसा) प्रारंभ हुआ। बहुत सी भौगोलिक खोजें हुईं और इसका परिणाम यह हुआ कि बहुत से व्यापारी जलमार्ग द्वारा नए देशों का पता लगाने निकल पड़े। सबसे पहले पुर्तगालवालों ने अफ्रीका के तटीय भाग का पता लगाया। सन् 1492 ई. में स्पेन के सम्राट् फर्डीनेंड तथा सम्राज्ञी इजाबेला की मदद से कोलंबस ने एक नए संसार का पता लगाया। सन् 1498 ई. में वास्कोडिगामा ने पुर्तगाल के राजा सैमुअल की सहायता पाकर भारत का पता पा लिया। अब इस नए मार्ग द्वारा भारत में विदेशियों का ताँता बँध गया। यह एक नई घटना घटी थी। एक इतिहासकार के शब्दों में, 'शायद मध्ययुग की अन्य किसी भी घटना का सभ्य संसार पर इतना गहरा प्रभाव नहीं पड़ा, जैसा कि भारत जाने के समुद्री रास्ते के खुलने का।' अब भारत और यूरोप के बीच सीधा व्यापारिक संबंध कायम हुआ।

पुर्तगीजों का आगमन

जलमार्ग द्वारा भारत का पता लगाने का श्रेय पुर्तगीजों को ही दिया जाएगा। 27 मई, 1498 ई. को वास्कोडिगामा कालीकट की धरती पर उतरा। वहाँ के राजा

जमोरिन ने उसका भव्य स्वागत किया और पुर्तगालियों को व्यापार करने की आज्ञा दे दी। इस व्यापार में पुर्तगालियों का अरबों से झगड़ा होना स्वाभाविक था। लेकिन जीत पुर्तगालियों की ही हुई। धीरे-धीरे उन्होंने अपनी कई व्यापारिक कोठियाँ भी स्थापित कर लीं। इतना ही नहीं, कालीकट के व्यापार पर उनका एकाधिकार हो गया। सन् 1503 ई. में एलफेल्जा-डी-अलबुर्क जहाजी बेड़े का कमांडर बनकर भारत आया। उसने व्यापार के साथ यहाँ राजनीतिक सत्ता की स्थापना का भी प्रयास किया। पश्चिमी हिंद महासागर पर उनका पूर्ण अधिकार स्थापित हो गया। 1510 में गोवा और 1511 में नालंदा पर भी पुर्तगीजों ने अधिकार कर लिया। पश्चिमोत्तर पर दमन दीव, सालसेट, बेसिन आदि कई उपनिवेश भी स्थापित किए। इस तरह लगभग 100 वर्ष तक पुर्तगीजों का व्यापार निर्विरोध रूप से चलता रहा। न तो भारत के किसी शासक ने उनकी ओर ध्यान दिया, न उनका कोई प्रतियोगी ही हुआ। लेकिन जितना जल्द इनका उत्थान हुआ, उतना ही जल्द पतन भी हो गया।

पुर्तगीजों के पतन का कारण

इनके पतन का सबसे बड़ा कारण था इनकी धार्मिक कट्टरता। इन्होंने जबरन हिंदू तथा मुसलमान जनता को ईसाई बनाना शुरू कर दिया। यहाँ तक कि इन्होंने कई मंदिर एवं मसजिदों को नष्ट-भ्रष्ट कर दिया। एक बार इन्होंने मुमताज महल की दो दासियों को कैद कर लिया। इस पर क्रोधित होकर शाहजहाँ ने इन पुर्तगीजों को मौत के घाट उतरवा दिया। इनका शासन भी दोषपूर्ण था। समुद्री शक्ति भी इनकी संगठित नहीं थी। अतः अन्य यूरोपीय जातियों के सामने ये नहीं टिक सके। इन्होंने स्थल सेना की ओर भी विशेष ध्यान नहीं दिया था। और इनके पतन का जो सबसे बड़ा कारण था कि इन्होंने बहुत पहले ही अपने राजनीतिक उद्देश्य प्रकट कर दिए। अतः इन सभी कारणों से इनका पतन हो गया और ये समुद्री डाकू मात्र रह गए। केवल गोवा, दमन दीव पर इनका अधिकार बचा रहा। बाद में सरकार ने पुनः गोवा पर अधिकार कर लिया।

डचों का आगमन

पुर्तगीजों के बाद डच आए। इनसे अब पुर्तगालियों का संघर्ष होना स्वाभाविक था। सन् 1605 में डचों ने पुर्तगालियों को युद्ध में हरा दिया और पूर्वी द्वीप समूहों पर अधिकार कर लिया। इनके प्रमुख व्यापारिक केंद्र पूलीकट, चिनसुरा, सूरत, पटना आदि थे। पुर्तगीजों से निबटकर इन्हें अंग्रेजों से जूझना पड़ा। लेकिन अंग्रेजों ने इन्हें हरा दिया और डच कंपनी को ईस्ट इंडिया कंपनी में मिला लिया गया। इस प्रकार

डचों का भी पतन हो गया। इनके पतन का सबसे बड़ा कारण यह था कि इनका सीधा संबंध हॉलैंड की सरकार से था और हॉलैंड की सरकार हमेशा यूरोप के युद्धों में उलझी रही, अतः इन्हें सरकार से सहायता नहीं मिली। अंग्रेजों की तुलना में इनके पास सैनिक साधन भी नहीं थे।

अंग्रेजों का आगमन

डचों के बाद अंग्रेजों का आगमन हुआ। सन् 1600 ई. में ईस्ट इंडिया कंपनी की स्थापना हुई। इंग्लैंड की महारानी एलिजाबेथ ने इस कंपनी को व्यापार करने की आज्ञा भी दे दी। फलतः अंग्रेजों को पुर्तगीजों और डचों से उलझना पड़ा। इस युद्ध में अंतिम जीत अंग्रेजों की ही हुई और 1612 में उन्होंने अपनी पहली कोठी सूरत में कायम की। पुनः 1631 में मछलीपट्टम में दूसरी कोठी कायम हुई। सन् 1640 में मद्रास खरीदकर अंग्रेजों ने वहाँ भी सेंट जॉर्ज नामक किला बनवाया।

पुनः 1651 में इन्होंने हुगली में एक कारखाना स्थापित किया। बंबई में भी इनकी कोठियाँ स्थापित हुईं। इस प्रकार अंग्रेजों का व्यापार बड़ी तेजी से चल निकला और इसके सभी प्रतिद्वंद्वी पीछे पड़ गए। अंग्रेजों के व्यापार को देखकर इंग्लैंड की दूसरी जातियों ने भी यहाँ कंपनी बनाई, लेकिन बाद में दोनों आपस में मिल गईं और उसका नाम यूनाइटेड ईस्ट इंडिया कंपनी पड़ा।

फ्रांसीसियों का आगमन

यूरोपीय जातियों में फ्रांसीसी सबसे बाद में आए। सन् 1664 में फ्रांस के राजा लुई 14वें के प्रयास के फलस्वरूप फ्रांसीसी ईस्ट इंडिया कंपनी की स्थापना हुई। इन्होंने पांडिचेरी, चंदर नगर, सूरत आदि जगहों में अपनी कोठियाँ स्थापित कीं। इन्हें पुर्तगीज और डचों से भी उलझना पड़ा, लेकिन जीत इन्हीं की हुई। 1420 ई. में फ्रांसीसियों ने मॉरीशस, माही और कालीकट पर अधिकार कर लिया। इससे इनका व्यापार चमक उठा। इस समय दक्षिण भारत की राजनीतिक अवस्था अच्छी नहीं थी। अंग्रेज इस स्थिति का फायदा उठाकर भारत की राजनीति में दिलचस्पी ले रहे थे। देखा-देखी फ्रांसीसियों ने भी यहाँ की राजनीति में भाग लेना आरंभ कर दिया। अतः व्यापारिक और राजनीतिक दोनों कारणों से फ्रांसीसियों का अंग्रेजों से युद्ध करना अनिवार्य हो गया। इन दोनों के बीच तीन-तीन बार युद्ध हुए, जो कर्नाटक का युद्ध कहलाता है। इसमें अंतिम जीत अंग्रेजों की ही हुई।

□

अंग्रेजों और फ्रांसीसियों में संघर्ष

प्रश्न–1 : अंग्रेजों और फ्रांसीसियों में किन–किन कारणों से युद्ध हुए? उनके युद्ध का इतिहास लिखते हुए उसके परिणाम पर प्रकाश डालें (1762 पू. 1765 पू., 1760 पू.)।

प्रश्न–2 : तीनों कर्नाटक युद्धों के विषय में आप क्या जानते हैं (1760 पू.)?

उत्तर : आरंभ में जितनी भी विदेशी कंपनियाँ आईं, सभी का उद्‌देश्य व्यापार करना था। किसी ने स्वप्न में भी यह नहीं विचारा था कि भारत की राजनीति में भी वे कूदेंगे! भारत में मुगल सम्राटों की धाक जमी हुई थी। इनकी सैन्य शक्ति के आगे खड़ा होने का साहस इन कंपनियों में नहीं था। फिर इन विदेशी कंपनियों की सरकारें अपनी आंतरिक समस्याओं से इस प्रकार जकड़ी थीं कि भारत की राजनीति में हस्तक्षेप का इन्हें अवसर ही नहीं मिला। लेकिन यह स्थिति बहुत दिनों तक न रही। इन विदेशियों को ऐसा अवसर मिला कि इनकी भारतीय राजनीति में दिलचस्पी बढ़ने लगी। जब तक मुगल सम्राट् योग्य रहे, तब तक इनकी दाल न गली, लेकिन औरंगजेब की मृत्यु के बाद मुगल साम्राज्य ढहने लगा। भारत की राजनीतिक एकता समाप्त हो गई। संपूर्ण देश में छोटी–छोटी ताकतों का संघर्ष चल रहा था। विदेशियों के लिए यह सुनहरा मौका था। लेकिन इस समय तक पुर्तगीज और डच बहुत पीछे रह गए थे और अंग्रेज और फ्रांसीसी अपने पैर जमा रहे थे। अंग्रेजों ने कलकत्ता, बंबई, मद्रास, सूरत आदि जगहों पर अपनी कोठियाँ स्थापित कीं और किलेबंदी करवाईं। इनकी देखा–देखी फ्रांसीसियों ने भी माही, पांडिचेरी, चंदरनगर आदि स्थानों में अपनी कोठियाँ खोलीं। दोनों का संपर्क यहाँ के कई राजदरबारों से था। इन लोगों ने भारत के खोखलेपन को पहचान लिया था और दोनों अपना–अपना प्रभुत्व स्थापित करने की सोच रहे थे और यह मौका भी उन्हें कर्नाटक के पहले युद्ध में मिल गया। ऊपर से देखने पर तो अंग्रेज और फ्रांसीसियों के युद्ध का एकमात्र कारण

भारत पर राजनीतिक प्रभुत्व दिखाई पड़ता है, लेकिन इन दोनों के युद्ध के अन्य भी कई कारण थे। वे दोनों राजनीति के साथ-साथ व्यापारिक प्रभुत्व भी चाह रहे थे। धार्मिक मतभेद के चलते भी दोनों में युद्ध अनिवार्य हो गया। डुपले की नीति ने अंत में युद्ध का श्रीगणेश कर ही दिया।

कर्नाटक का पहला युद्ध (1744-58)

कर्नाटक दक्षिण भारत में है। उस समय दक्षिण की राजनीति डाँवाँडोल थी। सारा दक्षिण भारत टुकड़ों में बँटा हुआ था। कर्नाटक हैदराबाद सूबे का अंग था, लेकिन वहाँ का नवाब अनवरुद्दीन सभी बातों में अपने को स्वतंत्र रखता था। हैदराबाद का निजामुल मुल्क भी नाम के लिए ही मुगल सम्राट् के अधीन था। अंग्रेज और फ्रांसीसी बड़े धैर्य से इस परिस्थिति का अध्ययन कर रहे थे। तभी सन् 1740 ई. में यूरोप में 'ऑस्ट्रियन उत्तराधिकार' का युद्ध छिड़ गया जिसमें अंग्रेज और फ्रांसीसी एक-दूसरे के विरुद्ध थे। इस युद्ध की खबर जब भारत पहुँची तो यहाँ भी दोनों लड़ पड़े। फ्रांसीसियों ने मद्रास पर आक्रमण कर दिया। अंग्रेजों ने भी पांडिचेरी पर अधिकार करना चाहा, लेकिन उसे सफलता नहीं मिली। तभी यूरोप में दोनों के बीच एलाशपल की संधि हो गई और तब भारत में भी युद्ध बंद हो गया। दोनों ने एक-दूसरे के जीते हुए इलाके लौटा दिए। इस तरह ऊपर से देखने पर इस युद्ध का कोई महत्त्व नहीं दिखाई पड़ता, लेकिन सच पूछा जाए तो कर्नाटक का पहला युद्ध भारतीय इतिहास की सबसे महत्त्वपूर्ण घटना है।

परिणाम : इस युद्ध के परिणामों पर प्रकाश डालते हुए एक विद्वान् ने लिखा है, 'यद्यपि बाहर से देखने पर ऑस्ट्रियन उत्तराधिकार के युद्ध का कुछ भी परिणाम नहीं निकला और भारत की राजनीतिक सीमाएँ ज्यों-की-त्यों बनी रहीं, फिर भी यह भारतीय इतिहास की एक युगांतकारी घटना है। इसने जाहिर कर दिया कि बुद्धिमानी के साथ प्रयोग किए जाने पर समुद्री शक्ति का कितना बड़ा प्रभाव पड़ सकता था। इसने दिखला दिया कि यूरोपियन युद्ध पद्धति भारतीय पद्धति से कहीं बढ़कर थी। संक्षेप में, इसने डुप्ले के प्रयोगों और क्लाइव के लिए विजयों के लिए स्टेज तैयार कर दिया। सचमुच इस युद्ध ने भारतीय राजनीतिक व्यवस्था के खोखलेपन को सबपर जाहिर कर दिया। विदेशियों ने इस तथ्य को समझ लिया कि एक छोटी सी यूरोपियन संगठित सेना विशाल भारतीय सेना को हराने के लिए काफी है। जब फ्रांसीसियों ने मद्रास पर हमला किया था तो अंग्रेजों ने कर्नाटक के नवाब अनवरुद्दीन के पास रक्षा की प्रार्थना की थी। अनवरुद्दीन ने फ्रांसीसियों को मना

किया, लेकिन वे न माने। क्रोधित होकर नवाब ने उनके विरुद्ध एक सेना भेज दी, लेकिन नवाब की सेना हार गई। इस घटना से फ्रांसीसियों को एक नई प्रेरणा मिली। डुप्ले ने इस बात को अच्छी तरह समझ लिया कि हिंदुस्तानी नवाबों के झगड़े में किसी का पक्ष लेकर उसे जिताया जा सकता है। उस समय ऐसे राजा भी थे, जो डुप्ले की मदद चाह सकते थे। डुप्ले के पास यही अवसर था, जब वह अंग्रेजों को नीचा दिखा सकता था। कर्नाटक के पहले युद्ध ने जल शक्ति के महत्त्व को तो स्पष्ट कर ही दिया, यह भी सिद्ध हो गया कि स्थल शक्ति में भी विदेशी भारतीयों से ज्यादा कुशल हैं। फ्रांसीसियों की प्रतिष्ठा बढ़ गई और वे अब व्यापार से हटकर राजनीति पर आ गए। इस प्रकार, इस युद्ध में आनेवाली घटनाओं के बीज छिपे थे।

कर्नाटक का दूसरा युद्ध

कर्नाटक के पहले युद्ध की समाप्ति के बाद लोगों का ऐसा खयाल था कि भविष्य में अंग्रेज और फ्रांसीसी मिल-जुलकर रहेंगे। लेकिन यह आशा निर्मूल सिद्ध हुई। पहले युद्ध की आग अभी बुझी भी न थी कि दूसरा युद्ध आरंभ हो गया। पहले युद्ध के बाद से ही दोनों अवसर की तलाश में थे। उस समय दक्षिण आपसी संघर्ष का अखाड़ा बना हुआ था। ऐसे ही संघर्ष हैदराबाद और कर्नाटक में आरंभ हुए। हैदराबाद के निजामुलयुसुफ की मृत्यु सन् 1748 में हो गई। उसकी मृत्यु के बाद उसका पोता मुजफ्फर जंग अपने को गद्दी का हकदार कहता था, लेकिन गद्दी पर निजाम का बेटा नासिर जंग बैठा था। कर्नाटक में दोस्त अली की मृत्यु के बाद अनवरुद्दीन गद्दी पर बैठा, लेकिन बहुत से लोग उसके दामाद चाँद साहब को नवाब बनाना चाहते थे। डुप्ले इसी मौके की ताक में था। उसने मुजफ्फर जंग और चाँद साहब को गद्दी पर बैठा देने का आश्वासन दिया। यह देखकर अंग्रेजों ने भी नासिरजंग और अनवरुद्दीन को गद्दी पर बैठाए रहने की संधि की। इस प्रकार पुनः कर्नाटक का दूसरा युद्ध आरंभ हुआ। डुप्ले की जीत हुई। 1759 में अनवरुद्दीन और 1750 में नासिरजंग मार डाला गया। इस शानदार विजय से फ्रांसीसियों की प्रतिष्ठा बहुत बढ़ गई। इस युद्ध में उन्हें अपार संपत्ति भी हाथ लगी तथा चंदा साहब की ओर से 80 गाँव मिले। मुजफ्फरजंग ने भी मुस्तफानगर, एलोरा, पिकाकोल आदि के इलाके दे दिए। इस प्रकार हैदराबाद और कर्नाटक में फ्रांसीसियों का प्रभुत्व स्थापित हो गया। अब अंग्रेजों को घबराहट हुई। इसी समय अंग्रेजों की सेना में क्लाइव आया। वह एक दूरदर्शी सेनापति था। उसने आते ही मुहम्मद अली को युद्ध के लिए उभारा। डुप्ले ने मुहम्मद अली की ओर प्रस्थान किया, लेकिन मुहम्मद अली

उन्हें युद्ध के भुलावे में रखे रहा। अब तक अंग्रेजों ने पूरी तैयारी कर ली थी और वे मुहम्मद अली की सहायता के लिए त्रिचनापल्ली की ओर रवाना हुए। लेकिन वे पूरी तरह फ्रांसीसियों को नहीं हरा सके। इसी समय क्लाइव ने चंदा साहब की राजधानी आर्काट पर घेरा डाला। उसने सोचा कि आर्काट की रक्षा के लिए चंदा साहब अवश्य ही सेना भेजेगा और तब त्रिचनापल्ली में उसकी शक्ति कमजोर पड़ जाएगी। और यही हुआ भी, फलतः मुहम्मद अली की भी जीत हुई और आर्काट भी उसके हाथ से निकल गया। अंग्रेजों की यह शानदार विजय थी। तभी डुप्ले को सरकार ने वापस बुला लिया। अब अंग्रेजों का रास्ता निष्कंटक हो गया। डुप्ले के बाद गॉडेडू आया। उसने अंग्रेजों से संधि कर ली।

परिणाम : कर्नाटक के दूसरे युद्ध का परिणाम पहले से अधिक महत्त्वपूर्ण था। पहले युद्ध में अंग्रेज और फ्रांसीसी के युद्ध का कारण व्यापार था, लेकिन दूसरे युद्ध ने उन्हें राजनीति की ओर मोड़ा था। यह बात भी अब स्पष्ट हो गई कि अंग्रेज फ्रांसीसियों से अधिक योग्य और कुशल थे। अब केवल यह देखना बाकी था कि अंतिम जीत किसकी होती है ?

कर्नाटक का तीसरा युद्ध

गॉडेडू ने जो पांडिचेरी की संधि की, वह स्थायी नहीं हो सकी। सच बात तो यह थी कि दोनों इस संधि के द्वारा युद्ध को कुछ देर के लिए टाल देना चाहते थे। सन् 1763 में पुनः यूरोप में 'सप्तवर्षीय युद्ध' आरंभ हो गया। अतः पुनः भारत में भी दोनों लड़ पड़े। लेकिन अब तक अंग्रेजी की शक्ति काफी मजबूत हो गई थी। बंगाल पर इनका अधिकार हो चुका था और समुद्र पर भी उनका आधिपत्य हो चुका था, जिससे उनकी आर्थिक और सैन्य शक्ति दृढ़ हो चुकी थी। फ्रांस की सरकार ने काउंट लैली के नेतृत्व में एक विशाल सेना भेजी, लेकिन उसे सफलता नहीं मिली। चंद्रनगर पर अंग्रेजों ने अधिकार कर लिया। अंत में 1760 में वांडिवास के युद्ध में फ्रांसीसियों की हमेशा के लिए हार हो गई। लेकिन तभी पेरिस की संधि हुई और सप्तवर्षीय युद्ध समाप्त हो गया। फलस्वरूप भारत में भी दोनों में संधि हो गई। पांडिचेरी फ्रांसीसियों को दे दिया गया। उनकी सैन्य शक्ति कम कर दी गई। इस प्रकार फ्रांसीसी हमेशा के लिए नष्ट हो गए। एक इतिहासकार ने लिखा है, 'पांडिचेरी से चलकर और उस शक्ति से लड़कर, जिसका आधिपत्य बंगाल तथा समुद्र पर कायम हो, भारत का साम्राज्य न तो सिकंदर महान् प्राप्त कर सकता था, न नेपोलियन ही!'

परिणाम : कर्नाटक के तीसरे युद्ध के बाद फ्रांसीसियों का प्रभुत्व हमेशा के लिए समाप्त हो गया। इस युद्ध ने अंग्रेजों का सिक्का जमा दिया और उनके लिए विजयों का दरवाजा खोल दिया। यहीं से भारत में अंग्रेजी राज की नींव पड़ी, जिसका परिणाम भारत को डेढ़ सौ वर्षों तक भुगतना पड़ा।

प्रश्न-3 : भारत में अंग्रेजों की विजय और फ्रांसीसियों की पराजय के कौन-कौन से कारण थे? (1855 पू., 1862 पू., 1864 वा.)

उत्तर : भारत में व्यापार करने के लिए जितनी भी यूरोपीय जातियाँ आईं, सभी में फ्रांसीसी ही बाद में आए, लेकिन इन्होंने व्यापार में सबको पीछे छोड़ दिया। यहाँ तक कि राजनीति में भी ये अंग्रेजों से बाजी मार ले गए और अल्पकाल में ही दक्षिण भारत में अपना सिक्का जमा लिया। लेकिन जिस तेजी से इनकी प्रगति हुई, उसी तेजी से इनका पतन भी हो गया। संक्षेप में इनके पतन के निम्नलिखित कारण थे—

(1) **आर्थिक कठिनाई :** फ्रांसीसियों का व्यापार उन्नत नहीं था, क्योंकि इन्होंने शुरू से ही व्यापार की अवहेलना की थी और राजनीति में अपना सारा समय लगाया था। फलतः इन्हें हमेशा पैसे का अभाव रहा। दूसरी ओर अंग्रेजों का व्यापार उन्नत था। बंगाल पर उनका अधिकार हो चुका था, अतः उन्हें पैसे की दिक्कत नहीं हुई।

(2) **फ्रांसीसी सरकार की उदासीनता :** फ्रांसीसियों को अपनी सरकार से भी पूरी मदद नहीं मिली। फ्रांस की सरकार यूरोप में हमेशा युद्ध में संलग्न रही। अतः भारत में वह पूरा ध्यान नहीं दे सकी। दूसरी ओर अंग्रेजी सरकार धन और सेना दोनों से अंग्रेजों की मदद कर रही थी।

(3) **सामुद्रिक शक्ति का ह्रास :** फ्रांसीसियों ने सामुद्रिक शक्ति पर ध्यान नहीं दिया। उसने स्थल सेना पर ही भरोसा रखा। लेकिन यूरोप से आकर भारत पर विजय पाने के लिए समुद्री शक्ति का दृढ़ होना आवश्यक था। अंग्रेजों ने इस तथ्य को समझा था, अतः समुद्र पर उनका अधिकार था।

(4) **सरकारी नियंत्रण :** फ्रांसीसियों की कंपनी फ्रांसीसी सरकार के नियंत्रण में थी। उसकी नीति का निर्धारण वही करती थी। फलतः डुप्ले को पग-पग पर सरकार का मुँह जोहना पड़ता था। इससे अंग्रेजों की ईस्ट इंडिया कंपनी स्वतंत्र थी।

(5) **पदाधिकारियों की दुर्बलता :** फ्रांसीसी पदाधिकारी भी अंग्रेज पदाधिकारियों की तुलना में कम कुशल थे। डुप्ले स्वयं बड़ा घमंडी

था। दूसरों की सलाह तक नहीं सुनता था। एक काम को खत्म किए बिना ही वह दूसरा प्रारंभ कर देता था। अतः उसे पराजित होना पड़ा। लाली, बूसी आदि सभी पदाधिकारी आपसी मतभेद के शिकार बने थे, सेनापति में नेतृत्व का भी अभाव था। दूसरी ओर अंग्रेजों का क्लाइव जैसा दूरदर्शी सेनापति था।

(6) **धार्मिक कट्टरता :** फ्रांसीसी ने धर्म और राजनीति को मिला दिया। वे हिंदुओं के साथ कट्टरता का व्यवहार करने लगे और जबरन अपने धर्म का प्रचार करने लगे। फलतः जनता का सहयोग इन्हें नहीं मिला।

(7) **देशी राजाओं के झगड़े में हस्तक्षेप :** फ्रांसीसी भारतीय देशी राजाओं के झगड़े में टाँग अड़ाने लगे। अतः देशी राजाओं की सहानुभूति ये खो बैठे।

(8) **जनशक्ति का विकास :** अंग्रेजों की जनशक्ति काफी बढ़ी-चढ़ी थी। दुनिया की कोई ताकत उनका सामना नहीं कर सकती थी। अगर स्थल में वे हार भी जाते तो समुद्र में जीत जाते थे। फ्रांसीसियों की जनशक्ति का ऐसा विकास नहीं हुआ था।

(9) **यूरोप में पराजय :** यूरोप के युद्ध में फ्रांस की हार हो गई थी। अतः भारत में भी इस पराजय का उनके मनोबल पर असर पड़ा और वे हार गए।

(10) **सारी शक्ति एक ही जगह केंद्रित होना :** अंग्रेजों का अधिकार कलकत्ता, बंबई और मद्रास पर था। ये तीनों एक-दूसरे से दूर थे। अतः फ्रांसीसी एक साथ तीनों पर विजय नहीं पा सकते थे। दूसरी ओर फ्रांसीसियों की सारी शक्ति पांडिचेरी में केंद्रित थी। अतः पांडिचेरी की हार से उनकी हार निश्चित थी।

(11) **डुप्ले का वापस बुला लिया जाना :** जबकि फ्रांसीसियों का युद्ध नाजुक स्थिति से गुजर रहा था, तभी सरकार ने डुप्ले को वापस बुला लिया और उसके जाते ही विजय की जो क्षीण आशा थी, वह भी जाती रही।

इन्हीं सब कारणों से फ्रांसीसियों की हार हो गई।

□

अंग्रेजी राज्य की स्थापना

प्रश्न-1 : ईस्ट इंडिया कंपनी ने किस प्रकार बंगाल और बिहार पर अपना आधिपत्य स्थापित किया? (1855 पू. 1862 पू.)

प्रश्न-2 : प्लासी तथा बक्सर की लड़ाइयों के महत्त्व की विवेचना कीजिए (1858 पू., 1861 वा., 1863 वा.)

प्रश्न-3 : क्लाइव ने भारत में अंग्रेजी राज्य की नींव कैसे डाली? (1860 वा.)

प्रश्न-4 : 'प्लासी ने जिस कार्य को आरंभ किया, बक्सर ने उसे पूरा किया, कैसे?

उत्तर : बंगाल मुगल साम्राज्य के अंदर ही एक प्रांत था और कर्नाटक की तरह यह भी स्वतंत्र था। जिस समय दक्षिण भारत के रंगमंच पर अंग्रेज और फ्रांसीसी भाग ले रहे थे, उस समय पूर्वी भारत के रंगमंच पर एक दूसरे नाटक की तैयारी हो रही थी। अंग्रेज और फ्रांसीसियों ने यहाँ भी अपनी कोठियाँ स्थापित की थीं। लेकिन जब तक अलीवर्दी खाँ जीवित रहा, किसी की कुछ न चली। अलीवर्दी खाँ ने भी उनके व्यापार को हानि नहीं पहुँचाई। 'वह उनको मधुमक्खी के समान समझता था, जिससे मधु तो प्राप्त किया जा सकता है, परंतु उनको छेड़ने पर वे डंक भी मार सकती हैं।' अत: अलीवर्दी खाँ हमेशा अंग्रेजों को नियंत्रण में रखे रहा। उसके मरने पर सन् 1756 में उसका नाती सिराजुद्दौला गद्दी पर बैठा। वह आरंभ से ही अंग्रेजों से घृणा करता था। गद्दी पर बैठते ही उसे मालूम हुआ कि अंग्रेज कलकत्ता में बिना नवाब की आज्ञा के ही किले बनवा रहे हैं। यह सुनते ही तत्काल नवाब ने उनकी किलेबंदी रोक दी, लेकिन अंग्रेजों ने उसकी आज्ञा नहीं मानी। वे दक्षिण में भारतीय राजाओं की शक्ति से वाकिफ हो चुके थे। यहाँ तक कि जो दूत आज्ञा लेकर आया, अंग्रेजों ने उसका अपमान भी कर दिया। सिराजुद्दौला क्रोध से आगबबूला हो गया। उसने सोचा, अगर ये व्यापारी इसी तरह उसकी आज्ञा का उल्लंघन करते गए तो

फिर कर्नाटक और बंगाल में भेद ही क्या रह जाएगा? इधर अंग्रेजों ने बिना चुंगी दिए ही व्यापार करने का जो अधिकार प्राप्त किया था, वे उसका दुरुपयोग कर रहे थे और राज्य की आय घटती जा रही थी। इतना ही नहीं, सिराजुद्दौला के विरुद्ध राजमहल में घसेटी बेगम के नेतृत्व में जो षड्यंत्र चल रहा था, उसमें भी अंग्रेजों का हाथ था। अतः इन सभी कारणों से नवाब ने कलकत्ता पर आक्रमण कर दिया (1756)। युद्ध में बहुत से अंग्रेज मारे गए, बहुत से कैद कर लिये गए और जो बचे, वे भाग खड़े हुए। इस प्रकार कलकत्ता पर पूरा अधिकार और वहाँ मानिकचंद को गवर्नर बनाकर नवाब अपनी राजधानी मुर्शिदाबाद लौट आया।

काल कोठरी की घटना

इस संबंध में एक दुःखद घटना का उल्लेख मिलता है। कलकत्ता में बहुत से अंग्रेज कैद कर लिये गए थे। रात में ये सभी कैदी एक तंग कोठरी, जिसका क्षेत्रफल 200 वर्गफीट था, बंद कर दी गई। कैदियों की संख्या 946 थी। सुबह जब कोठरी खोली गई तो केवल 22 व्यक्ति जीवित निकले, बाकी मर चुके थे। इतिहास में यह घटना 'ब्लैक हॉल ट्रेजेडी' के नाम से प्रसिद्ध है। लेकिन आधुनिक इतिहासकार इस घटना की सत्यता पर संदेह करते हैं और इसे हॉलवेल की उर्वर कल्पना शक्ति की उपज मानते हैं। यह संभव है, कैदियों में जो घायल थे, वे मर गए हों। और यदि यह सत्य भी है तो इसका दोष नवाब के मत्थे नहीं मढ़ा जा सकता।

अलीनगर की संधि

कलकत्ता में हार की खबर पाते ही बंबई और मद्रास से अंग्रेजों की एक विशाल सेना चली। इसका नेता क्लाइव था। वह बहुत दूरदर्शी एवं कुशल सेनापति था। दक्षिण में उसने भारतीयों की शक्ति देख ली थी। अतः उसने नवाब से इस युद्ध का हर्जाना माँगा और बंगाल में अंग्रेजों के पुराने अधिकार की माँग की। साथ ही उसने मानिकचंद को नवाब बना देने का लोभ देकर अपनी ओर मिला लिया और कलकत्ता पर चढ़ाई कर दी। मानिकचंद जान-बूझकर हार गया। इस प्रकार पुनः कलकत्ता पर अंग्रेजों का अधिकार हो गया। जब नवाब को यह खबर मिली तो उसने और कोई उपाय न देखकर क्लाइव से संधि कर ली। यह संधि 'अलीनगर की संधि' कहलाती है (1457)। इसके अनुसार अंग्रेजों के पुराने अधिकार लौटा दिए गए। उन्हें किलेबंदी की आज्ञा दे दी गई। युद्ध का हर्जाना भी नवाब ने नहीं

दिया और प्रतिज्ञा की कि अंग्रेजों को छोड़कर किसी अन्य यूरोपियन को अपने दरबार में नहीं रखेगा। इस प्रकार बंगाल में पुनः शांति स्थापित हो गई, लेकिन यह शांति तूफान से पहले की थी।

प्लासी का युद्ध

क्लाइव बंगाल जीतने का नाटक खेल रहा था और अलीनगर की संधि ने उसे नाटक की तैयारी का पूरा समय दे दिया था। वह यह भी जानता था कि सामने से युद्ध लड़कर नवाब को नहीं हराया जा सकता। अतः उसने छल का सहारा लिया। नवाब के सेनापति मीरजाफर को नवाब बनाने का लोभ देकर उसे अपनी ओर मिला लिया। कई अमीर भी इस षड्यंत्र में शामिल थे। अमीरचंद और जगतसेठ षड्यंत्र के प्रमुख पात्र थे। इस प्रकार, 'क्लाइव षड्यंत्र का संचालक था, वाटसन मुर्शिदाबाद में रहकर षड्यंत्र का ताना–बाना बुनता था, अमीरचंद विश्वासघात के गंदे जाल को रचने के लिए ट टसन का एजेंट बना हुआ था और मीरजाफर षड्यंत्र के नीचतापूर्ण नाटक का प्रधान पात्र था।' इस प्रकार क्लाइव युद्ध के लिए तैयार था। अब केवल एक बहाना चाहिए था। इसी समय अंग्रेज और फ्रांसीसियों में युद्ध छिड़ गया। अंग्रेजों ने चंद्रनगर पर कब्जा कर लिया। फ्रांसीसियों ने नवाब से सहायता माँगी। नवाब ने सहायता तो नहीं दी, पर शरणार्थियों को अपने पास रख लिया। बस, क्लाइव के लिए यही मौका था। उसने नवाब पर संधि तोड़ने का इलजाम लगाकर आक्रमण कर दिया। अंत में 23 जून, 1757 को प्लासी के मैदान में दोनों के बीच युद्ध का श्रीगणेश हो गया। नवाब की सेना का प्रधान मीरजाफर था। वह चुपचाप तमाशा देखता रहा। और तब ऐसे युद्ध का जो फल होना चाहिए था, वही हुआ। नवाब युद्ध में मारा गया और अब मीरजाफर बंगाल का नवाब बना। अंग्रेजों को 24 परगने की जमींदारी मिली। इस प्रकार प्लासी के युद्ध का अंत हो गया।

परिणाम और महत्त्व

यद्यपि सैनिक दृष्टि से प्लासी का युद्ध कोई बड़ा युद्ध नहीं था, पर परिणाम की दृष्टि से यह विश्व के बड़े–बड़े युद्धों में गिना जाएगा। क्लाइव ने इसे क्रांति कहा था, 'This great Revolution. So happy brought about seams Complite in every respeet.' जो भी हो, प्लासी का युद्ध कोई बड़ा युद्ध न था। सबकुछ पहले से ही तय था, केवल युद्ध का नाटक खेला गया था। (1) बंगाल में अब अंग्रेजों के पैर जम गए। (2) उनकी व्यापारिक सुरक्षा पर अब राज्य की मुहर

लग गई। (3) कंपनी और कर्मचारियों को अपार धन हाथ लगा। अकेले क्लाइव को दो लाख चौंतीस हजार पाउंड मिले। (4) सबसे बड़ी बात तो यह हुई कि बंगाल की गद्दी पर एक ऐसा नवाब बैठा, जो अंग्रेजों का मित्र था। (5) बंगाल पर अधिकार हो जाने से अंग्रेजों का व्यापार चमक निकला और उनके सामने अब फ्रांसीसियों का टिकना असंभव हो गया। क्लाइव ने प्लासी के महत्त्व को बहुत पहले ही समझ लिया था। उसने विलियम पिट को लिखा था, 'अब ब्रिटिश सरकार को भारत संबंधी बातों की सीधी जिम्मेदारी ले लेनी चाहिए।' (6) इस युद्ध में भारतीय राजाओं और सैनिकों की दुर्बलता का पता चल गया। (7) क्लाइव ने जान लिया कि फूट डालकर यहाँ शासन हो सकता है। (8) हिंदू जनता मुसलमान शासकों को पसंद नहीं करती, यह बात भी वे समझ गए थे। संक्षेप में, प्लासी के युद्ध के कई महत्त्वपूर्ण परिणाम निकले।

मीरकासिम और अंग्रेज

प्लासी के युद्ध के बाद अंग्रेजों ने मीरजाफर को नवाब बनाया। लेकिन वह अयोग्य निकला। कंपनी का कर्जा भी उसके जिम्मे काफी हो गया। अतः अंग्रेजों ने उसे गद्दी से उतारकर उसके दामाद मीरकासिम को गद्दी पर बैठाया। वह एक योग्य शासक था। वह ऊपर से अंग्रेजों का मित्र था, पर उनसे छुटकारा पाने का उपाय भी धीरे-धीरे सोच रहा था। सबसे पहले उसने आर्थिक स्थिति सुधारी। अपनी राजधानी उसने मुंगेर कर ली। कई कुशल फ्रांसीसी सेनापतियों को बहाल कर अपनी सेना को ट्रेनिंग दिलाना शुरू किया। कई नए और पुराने किलों एवं सुरंगों का निर्माण भी उसने करवाया। इसी समय व्यापार पर चुंगी का प्रश्न उठा। मीरकासिम ने हिंदुस्तानी व्यापारियों पर से भी चुंगी हटा दी। यह बात अंग्रेजों को बुरी लगी। साथ ही वे मीरकासिम के इरादे भी समझ चुके थे, अतः उन्होंने उस पर आक्रमण कर दिया।

बक्सर का युद्ध

मीरकासिम भागकर अवध पहुँचा। वहाँ के नवाब शुजाउद्दौला ने उसे मदद देना स्वीकार किया। अंतिम मुगल सम्राट् शाहआलम ने भी उसे सहायता देने का वादा किया और इस प्रकार तीनों की मुठभेड़ हुई। लेकिन भारत का सितारा मंद हो चला था। इस युद्ध में भी अंग्रेजों की ही जीत हुई। मीरकासिम भाग निकला और शुजाउद्दौला एवं शाहआलम ने संधि कर ली। इस प्रकार, बक्सर का युद्ध भी समाप्त हुआ।

परिणाम और महत्त्व

बक्सर के युद्ध का परिणाम प्लासी से बढ़कर है। स्मिथ ने लिखा भी है, 'यह विजय पूर्ण रूप से निर्णयात्मक थी और इसने प्लासी के अधूरे कार्य को पूरा किया।'

वस्तुतः जहाँ प्लासी में केवल बंगाल का नवाब हारा था, वहाँ बक्सर में बंगाल, अवध के नवाब और मुगल बादशाह शाहआलम भी हार चुके थे। इस युद्ध ने सही मायने में अंग्रेजों के प्रभुत्व को स्थापित कर दिया और वे अब केवल बंगाल, बिहार के ही शासक नहीं रहे वरन् भारत के सम्राट् हो गए। इससे उनकी प्रतिष्ठा बहुत बढ़ गई और अब किसी विदेशी को उनसे लड़ने का साहस नहीं रहा। सच पूछा जाए तो प्लासी के युद्ध में अंग्रेजों का उद्‌देश्य था कि बंगाल की गद्‌दी पर कोई ऐसा नवाब रहे जो उन्हें हर प्रकार की सुविधा देता रहे। लेकिन बक्सर में वे स्वयं सम्राट् बनने के इच्छुक थे। प्लासी का युद्ध धोखे का युद्ध था और उसमें किसी की शक्ति का पूरा परिचय नहीं मिला था। लेकिन बक्सर का युद्ध वीरतापूर्ण लड़ा गया था और उसने अंग्रेजों की युद्धकला की श्रेष्ठता सिद्ध कर दी। प्लासी के युद्ध ने एक प्रश्न खड़ा कर दिया था कि बंगाल पर असल शासन किसका रहेगा, कंपनी का या नवाब का? और बक्सर ने इसी प्रश्न का उत्तर दिया। इस अर्थ में बक्सर ने प्लासी के अधूरे कार्य को पूरा किया। जो बीज प्लासी में बोया गया, वह बक्सर के युद्ध में विशाल वृक्ष के रूप में खड़ा हुआ। अवध के नवाब और शाहआलम की हार से अंग्रेजी राज्य की सीमा काफी बढ़ गई। इस प्रकार, 'चाहे इसे विदेशी और देशी ताकतों के संघर्ष के रूप में देखा जाए, चाहे ऐसी घटना के रूप में जो बहुत बड़े-बड़े स्थायी परिणामों की जननी थी, बक्सर का स्थान उन बड़ी-से-बड़ी लड़ाइयों की श्रेणी में है जो कभी भी लड़ी गई हैं।

□

क्लाइव

प्रश्न : भारत में ब्रिटिश साम्राज्य की स्थापना में क्लाइव की सेवाओं का वर्णन कीजिए। (1851 वा. 1855 पू. 1853 वा., 1864 पू.)

प्रश्न-2 : क्लाइव एक विजेता ही नहीं, सफल शासक था, सिद्ध करें।

उत्तर :

क्लाइव की विजय

इतिहास में क्लाइव का स्थान सम्राट् निर्माताओं में है। अपनी असाधारण प्रतिभा से उसने जिस ब्रिटिश राज्य की नींव डाली, वह उसके बाद भी सौ वर्षों तक कायम रहा। उसका जन्म सन् 1725 ई. में इंग्लैंड के एक छोटे से कस्बे में हुआ था। पढ़ाई-लिखाई में शुरू से ही उसकी रुचि नहीं थी। अंत में ईस्ट इंडिया कंपनी में वह मामूली किरानी बनकर भारत आया और आगे चलकर ब्रिटिश राज्य का संस्थापक बन बैठा।

जिस समय क्लाइव भारत आया था, दक्षिण हिंदुस्तान में अंग्रेजों की हालत नाजुक थी। फ्रांसीसियों ने प्रत्येक जगह अपना दबदबा कायम कर लिया था और अंग्रेजों की प्रायः सभी कोठियाँ छीन ली थीं। ऐसा लगता था, अंग्रेजों को बोरिया-बिस्तर बाँधकर भागना होगा। तभी दक्षिण की राजनीति के रंगमंच पर क्लाइव का आविर्भाव हुआ। उसने आते ही सारा पासा ही पलट दिया। अपनी कुशल राजनीतिक सूझबूझ से चाँद साहब को हराकर अंग्रेजों की प्रतिष्ठा उसने बचा ली। फिर तो उसकी नीति के सामने फ्रांसीसियों को हमेशा मुँह की खानी पड़ी और दक्षिण भारत में अंग्रेजों का एकछत्र राज कायम हो गया।

पूर्वी भारत में बंगाल में भी अंग्रेजों को मुँह की खानी पड़ी थी। कलकत्ता की किलेबंदी से नाराज होकर बंगाल के नवाब सिराजुद्दौला ने कलकत्ता पर आक्रमण कर दिया था, जिसमें सैकड़ों अंग्रेज मारे गए थे और जो बचे थे, कैद कर लिये गए थे।

उनकी सभी कोठियाँ भी प्राप्त कर ली गई थीं। और ऐसा लगता था कि पूर्वी भारत में फिर कभी अंग्रेज नहीं आएँगे। यहाँ भी क्लाइव ने एक बार फिर से अंग्रेजों की डूबती नौका को बचा लिया। उसने आते ही नवाब से न केवल युद्ध का हर्जाना माँगा, बल्कि उसे युद्ध के लिए ललकारा भी। दक्षिण भारत में भारतीय राजाओं की ताकत वह देख चुका था। अतः वह युद्ध से ही फैसला नहीं करना चाहता था। उसने छल का सहारा लेकर मानिकचंद को मिलाया और कलकत्ता पर आक्रमण कर दिया। लाचार होकर नवाब को संधि करनी पड़ी और अंग्रेजों के सभी पुराने अधिकार लौटाने पड़े।

पुनः बक्सर के युद्ध में उसने अपनी दूरदर्शिता का परिचय दिया। उसने अवध के नवाब शुजाउद्दौला से इलाहाबाद की संधि कर ली, जिसमें नवाब ने 50 लाख रुपया कंपनी को देना स्वीकार किया। शाहआलम ने उसे बिहार, बंगाल और उड़ीसा की दीवानी दे दी। इस प्रकार क्लाइव ने कर्नाटक, प्लासी, बक्सर सभी स्थलों में अपनी विजय का सिक्का स्थापित किया। लेकिन क्लाइव केवल विजेता ही नहीं था, एक सफल शासक भी था। उसके शासन प्रबंध महत्त्वपूर्ण थे।

क्लाइव के सुधार

क्लाइव भारत में ब्रिटिश राज की नींव डालकर इंग्लैंड वापस लौट गया। लेकिन उसके जाते ही कंपनी की दशा गिरने लगी। कंपनी के कर्मचारी भ्रष्ट हो गए थे। कंपनी के नाम पर निजी व्यापार करके मालामाल हो रहे थे। उनमें शासन को सँभालने की योग्यता बिल्कुल नहीं थी। एक इतिहासकार के शब्दों में, 'Here is no page in Indian history. So revolting as the four year of his weak and insufficient rule of Mr. Vanist lart.' क्लाइव ने बंगाल की गिरी दशा पर खुद लिखा था, 'मैं केवल यही कहूँगा कि अराजकता, अव्यवस्था आदि का ऐसा दृश्य बंगाल के अतिरिक्त न किसी देश में देखा गया है, न सुना गया है।' अतः कंपनी के डायरेक्टरों ने पुनः उसे बंगाल का गवर्नर बनाकर भेजा। उसने शासन में स्थिरता और दृढ़ता लाने के लिए निम्नलिखित सुधार किए—

(1) **प्रतिज्ञा पत्र का आरंभ :** कंपनी के कर्मचारी कंपनी के नाम पर घूस और उपहार लेते थे। क्लाइव ने उनसे एक प्रतिज्ञा पत्र लिखवाया कि वे किसी भारतीय से किसी प्रकार की भेंट या उपहार नहीं लेंगे। इससे भेंट लेने की प्रथा बंद हो गई और कंपनी की आर्थिक दशा में सुधार आया।

(2) निजी व्यापार पर नियंत्रण : कर्मचारी कंपनी के नाम पर बिना चुंगी दिए निजी व्यापार करने लगे थे, जिससे कंपनी को बड़ा नुकसान था। अत: क्लाइव ने कानून बनाकर इस प्रथा को रोक दिया।

(3) कर्मचारियों के वेतन में वृद्धि : कर्मचारियों में भ्रष्टाचार का मुख्य कारण था, वेतन की कमी। अत: उसने कर्मचारियों के वेतन बढ़ा दिए। उसने एक व्यापारिक मंडल की भी स्थापना की और उसे पान, तंबाकू, नमक आदि के व्यापार का एकाधिकार दे दिया। लेकिन बाद में एकाधिकार भी बंद हो गया।

(4) सैनिक सुधार : उसने सेना को तीन भागों में बाँट दिया और हर भाग को अलग-अलग जगहों में रखा। उनको मिलनेवाला दूना भत्ता बंद कर दिया गया। इस कार्य का विरोध कई अफसरों ने किया और त्यागपत्र दे दिया। क्लाइव इससे घबराया नहीं। जिसने भी त्यागपत्र दिया, उसे मंजूर कर विद्रोही कर्मचारियों को निकाल बाहर कर दिया गया। इससे सेना डर गई और पूर्ण अनुशासित हो गई।

(5) कलकत्ता कौंसिल संबंधी सुधार : क्लाइव के सुधारों का कलकत्ता कौंसिल ने घोर विरोध किया, क्योंकि सबसे ज्यादा घूसखोर वहीं के कर्मचारी थे। क्लाइव यहाँ भी सुधार लाया। उसने चार सदस्यों की एक विशेष समिति बनाई और खुद उसका अध्यक्ष बना। कौंसिल के कई कर्मचारी निकाल दिए गए और उनकी जगह मद्रास से कर्मचारी मँगाए गए।

(6) आर्थिक सुधार : क्लाइव ने अंग्रेजी राज्य की सीमा की रक्षा का सुंदर इंतजाम किया। अवध के नवाब से संधि कर बनारस, इलाहाबाद, लखनऊ आदि जगहों में अंग्रेजी छावनियाँ स्थापित की गईं, जिससे कंपनी की सीमा सुरक्षित हो गई। अवध को अपने राज्य में न मिलाकर क्लाइव ने बुद्धिमानी का परिचय दिया। मराठों से संधि कर उन्हें चौथ देना कबूल कर लिया।

(7) द्वैध शासन की स्थापना : क्लाइव ने बंगाल में द्वैध शासन लागू किया। चूँकि कंपनी के कर्मचारियों को शासन कार्य का ज्ञान नहीं था, अत: भारतीय कर्मचारियों के साथ मालगुजारी वसूलने तथा न्याय करने का भार दिया गया। इनकी देखरेख के लिए अंग्रेज निरीक्षकों की बहाली हुई। इससे बंगाल में दुहरा शासन लागू हो

गया। इससे कई लाभ हुए। कंपनी को कार्य में सुविधा मिली और उसकी आर्थिक स्थिति भी सुधरी। हिंदुओं का सहयोग भी क्लाइव को मिला।

(8) **क्लाइव कोष की स्थापना :** क्लाइव ने मीरजाफर से 50 लाख रुपए प्राप्त किए। इस रुपए से उसने एक कोष की स्थापना की, जिसे 'क्लाइव कोष' कहते थे। इस कोष द्वारा उन भारतीय सैनिकों तथा पदाधिकारियों को सहायता दी जाती थी जो किसी कारणवश कार्य करने योग्य नहीं रह जाते थे।

(9) **सामाजिक सुधार :** क्लाइव ने तत्कालीन समाज के कई दुर्गुणों को दूर करने का प्रयास किया। यद्यपि उसे अपने इस कार्य में सफलता नहीं मिली, फिर भी उसका प्रयास प्रशंसनीय है।

(10) **क्लाइव का चरित्र :** इस प्रकार हम देखते हैं कि क्लाइव एक साधारण किरानी से एक विशाल साम्राज्य का संस्थापक बना। वह परिश्रमी, बुद्धिमान और योग्य सेनापति था। कठिनाइयों की पाठशाला में उसने शिक्षा पाई थी, अतः भीषण-से-भीषण परिस्थिति में भी वह अपना धैर्य नहीं छोड़ता था।

कर्नाटक और प्लासी के युद्ध का सारा श्रेय उसी को दिया जा सकता है। एक कुशल प्रशासक के रूप में भी वह महत्त्वपूर्ण था। लॉर्ड कर्जन ने उसके संबंध में लिखा था, 'अंग्रेज जाति में क्लाइव एक महान् आत्मावाला व्यक्ति था। उसकी गणना उन शक्तियों में की जाती है, जो अपने साथियों की सतह से उसी प्रकार ऊँचा उठा रहा, जिस प्रकार जहाज समुद्र के प्रहार से ऊँचा उठा रहता है।' फिर भी वह दुर्गुणों से दूर नहीं था। अमीरचंद और जगतसेठ आदि के साथ उसका विश्वासघात उसके चरित्र पर कलंक लगा देता है। उसका चरित्र भ्रष्ट और अनैतिक था। उसके लिए वह नीच कर्म भी कर सकता था। इंग्लैंड वापस जाने पर अपने साथ वह अपार संपत्ति लेता गया और वहाँ अपना विशाल भवन बनवाया, लेकिन उसे सामाजिक प्रतिष्ठा नहीं मिली। यहाँ तक कि उसे आत्महत्या करनी पड़ी। ब्रिटिश पार्लियामेंट में उसके अनैतिक कार्यों के लिए उस पर मुकदमा चलाया गया, लेकिन उसने जो कुछ किया था, ब्रिटिश राज के लिए किया था और इसी कारण उसके सारे दोष माफ कर दिए गए।

□

ब्रिटिश साम्राज्य का विस्तार : वारेन हेस्टिंग्स

प्रश्न–1 : वारेन हेस्टिंग्स को किन–किन कठिनाइयों का सामना करना पड़ा ? उसने उन कठिनाइयों पर कैसे विजय पाई ?

प्रश्न–2 : वारेन हेस्टिंग्स के सुधारों का वर्णन कीजिए। (1756 वा., 58 पू. 60 पू. 1768 वा.)

उत्तर :

हेस्टिंग्स की कठिनाई

लॉर्ड क्लाइव भारत में अंग्रेजी राज की नींव डालकर सन् 1767 में हमेशा के लिए भारत से विदा हो गया। उसके जाते ही संपूर्ण बंगाल में अराजकता, अव्यवस्था और अशांति छा गई। उसने जिस द्वैध शासन की स्थापना की थी, उसके दुर्गुण प्रकट होने लगे। कंपनी के कर्मचारियों में उत्तरदायित्व का अभाव दिखाई पड़ने लगा। कर वसूलने में कठोरता बरती जाने लगी। कंपनी ने शासन में दिलचस्पी लेना बिल्कुल छोड़ दिया। भारतीय उद्योग–धंधों का तो नाश हुआ ही, कंपनी के हित में भी द्वैध शासन का बुरा प्रभाव पड़ा। Kaye ने लिखा है—'The Dual administration made confusion more confounded and corruption more corrupt.' वस्तुतः संपूर्ण बिहार और बंगाल अराजकता के केंद्र बन गए। चोरी–डकैती तो मामूली बात हो गई। जान–माल की रक्षा पर खतरा उपस्थित हो गया। इसी समय 1772 में भयानक अकाल पड़ गया, जिसमें राज्य की एक–तिहाई जनसंख्या समाप्त हो गई। भारत की राजनीति भी डाँवाँडोल थी। कई नई ताकत पैदा हो गई थीं। मराठे, निजाम, मैसूर सभी अंग्रेजों के दुश्मन बन बैठे थे। कंपनी का खजाना भी खाली पड़ा था। संक्षेप में, हेस्टिंग्स के सामने कठिनाइयों का पहाड़ लगा था। लेकिन एक

कुशल राजनीतिज्ञ की तरह उसने इन सब पर विजय पाई। इसके लिए उसने शासन में सुधार की नीति अपनाई।

हेस्टिंग्स के सुधार

(क) शासन संबंधी सुधार

द्वैध शासन का अंत : द्वैध शासन के चलते शासन में गड़बड़ी पैदा हो गई थी, अतः उसने इसका अंत कर दिया। अब कर वसूलने का कार्य कंपनी के जिम्मे हो गया। प्रत्येक जिले में एक-एक अंग्रेज कलेक्टर नियुक्त हुआ। कलकत्ता राजधानी बनाई गई और राजकोष भी वहीं रखा जाने लगा। बंगाल के नवाब को शासन कार्य से मुक्त कर पेंशन दे दी गई।

(ख) व्यापारिक सुधार

(1) दस्तक प्रथा का अंत : इस प्रथा के द्वारा कंपनी के कर्मचारी निजी व्यापार करते थे। अतः हेस्टिंग्स ने इस प्रथा का अंत कर दिया। अब चुंगी की आय सीधे कंपनी को मिलने लगी।

(2) चुंगी में कमी : भारतीय व्यापारियों को अंग्रेज व्यापारी की तुलना में अधिक चुंगी देनी पड़ती थी। अब हेस्टिंग्स ने बहुत सी चुंगियों को हटा दिया। इससे राष्ट्रीय व्यापार को प्रोत्साहन मिला।

(3) चौकियों का अंत : जमींदारों ने बहुत सी चौकियाँ स्थापित की थीं, जिससे व्यापारिक यातायात में कठिनाई होती थी। अतः हेस्टिंग्स ने कलकत्ता, हुगली, मुर्शिदाबाद, ढाका और पटना को छोड़कर सभी चौकियों को समाप्त कर दिया। इससे भी व्यापार में सुविधा हुई।

(4) बैंकों की स्थापना : व्यापारियों को सस्ते दर के ब्याज में कर्ज देने के लिए कलकत्ता में एक बैंक की स्थापना हुई।

(5) नमक और अफीम पर नियंत्रण : नमक और अफीम के व्यापार को सरकारी नियंत्रण में ले लिया गया और ठेकेदारों को ठेके पर इसे बेचने का अधिकार दिया गया।

(6) टकसाल की स्थापना : हेस्टिंग्स ने विभिन्न प्रकार के सिक्कों का अंत कर दिया और मुद्रा की समुचित व्यवस्था के लिए कलकत्ता में एक टकसाल की स्थापना की।

(7) व्यापारिक संधियाँ : व्यापार की प्रगति के लिए हेस्टिंग्स ने विभिन्न देशों से व्यापारिक संधियाँ कीं। ऐसे देशों में तिब्बत, भूटान आदि प्रमुख थे।

(8) दादनी का अंत : इस प्रथा के अनुसार कंपनी के कर्मचारी कारीगरों को दादनी देकर उनका तैयार किया हुआ माल उन्हें निश्चित दामों पर बेचने के लिए बाध्य करते थे। इससे भारतीय उद्योग-धंधों का ह्रास हो रहा था। अतः हेस्टिंग्स ने इस प्रथा का अंत कर दिया।

(ग) राजस्व संबंधी सुधार

(1) जमीन की पंचवर्षीय व्यवस्था : जमीन पर जमींदारों का प्रभुत्व स्थापित हो गया था, जो हमेशा प्रजा पर अत्याचार करते थे। हेस्टिंग्स ने एक कमिटी बनाकर जमीन का प्रबंध ठेकेदारों को दे दिया और भूमि कर पाँच वर्षों के लिए निश्चित कर दिया। लेकिन इस व्यवस्था के परिणाम बाद में बुरे निकले।

(2) राजस्व समिति की नियुक्ति : सन् 1883 ई. में कलेक्टर का पद समाप्त करके एक राजस्व समिति की नियुक्ति की गई। इसमें कंपनी के तीन और कौंसिल के दो सदस्य होते थे। तीनों प्रांतों को छह भागों में बाँटा गया और प्रत्येक के लिए एक प्रांतीय समिति बनाई गई। जिले का काम भारतीय दीवान को सौंपा गया। लगान की दर निश्चित कर दी गई।

(घ) आर्थिक सुधार

(1) नवाब की पेंशन में कमी : 1765 की संधि के अनुसार, नवाब को 43 लाख वार्षिक पेंशन मिलती थी। 1768 में उसे घटाकर 32 लाख कर दिया गया। वारेन हेस्टिंग्स ने उसे घटाकर 13 लाख कर दिया।

(2) शाहआलम की पेंशन बंद : हेस्टिंग्स ने शाहआलम को मिलनेवाली 25 लाख की पेंशन भी बंद कर दी।

(च) न्याय संबंधी सुधार

(1) न्यायालयों का संगठन : पहले जमींदारों को न्याय संबंधी कुछ अधिकार मिले थे। लेकिन अब वे अधिकार समाप्त कर दिए गए। अब प्रत्येक जिले में एक दीवानी और फौजदारी न्यायालयों की स्थापना हुई। दीवानी का अध्यक्ष कलेक्टर और फौजदारी का अध्यक्ष काजी होता था।

(2) कानून का संकलन : पक्षपात रहित फैसले के लिए उसने हिंदू और मुसलमानों के कानूनों का संकलन करवाया।

(3) फौजदार की नियुक्ति : प्रत्येक जिले में अपराधियों को पकड़ने के लिए एक फौजदार की नियुक्ति की गई।

(छ) अन्य सुधार

(1) हेस्टिंग्स ने चोरों-डाकुओं के दमन के लिए पुलिस की सुंदर व्यवस्था की।

प्रश्न-3 : हेस्टिंग्स के समय की महत्त्वपूर्ण घटनाओं का उल्लेख करें। (1765 वा.)

प्रश्न-4 : भारत में अंग्रेजी राज्य के विस्तार में हेस्टिंग्स के कार्यों का उल्लेख करें। (1756 वा., 1758 पू.)

उत्तर : अंग्रेजी राज्य के विस्तार तथा उसकी बिगड़ी हुई दशा सुधारने के लिए हेस्टिंग्स को भारतीय शक्ति से उलझना पड़ा।

हेस्टिंग्स और शाहआलम

सन् 1765 की 'इलाहाबाद की संधि' के अनुसार कंपनी ने शाहआलम से जो दीवानी पाई थी, उसके बदले उसे 26 लाख वार्षिक कर देती थी। लेकिन 1779 ई. में शाहआलम अंग्रेजों के विरुद्ध मराठों से मिल गया। अतः हेस्टिंग्स ने उसे कर देना बंद कर दिया। साथ ही उससे कड़ा और इलाहाबाद छीनकर अवध के नवाव को 50 लाख रुपए में दे दिया। अवध के नवाब ने एक अंग्रेजी सेना रखना भी स्वीकार किया। इसका फल यह हुआ कि कंपनी की आर्थिक दशा बहुत सुधर गई और उसकी सीमा भी सुरक्षित हो गई। मराठे अब अंग्रेजों की ओर से निश्चिंत होकर अवध की ओर मुड़ गए। फिर भी हेस्टिंग्स के इस कार्य को धोखेबाजी की संज्ञा दी गई।

हेस्टिंग्स और रुहेलखंड

रुहेलखंड दोआब का एक उपजाऊ प्रदेश था, जो अवध के उत्तर-पश्चिम में स्थित था। यहाँ अफगानों ने अपना अधिकार कर लिया था और हाफिज रहमत खाँ के नेतृत्व में अपनी शक्ति संगठित कर चुके थे। इस पर मराठे हमेशा हमला करते थे। अतः रुहेलों ने अवध के नवाब से मराठों को भगाने के लिए

एक संधि की और बदले में नवाब को 40 लाख रुपए देने का वादा किया। सन् 1773 में नवाब ने मराठों को मार भगाया और अपना रुपया माँगा। लेकिन रुहेलों ने रुपया देने से इनकार कर दिया। क्रुद्ध होकर नवाब ने हेस्टिंग्स से एक संधि की और उसे 40 लाख रुपए देने का वादा कर और उससे सैनिक सहायता ले रुहेलों पर आक्रमण कर दिया। मीरनपुर कटरा में दोनों के बीच भयंकर युद्ध हुआ। युद्ध में रुहेले हार गए और रुहेलखंड अवध के राज्य में मिला लिया गया।

इस युद्ध से कंपनी को कई लाभ हुए। अब उसकी उत्तर-पश्चिमी सीमा हमेशा के लिए सुरक्षित हो गई। कंपनी को 40 लाख रुपए मिले, जिससे उसकी आर्थिक दशा सुधरी। लेकिन नैतिकता की दृष्टि से हेस्टिंग्स का यह कार्य अनुचित था। रुहेलों ने कंपनी को कभी कोई हानि नहीं पहुँचाई थी। रॉबर्टसन ने सही लिखा है, 'Hastings assent to pelp nafale of oubah is not the hapiend or most effecient king of political conduce.'

हेस्टिंग्स और चेतसिंह

हेस्टिंग्स को आर्थिक कठिनाई का सामना करना पड़ रहा था। मराठे और मैसूर के साथ युद्ध करते-करते कंपनी का धन समाप्त हो चला था। अतः हेस्टिंग्स ने बनारस के राजा चेतसिंह से धन हड़पना चाहा। पहले बनारस का राजा अवध के अधीन था। लेकिन 1775 ई. में उसने 22.5 लाख रुपए वार्षिक कर देने का वादा कर अपनी सुरक्षा के लिए कंपनी की अधीनता मान ली। हेस्टिंग्स ने रुपए की कमी होने पर राजा से 5 लाख अतिरिक्त माँगे। राजा ने यह रकम दे दी। हेस्टिंग्स की माँग हर साल बढ़ती ही गई। सन् 1780 में हेस्टिंग्स ने राजा से 2000 घोड़े की माँग की, लेकिन राजा ने इतने घोड़े देने में अपनी असमर्थता व्यक्त की। इस पर क्रोधित होकर हेस्टिंग्स ने उसपर 50 लाख जुर्माना कर दिया। अब चेतसिंह ने जुर्माना देने से इनकार कर दिया। फलतः हेस्टिंग्स ने उस पर आक्रमण कर दिया और चेतसिंह को कैद कर लिया। यह देखकर चेतसिंह की सेना ने विद्रोह कर दिया। हेस्टिंग्स को भागकर अपने प्राण बचाने पड़े। चेतसिंह भी अपना खजाना लेकर ग्वालियर भाग गया। अंत में उसके भतीजे को बनारस का राजा बनाया गया। उसने 40 लाख रुपए प्रतिवर्ष देना स्वीकार किया। हेस्टिंग्स का राजा के प्रति यह व्यवहार सर्वथा अनैतिक था।

हेस्टिंग्स और अवध की बेगमें

हेस्टिंग्स का धन पाने का उद्देश्य चेतसिंह से सफल नहीं हुआ, अत: अब उसने अवध के नवाब की ओर अपना ध्यान दिया। उसने फैजाबाद की संधि में कंपनी को रुपया देना स्वीकार किया था, लेकिन उसके पास पैसा नहीं था। अत: हेस्टिंग्स के तगादे को वह टालता रहा। भूतपूर्व नवाब शुजाउद्दौला की पत्नी और माता के पास काफी धन था। उन्होंने कई बार आसफउद्दौला की सहायता भी की थी। कलकत्ता कौंसिल की ओर से बेगमों को आश्वासन मिला कि अब नवाब उन्हें रुपए के लिए तंग नहीं करेंगे। लेकिन हेस्टिंग्स के बार-बार तगादा करने पर आसफउद्दौला ने बेगमों से धन छीनने के लिए सहायता माँगी। हेस्टिंग्स ने संधि का खयाल नहीं किया और नवाब को सेना भेज दी। सेना ने बेगमों पर काफी अत्याचार किए। महलों के दरवाजे जबरन खुलवाए गए। बेगमों को कमरे में बंद कर खजाने की चाबी देने को मजबूर किया गया। अंत में बेगमों ने 9 लाख पौंड देकर मुक्ति पाई।

'हेस्टिंग्स का यह कार्य बर्बरता तथा अन्याय की पराकाष्ठा थी।' कुछ लोगों ने बेगमों को चेतसिंह से मिला हुआ बताया। कुछ ने कहा कि धन राज्य की संपत्ति थी, अत: उसे ले लेना उचित था। लेकिन ये सारी दलील बाद में बनाई गई हैं। कुछ भी हो, इस कार्य ने हेस्टिंग्स के माथे पर हमेशा के लिए कलंक लगा दिया। मजूमदार के शब्दों में—'The conduet of Hastings on this occasin execeded all limits of deceney and justice.'

हेस्टिंग्स और मराठे

हेस्टिंग्स को अपने समय में दो बड़ी शक्तियों से लड़ना पड़ा, ये थे—मराठा और मैसूर। माधवराव की मृत्यु के बाद मराठों में गृहयुद्ध आरंभ हो गया था। रघुनाथराव ने अपने को पेशवा बनाने के लिए अंग्रेजों से सूरत की संधि की। इस संधि के अनुसार उसने सेना का खर्च तथा सालसेट, बेसिन, सूरत आदि के राजस्व का कुछ हिस्सा देना स्वीकार किया। बंबई से राघोवा की सहायता के लिए सेना चली। लेकिन रेगुलेटिंग एक्ट के मुताबिक कलकत्ता कौंसिल के हस्तक्षेप से युद्ध नहीं हो सका। लेकिन 1778 में कंपनी के संचालकों को मराठों से युद्ध की आशा दे दी। लेकिन इस युद्ध में अंग्रेजों की हार हो गई और उन्हें 96 गाँव की अपमानजनक संधि करनी पड़ी। उन्हें सभी इलाके मराठों को लौटा देने पड़े और अपने दो आदमियों को बंधक भी रखना पड़ा। हेस्टिंग्स ने स्वयं लिखा था, 'हम लोगों ने पहले

ही बड़गाँव की संधि तोड़ दी है। भगवान् करे कि हमारे चरित्र पर जो कलंक लगा है, उसे आसानी से हटा सकें।'

बड़गाँव की संधि की हार को जीत में बदलने के लिए हेस्टिंग्स ने पुनः मराठों पर आक्रमण कर दिया। अंत में सिप्ति के युद्ध में सिंधिया की हार हो गई। दोनों में सालबाई की संधि हुई, जिसके अनुसार सालसेट को छोड़कर सभी इलाके मराठों को वापस मिल गए, रघुनाथराव को पेंशन दे दी गई और माधवराव नारायण को पेशवा मान लिया गया।

हेस्टिंग्स और मैसूर

मैसूर में हैदरअली के नेतृत्व में एक नई शक्ति का उदय हो रहा था, अतः अंग्रेजों को उससे निबटना भी आवश्यक था। उसने हैदर के अन्य दुश्मन निजाम और मराठों से एक संधि की और हैदर पर आक्रमण कर दिया। लेकिन हैदर ने चालाकी से निजाम और मराठों को अपने पक्ष में मिला लिया। अब अंग्रेज अकेले पड़ गए। फलतः हैदर ने उन्हें बुरी तरह हरा दिया और अंग्रेजों को संधि करने पर विवश होना पड़ा। लेकिन अंग्रेज इस अपमान का बदला लेने की ताक में थे। जब मराठों ने हैदर पर आक्रमण किया तो संधि की शर्त के अनुसार अंग्रेजों ने उसकी मदद नहीं की। अतः हैदर मौके की ताक में था। अंत में 1780 में मौका पाकर हैदर पुनः अंग्रेजों पर चढ़ बैठा। इस समय अंग्रेजों की दशा अत्यंत शोचनीय थी। लेकिन अंत में 1784 में दोनों में मंगलोर की संधि हो गई और दोनों ने एक-दूसरे को जीते हुए इलाके लौटा दिए।

हेस्टिंग्स के कार्यों का मूल्यांकन

भारत में अंग्रेजी राज की नींव डालने का श्रेय यदि क्लाइव को है तो उस नींव को दृढ़ और स्थायी करने का श्रेय हेस्टिंग्स को दिया जा सकता है। क्लाइव की तरह वह भी प्रतिभावान था। जिस समय वह भारत आया था, उसके सामने कठिनाइयों का पहाड़ लगा था, लेकिन उसने सभी का हल ढूँढ़ा। उसके शासन संबंधी सुधार महत्त्वपूर्ण थे। वह एक चतुर लोमड़ी के समान था, जिसने अपनी चालाकी और कूटनीति से देशी शक्तियों को पंगु बना दिया और कंपनी की शक्ति काफी बढ़ा दी।' इस कारण उसे पूर्व का चैथम कहा जाता है। फिर भी उसके कुछ ऐसे कार्य हुए, जिससे उसके चरित्र पर सदा के लिए कलंक लग गया। नंद कुमार को फाँसी दिलाकर उसने अपनी नीचतम प्रवृत्तियों का परिचय दिया। वेभेरिज के अनुसार—

The execution of Nand Kumar was a judicial murder. अवध की बेगम, चेतसिंह आदि के साथ उसके किए गए व्यवहार नैतिकता की दृष्टि से घृणित हैं। फिर भी उसने जो कुछ किया था, ब्रिटिश राज्य की रक्षा के लिए। पी.ई. रॉबर्ट्स के अनुसार—The Carrer of Warren Hastings has always been and porobably allways will be a sulgeet to controversy."

प्रश्न-5 : रेगुलेटिंग एक्ट के बारे में आप क्या जानते हैं? इस एक्ट से देश के शासन में क्या परिवर्तन हुए? (1862 वा. 1866 पू.)

उत्तर : प्रारंभ में ईस्ट इंडिया कंपनी एक स्वतंत्र संस्था थी, जिसका मकसद व्यापार करना था। उसका प्रबंध एक समिति द्वारा होता था, जिसे बोर्ड ऑफ डायरेक्टर्स कहते थे। जब कंपनी ने शासन अधिकार पाया, तब लोगों ने सोचा कि अब इंग्लैंड की पार्लियामेंट को भारत के शासन को अपने हाथ में ले लेना चाहिए। कंपनी के लाभ का कुछ भाग अंग्रेजी राजकोष में देने की बात भी उठाई गई। लेकिन कंपनी की आर्थिक दशा दिन-प्रतिदिन बिगड़ती जा रही थी। सन् 1772 में कंपनी के संचालकों ने इंग्लैंड की सरकार से 80 लाख ऋण की माँग की। इंग्लैंड की सरकार को यह सूचना मिली कि अगर कंपनी की आर्थिक सहायता न की गई तो इसका दिवाला निकल जाएगा। इसके साथ-साथ उस समय गवर्नर जनरल के अधिकार असीमित थे। अत: इंग्लैंड की सरकार उसके अधिकारों पर भी प्रतिबंध लगाना चाहती थी। इन सभी कारणों से पार्लियामेंट ने बड़े वाद-विवाद के बाद दो एक्ट पास किए। पहले एक्ट के अनुसार कंपनी को 14 लाख पौंड 4 प्रतिशत ब्याज के ऊपर ऋण दिया गया। कंपनी के लाभांश निश्चित कर दिए गए तथा उसके लिए हिसाब-किताब राज्यकोष को देना अनिवार्य कर दिया गया। दूसरे एक्ट का नाम रेगुलेटिंग एक्ट पड़ा। इस एक्ट के अनुसार कंपनी के कार्यों पर पार्लियामेंट का नियंत्रण हो गया और कंपनी के शासन विधान में कई परिवर्तन कर दिए गए। इस एक्ट के अनुसार निम्नलिखित बातें हुईं—

(1) बंगाल के गवर्नर को भारत का गवर्नर जनरल बना दिया गया। मद्रास और बंबई को उसके नियंत्रण में दे दिया गया। गवर्नर जनरल का कार्यकाल 5 वर्ष नियत किया गया। देशी राज्यों पर उसका पूरा नियंत्रण हो गया।

(2) गवर्नर जनरल को सहायता देने के लिए 4 मेंबरों की एक कौंसिल बनाई गई। लेकिन मतभेद होने पर गवर्नर जनरल कौंसिल की राय को रद्द कर सकता था।

(3) मालगुजारी संबंधी कागजात पार्लियामेंट के सामने उपस्थित करने को कंपनी के संचालक बाध्य हो गए। फौजी और व्यापारी मामलों में भी कंपनी पर सरकार का नियंत्रण हो गया।

(4) कलकत्ता में एक सुप्रीम कोर्ट की स्थापना की गई। यह गवर्नर जनरल और उसकी कौंसिल के प्रभाव से मुक्त था।

(5) गवर्नर जनरल का वेतन 25 हजार पौंड तथा कौंसिल के सदस्यों का वेतन 10 हजार पौंड प्रतिवर्ष तय हुआ।

(6) कोई भी कर्मचारी अब बिना आज्ञा लिये व्यक्तिगत व्यापार नहीं कर सकता था। इस प्रकार इस एक्ट द्वारा कंपनी पूरी तरह इंग्लैंड की सरकार के अधीन हो गई।

गुण : इस ऐक्ट में कई गुण विद्यमान थे—

(1) इस ऐक्ट के द्वारा शासन को उन्नत और दृढ़ करने का प्रयास किया गया।

(2) अब तक बंबई, मद्रास और कलकत्ता के गवर्नर स्वतंत्र थे, अतः कार्य सुचारु ढंग से नहीं चलता था, लेकिन अब बंबई और मद्रास को कलकत्ता के अधीन कर दिया गया।

(3) इस ऐक्ट की सबसे बड़ी विशेषता है, सुप्रीम कोर्ट की स्थापना। इससे उत्तम न्याय की व्यवस्था कायम हुई।

(4) कंपनी के कर्मचारी के व्यक्तिगत व्यापार को रोककर इस ऐक्ट ने एक ठोस कदम उठाया। इससे कंपनी की आर्थिक दशा में बहुत कुछ सुधार हुआ।

(5) कंपनी के लिए नया विधान बनाकर भी इस ऐक्ट ने कंपनी के अधिकार को बहुत हद तक सीमित कर दिया। प्रो. कीथ के शब्दों में, 'इस ऐक्ट ने कंपनी की इंग्लैंड स्थित संस्थाओं के विधान में परिवर्तन किया। भारत के स्वरूप में कुछ सुधार किए। कंपनी के समस्त विजित भागों पर एक शक्ति का नियंत्रण स्थापित किया गया। इसी अंश तक कंपनी को ब्रिटिश मंत्रिमंडल की देखरेख करने का प्रयत्न किया।'

दोष : यद्यपि इस ऐक्ट के द्वारा इंग्लैंड की सरकार ने भारत के शासन को नया रूप दिया, फिर भी इसमें कई दोष विद्यमान थे—

(1) सबसे बड़ा दोष यह था कि गवर्नर जनरल का अधिकार सीमित कर दिया गया था और उसे कौंसिल के नियंत्रण में रख दिया गया था। अतः दोनों में मतभेद होना स्वाभाविक था।

(2) बंबई और मद्रास को कलकत्ता के अधीन किए जाने का फल भी अच्छा नहीं हुआ। इससे आपसी मन-मुटाव हो गया।

(3) कलकत्ता में सुप्रीम कोर्ट की स्थापना तो हुई, पर उसके अधिकार अस्पष्ट थे। इससे न्याय के क्षेत्र में कई भ्रम उत्पन्न हो गए।

(4) एक ओर जहाँ कंपनी के कर्मचारियों के व्यक्तिगत व्यापार को रोक दिया गया, वहीं दूसरी ओर उनकी आय का प्रबंध नहीं किया गया, अत: कर्मचारी घूसखोर हो गए।

(5) गवर्नर जनरल तथा उसकी कौंसिल को सुप्रीम के अधीन कर देने का प्रभाव शासन पर अच्छा न पड़ा।

(6) इंग्लैंड की पार्लियामेंट ने कुछ ऐसे पदाधिकारियों को नियुक्त किया, जो गवर्नर जनरल के हर काम का विरोध करते थे।

(7) मंत्रिमंडल को अपने कामों से ही फुरसत नहीं मिल पाती थी, ताकि वह भारत के शासन पर पूरा ध्यान दे। अत: मेंबर दलबंदी के शिकार बन गए।

(8) रॉबर्टस ने ठीक ही लिखा है कि 'रेगुलेटिंग ऐक्ट एक अधूरा उपाय था। बहुत सी बातों में तो यह बुरी तरह अस्पष्ट था। इसमें नाममात्र को बंगाल के नवाब की सत्ता को जानबूझकर ज्यों-का-त्यों छोड़ दिया गया था और भारत में राजछत्र अथवा कंपनी की सर्वोच्चता के संबंध में भी कोई निश्चित बात नहीं कही गई थी।' इस तरह स्पष्ट है कि इस ऐक्ट में गुण से अधिक दोष ही थे और इन दोषों को दूर करने के लिए 1781 का ऐक्ट और 1784 को 'पिट्स इंडिया ऐक्ट' पास हुआ।

□

लॉर्ड कार्नवालिस

प्रश्न–1 : लॉर्ड कार्नवालिस द्वारा किए गए सुधारों का संक्षिप्त विवरण दें। (1863 पू. 1866 पू.)

उत्तर : वारेन हेस्टिंग्स के जाने के बाद जॉन कैफर्सन कुछ दिनों के लिए भारत का गवर्नर रहा, लेकिन सन् 1786 ई. में कार्नवालिस गवर्नर जनरल बनकर भारत आया। उसने शासन में सुधार की नीति अपनाई और कई महत्त्वपूर्ण सुधार कर हेस्टिंग्स के अधूरे कार्य को पूरा किया।

(क) व्यापारिक सुधार

(1) व्यापार को प्रोत्साहन देने के लिए उसने भारतीय कारीगरों की सहायता की और उनके लिए यह नियम बना दिया कि वे उतना ही काम कर सकते हैं, जितने के लिए उन्हें रुपया पेशगी दे दिया जाएगा।

(2) उसने बोर्ड ऑफ ट्रेड के सदस्यों की संख्या पाँच कर दी और उनको कलकत्ता कौंसिल के अधीन कर दिया।

(3) कंपनी के कर्मचारियों में ठेके की प्रथा बंद कर दी गई। अब कंपनी माल बेचने पर केवल कमीशन पाती थी।

(ख) नौकरी में सुधार

(1) कंपनी के कर्मचारियों में घूसखोरी, भ्रष्टाचार आदि दुर्गुण फैले हुए थे। वे निजी व्यापार करते थे। कार्नवालिस ने कर्मचारियों की संख्या घटा दी और उनका वेतन बढ़ा दिया। नियुक्ति में सिफारिश अयोग्यता समझी गई। भारतीयों के ऊँचे पद पाने पर रोक लगा दी।

(ग) न्याय संबंधी सुधार

(1) अब तक कलेक्टर ही भूमि कर वसूलता था और दीवानी अदालत का जज भी होता था। अब कलेक्टर के जिम्मे केवल भूमि कर रहा। दीवानी अदालत के लिए प्रत्येक जिले में एक-एक अंग्रेज न्यायाधीश नियुक्त किया गया।

(2) इसके विरुद्ध अपील सुनने के लिए ढाका, कलकत्ता, मुर्शिदाबाद और पटना में अलग न्यायालय की स्थापना हुई।

(3) कई पुराने कठोर दंड समाप्त कर दिए गए।

(4) उसने जजों के लिए कानून का संग्रह भी किया, जो 'कार्नवालिस कोड' कहलाया। इस कोड के अनुसार न्याय संबंधी और मजिस्ट्रेटों के अधिकार कलेक्टरों से ले लिये गए और जजों को सौंप दिए गए।

(5) प्रांतीय न्यायालयों के न्यायाधीश प्रत्येक जिले में दौरा किया करते थे उ ँ र फौजदारी मुकदमे की जाँच किया करते थे।

(6) फौजदारी मामलों में मुसलमानी कानून काम में लाए जाते थे।

(घ) पुलिस प्रबंध

(1) इससे पहले पुलिस प्रबंध जमींदारों के हाथ में था, लेकिन कार्नवालिस ने उनके हाथ से पुलिस का प्रबंध छीन लिया।

(2) प्रत्येक जिला कई थानों में बाँट दिया गया और प्रत्येक थाने का भार एक-एक हिंदुस्तानी दारोगा के जिम्मे सौंपा गया।

(ङ) स्थायी प्रबंध

कार्नवालिस का सबसे मुख्य सुधार स्थायी प्रबंध है। हेस्टिंग्स के अनुसार, सबसे अधिक वार्षिक कर देनेवाले ठेकेदार को पाँच वर्ष के लिए भूमि दे दी जाती थी। इस व्यवस्था में बड़ी गड़बड़ी होती थी। कार्नवालिस ने तत्कालीन मालगुजारी का 80 प्रतिशत भाग राज्य का स्थायी अंश नियत कर दिया। इस प्रकार मालगुजारी की रकम हमेशा के लिए नियत कर दी गई। यही स्थायी प्रबंध था। इससे कई लाभ हुए।

प्रश्न-2 : स्थायी प्रबंध से आप क्या समझते हैं ? संक्षेप में इसके गुण और अवगुणों पर प्रकाश डालें।

उत्तर : हेस्टिंग्स ने पाँच वर्ष के लिए जमीन का बंदोबस्त ठेकेदारों को दे दिया था। उसके अनुसार, सबसे अधिक वार्षिक कर देने को ठेकेदार को

पाँच वर्ष के लिए भूमि दे दी जाती थी। इस व्यवस्था में बड़ी गड़बड़ी होती थी। ठेकेदार पाँच ही वर्ष में धनी बन जाना चाहते थे और इसके लिए वे किसानों का शोषण करते थे। कभी-कभी कंपनी को भी लगान नहीं देते थे, जिससे उसे घाटे का सामना करना पड़ता था। लेकिन अब इन दोषों को दूर करने के लिए कार्नवालिस ने जमीन का स्थायी प्रबंध किया। उसने तत्कालीन मालगुजारी का 80 प्रतिशत भाग राज्य का स्थायी अंश नियत कर दिया। इस प्रकार मालगुजारी की रकम हमेशा के लिए नियत कर दी गई। यही 'स्थायी प्रबंध' था। इसके कई लाभ हुए—

लाभ

(1) इस व्यवस्था से कृषि में महान् परिवर्तन आया और थोड़े ही दिनों में बंगाल एक धनी और समृद्धशाली राज्य बन गया।

(2) जमींदार लोग अब स्थायी रूप से जमीन के मालिक बन गए। अतः अब उन्होंने बंजर भूमि को भी उपजाना आरंभ किया।

(3) कृषि की उन्नति होने से व्यापार के क्षेत्र में भी उन्नति आई।

(4) समाज में जमींदारों की प्रतिष्ठा बढ़ गई। गाँव में सुख-सुविधाओं का दायित्व भी अब उनका न रहा।

(5) जमींदारों की आर्थिक स्थिति में सुधार होने से उन्होंने शिक्षा और संस्कृति के विकास में पूर्ण योगदान दिया।

(6) सरकार भी भूमि के बार-बार प्रबंध करने के खर्च से बच गई और उसकी आय भी निश्चित हो गई। साथ ही अंग्रेजों को जमींदारों का सहयोग भी मिलने लगा।

(7) लगान निश्चित हो जाने पर किसानों पर जमींदारों का अत्याचार कम होने लगा। लगान देने के बाद जो बचता था, वह किसान का होता था, अतः किसान भी अब मुस्तैदी से कृषि करने लगे। एक अंग्रेज इतिहासकार ने स्थायी प्रबंध की प्रशंसा में लिखा है, 'It was a bold, brave and a here measule.' रोबर्ट्स के शब्दों में, 'The permanent settlement gave popularity and stability to the British Govt. and has helped to make Bengal his wealriest and most flowishing in India.'

दोष

(1) इस व्यवस्था में जहाँ जमींदारों को अधिक लाभ हुआ, वहीं किसानों की स्थिति खराब हो गई। अब वे जमींदारों की कृपा पर रहने लगे।

(2) कार्नवालिस ने जो लगान निश्चित किया था, वह अधिक था, अत: बहुत से जमींदार उस रकम को अदा नहीं कर पाए।

(3) जमींदारों का जीवन विलासमय हो गया। अंग्रेजों का भक्त बन जाने से उनकी राष्ट्रीय भावना भी मर गई।

(4) जमींदारों ने भी अब जमीन ठेके पर देना आरंभ कर दिया और जमीन की ओर से उदासीन हो गए।

(5) यदि अकाल या अन्य कारणों से पैदावार में कमी हुई तो लगान में किसी प्रकार की छूट नहीं दी गई।

(6) जहाँ सरकार का खर्च बढ़ता गया, वहाँ आमदनी निश्चित होने से उसे परेशानी हुई।

(7) फलत: सरकार ने भारत के अन्य भागों पर टैक्स लगा दिया। होम्स के अनुसार—The permanent settlement was a sad blundg.' भारत सरकार ने स्वतंत्रता पाने के बाद इस व्यवस्था को खत्म कर दिया है।

प्रश्न-3 : कार्नवालिस के समय की मुख्य घटनाओं का वर्णन करें।

उत्तर : वारेन हेस्टिंग्स के चले जाने के बाद बहुत दिनों तक अंग्रेजों ने तटस्थता की नीति अपनाने का स्वाँग रचा। लेकिन यह केवल दिखावा था। देशी राजाओं की चोट पर मरहम लगाना उनका उद्‌देश्य था। आगे आनेवाली घटनाओं ने तुरंत ही उनके दिखावे को खोलकर रख दिया। वारेन हेस्टिंग्स के बाद डेढ़ वर्षों तक जॉन मैक फेरसन भारत का गवर्नर रहा, लेकिन सन् 1786 ई. में कार्नवालिस भारत का गवर्नर जनरल बनकर आया।

आंतरिक नीति

कार्नवालिस को 'पिट्स इंडिया ऐक्ट' के मुताबिक देशी राज्यों के आंतरिक मामले में हस्तक्षेप करने से मना किया गया था। यही कारण था कि कार्नवालिस ने शाहआलम के बेटे को सिंहासन प्राप्त करने में सहायता नहीं की और अवध के मामले में हस्तक्षेप करने से महादेवजी सिंधिया को मना किया। लेकिन भारत आने पर कार्नवालिस को यह अनुभव हो गया कि वह पिट्स इंडिया ऐक्ट के नियमों का

पालन नहीं कर सकेगा। उस समय टीपू सुल्तान अपनी शक्ति बढ़ाने में लगा था। कार्नवालिस जानता था कि भविष्य में टीपू से युद्ध निश्चित है। अतः उस समय की राजनीतिक परिस्थिति को देखते हुए कार्नवालिस अहस्तक्षेप की नीति का पूरा पालन नहीं कर सका।

निजाम से संधि

निजाम अंग्रेजों का मित्र था। अंग्रेज गुंटूर को ले लेने का प्रयास कर रहे थे। लेकिन वह निजाम के लिए भी समान महत्त्व रखता था। अतः अंग्रेजों ने गुंटूर छीनने का प्रयास किया। निजाम ने क्रोधित होकर और हैदर से मिलकर अंग्रेजों पर आक्रमण कर दिया। बाद में जब मैसूर के साथ संधि हुई, तब गुंटूर पर निजाम का ही अधिकार रहा। जब कार्नवालिस भारत आया तो उसने गुंटूर की माँग की, फलतः दोनों में संधि हो गई जिसके अनुसार निजाम ने गुंटूर देना स्वीकार कर लिया। बदले में अंग्रेजों ने उसे हैदर के विरुद्ध सहायता देना स्वीकार कर लिया।

तृतीय अंग्रेज-मैसूर युद्ध

कार्नवालिस ने टीपू के विरुद्ध निजाम और मराठों को अपनी ओर मिला लिया। इसी समय टीपू ने त्रावणकोर पर आक्रमण किया, जो अंग्रेजों के संरक्षण में था। यह मौका पाते ही कार्नवालिस ने टीपू के विरुद्ध युद्ध की घोषणा कर दी। यह युद्ध तीन वर्षों तक चला। आरंभ में अंग्रेजों की करारी हार हुई, लेकिन बाद में टीपू की हार हो गई और श्रीरंगपट्टम की संधि करनी पड़ी। इस संधि के अनुसार, टीपू को आधा राज्य अंग्रेजों को देना पड़ा तथा युद्ध का हरजाना भी देना पड़ा। मराठों और निजाम को भी जीते हुए इलाके में हिस्सा मिला। इस प्रकार तृतीय मैसूर युद्ध में कार्नवालिस ने मैसूर को पूरी तरह अपने में न मिलाकर अपनी राजनीतिक कुशलता का परिचय दिया, क्योंकि ऐसा करने पर मराठे और निजाम उसके दुश्मन बन जाते। उसने कहा भी था, 'बिना अपने मित्रों को अधिक शक्तिशाली बनाए हमने शत्रु को पंगु बना दिया।'

□

लॉर्ड वेलेस्ली

प्रश्न-1 : वेलेस्ली ने किस प्रकार ब्रिटिश राज्य को विस्तार किया? (1765 वा 1757 वा, 1761 पू., 1764 वा.) 1767 वा.।

प्रश्न-2 : सहायक संधि से आप क्या समझते हैं? संक्षेप में इसके गुण और दोषों पर प्रकाश डालें।

उत्तर :

वेलेस्ली की कठिनाइयाँ

सन् 1778 ई. में लॉर्ड वेलेस्ली गवर्नर जनरल बनकर भारत आया। वह पूरा साम्राज्यवादी था। उस समय कंपनी की राजनीतिक स्थिति अच्छी नहीं थी। मैसूर की तीसरी लड़ाई के बाद से टीपू बदला लेने की तैयारी कर रहा था। मराठे भी अपनी शक्ति संगठित कर रहे थे। निजाम अलग ही अंग्रेजों से क्रुद्ध था। सर जॉन शोर की तटस्थता की नीति ने भारतीय राजाओं के हौसले बढ़ा दिए थे। काबुल के राजा जामाशाह के आक्रमण का खतरा बना हुआ था। कुछ यूरोप में अंग्रेज फ्रांस से बुरी तरह उलझे थे। नेपोलियन मिस्त्र तक आ पहुँचा था। कंपनी दिवालियापन की स्थिति में थी। ऐसी ही विषम परिस्थिति में वेलेस्ली का आगमन हुआ। लेकिन उसने आते ही सभी कठिनाइयों पर विजय पा ली।

सहायक संधि

वेलेस्ली ने आते ही मैसूर के राज्य का अंत कर दिया। कर्नाटक, सूरत, तंजोर पर कंपनी का अधिकार हो गया। निजाम की सेना तोड़ दी गई। मराठे भी कंपनी के नियंत्रण में हमेशा के लिए आ गए। संक्षेप में संपूर्ण भारत पर अंग्रेजों का प्रभुत्व हो गया। इस कार्य के लिए वेलेस्ली ने सहायक संधि की नीति का अनुसरण किया। इस संधि को स्वीकार करने पर कंपनी जिस देशी राजा को सैनिक सहायता देने का वचन दे देती थी, उसके बदले में कंपनी उस नरेश से निश्चित आर्थिक सहायता प्राप्त करती थी।

संधि के उद्‌देश्य और शर्त

सहायक संधि के तीन मुख्य उद्‌देश्य थे—

(1) देशी राज्यों के साथ मित्रता।

(2) उनके राज्यों को ब्रिटिश राज्य में मिलाना।

(3) युद्ध द्वारा राज्य विस्तार।

इसकी शर्तें निम्नलिखित थीं—

(1) इस संधि को स्वीकार करनेवाला देशी राज्य कंपनी की सत्ता स्वीकार करे और बिना कंपनी की आज्ञा से किसी देश से संधि या युद्ध न करे।

(2) संधि को माननेवाला राज्य अपने यहाँ एक अंग्रेजी सेना रखे और उसके खर्च के लिए रुपया अथवा राज्य का एक हिस्सा कंपनी को दे दे।

(3) इसे स्वीकारनेवाला राज्य अन्य किसी यूरोपियनों को अपने यहाँ नौकरी पर न रखे।

(4) इसे स्वीकारनेवाले राज्य अपने यहाँ एक अंग्रेज रेजिडेंट रखें और शासन में उससे सलाह लें।

(5) यदि संधि माननेवाले किसी राजाओं में झगड़ा हो जाए तो अपना पंच अंग्रेजों को बनाएँ।

(6) इन शर्तों को मानने के बदले में कंपनी उन राज्यों की बाहरी आक्रमणों से तथा आंतरिक विद्रोहों से रक्षा करेगी।

सहायक संधि के गुण

यह सहायक संधि अंग्रेजों के लिए बड़ी लाभप्रद सिद्ध हुई। इंग्लैंड में वेलेस्ली की इस नीति की काफी प्रशंसा हुई। संक्षेप में, इससे निम्नलिखित फायदे हुए—

(1) कंपनी के साधनों में बड़ी वृद्धि हुई। देशी राजाओं की बाह्य नीति पर उसका पूर्ण नियंत्रण हो गया।

(2) बिना खर्च के ही कंपनी के पास एक संगठित सेना हो गई। इससे साम्राज्य विस्तार में उन्हें काफी मदद मिली।

(3) देशी राजाओं की रक्षा का भार जब कंपनी ने अपने ऊपर ले लिया, तब देशी राजा निश्चिंत होकर प्रजा के कल्याण में जुट गए। इससे संपूर्ण देश में शांति और सुव्यवस्था की स्थापना हुई।

(4) कंपनी को बहुत से अनावश्यक युद्धों से छुटकारा मिल गया, जिससे उसकी स्थिति सुरक्षित हो गई।
(5) देशी रियासतों पर अंग्रेजों का प्रभाव स्थापित हो जाने से आपस में वे अंग्रेजों के विरुद्ध संधि आदि करने में असमर्थ हो गए।
(6) फ्रांसीसियों का प्रभाव देशी राजाओं के यहाँ से हमेशा के लिए नष्ट हो गया।
(7) अब जो भी युद्ध होते थे, देशी राजाओं के राज्य में होते थे, जिससे कंपनी राज्य युद्ध के हानिकारक परिणामों से बच गई।
(8) लॉर्ड डलहौजी को अपने उद्देश्य की पूर्ति में बड़ी सहायता मिली।

दोष

(1) इस संधि से देशी राजा शक्तिहीन हो गए। उनका अपने राज्य की वैदेशिक नीति पर कोई अधिकार ही नहीं रह गया।
(2) देशी राजाओं को अपने राज्य में सेना रखनी पड़ती थी और उसका खर्च देना पड़ता था, अत: उनकी आर्थिक स्थिति खराब होती गई।
(3) अंग्रेजी सेना रखने के कारण देशी राजाओं ने अपनी सेना को हटा दिया, जिससे बेकारी की समस्या बढ़ गई। सेना ने चारों ओर लूटपाट मचाना शुरू कर दिया। इस तरह देश में अराजकता व्याप्त हो गई।
(4) जब पैसे की कमी हुई तो देशी राजाओं ने जनता पर नया टैक्स लगा दिया जिससे जनता की परेशानी बढ़ गई।
(5) देशी राजा शासन से उदासीन हो गई और उनका जीवन विलासमय हो गया। रेजिडेंट के दबाव के कारण भी शासन यंत्र ढीला हो गया।

सहायक संधि का प्रयोग

वेलेस्ली ने इस संधि के संबंध में तीन महत्त्वपूर्ण तरीके अपनाए। पहले तरीके के अनुसार उसने युद्ध में हारे राज्य को अपने में मिला लिया। दूसरे तरीके के अनुसार किसी राजा के मरने पर उत्पन्न हुई परिस्थिति से लाभ उठाकर उसके राज्य पर अधिकार कर लिया और तीसरे तरीके के अनुसार बहुत से राजाओं से संधि स्वीकार करवाई।

वेलेस्ली और मैसूर

तीसरे मैसूर युद्ध में टीपू की हार हो गई थी, लेकिन वह धीरे-धीरे अपनी पूरी तैयारी कर चुका था। वेलेस्ली ने भी युद्ध की पूरी तैयारी कर ली और उसने टीपू से

सहायक संधि स्वीकार करने को कहा। लेकिन टीपू ने इसे अस्वीकार कर दिया। फलतः वेलेस्ली ने उसके विरुद्ध युद्ध छेड़ दिया। इस युद्ध में टीपू मारा गया और उसका राज्य अंग्रेजी राज्य में मिला लिया गया।

वेलेस्ली और निजाम

मैसूर के पतन के बाद वेलेस्ली ने निजाम के सामने सहायक संधि का प्रस्ताव रखा। उसने बिना किसी आना-कानी के संधि मान ली। फलतः उसके दरबार से फ्रांसीसी सेना हटा दी गई। उसकी रक्षा के लिए अब एक अंग्रेजी फौज हैदराबाद में रहने लगी। जिसका खर्च निजाम ने देना स्वीकार किया। पुनः 1800 में निजाम ने दूसरी संधि की, जिसके अनुसार सेना की संख्या बढ़ा दी गई।

तंजौर और कर्नाटक

तंजौर में उत्तराधिकार का युद्ध चल रहा था। वेलेस्ली ने वहाँ के राजा को भी 'सहायक संधि' मानने पर बाध्य किया। अंत में 1788 में दोनों के बीच संधि हो गई। वेलेस्ली ने राजा को 80 हजार पौंड सालाना पेंशन दे दी और तंजौर कंपनी के राज्य में मिला लिया गया। सूरत के साथ भी सहायक संधि हो गई और उसकी रक्षा का भार अंग्रेजों ने अपने ऊपर ले लिया। 1801 में कर्नाटक का नवाब मर गया। अतः इस मौके का लाभ उठाकर वेलेस्ली ने कर्नाटक के राज्य को कंपनी के राज्य में मिला लिया।

वेलेस्ली और अवध

अवध की आंतरिक स्थिति बहुत ही खराब हो गई थी, अतः उसकी परिस्थिति से लाभ उठाकर वेलेस्ली ने उसे भी अपने राज्य में मिलाना चाहा। इसी समय जामाशाह के आक्रमण की खबर फैली। वेलेस्वी ने इसी बहाने अवध को अंग्रेजी सेना बढ़ाने की आज्ञा दी। अंत में 1801 में दोनों में एक संधि हुई। इस संधि के अनुसार अवध की सेना तोड़ दी गई और उसके खर्च के लिए अवध का आधा राज्य अंग्रेजों को मिला।

वेलेस्ली और मराठे

नाना फड़नवीस के मरते ही मराठों पर से अंकुश जाता रहा। दौलतराव सिंधिया और यशवंतराव होल्कर पेशवा पर अपना प्रभाव जमाने के लिए आपस में

लड़ने लगे। पेशवा बाजीराव सिंधिया के पक्ष में आ गया। यह देखकर होल्कर ने सिंधिया और पेशवा दोनों पर आक्रमण कर दिया और उन्हें हरा दिया। बाजीराव ने हारकर अंग्रेजों से मदद माँगी। वेलेस्ली ने उसे सहायक संधि मान लेने को कहा। अंत में 1802 में दोनों के बीच बेसिन की संधि हुई और पेशवा की वैदेशिक नीति पर कंपनी का नियंत्रण स्थापित हो गया। लेकिन इसके बाद मराठा सरकार आपस में मिलकर अंग्रेजों पर चढ़ बैठी। वेलेस्ली भी तैयार था। दोनों में युद्ध आरंभ हो गया, जिसमें जीत अंग्रेजों की ही हुई। सिंधिया और भोंसले ने हारकर संधि कर ली। भोंसले के साथ देवगाँव की संधि हुई जिसमें अंग्रेजों के कटक और वार्दा नदी के पश्चिम के सभी इलाके मिले। सिंधिया के साथ सुर्जी अर्जुन गाँव की संधि में गंगा और यमुना का समस्त प्रदेश अंग्रेजों को मिल गया।

इस प्रकार वेलेस्ली ने ब्रिटिश राज्य की सीमा बहुत दृढ़ कर दी।

☐

लॉर्ड हेस्टिंग्स

प्रश्न–1 : भारत में अंग्रेजी सत्ता के विस्तार में मिक्विर्स हेस्टिंग्स के कार्यों का वर्णन करें। (से.वो. 1758 पू. 1760 पू.)

उत्तर : अंग्रेजी राज्य के विस्तार में लॉर्ड हेस्टिंग्स का महत्त्वपूर्ण योगदान है। भारत में आते ही उसे कितनी ही समस्याओं का सामना करना पड़ा। कंपनी का राज्य विस्तृत हो गया था, लेकिन उसकी आर्थिक दशा अच्छी न थी। होल्कर, सिंधिया, गोरखे सभी अंग्रेजी राज्य के सिरदर्द बने हुए थे। हेस्टिंग्स ने इन सभी समस्याओं का समाधान ढूँढ़ा। इसके लिए उसने दो कार्य किए—

(1) आंतरिक सुधार

(2) राज्य–विस्तार

(1) आंतरिक सुधार

लॉर्ड हेस्टिंग्स का शासनकाल शांति का काल था, अतः उसे शासन क्षेत्र में सुधार लाने का मौका मिला। संक्षेप में उसने निम्नलिखित सुधार किए—

(1) **शासन में सुधार :** हेस्टिंग्स ने शासन में कई महत्त्वपूर्ण सुधार किए। न्याय और राजस्व के क्षेत्र में कई महत्त्वपूर्ण परिवर्तन हुए। पुलिस की सुंदर व्यवस्था कायम हुई। पुलिस के लिए नियम बनाए गए। सैनिक अफसरों को अपने आचार–विचार उच्च करने का आदेश दिया गया। जनता की भलाई के लिए सड़कों, पुलों, नहरों का निर्माण किया गया।

(2) **भारतीय अफसरों के अधिकारों में वृद्धि :** भारतीयों का सहयोग पाने के लिए हेस्टिंग्स ने भारती अफसरों को खुश करना आवश्यक समझा। अतः भारतीय अफसरों की संख्या बढ़ा दी गई। उनके अधिकार भी बढ़ा दिए गए। अब भारतीयों को भी न्यायाधीश के पद पर बहाल किया जाने लगा। कलेक्टर और मजिस्ट्रेट का पद एक कर दिया गया।

(3) **कृषि में सुधार :** किसानों का सरकार से सीधा संपर्क रखने का प्रबंध हुआ। इसके लिए रैयतवाड़ी बंदोबस्त किया गया। किसानों के अधिकारों को सुरक्षित कर दिया गया।

(4) **समाचार-पत्रों को प्रोत्साहन :** भारतीय प्रेसों पर जो प्रतिबंध लगे थे, हेस्टिंग्स ने उन्हें हटा दिया। अब ये प्रेस सरकार की आलोचना करने लगीं। इससे शासन में दृढ़ता आई।

(2) राज्य-विस्तार

लॉर्ड हेस्टिंग्स जब हिंदुस्तान आया था, तब वह वेलेस्ली की नीति का विरोधी था और तटस्थता की नीति का समर्थक। लेकिन बाद की घटनाओं से प्रभावित होकर वह तटस्थता की नीति पर दृढ़ न रह सका और साम्राज्य-विस्तार की योजना बनाई और अपनी कूटनीति और राजनीतिक सूझ की बदौलत उसने अंग्रेजी साम्राज्य की सीमा हिमालय से लेकर कन्याकुमारी तक और ब्रह्मपुत्र से लेकर सतलुज तक स्थापित कर दी।

हेस्टिंग्स और मराठा

वेलेस्ली के बाद के गवर्नर जनरलों की नीति से फायदा उठाकर मराठों ने पुनः अपनी खोई शक्ति संगठित कर ली थी। सिंधिया, भोंसले, होल्कर आदि सरदार अंग्रेजी राज्य पर आक्रमण की योजना बना रहे थे। हेस्टिंग्स ने सबसे पहले भोंसले को कब्जे में किया। 1816 में भोंसले की मृत्यु के बाद कूका बाई और अप्पा साहेब में गद्दी के लिए संघर्ष चल रहा था। इस मौके का फायदा उठाकर हेस्टिंग्स ने अप्पा साहेब को सहायक संधि मान लेने पर विवश किया। पुनः 1817 में ग्वालियर की संधि कर ली। इसी समय मराठों का तीसरा युद्ध आरंभ हुआ। पेशवा पहले से ही अंग्रेजों से क्रुद्ध था, अतः उसने पूना में अंग्रेज रेजिडेंट के दफ्तर में आग लगा दी और अंग्रेजी सेना पर आक्रमण कर दिया। इसी समय नागपुर में अप्पा साहेब और होल्कर ने भी युद्ध की घोषणा कर दी। लेकिन इस युद्ध में सभी जगह अंग्रेजों की जीत हुई। सिंधिया के राज्य का उत्तरी भाग कंपनी में मिला लिया गया। होल्कर का दक्षिणी हिस्सा भी अंग्रेजी राज्य में मिला लिया गया। पेशवा को पेंशन देकर बिठूर भेज दिया गया। इस प्रकार मराठा राज्य हमेशा के लिए समाप्त हो गया।

हेस्टिंग्स और नेपाल

18वीं सदी के आरंभ में हिमालय की तलहटी में गुरखा शक्ति का उदय हो रहा था। उन्होंने गोरखपुर पर अधिकार कर लिया था, जिससे उनके राज्य की सीमा कंपनी के राज्य से मिल गई थी। अत: 1814 में हेस्टिंग्स ने इन पर आक्रमण कर दिया। हारकर नेपाल ने सुगौली की संधि कर ली। गरमी में आबोहवा बदलने के लिए अंग्रेजों को शिमला, नैनीताल, मसूरी, अल्मोड़ा आदि प्राकृतिक सौंदर्य की जगह प्राप्त हुईं।

हेस्टिंग्स और पिंडारी

नेपाल के युद्ध के बाद हेस्टिंग्स ने पिंडारियों की ओर अपना ध्यान दिया। इस जाति के लोग मध्य भारत के जंगलों में रहते थे और लूटपाट मचाया करते थे। आगे चलकर इन्होंने अंग्रेजी राज्य में भी लूटपाट मचाना आरंभ किया। अत: हेस्टिंग्स ने एक विशाल सेना लेकर उन्हें चारों ओर से घेर लिया। सन् 1818 तक उन्होंने पूरी तरह आत्मसमर्पण कर दिया।

हेस्टिंग्स और पठान

पठान भी आए दिन लूटपाट मचाया करते थे। इनका हमला अधिकतर सरकारी कर्मचारियों पर होता था। हेस्टिंग्स ने इनके नेता अमीर खाँ से 1817 में संधि कर ली और उसे टोंक का नवाब मान लिया। तब से पठान अंग्रेजों के मित्र बन गए।

अन्य देशी राज्य

हेस्टिंग्स के समय में राजपूताना भी अंग्रेजों के प्रभाव में आ गया। कोटा, बूँदी, उदयपुर, जयपुर आदि सभी राज्यों से हेस्टिंग्स ने संधि कर ली, जिसके अनुसार इन राज्यों की रक्षा का भार अंग्रेजों ने अपने ऊपर ले लिया और बदले में इन राज्यों की वैदेशिक नीति पर कंपनी का नियंत्रण हो गया। इस प्रकार हेस्टिंग्स ने भारत में अंग्रेजी राज्य की सत्ता दृढ़ कर दी।

□

लॉर्ड विलियम बैंटिक

प्रश्न : लॉर्ड विलियम बैंटिक ने कौन-कौन से सुधार किए? (1858 पू. 1861 वा. 1865 पू.)

उत्तर : बैंटिक का शासनकाल अंग्रेजी इतिहास में शांति और सुव्यवस्था के लिए प्रसिद्ध है। उसके संबंध में रॉबर्टसन ने लिखा है, 'निस्संदेह वह पहला गवर्नर जनरल था, जिसने खुलेआम इस सिद्धांत पर आचरण किया कि भारत में अंग्रेजी सरकार का मुख्य कर्तव्य प्रत्युत प्राथमिक कर्तव्य शासितों के हित के लिए शासन करना है।' लेकिन इसका यह अर्थ नहीं कि बैंटिक साम्राज्य विस्तार की नीति का विरोधी था। यद्यपि हृदय से वह साम्राज्य विस्तार करना चाहता था, लेकिन खजाना खाली होने के कारण वह किसी ऐसे युद्ध में नहीं फँसना चाहता था, जिसमें अधिक व्यय हो। बिना व्यय के जहाँ भी इसे अवसर मिला, इसने साम्राज्य का विस्तार किया।

राज्य-विस्तार

सन् 1831 ई. में बैंटिक ने अव्यवस्थित शासन का बहाना बनाकर मैसूर के राज्य को कंपनी के अधिकार में कर लिया। इसी प्रकार 1832 में कछार और 1835 में जयंतिया का राज्य भी अंग्रेजी राज्य में मिला लिया गया। सन् 1834 में कुर्ग का छोटा सा राज्य भी बैंटिक ने ले लिया। उस समय रणजीतसिंह के नेतृत्व में सिक्खों की शक्ति बढ़ रही थी, अत: बैंटिक ने उससे संधि कर ली।

बैंटिक के सुधार

(1) **आर्थिक सुधार :** लगातार युद्ध लड़ते-लड़ते कंपनी का खजाना बिल्कुल खाली हो गया था, अत: बैंटिक ने सबसे पहले कंपनी की आर्थिक दशा सुधारने की ओर ध्यान दिया। आय के साधनों को बढ़ाने

के लिए उसने सैनिक और सिविल समिति नाम की दो समितियाँ बनाईं, जो आय के साधनों को बढ़ाने का उपाय सोचती थीं। सैनिकों को दिए जानेवाले भत्ते बंद कर दिए गए एवं राज्य कर्मचारियों के वेतन में भी कटौती कर दी गई। ऐसे सैनिक जो बेकार थे, उन्हें निकाल दिया गया। बैंटिक ने प्रांतीय अदालतों और सर्किट अदालतों का अंत कर दिया। मालवा में अफीम पर टैक्स लगा दिया गया। अफीम का उचित रीति से एकाधिपत्य वाणिज्य कंपनी की ओर से प्रचलित करा दिया गया। आसाम और कछार में चाय की खेती शुरू की गई। अत: इन सभी उपायों के फलस्वरूप कंपनी की आय में वृद्धि हुई।

(2) **भूमि सुधार :** देशी राजाओं ने जागीरदारों को बहुत सी जमीन दे दी थी। बैंटिक ने इस प्रकार की सभी भूमि की जाँच कराई और जमीन के मालिकों से जमीन के प्रमाण-पत्र माँगे। जिसने प्रमाण-पत्र नहीं दिया, उसकी जमीन जब्त कर ली गई। अत: कंपनी को बहुत सी जमीन मिल गई।

(3) **लगान प्रबंध :** उत्तर-पश्चिमी प्रांतों में पुन: भूमि का बंदोबस्त किया गया और उपज के अनुसार कर निर्धारित किया गया।

(4) **शासन में भारतीयों की नियुक्ति :** बैंटिक ने भारतीयों को भी सरकारी नौकरी में ऊँचा पद देना प्रारंभ किया। इससे दो फायदे हुए। भारतीय कर्मचारी को कम वेतन दिया जाता था, इससे आर्थिक लाभ हुआ और दूसरा फर्क यह पड़ा कि भारतीयों में फैला हुआ असंतोष दूर हो गया।

(5) **न्याय सुधार :** न्याय विभाग में तीन बड़े दोष व्याप्त थे—देरी, फिजूलखर्ची और अनिश्चितता। अत: बैंटिक ने प्रांतों की अपील और दौरा अदालतें बंद कर दीं। दीवानी अदालतों का कार्यभार सदर अदालत को दे दिया गया। न्यायालय की भाषा उर्दू घोषित हुई। कलेक्टर और मजिस्ट्रेट का पद एक ही कर दिया गया।

(6) **शिक्षा सुधार :** सर्वप्रथम सन् 1813 ई. में चार्टर अधिनियम द्वारा कंपनी ने भारत में शिक्षा के लिए प्रत्येक वर्ष 9 लाख रुपए की स्वीकृति दी, लेकिन उस धन के व्यय का निश्चय नहीं हो सका। मैकाले की नीति मानकर बैंटिक ने अंग्रेजी भाषा द्वारा शिक्षा देने का कार्य आरंभ किया। उसने घोषणा की, 'अंग्रेजी शासन का मुख्य उद्देश्य भारतीयों को साहित्य तथा विज्ञान का ज्ञान प्राप्त कराना है। इसीलिए कंपनी

सरकार द्वारा शिक्षा की मद में दिया जानेवाला सारा धन केवल अंग्रेजी शिक्षा पर ही व्यय किया जाना चाहिए।' इसी उद्‌देश्य से कलकत्ता में एक मेडिकल कॉलेज और बंबई में एलफिंस्टन कॉलेज खोला गया।

(7) **सामाजिक सुधार :** बैंटिक ने भारतीयों के सामाजिक और धार्मिक क्षेत्र में भी हस्तक्षेप किया और तत्कालीन समाज की कई बुराइयों को दूर किया। कानून बनाकर उसने सती प्रथा को रोक दिया। बैंटिक की इस सफलता पर हेग ने लिखा है—'This was the most daring interfarence with velgious and social customs under taken by the company's Govt.' इसके अलावा नरबलि, शिशु हत्या, स्त्री व्यापार आदि अनैतिक कार्यों को भी दूर किया गया। उस समय समाज में ठगों का प्रकोप बढ़ गया था। ये ठग आदमियों को मारकर उसकी संपत्ति छीन लेते थे। बैंटिक ने इन सभी ठगों को मरवा डाला अथवा कैद कर लिया।

स्वतंत्र विचार

बैंटिक ने जनता को अपने विचार व्यक्त करने की स्वतंत्रता दी। यह स्वतंत्रता प्रेसों को भी दी गई, जिससे जनता सरलता एवं स्वतंत्रतापूर्वक अपने विचारों का आदान-प्रदान करती थी। इसके अलावा बैंटिक ने कई वैधानिक सुधार भी किए। अपने इन सुधारों के कारण वह भारतीयों के दिल में बस गया। रॉबर्ट्स के शब्दों में—The peaceful and firancially prosperon administration undoubtally did the East India Company a great service.'

□

लॉर्ड डलहौजी

प्रश्न-1 : लॉर्ड डलहौजी ने किस प्रकार भारत में ब्रिटिश साम्राज्य का विस्तार किया? देशी राज्यों को अंग्रेजी राज्य में मिला लेने में उसकी नीति की देश में क्या प्रतिक्रिया हुई? (1758 वा. 1762 पू. 1766 वा.)

प्रश्न-2 : 'लैप्स नीति' से आप क्या समझते हैं? लॉर्ड डलहौजी ने इसे किस प्रकार कार्यान्वित किया? इसके क्या परिणाम हुए? (1860 वा.)

उत्तर : लॉर्ड हार्डिंग के बाद लॉर्ड डलहौजी गवर्नर जनरल बनकर भारत आया। वेलेस्ली की तरह वह भी पूरा साम्राज्यवादी था। उसका शासनकाल साम्राज्य-विस्तार और शासन सुधार दोनों दृष्टियों से महत्त्वपूर्ण है।

साम्राज्य-विस्तार

डलहौजी छोटे-छोटे देशी राज्यों का अस्तित्व हमेशा के लिए मिटा देना चाहता था। इसके लिए उसने निम्नलिखित उपाए किए—

(1) विजय द्वारा

पंजाब : प्रथम सिक्ख युद्ध के बाद सिक्ख राज्य का कुछ हिस्सा अंग्रेजी राज्य में मिला लिया गया था। लेकिन डलहौजी की नीति समूचे पंजाब को अंग्रेजी राज्य में मिलाने की थी। अत: द्वितीय सिक्ख युद्ध में उसने समूचे पंजाब को ब्रिटिश साम्राज्य में मिला लिया।

बर्मा : इसी प्रकार बर्मा में उसने अंग्रेज व्यापारियों को उद्दंडता करने के लिए उभारा जिसका परिणाम दूसरा अंग्रेज-बर्मा युद्ध हुआ और इसी बहाने दक्षिणी बर्मा कंपनी के राज्य में मिला लिया गया।

सिक्किम : सिक्किम के राजा ने कुछ अंग्रेज कर्मचारियों को धोखे से बंदी बना लिया था। अतः इस मौके का फायदा उठाते हुए डलहौजी ने सन् 1850 ई. में सिक्किम को भी अपने राज्य में मिला लिया।

(2) लैप्स के सिद्धांत द्वारा

अपनी साम्राज्यवादी योजना की सफलता के लिए डलहौजी ने एक नई नीति निकाली, जिसे 'राज्य हड़प' (लैप्स के सिद्धांत) की नीति कहते हैं। इस नीति के द्वारा उसने सभी छोटे-छोटे देशी राजाओं को अंग्रेजी राज्य में मिलाया। इस सिद्धांत का अर्थ यह था कि कोई भी देशी राजा बिना कंपनी सरकार की आज्ञा के किसी को गोद नहीं ले सकता है तथा बिना आज्ञा के गोद लिया हुआ बच्चा राज्य का उत्तराधिकारी नहीं हो सकता है। इस सिद्धांत के अनुसार 1840 ई. में सतारा, जैतपुर, संबलपुर, सन् 1850 ई. में उदयपुर, सन् 1852 में झाँसी और नागपुर अंग्रेजी राज्य में मिला लिये गए। डलहौजी की यह नीति हिंदू धर्म विरोधी थी, क्योंकि हिंदू धर्म के अनुसार प्रत्येक हिंदू को गोद लेने का अधिकार था। अतः हिंदू जाति डलहौजी की इस नीति से क्षुब्ध हो गई।

(3) कुशासन के बहाने

डलहौजी ने बहुत से राज्यों को अव्यवस्था और कुशासन के बहाने भी अंग्रेजी राज्य में मिला लिया। ऐसे राज्यों में अवध मुख्य था। डलहौजी ने सेना की सहायता लेकर अवध को अपने राज्य में मिला लिया और वहाँ से नवाब वाजिद अली शाह को 12 लाख पेंशन देकर कलकत्ता भेज दिया।

(4) विनियोग द्वारा

निजाम के पास सहायक सेना का बहुत सा कर बाकी था, अतः डलहौजी ने उससे बरार का राज्य लेकर उसे मुक्त कर दिया।

(5) पेंशन और उपाधियों का अंत

डलहौजी ने यह घोषणा की कि उपाधियाँ और पेंशन व्यक्तिगत होती हैं। किसी शासक के मरने के बाद अंग्रेजों की आज्ञा से ही उसके उत्तराधिकारी को यह उपाधि और पेंशन दी जा सकती है। इस नियम के अनुसार तंजौर और कर्नाटक के नवाब की उपाधियाँ छीन ली गईं। सन् 1853 में पेशवा बाजीराव द्वितीय की मृत्यु के बाद

उसके दत्तक पुत्र नाना साहब की आठ लाख वार्षिक पेंशन छीन ली गई। डलहौजी मुगल सम्राट् की उपाधि भी छीनना चाहता था, लेकिन 'कोर्ट ऑफ डायरेक्टर्स' ने इसे अस्वीकार कर दिया।

शासन प्रबंध

डलहौजी केवल साम्राज्यवादी ही नहीं था, वरन् बहुत बड़ा सुधारक भी था। उसमें अगर वेलेस्ली और हेस्टिंग्स जैसी साम्राज्यवादी प्रवृत्ति थी तो बैंटिक और कार्नवालिस जैसी शासन सुधार की प्रबल इच्छा भी थी। उसके शासन सुधार की प्रमुख विशेषता यह थी कि वह प्रत्येक चीज को पश्चिमी साँचे में ढालना चाहता था और इस दिशा में उसे बहुत हद तक सफलता भी मिली।

रेल और तार

रेल और तार भारतवर्ष में जारी कर डलहौजी ने बहुत बड़ा कार्य किया। सैनिक और व्यापारिक दोनों दृष्टियों से इसका महत्त्व था। इसके शासककाल में ग्रैंड ट्रंक रोड की मरम्मत हुई। रेल के द्वारा इंग्लैंड का माल देश के एक भाग से दूसरे भाग में पहुँचाया जा सकता था तथा सेना भी आसानी से आ-जा सकती थी। रेल मार्ग से समाचार-पत्रों के द्वारा संपूर्ण देश के शासन को नियंत्रित तथा संचालित किया जा सकता था।

डाक व्यवस्था

क्लाइव के बाद डलहौजी ने ही डाक प्रथा को आधुनिक रूप दिया। डाक व्यवस्था में जो भ्रष्टाचार फैल गए थे, उसे दूर किया गया और टिकट की व्यवस्था चलाई गई।

सैनिक सुधार

डलहौजी साम्राज्यवादी था, अतः सैनिक शक्ति पर उसने अधिक ध्यान दिया। नए-नए सैनिक भरती किए गए। सैनिकों में अनुशासन पालन के लिए नए-नए कानून बनाए गए। सेना को छोटी-छोटी टुकड़ियों में बाँटकर कई जगह पर उसकी छावनियाँ खोली गईं। संपूर्ण सैनिक शक्ति का स्रोत कलकत्ता था। मेरठ को तोपखाने का केंद्र बनाया गया। सभी इतिहासकारों ने डलहौजी के इस कार्य की प्रशंसा की है।

व्यापारिक सुधार

डलहौजी ने व्यापार को प्रोत्साहन दिया। विदेशी पूँजी भारत में लाने के लिए उसने फ्री ट्रेड की पॉलिसी अपनाई। विदेशियों के लिए भारत के सभी बंदरगाह खोल दिए गए। कई नए बंदरगाहों का निर्माण हुआ और बंदरगाह संबंधी कई सुधार भी हुए। कपास, चाय, कॉफी, जूट आदि की उपज बढ़ाने के लिए उसने कई प्रयोग किए।

सार्वजनिक निर्माण कार्य

इसके पूर्व सार्वजनिक निर्माण कार्य सेना के बोर्ड द्वारा हुआ करता था। लेकिन डलहौजी ने इस कार्य के लिए एक नया विभाग खोला। इसे ही पी.डब्ल्यू.डी. कहते हैं। इस विभाग की सहायता से कई सड़कें बनीं, नहरें खुदवाई गईं, जिससे सिंचाई में मदद मिली।

वैधानिक सुधार

उसने शासन में सुधार लाने के लिए कितने ही कानून बनाए। इसी के समय में सन् 1853 का 'चार्टर ऐक्ट' पास हुआ। बहुत सी सामाजिक कुरीतियों को कानून बनाकर दूर किया गया।

शिक्षा में सुधार

डलहौजी के शासनकाल में इंग्लैंड की ओर से सर चार्ल्सवुड को भारत भेजा गया और उन्होंने भारत में शिक्षा संबंधी रिपोर्ट पेश की। इसके अनुसार कलकत्ता, बंबई और मद्रास में विश्वविद्यालय खुले। इन विश्वविद्यालयों के अंतर्गत कई स्कूल और कॉलेज खोले गए। स्त्री शिक्षा की ओर विशेष ध्यान दिया गया।

□

अंग्रेज और भारतीय शक्तियाँ

अंग्रेज और मैसूर

प्रश्न–1 : ईस्ट इंडिया कंपनी के साथ मैसूर के संबंधों के विषय में आप क्या जानते हैं ? (1861 पू. 1864 पू.)

प्रश्न–2 : हैदर अली किस तरह मैसूर का राजा हुआ ? अंग्रेजों के साथ उसके संबंधों का वर्णन करें। (1862 वा. 1866 पू.)

उत्तर : मैसूर प्रारंभ में विजयनगर राज्य का एक भाग था। बाद में जब विजयनगर का पतन हो गया तो निजाम ने उसे अपने अधिकार में कर लिया। तब से इसकी दशा दिन–ब–दिन बिगड़ती ही गई। कई बार मराठों ने भी इस पर आक्रमण किया। इसी समय यहाँ हैदर अली के नेतृत्व में एक नए शासन का आरंभ हुआ। हैदर का जन्म 1822 ई. में मैसूर राज्य के कोलर जिले में हुआ था। उसका पिता फतेह मुहम्मद मैसूर की सेना में फौजदार था। अपने पिता के साथ वह भी फौज में भरती हो गया तथा अपनी योग्यता के बल पर शीघ्र ही राजा का विश्वासपात्र बन गया। धीरे–धीरे अपनी सामरिक शक्ति उसने काफी दृढ़ कर ली और मैसूर का शासन अपने हाथ में ले लिया।

प्रथम अंग्रेज-मैसूर युद्ध

मैसूर के राज्य पर अधिकार पाते ही हैदर अपने साम्राज्य की सीमा बढ़ाने में लग गया। धीरे–धीरे वेदनूर तथा आसपास के सभी इलाकों पर हैदर का आधिपत्य हो गया। उसकी इस बढ़ती हुई ताकत से मराठे, निजाम सभी चिंतित थे। यद्यपि प्रारंभ में अंग्रेज हैदर से मित्रता करने को उत्सुक थे, लेकिन उसकी बढ़ती ताकत ने उन्हें भी भयभीत कर दिया। हैदर ने अंग्रेजों के कई मित्र देशों को भी परास्त कर दिया था, जिससे भी अंग्रेजों के साथ उसका संबंध न रहा था। अतः अंग्रेजों ने मराठों और

निजाम से संधि कर ली और तीनों मिलकर हैदर पर आक्रमण की योजना बनाने लगे। सबसे पहले मराठे मैदान में आए। हैदर ने चालाकी से मराठों को धन का लोभ देकर अपनी ओर मिला लिया। अब निजाम और अंग्रेजों की सेना आगे बढ़ी। हैदर ने पुनः चालाकी से निजाम को अपनी ओर मिला लिया। अब अंग्रेज अकेले रह गए। हैदर ने युद्ध जारी रखा और अंग्रेजों को अकेला देख भीषण वेग से उन पर टूट पड़ा। उसने तुरंत मंगलौर पर कब्जा कर लिया। 1868 ई. में उसने मद्रास पर आक्रमण किया। अब अंग्रेजों ने घबराकर हैदर से संधि कर ली। इस संधि के अनुसार दोनों ने एक-दूसरे के जीते हुए इलाके लौटा दिए और प्रतिज्ञा की कि किसी अन्य शक्ति के आक्रमण के समय दोनों एक-दूसरे की मदद करेंगे। इस संधि के साथ अंग्रेज-मैसूर का प्रथम युद्ध समाप्त हो गया।

दूसरा अंग्रेज-मैसूर युद्ध

प्रथम अंग्रेज-मैसूर युद्ध में अंग्रेजों को बड़ी अपमानजनक संधि करनी पड़ी थी, अतः इस अपमान का बदला लेने का वे मौका खोज रहे थे। इधर हैदर की दिन-ब-दिन बढ़ती हुई शक्ति से भी उनमें भय बना हुआ था। अतः अंग्रेजों ने संधि की शर्तों की उपेक्षा करनी आरंभ कर दी। इसी समय 1881 ई. में मराठों ने हैदर पर आक्रमण किया। हैदर ने संधि की शर्त के अनुसार अंग्रेजों से सहायता माँगी, लेकिन अंग्रेजों ने कोई सहायता नहीं दी। हैदर उनके इस व्यवहार से क्रोध से पागल हो उठा। अब वह भी मौके की ताक में था। इस समय तक उसकी शक्ति काफी विस्तृत हो गई थी। उसके पास 80,000 सैनिक तथा 100 तोपें थीं। इसके विपरीत, अंग्रेजों की दशा इस समय शोचनीय थी। भारत के सभी हिस्से में या तो वे युद्ध कर रहे थे अथवा युद्ध की आशंका से घिरे थे। इसी समय 1780 में यूरोप में अंग्रेजों और फ्रांसीसियों का युद्ध छिड़ गया। फलतः वे दोनों यहाँ भी लड़ पड़े। अंग्रेजों ने माही पर अधिकार कर लिया, जो हैदर के राज्य में था। हैदर इसी मौके की ताक में था। उसने मराठों और निजाम को मिलाकर भयंकर वेग से अंग्रेजों पर आक्रमण कर दिया। कर्नाटक का नवाब डरकर मद्रास भाग गया। उस समय अंग्रेजों की दशा बड़ी दयनीय थी। अलफ्रेड लायल के अनुसार, 'The forlines of the English in India had fallen to their lowest wats mark.' अंग्रेजों ने हैदर के विरुद्ध बेली के नेतृत्व में एक सेना भेजी, पर वह सेना हार गई। हैदर ने कर्नाटक की राजधानी आर्काट ले ली। इस हार की खबर जब हेस्टिंग्स को मिली तो उसने सर आयर कूट के नेतृत्व में एक विशाल सेना भेजी। उसने मराठों और निजाम को भी छल से अपनी ओर मिला

लिया। लेकिन अभी यह युद्ध चल ही रहा था कि बीच में ही सन् 1782 में हैदर की मृत्यु हो गई। उसके पुत्र टीपू ने युद्ध जारी रखा। लेकिन तभी यूरोप में अंग्रेज और फ्रांसीसियों में संधि हो गई। अतः अंग्रेजों ने टीपू से भी मंगलौर की संधि कर ली। दोनों ने एक-दूसरे के जीते हुए इलाके लौटा दिए और कैदियों को रिहा कर दिया। इस प्रकार दूसरे मैसूर युद्ध का अंत हुआ।

तीसरा अंग्रेज-मैसूर युद्ध

मंगलौर की संधि से अंग्रेज-मैसूर दूसरा युद्ध समाप्त हो गया, लेकिन यह संधि अधिक दिनों तक नहीं टिक सकी। जिस समय कार्नवालिस गवर्नर जनरल बनकर आया, उस समय टीपू अपनी शक्ति संगठित कर रहा था। उसने सहायता पाने के उद्देश्य से फ्रांस और टर्की के पास अपने दूत भी भेजे। इस सबसे कार्नवालिस के कान खड़े हुए। उसने पहले मराठे और निजाम को अपनी ओर मिलाया। टीपू भी लड़ने को तैयार था। इसी समय टीपू ने त्रावणकोर के राज्य पर आक्रमण किया। त्रावणकोर अंग्रेजों के संरक्षण में था। अतः कार्नवालिस ने भी 1000 में युद्ध की घोषणा कर दी और मैसूर का तीसरा युद्ध आरंभ हुआ। यह युद्ध तीन वर्षों तक चला। आरंभ में अंग्रेज असफल रहे। टीपू की सफलता से घबराकर कार्नवालिस ने स्वयं युद्ध का नेतृत्व किया। उसने मैसूर की राजधानी श्रीरंगपट्टम को घेर लिया। टीपू ने बहादुरी दिखाई, पर अंत में उसकी हार हो गई। लाचार होकर उसे श्रीरंगपट्टम की संधि करनी पड़ी। इसके अनुसार टीपू को आधा राज्य अंग्रेजों को दे देना पड़ा तथा युद्ध की क्षतिपूर्ति के लिए 3 करोड़ 20 लाख रुपए भी देने पड़े तथा अपने अच्छे व्यवहार के लिए अपने दो पुत्रों को अंग्रेजों के यहाँ बंधक रखना पड़ा। मराठे और निजाम को भी जाते हुए इलाके में हिस्सा मिला। मालाबार डिंडिल, कुर्ग आदि इलाके अंग्रेजों को मिले। मराठों को कृष्णा और तुंगभद्रा के इलाके मिले। निजाम को कृष्णा और पन्ना नदी के बीच के इलाके मिले। कार्नवालिस ने मैसूर के पूरे राज्य को न लेकर दूरदर्शिता दिखलाई, क्योंकि मराठे और निजाम उसके दुश्मन बन जाते। उसने कहा भी था, 'बिना अपने मित्रों को शक्तिशाली बनाए हमने शत्रु को पंगु बना दिया।'

चौथा अंग्रेज-मैसूर युद्ध

लेकिन तीसरे युद्ध के बाद भी टीपू हताश नहीं हुआ था और पुनः वह बदला लेने की तैयारी में लगा था। उसने शासन में सुधार किया। सेना की संख्या बढ़ा दी।

सेना में फ्रांसीसियों को भरती किया। पुराने किले की मरम्मत करवाई। उसने फ्रांस की सरकार से भी संबंध स्थापित किए और जैकोबिन दल का सदस्य भी बन गया। उसकी राजधानी में फ्रांसीसियों के दल रहने लगे। अरब कॉसटेंटिनेंटल, काबुल आदि देशों में भी उसने अपने दूत भेजे और उनसे सहायता की प्रार्थना की। वेलेस्ली टीपू की उन कारवाइयों को समझ रहा था। अतः उसने भी युद्ध की तैयारी शुरू कर दी। उसने पहले टीपू से सहायक संधि मानने को कहा, लेकिन टीपू ने अस्वीकार कर दिया। अतः वेलेस्ली ने मराठे और निजाम को अपनी ओर कर फिर युद्ध की घोषणा कर दी। सन् 1818 में अंग्रेजों ने दो ओर से मैसूर पर आक्रमण किया। युद्ध में टीपू की हार हो गई। वह अपनी राजधानी की रक्षा करता हुआ मारा गया। इस प्रकार अंग्रेज-मैसूर युद्ध का अंत हो गया। अंग्रेजों को कनाडा, कोयंबटूर और श्रीरंगपट्टम के किले मिले। निजाम को गूटी और चित्तल दुर्ग के कुछ प्रदेश मिले। शेष भाग पुराने हिंदू राज्य के एक अल्प वयस्क बालक को दे दिया गया।

प्रश्न-2 : हैदर और टीपू की चारित्रिक विशेषताओं का उल्लेख करें।

उत्तर :

हैदर अली

18वीं सदी के भारतीय इतिहास में हैदर सबसे प्रमुख चरित्र है। उसमें वे सारे गुण विद्यमान थे, जो किसी को छोटे से बड़ा बनाते हैं। अपने असाधारण गुणों से ही वह एक मामूली सिपाही से सम्राट् बना था। वह केवल कुशल विजेता ही नहीं था, सफल शासक भी था और उसके शासनकाल में प्रजा खुश थी। एक योग्य सेनानायक के गुण उसमें मौजूद थे। सेना में उसने कई आवश्यक सुधार किए और पाश्चात्य ढंग पर सेना का संगठन किया। पहली बार भारतीय राजाओं में उसने ही जहाजी बेड़े की ओर ध्यान दिया था। कूटनीति में वह पारंगत था। अपनी इसी नीति के कारण उसने दो-दो मराठे और निजाम को अंग्रेजों के विरुद्ध कर दिया था। हैदर की सूझ-बूझ पैनी थी। मनुष्य के गुणों को परखने में वह सिद्धहस्त था। यद्यपि वह पढ़ा-लिखा नहीं था, फिर भी कई भाषाओं का ज्ञाता था। उसकी स्मरणशक्ति विलक्षण थी। उसका हृदय कोमल था, पर शत्रुओं के प्रति वह कठोर था। उसने धर्म को राजनीति का विषय नहीं बनाया। खुद उसका अपना कोई धर्म नहीं था। साहस, शक्ति और धैर्य की उसमें कमी नहीं थी। संक्षेप में, 18वीं सदी का वह पहला व्यक्ति था, जिसने अंग्रेजों को निकाल बाहर करने का प्रयास किया था।

टीपू

पिता की तरह टीपू भी भारतीय इतिहास का महान् चरित्र है। पिता की तरह वह बहादुर और साहसी था। अंग्रेज उसके नाम से थर्राते थे। अपने जीवनभर वह अंग्रेजों को निकाल बाहर करने में ही लगा रहा। कुछ अंग्रेज इतिहासकारों ने उसके चरित्र पर कीचड़ उछाली है। कर्क पैट्रिक ने लिखा है, 'उसका दृष्टिकोण बड़ा कुंठित और बर्बर था। हैदर अली ने जिस राज्य को अपने श्रम तथा शौर्य से स्थापित किया, टीपू ने उसी राज्य को अपनी अदूरदर्शिता तथा अनैतिकता के कारण समाप्त कर डाला।' लेकिन ऐसे विचार भ्रामक हैं। टीपू एक वीर तथा उत्साही सैनिक था। अत: भयंकर-से-भयंकर विपत्ति के अवसर पर भी वह घबराता नहीं था। शूरता एवं आत्मगौरव उसके चरित्र के मुख्य गुण थे। वह स्वयं इसलाम धर्म को मानता था, लेकिन उसका व्यवहार हिंदुओं के प्रति कोमल था। कूटनीति में भी वह हैदर की तरह था। अंग्रेजों की सभी चाल वह समझता था। यही कारण था कि उसने विदेशों से सहायता पाने का प्रयास किया था। सफल शासक के सभी गुण उसमें विद्यमान थे। एक अंग्रेज इतिहासकार के अनुसार, 'टीपू का राज्य खूब घना बसा हुआ था। उसके उर्वर प्रदेशों में अच्छी खेती होती थी। मैसूर राज्य की सेना का अनुशासन तथा राजभक्ति प्रशंसनीय थी। उसका राज्य सुखी-संपन्न था। व्यापार की उन्नति हो रही थी।'

टीपू खुदा का भक्त था। फारसी, कन्नड़ एवं उर्दू भाषाओं का उसे अच्छा ज्ञान था। वह स्पष्ट वक्ता था। इस प्रकार टीपू के चरित्र में कई मौलिक गुण थे। फिर भी अपने पिता की तरह वह दूरदर्शी न था और इसी कारण उसकी पराजय भी हुई। मैसूर में एक कहावत प्रचलित है, 'हैदर अली साम्राज्य स्थापित करने के लिए उत्पन्न हुआ था और टीपू उसे खोने के लिए।' विल्कस के शब्दों में, 'हैदर शायद ही कभी गलती करता था और टीपू शायद ही कभी सही था।' फिर भी टीपू की गणना भारतीय इतिहास के प्रमुख पात्रों में होती है। जैसाकि मिल ने भी लिखा है, 'As a domestic ruler, he sustains as advantageous comparision with the greatest princes of the east.'

□

अंग्रेज और मराठे

प्रश्न-1 : 1441 से 1818 तक के मराठों और अंग्रेजों के संबंध का इतिहास लिखें। (1863 वा.)

उत्तर : यद्यपि पानीपत की तीसरी लड़ाई में मराठों की कमर टूट चुकी थी, फिर भी पेशवा माधवराव के नेतृत्व में मराठे संगठित होकर अपनी खोई शक्ति लौटा रहे थे। अब वे पुनः उत्तर भारत की राजनीति में दिलचस्पी लेने लगे थे। शाहआलम को दिल्ली की गद्दी पर मराठों ने ही बैठाया था। लेकिन अभी मराठे पूरी तरह संगठित नहीं हुए थे कि सन् 1771 ई. में माधवराव की मृत्यु हो गई। एक इतिहासकार के शब्दों में, 'माधवराव की मृत्यु मराठों के लिए पानीपत के युद्ध से भी अधिक हानिकारक हुई। अब मराठों पर से अंकुश उठ गया और वे छल-प्रपंच कला, गृहयुद्ध आदि के शिकार हो गए। अतः मराठों के पारस्परिक द्वेष के चलते उनके साम्राज्य की एकता पूर्णतः नष्ट हो गई और गृहयुद्ध प्रारंभ हो गया। माधवराव की मृत्यु के बाद नारायणराव पेशवा बना, लेकिन रघुनाथराव ने उसकी हत्या करवा दी और खुद पेशवा बन बैठा। लेकिन बहुत से सरकार उससे प्रसन्न नहीं थे। इसी समय नारायणराव की विधवा पत्नी को एक पुत्र हुआ। अब रघुनाथराव के विरोधियों ने उस नाबालिग को ही गद्दी पर बैठा दिया और उसके शासन प्रबंध के लिए संरक्षकों की एक परिषद् स्थापित कर दी, जिसमें नाना फड़नवीस मुख्य थे।

सूरत की संधि

जब रघुनाथराव ने कोई चारा न देखा, तब वह बंबई के अंग्रेजों के संरक्षण में चला गया और उनसे सहायता माँगी। अतः 1775 ई. में बंबई की सरकार और राघोवा के बीच 'सूरत की संधि' हुई। इस संधि के अनुसार अंग्रेज राघोवा को सैनिक सहायता देने के लिए राजी हो गए। बदले में राघोवा ने भी सेना का खर्च तथा सालसेट, बेसिन, सूरत आदि के राजस्व का कुछ हिस्सा देना स्वीकार किया।

प्रथम अंग्रेज-मराठा युद्ध, पुरंदर की संधि

रघुनाथराव से अंग्रेजों की जो सूरत की संधि हुई, उसके अनुसार अंग्रेजों ने उसकी सहायता करना स्वीकार कर लिया और 18 मई, 1775 को बंबई और पूना की सेना में युद्ध हुआ। लेकिन कलकत्ता कौंसिल के हस्तक्षेप से यह युद्ध बंद हो गया। 9 मार्च, 1776 को कलकत्ता कौंसिल और मराठों में पुरंदर की संधि हुई। इस संधि के अनुसार, सूरत की संधि रद्द कर दी गई। भरौंच और सालसेट अंग्रेजों को मिला। मराठों ने युद्ध की क्षतिपूर्ति भी दी और बदले में अंग्रेजों ने राघोवा का पक्ष छोड़ दिया।

बड़गाँव की संधि

पुरंदर की संधि स्थायी नहीं हो सकी। मराठे फ्रांसीसियों से अपना मेल बढ़ा रहे थे। यह देखकर अंग्रेजों के कान खड़े हुए। अंत में कंपनी के संचालकों ने युद्ध की आज्ञा दे दी। सन् 1772 में बंबई की सरकार ने पूना की सरकार पर आक्रमण कर दिया, लेकिन अंग्रेजों की बुरी तरह हार हो गई और उन्हें बदगाँव की संधि करनी पड़ी। इस संधि के अनुसार अंग्रेजों को सभी इलाके लौटा देने पड़े। उन्हें 41,000 रुपए क्षतिपूर्ति के रूप में देने पड़े, साथ ही भविष्य में अच्छे व्यवहार के लिए अपने दो आदमियों को बंधक रखना पड़ा। हेस्टिंग्स ने स्वयं लिखा था, 'हम लोगों ने पहले ही बदगाँव की संधि तोड़ दी है। भगवान् करे कि हमारे राष्ट्रीय चरित्र पर जो कलंक लगा है, उसे आसानी से हटा सकें।'

सालबाई की संधि

बदगाँव की संधि के अपमान का बदला लेने के लिए हेस्टिंग्स ने पुनः मराठों पर आक्रमण कर दिया। अंत में सिप्री के युद्ध में सिंधिया की हार हो गई। दोनों में सालबाई की संधि हो गई। इसके अनुसार सालबाई पर अंग्रेजों का अधिकार हो गया, सालसेट को छोड़कर मराठों के सभी इलाके उन्हें वापस मिल गए। रघुनाथराव को 25,000 की मासिक पेंशन दे दी गई और माधवराव नारायण को पेशवा मान लिया गया।

बेसिन की संधि

जब वेलेस्ली भारत आया, उस समय मराठों की स्थिति अच्छी नहीं थी। सरदारों ने अलग-अलग राज्य स्थापित कर लिये थे। पेशवा, सिंधिया, भोंसले, होल्कर, गायकवाड़ सभी आपसी मन-मुटाव के शिकार थे। नाना फड़नवीस के

मरने से उन पर जो अंकुश था, जाता रहा और वे आपस में ही लड़ने लगे। सिंधिया और होल्कर पेशवा पर प्रभाव जमाने के लिए बढ़ने लगे। होल्कर ने पेशवा और सिंधिया दोनों पर आक्रमण कर दिया और पेशवा की राजधानी छीन ली। अब बाजीराव अंग्रेजों की शरण में पहुँचा और दोनों में 'बेसिन की संधि' हो गई। उसने सहायक संधि मान ली। अब बाजीराव पेशवा मान लिया गया। दोनों ने एक–दूसरे की सहायता करना स्वीकार किया। पेशवा की सहायता के लिए एक अंग्रेजी फौज पूना में रहने लगी। पेशवा की वैदेशिक नीति पर कंपनी का नियंत्रण हो गया।

दूसरा अंग्रेज-मराठा युद्ध

लेकिन इस संधि को बहुत से मराठा सरदारों ने अपना अपमान समझा। आपसी फूट उनमें भले ही थी, पर अभी भी राष्ट्रीय स्वतंत्रता का भाव उनमें विद्यमान था। भोंसले और सिंधिया ने इस संधि का समाचार सुना तो बड़े दुःखी हुए और मिलकर अंग्रेजों पर आक्रमण की योजना बनाने लगे। होल्कर इसमें सम्मिलित नहीं हुआ। अंत में 1803 ई. में दोनों के बीच युद्ध का श्रीगणेश हो गया। लेकिन जीत अंग्रेजों की ही हुई। सिंधिया और भोंसले ने हारकर अलग–अलग संधि कर ली।

देवगाँव की संधि

भोंसले के साथ 1803 में देवगाँव की संधि हुई। इसके अनुसार अंग्रेजों को कटक और वार्दा नदी के पश्चिम के सभी इलाके मिले। भोंसले को एक अंग्रेज रेजिमेंट रखनी पड़ी।

सूरजी-अंजनगाँव की संधि

यह संधि 1803 में सिंधिया के साथ हुई। इसके अनुसार सिंधिया से गंगा और यमुना के बीच का सभी इलाका अंग्रेजों को मिला। इन संधियों का इतिहास में बड़ा महत्त्व है। अब मराठों की शक्ति नहीं के बराबर रह गई। उनकी सेना तोड़ दी गई। मनरो ने लिखा था, 'We are now complete masters of India and nothing can shake our power it we take props measures to confirm it.'

होल्कर से युद्ध

लेकिन अभी यह संधि समाप्त ही हुई थी कि होल्कर के साथ अंग्रेजों का युद्ध छिड़ गया। होल्कर ने राजपूत राज्यों पर आक्रमण कर दिया और कंपनी से चौथ

माँगी। ये राजपूत राज्य अंग्रेजों के संरक्षण में आ गए थे। होल्कर ने अंग्रेजों को बुरी तरह हराया। लेकिन बाद में उसकी हार हो गई। लेकिन इसी समय वेलेस्ली इंग्लैंड वापस चला गया।

तीसरा अंग्रेज-मराठा युद्ध

वेलेस्ली के बाद के गवर्नर जनरलों की नीति से फायदा उठाकर मराठों ने फिर अपनी शक्ति संगठित कर ली। हेस्टिंग्स ने सबसे पहले भोंसले को अपने कब्जे में किया। अप्पा साहेब ने भी सहायक संधि मान ली। हेस्टिंग्स ने पेशवा को भी 1817 ई. में पूना की संधि करने के लिए विवश किया। इस संधि के बाद से पेशवा को अपना पद छोड़ देना पड़ा। उस समय सबसे अधिक शक्तिशाली सिंधिया था। अतः हेस्टिंग्स ने उसके राज्य पर आक्रमण कर दिया। अतः 1814 में सिंधिया ने भी संधि कर ली। इसी समय मराठों का तीसरा युद्ध आरंभ हुआ। पेशवा अंग्रेजों से क्रुद्ध था। जिस दिन सिंधिया ने संधि–पत्र पर हस्ताक्षर किए, उसी दिन पेशवा ने पूना में अंग्रेजी रेजिडेंट के दफ्तर में आग लगवा दी और अंग्रेजी सेना पर आक्रमण कर दिया। इसी समय नागपुर में अप्पा साहेब और होल्कर ने भी युद्ध की घोषणा कर दी। यही मराठों की तीसरी लड़ाई थी। इस लड़ाई में सभी जगह अंग्रेजों की जीत हुई। पूना में पेशवा और सीतावल्दी में अप्पा साहेब की हार हो गई। महीदपुर में होल्कर भी हार गया। युद्ध की समाप्ति पर पेशवा का पद उठा दिया गया। सतारा का राज शिवाजी के पोते प्रतापसिंह को दे दिया गया। सिंधिया के राज्य का उत्तरी भाग कंपनी के राज्य में मिला लिया गया। पेशवा को आठ लाख रुपए पेंशन देकर बिठूर भेज दिया गया। इस प्रकार मराठा राज्य हमेशा के लिए समाप्त हो गया।

प्रश्न–2 : मराठों के पतन के कारणों पर प्रकाश डालें।

उत्तर : मुगल साम्राज्य के पतन के बाद मराठों ने भारत में अपना राज्य स्थापित करने का स्वप्न देखा था। इस स्वप्न को चरितार्थ करने का उन्होंने प्रयास भी किया। मुगलों के बाद मराठा ही एक ऐसी शक्ति थी, जो अंग्रेजों से लोहा ले सकती थी। अंग्रेज भी इस बात को भली–भाँति समझ रहे थे, अतः उन्होंने उसे नष्ट करने में अपनी पूरी शक्ति लगा दी। लेकिन मराठों के पतन के अन्य भी कई कारण थे—

(1) **आर्थिक कठिनाई :** मराठों को हमेशा से आर्थिक कठिनाई का सामना करना पड़ा। पैसे के अभाव में न तो वे सेना का संगठन कर सके और न अपनी राजनीतिक स्थिति दृढ़ कर सके। उनकी आय के साधन

निश्चित न थे। पहाड़ी इलाका होने के कारण कृषि और व्यापार भी उन्नत न था। अतः पैसे के लिए उन्हें चौथ और सरदेशमुखी पर निर्भर रहना पड़ता था। अपनी आर्थिक हालत दृढ़ करने का उन्होंने कोई प्रयास नहीं किया। फलतः आर्थिक संकट होने पर राजनीतिक संकट का उपस्थित हो जाना स्वाभाविक था।

(2) **लूटपाट की नीति :** चौथ और सरदेशमुखी वसूल करने के लिए उन्हें युद्ध की शरण लेनी पड़ी। इसी प्रकार आर्थिक कठिनाई को दूर करने के लिए मराठे लूटपाट भी मचाया करते थे। अतः ऐसी जनता का विश्वास और सहानुभूति नहीं प्राप्त कर सके। राज्य में हमेशा अराजकता कायम रही। मराठों ने शासन में सुव्यवस्था लाने का कोई प्रयास नहीं किया।

(3) **दोषपूर्ण सैनिक संगठन :** मराठों की सैनिक व्यवस्था दोषपूर्ण थी। उन्होंने अपनी प्राचीन युद्ध प्रणाली तथा छापामार रणनीति का परित्याग कर भूल की। अतः खुले मैदान में वे अंग्रेजों का सामना नहीं कर सके। उनके पास यद्यपि सेना की संख्या अधिक थी, पर उन्होंने उसकी उचित शिक्षा–दीक्षा और संचालन की व्यवस्था नहीं की थी। दूसरी ओर अंग्रेज वैज्ञानिक ढंग से संगठित थे।

(4) **जागीरदारी प्रथा :** जब तब शिवाजी जिंदा रहे, उन्होंने जागीरदारी प्रथा को उत्पन्न नहीं होने दिया। लेकिन उनके मरते ही मराठों में इस प्रथा का जन्म हो गया। अतः मराठों की एकता का अंत होने लगा।

(5) **एकता का अभाव :** मराठों में एकता का अभाव था। कुछ योग्य सरदारों में एकता जाती रही और बहुत से सरदारों ने अपना अलग राज्य स्थापित कर लिया। फलतः आपसी कलह, ईर्ष्या और गृहयुद्ध आरंभ हो गया। केंद्रीय शक्ति के अभाव का अंग्रेजों ने पूरा फायदा उठाया।

(6) **अयोग्य नेता :** जब तक मराठों में योग्य नेता रहे, तब तक किसी तरह उनमें एकता बनी रही, लेकिन यशवंतराव, महादेवी सिंधिया, अहिल्याबाई, नाना साहेब आदि सभी योग्य सरदार मर गए। इनकी मृत्यु के बाद योग्य नेता का अभाव रहा, जिससे युद्ध और राजनीति का सफल संचालन नहीं हो सका। दूसरी ओर अंग्रेजों में वेलेस्ली, हेस्टिंग्स जैसे योग्य नेता थे।

(7) **उच्च आदर्शों का त्याग :** जिस पवित्र उद्देश्य की पूर्ति के लिए शिवाजी ने मराठा राज्य की स्थापना की थी, वह उद्देश्य बाद के

राजाओं ने भुला दिया। हिंदू राज्य की स्थापना का लक्ष्य छूट गया। राजपूतों के साथ भी मराठों ने अच्छा व्यवहार नहीं किया। अतः राजपूत लोग भी उसके दुश्मन बन गए। सरदार विलासी थे और आमोद-प्रमोद में ही अपना समय बिताने लगे। उन्होंने देशी राजाओं के साथ सहयोग नहीं किया, अतः देशी राजा भी उनसे असंतुष्ट ही रहे।

(8) **भौगोलिक ज्ञान का अभाव :** मराठों को अपने प्रदेश का भौगोलिक ज्ञान नहीं था, इस कारण भी उन्हें कई कठिनाइयों का सामना करना पड़ा।

(9) **समुद्री शक्ति का अभाव :** शिवाजी ने समुद्री शक्ति पर ध्यान दिया था, लेकिन बाद के राजाओं ने इस ओर कोई ध्यान नहीं दिया। इसके विपरीत, अंग्रेज समुद्री शक्ति में अद्वितीय थे।

(10) **अन्य कारण :** पानीपत के तीसरे युद्ध में मराठों को अपार क्षति हुई थी, जिसकी पूर्ति नहीं हो सकी। मराठों ने समाज सुधार के भी कोई कार्य नहीं किए। अंग्रेजों के साथ भारतीय ताकतों के युद्ध में उन्होंने अंग्रेजों का साथ दिया। इस सब कारणों से जनता इनसे घृणा करने लगी। उनमें राष्ट्रीयता का भी पूर्ण अभाव था। बहुत से सरदार अपने स्वार्थ के लिए अंग्रेजों की शरण में चले गए। इस सबसे अंग्रेजों को मौका मिला। इस प्रकार जिस राज्य का निर्माण शिवाजी ने अपने खून से सींचकर किया था, वह समाप्त हो गया।

□

अंग्रेज और बर्मा

प्रश्न : अंग्रेजों ने बर्मा को किस प्रकार अपने राज्य में मिलाया ?

उत्तर : जिस समय भारत में अंग्रेजी राज्य की स्थापना हो रही थी, उस समय भारत की पूर्वी सीमा पर बर्मा की नई ताकत पैदा हो रही थी। आगे चलकर दोनों की सीमा एक-दूसरे के नजदीक आ गई और तब सीमा विवाद को लेकर युद्ध अनिवार्य हो गया। लेकिन उस समय अंग्रेज देश के दूसरे भाग में युद्ध करने में व्यस्त थे, अतः उन्होंने बर्मा की ओर ध्यान नहीं दिया। उन्होंने प्रारंभ में बर्मा से युद्ध नहीं करने की बड़ी कोशिश की। सन् 1785 ई. से 1811 ई. तक कई बार अंग्रेजों की ओर से दूत भेजे गए। लेकिन बर्मा के राजा ने इस ओर ध्यान नहीं दिया। धीरे-धीरे दोनों के संबंध कटु होते गए। सन् 1813 ई. में बर्मा के राजा ने मणिपुर पर अधिकार कर लिया। उसने ढाका, चटगाँव, मुर्शिदाबाद और कासिम बाजार पर भी अपना अधिकार बताया और इन प्रदेशों पर आक्रमण करना प्रारंभ कर दिया। सन् 1882 में बर्मावालों ने आसाम पर भी अधिकार कर लिया और चटगाँव के पास शाहपुरी पर धावा बोल दिया। इससे बंगाल की सीमा खतरे में पड़ गई।

बर्मा की पहली लड़ाई (सन् 1824)

बर्मा की इस बढ़ती हुई शक्ति को रोकने के लिए लॉर्ड एमहर्स्ट ने युद्ध की घोषणा कर दी। यही बर्मा की पहली लड़ाई थी। बर्मा की भौगोलिक स्थिति ऐसी थी, जिस कारण युद्ध में उसे अधिक परेशानी नहीं हुई। इस देश में चारों ओर जंगल, पहाड़ और दलदल भरे हुए थे, जिसमें बर्मावाले लड़ने के अभ्यस्त थे। लेकिन अंग्रेजों को बड़ी कठिनाई का सामना करना पड़ा। फिर भी अंतिम जीत अंग्रेजों की ही हुई। उन्होंने आसाम जीत लिया और समुद्री रास्ते से चलकर रंगून पर चढ़ाई कर दी। इस युद्ध में बर्मी सेनापति बंदुला मारा गया और अंग्रेजी फौज विजय प्राप्त करती हुई यंडाबू तक पहुँच गई। अतः घबराकर बर्मा ने अंग्रेजों से संधि कर ली (फरवरी, 1826 ई.)।

यंडावू की संधि

यंडावू की संधि के अनुसार बर्मा ने अराकान, तेनासरीम, आसाम, चायर, जयंतिया और मणिपुर छोड़ दिया तथा अंग्रेजों को 9 करोड़ रुपए हर्जाने के रूप में दिए। दोनों के प्रतिनिधि एक-दूसरे की राजधानी में रहने लगे। आगे चलकर दोनों के बीच एक व्यापारिक संधि भी हुई। बर्मा की पहली लड़ाई और यंडावू की संधि से अंग्रेजी राज्य की सीमा पूरब में और आगे बढ़ गई, लेकिन उनकी अपार हानि भी हुई थी। भारत पर भी इस युद्ध का प्रभाव पड़ा और कई जगह विद्रोह हो गए, जिसमें भरतपुर, बरकपुर आदि का विद्रोह प्रसिद्ध है।

बर्मा की दूसरी लड़ाई

यंडावू की संधि से बर्मा की शक्ति पर कोई विशेष रुकावट नहीं आई। सन् 1837 ई. में बर्मा का राजा मर गया। उसका भाई घराबड़ी गद्दी पर बैठा। उसने इस संधि की अवहेलना कर दी। उसका कहना था—'The English beat my brother, not me. The Frealy of yandabo is not bending on me for I did not make it.' इतना ही नहीं, वह बर्मा स्थित अंग्रेज व्यापारियों पर अत्याचार करने लगा। उसने रेजिडेंट की बात मानने से इनकार कर दिया। इसी समय लॉर्ड डलहौजी गवर्नर जनरल बनकर आया। उसने एक फौजी अफसर को एक जहाजी बेड़े के साथ बर्मा भेजा। वहाँ के राजा से यह माँग की गई कि रंगून के गवर्नर को हटा दिया जाए और अंग्रेज व्यापारी को हर्जाना दिया जाए। बर्मा का राजा डरकर संधि करने को तैयार हो गया। तभी अंग्रेजी और बर्मी जहाजी बेड़े में झगड़ा हो गया और गोली भी चली। अंग्रेज अफसरों के साथ बर्मा के राजा का व्यवहार भी बड़ा कठोर हुआ। अत: इन सभी कारणों से डलहौजी ने युद्ध की घोषणा कर दी। 1852 में रंगून पर अधिकार कर लिया गया। उसके बाद बेसिन, प्रोम और पेगू पर भी अधिकार हो गया। इस प्रकार बर्मा का दक्षिणी भाग अंग्रेजों के अधिकार में आ गया।

बर्मा की तीसरी लड़ाई

बर्मा की दूसरी लड़ाई के बाद ही तीसरी लड़ाई प्रारंभ हुई। सन् 1878 में बर्मा की गद्दी पर थीवा नाम का राजा बैठा। उसने अंग्रेजों के प्रति और भी कठोरता की नीति बरती। उनके व्यापारिक नियम कठोर कर दिए गए। अंग्रेजों के विरुद्ध उसने इटली, जर्मनी, फ्रांस आदि देशों के साथ व्यापारिक संबंध स्थापित करने की चेष्टा की। इस समय लॉर्ड डफरिन भारत के गवर्नर जनरल थे। उन्होंने बर्मा के राजा का

ऐसा रुख देखकर उसे धमकाया भी, लेकिन राजा पर इसका कोई प्रभाव नहीं पड़ा। उलटे उसने एक अंग्रेजी संस्था पर 25 लाख रुपए का जुरमाना कर दिया। डफरिन ने इसकी जाँच की माँग की, लेकिन थीवा ने इस माँग को ठुकरा दिया। लाचार होकर डफरिन ने युद्ध की घोषणा कर दी। यह बर्मा के साथ अंग्रेजों की तीसरी लड़ाई थी। इस युद्ध में भी अंग्रेजों की ही जीत हुई। उत्तरी बर्मा अंग्रेजी राज्य में मिला लिया गया। उस समय से बर्मा भारत का ही प्रांत बना रहा। सन् 1835 ई. में भारत शासन अधिनियम के अनुसार वह भारत से अलग कर दिया गया। पुनः 1948 में वह स्वतंत्र घोषित कर दिया गया।

□

अंग्रेज और अफगानिस्तान

प्रश्न–1 : अंग्रेज और अफगानिस्तान के संबंधों पर प्रकाश डालें।
उत्तर :

अफगानिस्तान की समस्या

भारत के लिए उत्तरी–पश्चिमी सीमा हमेशा सिरदर्द रही है, क्योंकि इसी रास्ते होकर भारत पर हमेशा आक्रमण होते रहे हैं। मुगलों के समय नादिरशाह और अहमदशाह का आक्रमण इसी रास्ते हुआ था। अंग्रेजों के समय में भी रूस के आक्रमण का भय बना हुआ था। अफगानिस्तान और सिंध नदी के बीच का पहाड़ी भाग उत्तर–पश्चिमी सीमा का काम करता है। अतः अफगानिस्तान का महत्त्व है। जब उत्तर–पश्चिम में अंग्रेजी राज्य का विस्तार होते–होते सतलुज नदी तक पहुँच गया तब अंग्रेजों के लिए अफगानिस्तान के साथ राजनीतिक संबंध रखना आवश्यक हो गया। सन् 1826 में दोस्त मुहम्मद अफगानिस्तान का अमीर बना। इस समय उसके चारों ओर दुश्मन लगे थे। 'उत्तर में वल्ख में विद्रोह हो रहे थे, दक्षिण में उसका भाई कांधार में उठा था, पूरब में रणजीत सिंह तंग कर रहा था और पश्चिम में फारस में षड्यंत्र चल रहा था।' रूस अंग्रेजों को भयभीत करने के लिए अफगानिस्तान से संधि करना चाहता था। यह सब देख–सुनकर अंग्रेज घबरा गए और उन्होंने दोस्त मुहम्मद को अपनी ओर करना चाहा। वह भी बाहरी आक्रमण से रक्षा के लिए सहायता पाना चाहता था।

प्रथम अंग्रेज-अफगान युद्ध (1838-1842)

लॉर्ड आकलैंड ने दोस्त मुहम्मद को अपनी नीति स्पष्ट कराते हुए कहा कि दूसरे स्वतंत्र राज्यों के मामले में हस्तक्षेप करना अंग्रेजी सरकार की नीति के विरुद्ध है। लाचार होकर दोस्त मुहम्मद ने रूस के साथ बातचीत चलाई। इसी समय ब्रिटिश

प्रधानमंत्री पामर्स्टन ने आकलैंड से रूसी प्रभाव रोकने को कहा। अत: आकलैंड ने दोस्त मुहम्मद के पास अपने दूत भेजे। वह अंग्रेजों से संधि के लिए तैयार हो गया, लेकिन उसने शर्त रखी कि अंग्रेज रणजीत सिंह से पेशावर लेने में उसकी मदद करें। लेकिन आकलैंड को यह शर्त मंजूर न थी। लाचार होकर दोस्त मुहम्मद ने रूस से संधि कर ली। आकलैंड ने उसे गद्दी पर से उतारकर शाहशुजा को गद्दी पर बैठाना चाहा और इसके लिए आकलैंड, रणजीत सिंह और शाहशुजा से एक संधि हुई। इसके अनुसार शाहशुजा को काबुल की गद्दी पर बैठाने की बात तय हुई और शाहशुजा ने प्रतिज्ञा की कि वह रणजीत सिंह तथा अंग्रेजों से हमेशा मित्रतापूर्ण संबंध रखेगा। अब आकलैंड ने दोस्त मुहम्मद के विरुद्ध युद्ध छेड़ दिया। यही अफगानों की पहली लड़ाई थी। युद्ध में अमीर की हार हो गई और अफगानिस्तान पर अंग्रेजों का कब्जा हो गया। शाहशुजा को अफगानिस्तान की गद्दी पर बैठाया गया। लेकिन 'की' के अनुसार, 'उसका राजधानी में प्रवेश करना एक मृत शरीर के जुलूस के समान था।' (It was more like a funeral procession that this entry of a king into the capital of his restoned dominious.) शाहशुजा से जनता खुश नहीं हो सकी और दोस्त मुहम्मद के लड़के अकबर खाँ के नेतृत्व में भीषण विद्रोह शुरू हो गया। इसी समय रणजीत सिंह की मृत्यु हो जाने के कारण सिक्खों से सहायता मिलने की आशा जाती रही। आकलैंड ने विद्रोह को दबाना चाहा, लेकिन उसे सफलता नहीं मिली और उसे विद्रोहियों से संधि करनी पड़ी। दोस्त मुहम्मद पुनः गद्दी पर बैठाया गया और अंग्रेजों को काबुल छोड़ देना पड़ा। लेकिन जिस समय अंग्रेजी सेना भारत लौट रही थी, उसी समय अफगानी उस पर टूट पड़े। 16000 सैनिक में केवल 9 व्यक्ति शेष बचे। जब इस घटना की सूचना आकलैंड को मिली तो वह बेहद घबरा गया। उसने एक वक्तव्य निकालकर अपनी भूल पर परदा डालने का प्रयास किया। लेकिन इन बातों की खबर इंग्लैंड भी पहुँची और आकलैंड वापस बुला लिया गया।

युद्ध का अंत

आकलैंड के बाद एलेनबरा गवर्नर बनकर भारत आया। उसने आते ही आकलैंड की नीति का त्याग कर दिया और अफगानों के आंतरिक मामले में हस्तक्षेप न करने का निश्चय किया। लेकिन उसने यह जरूरी समझा कि आकलैंड के कारण अंग्रेजों की प्रतिष्ठा पर जो आघात पहुँचा है। उस प्रतिष्ठा को पुनः कायम किया जाए। इसके लिए अफगानों को हराना जरूरी था। सिंध से एक बड़ी सेना

चली और अफगानों को हरा दिया गया। काबुल के बाजार को बारूद से उड़ा दिया गया। अंग्रेज कैदियों को छुड़ा लिया गया। गजनी के किले को नष्ट-भ्रष्ट कर दिया गया। 11वीं सदी में महमूद गजनी सोमनाथ का जो फाटक ले गया था, उसे भी छीन लिया गया। इस प्रकार भारत ने आठ सौ वर्ष का बदला चुका दिया। अब एलेनबरा ने अफगानों के आंतरिक मामले में हस्तक्षेप नहीं करने की घोषणा की। दोस्त मुहम्मद बिना किसी शर्त के अमीर बना, जो सदा अंग्रेजों का मित्र रहा।

□

अंग्रेज और सिक्ख

प्रश्न–1 : रणजीत सिंह की जीवनी और कार्यों पर प्रकाश डालें। (1763 पू., 1766 वा.)

अथवा

प्रश्न–2 : रणजीत सिंह के शासन प्रबंध का वर्णन करें।

उत्तर :

प्रारंभिक जीवन

सिक्खों के इतिहास में रणजीत सिंह सबसे महत्त्वपूर्ण चरित्र थे। उनका जन्म नवंबर, 1780 में हुआ था। इनके पिता का नाम महानसिंह था। ये सकुरचकिया मिस्ल के नेता थे। जब रणजीत सिंह केवल 12 वर्ष के थे, तभी इनके पिता की मृत्यु गुजराँवाला में हो गई। फलतः रणजीत सिंह की शिक्षा–दीक्षा उचित रीति से नहीं हो सकी। उनका मन शिकार खेलने और सैनिक कार्यों में अधिक लगता था। सन् 1778 ई. में जब काबुल के शासक जामाशाह ने पंजाब पर आक्रमण किया, तब रणजीत सिंह ने उसकी सहायता की थी। अतः खुश होकर जामाशाह ने उसे लाहौर का सूबेदार बना दिया। इससे रणजीत सिंह की प्रतिष्ठा बहुत अधिक बढ़ गई और वे अब अपनी शक्ति के विकास की दिशा में लग गए। पंजाब के सभी मिस्लों पर अधिकार करने के बाद उन्होंने सतलुज नदी के पश्चिम के सभी इलाकों को जीत लिया। सन् 1808 में भंगियों को हराकर अमृतसर पर भी अधिकार कर लिया। इसी प्रकार 1807 में लुधियाना पर भी उसका अधिकार हो गया।

अमृतसर की संधि

रणजीत सिंह यमुना और सतलुज के बीच के प्रदेश को जीतना चाहता था। उसके पार के मिस्लों पर अधिकार करने के उद्देश्य से उसने तीन बार आक्रमण

भी किया। उसकी इस बढ़ती हुई शक्ति से अंग्रेज घबरा रहे थे। लेकिन इस समय फ्रांसीसी आक्रमण का डर था, अतः लॉर्ड मिंटो ने रणजीत सिंह से संधि कर लेने में ही फायदा देखा। इसी समय नाभा और पटियाला के शासकों ने रणजीत सिंह के विरुद्ध अंग्रेजों से सहायता माँगी। अंग्रेजों ने सेना भेज दी। अब रणजीत सिंह ने अंग्रेजों से संधि कर लेने में ही अपना कल्याण समझा। फलतः 1807 ई. में दोनों के बीच 'अमृतसर की संधि' हो गई। इस संधि के अनुसार दोनों में दोस्ती कायम हो गई। लुधियाना में अंग्रेजी सेना तैनात कर दी गई तथा अंग्रेजों ने सतलुज के उत्तर की ओर हस्तक्षेप नहीं करने का वादा किया।

अमृतसर की संधि से रणजीत सिंह की महत्त्वाकांक्षा को बहुत बड़ा धक्का लगा। सभी मिस्लों को जीतकर राजा बनने का ख्वाब उसका टूट गया। अब उसने अपने कार्यक्षेत्र का विस्तार उत्तर, उत्तर-पश्चिमी और पश्चिम की ओर किया। इसी उद्देश्य से उसने सन् 1817 ई. में मुल्तान पर अधिकार कर लिया। पुनः 1821 ई. में कश्मीर तथा 1824 में सिंधु नदी को पार कर पेशावर पर अधिकार कर लिया। इस समय रूसी प्रभाव बढ़ रहा था, अतः बैंटिक ने पुनः रणजीत सिंह से मित्रता की संधि की। रणजीत सिंह सिंध पर भी आक्रमण की योजना बना रहा था, लेकिन अंग्रेजों के विरोध के कारण उसे सफलता नहीं मिली। सन् 1847 में इस महान् पुरुष का देहांत हो गया।

रणजीत सिंह का शासन प्रबंध

रणजीत सिंह एक विजेता ही नहीं, कुशल शासक भी था। उसने शासन का कुशल प्रबंध किया। उसने शासन में मुगलों का अनुकरण किया।

प्रांतीय शासन : शासन की सुविधा के लिए रणजीत सिंह ने अपने समस्त राज्य को चार प्रांतों में बाँट दिया था। ये प्रांत कश्मीर, मुलतान, लाहौर और पेशावर थे। प्रांतों के नीचे परगना होता था। प्रत्येक प्रांत में एक निजाम होता था, जिसकी नियुक्ति रणजीत सिंह स्वयं करता था—वह नागरिक और सैनिक दोनों प्रकार के शासन के लिए उत्तरदायी था। परगना तालुकों में बँटा था और प्रत्येक तालुकों में 5 से 10 मौजे होते थे। तालुके में एक कारदार होता था। शासन में योग्य व्यक्ति रखे जाते थे।

भूमि व्यवस्था : जमीन पर जमींदारों और सरदारों का अधिकार था। वे किसानों से कर वसूलकर राजकोष में जमा करते थे। कर के रूप में किसानों से

उपज का 1/3 से 1/5 भाग तक लिया जाता था। अकाल आदि के समय किसानों की सहायता की जाती थी।

न्याय व्यवस्था : न्याय का सबसे बड़ा हाकिम स्वयं राजा था। राज्य में लिखित कानून का अभाव था। मुकदमे का फैसला प्राचीन रीति-रिवाज के अनुसार होता था। गाँव में ग्राम पंचायतें हुआ करती थीं। राजधानी में आधुनिक हाइकोर्ट की तरह एक अदालत 'उलआला' होती थी। दंड विधान कठोर थे।

सैनिक प्रबंध : रणजीत सिंह ने अपनी सेना को यूरोपीय ढंग पर शिक्षित किया। उसकी सेना तीन भागों में बँटी थी—फौज-ए-खास, फौजे कवायत और फौजे-बे-कवायत। पैदल सेना में 38000 सैनिक थे। सेना में अनुशासन पर अधिक बल दिया जाता था। सैनिकों को नकद वेतन दिया जाता था। अंग्रेजों ने भी उनकी सेना की प्रशंसा की है।

रणजीत सिंह का चरित्र

रणजीत सिंह भारतीय इतिहास का महान् चरित्र था। यद्यपि उनकी आकृति अच्छी न थी। चेचक के कारण उनकी एक आँख जाती रही थी। उनकी आकृति के संबंध में वैरनहयगाल ने लिखा है, 'मैं उन्हें पंजाब में सबसे कुरूप तथा आकर्षणहीन मानता हूँ; क्योंकि सारे पंजाब में ऐसा अन्य कोई व्यक्ति नहीं देखा।' फिर भी उनका व्यक्तित्व आकर्षक था। रणजीत सिंह सफल कूटनीतिज्ञ और राजनीतिज्ञ थे। अंग्रेजों की चाल वे भली-भाँति समझते थे। उन्होंने पंजाब को अव्यवस्था की स्थिति से निकालकर वहाँ एक सुदृढ़ केंद्रीय शासन की स्थापना की। यद्यपि वह पढ़ा-लिखा नहीं था, पर उसकी स्मरणशक्ति तेज थी। धार्मिक बातों में वह उदार था। वह विजेता ही नहीं, कुशल शासक भी था। उसके सैनिक उसपर जान देते थे। गिफिन के शब्दों में, 'वह एक बाँका सिपाही था—दृढ़, चुस्त साहसी तथा धैर्यशाली।' उसमें कुछ व्यक्तिगत दोष थे—वह शराब पीता था तथा विलासी था। लेकिन उसके इस दुर्गण से राज-काज में कभी बाधा उपस्थित नहीं हुई। उसके इन्हीं सब गुणों के कारण उसे 'पंजाब केसरी' कहा गया है।

प्रश्न-2 : अंग्रेजों के साथ सिक्खों के संबंध पर प्रकाश डालें!

प्रश्न-3 : पंजाब को किस प्रकार अंग्रेजी राज्य में मिलाया गया ?

उत्तर : सन् 1837 ई. में रणजीत सिंह की मृत्यु हो गई। उनके मरते ही सिक्खों में आपसी कलह प्रारंभ हो गया। एक के बाद एक, कई कमजोर और अयोग्य राजा

गद्दी पर बैठे। अंत में 1846 ई. में नाबालिग दलित सिंह गद्दी पर बैठा और इसकी माँ रानी जिंदन इसकी संरक्षिका बनी। यह सिद्धांतशून्य नारी थी। अतः इसके समय में सेना का प्रभाव बहुत बढ़ गया। ऐसी स्थिति में सिक्ख सरदारों ने सेना का प्रभाव कम करने के लिए उसे अंग्रेजों से भिड़ा देना आवश्यक समझा। सरदारों ने सोचा था कि अगर खालसा सेना जीत गई तो उसे सारा हिंदुस्तान विजय करने में लगा रहना पड़ेगा और यदि हार गई तो उसकी शक्ति कम हो जाएगी। अतः खालसा सेना को सरदारों ने उभार दिया। उन्होंने कहा कि अंग्रेज पंजाब को जीतना चाहते हैं। इसी समय सतलुज की ओर ब्रिटिश सेना जमा हो रही थी और सतलुज पर पुल बनाया जा रहा था। लुधियाना, अंबाला आदि स्थानों पर ब्रिटिश सेना पहले से ही थी। फलतः खालसा सेना को पूरा विश्वास हो गया। सेना ने सन् 1845 ई. में सतलुज को पार कर लिया और अंग्रेजों पर टूट पड़ी। इस समय लॉर्ड हार्डिंग गवर्नर जनरल था। उसने युद्ध की घोषणा कर दी। इस प्रकार प्रथम सिक्ख युद्ध आरंभ हो गया। मुदकी, फिरोज शाह, अलीवाल और सोवराव में युद्ध हुआ। इन चारों स्थलों पर सिक्खों की हार हो गई। सिक्खों में जीवटवाले और कार्य संपादन करनेवाले बहुत से व्यक्ति थे, परंतु सभी को संचालित करनेवाला और उसमें प्राण संचार करनेवाला कोई मस्तिष्क नहीं था।' अतः सिक्खों की पारस्परिक फूट और कलह के कारण उनकी हार हो गई। इस युद्ध में अंग्रेजों को भी काफी हानि उठानी पड़ी। अतः दोनों के बीच लाहौर की संधि हो गई।

लाहौर की संधि

सन् 1846 ई. में अंग्रेज और सिक्खों के बीच 'लाहौर की संधि' हो गई। इस संधि के अनुसार सतलुज के बाईं ओर के सभी इलाके अंग्रेजों को मिले। सिक्खों को हर्जाने के रूप में डेढ़ करोड़ रुपए देने पड़े और उसकी सैनिक संख्या घटा दी गई। लाहौर में दलीप सिंह की रक्षा के लिए एक अंग्रेजी सेना रख दी गई। यह निश्चित हुआ कि बिना कंपनी की आज्ञा के राजा किसी अन्य यूरोपियन को अपने यहाँ नहीं रखेगा। अंग्रेजों ने दलीप सिंह को राजा मान लिया और उसके आंतरिक मामलों में हस्तक्षेप न करने का वादा किया। सिक्ख राज्य को छोटा करने के उद्देश्य से अंग्रेजों ने जम्मू और कश्मीर का इलाका गुलाब सिंह के हाथों बेच दिया। सिक्खों के शासन के लिए 8 व्यक्तियों की एक संरक्षक परिषद् बना दी गई और उसे अंग्रेज रेजिडेंट के अधिकार में दे दिया गया। एक अंग्रेजी फौज पंजाब में रखी गई, जिसका खर्च प्रतिवर्ष 22 लाख

सिक्खों को देना पड़ा। इस प्रकार लाहौर की संधि से अंग्रेज पंजाब के वास्तविक शासक बन बैठे।

द्वितीय सिक्ख युद्ध

लाहौर की संधि स्थायी नहीं हो सकी। सिक्ख आपसी फूट के कारण पहले युद्ध में हारे थे, लेकिन उन्हें अपनी स्वतंत्रता अभी भी प्यारी थी। उनकी शक्ति भी अभी नष्ट नहीं हुई थी। अतः वे पुनः अंग्रेजों की अधीनता से मुक्त होने का उपाय सोचने लगे। इसी समय अंग्रेजों ने रानी जिंदन पर षड्यंत्र झूठा का आरोप लगाकर उसे कैद कर लिया। इसी समय एक दूसरी घटना घटी। मुलतान के शासक मूलराज के पास अंग्रेजों का बहुत सा रुपया बाकी था। अतः अंग्रेजों ने उसे गद्दी से उतारकर सरदार खानसिंह को वहाँ का शासक बनाया और दो अंग्रेज अफसर के साथ उसे मुलतान भेजा। सिक्ख जनता पहले से क्रुद्ध थी ही। इन दो घटनाओं ने आग में घी का काम किया। जैसे ही अफसर मुलतान पहुँचे, वहाँ विद्रोह हो गया और दोनों अफसर मार डाले गए। मूलराज विद्रोहियों का नेता बन गया। धीरे-धीरे समूचे पंजाब में विद्रोह की आग फैल गई। अंग्रेजों की ओर से शेरसिंह भेजा गया। लेकिन वह भी विद्रोहियों से मिल गया। सिक्खों ने पेशावर लौटाकर अफगानों को भी मिला लिया। अंत में लॉर्ड डलहौजी ने इस घोषणा के साथ युद्ध छेड़ दिया, 'सिक्ख राष्ट्र ने बिना किसी पूर्व घटना के उदाहरण से प्रभावित हुए लड़ाई की माँग की है, महाशयो! मैं शपथ लेकर कहता हूँ कि उनसे इसका प्रतिशोध लिया जाएगा।' इस प्रकार सिक्खों का दूसरा युद्ध आरंभ हुआ। अंग्रेजों ने छल से शेरसिंह को मूलराज से अलग कर दिया। चिलियानावाला और गुजरात में भयंकर युद्ध हुए। अंत में गुजरात के युद्ध में सिक्खों की हार हो गई और उन्होंने आत्मसमर्पण कर दिया। सन् 1867 ई. में डलहौजी ने घोषणा निकालकर पंजाब को अंग्रेजी राज्य में मिला लिया। दलीप सिंह को 5 लाख पेंशन देकर इंग्लैंड भेज दिया गया। वहाँ उसने ईसाई धर्म स्वीकार कर लिया। बाद में वह अपने देश लौटा और पुनः अपने धर्म में दीक्षित हो गया। रानी जिंदन 1853 में लंदन में ही मर गई। मूलराज को फाँसी पर लटका दिया गया और इस प्रकार सिक्खों की शक्ति समाप्त हो गई।

□

भारतीय शासन का विकास

प्रश्न–1 : कंपनी के शासनकाल में हुए संवैधानिक सुधारों का वर्णन करें! अथवा

प्रश्न–2 : भारत में केंद्रीय शासन किस प्रकार संगठित हुआ ?

उत्तर : सन् 1577 ई. में भारत में व्यापारिक उद्देश्य से इंगलैंड के कुछ व्यापारियों ने ईस्ट इंडिया नामक कंपनी की स्थापना की। एक वर्ष बाद कंपनी को राजा का अधिकार भी प्राप्त हो गया। इस अधिकार–पत्र के द्वारा कंपनी का प्रबंध एक गवर्नर और एक संचालक मंडल के द्वारा होता था। संचालक मंडल में चौबीस सदस्य होते थे। इस निर्वाचक मंडल को कानून बनाने और उसे जारी करने का अधिकार दिया गया था। इतना ही नहीं, यह मंडल अपनी रक्षा के लिए छोटी सी सेना भी रखता था। आरंभ में यह कंपनी केवल व्यापारिक संस्था थी, लेकिन बाद में इसने हिंदुस्तान की राजनीति में भी टाँग अड़ाना शुरू कर दिया। सन् 1865 में इलाहाबाद की संधि द्वारा मुगल सम्राट् शाहआलम ने इस संस्था को बिहार, बंगाल और उड़ीसा की दीवानी दे दी। अब धीरे–धीरे इस कंपनी के अंदर शासन भी आ गया। राजनीति में ज्यादा लग जाने से कंपनी के व्यापार को धक्का लगा, जिससे उसकी आर्थिक दशा दिन–ब–दिन खराब होती चली गई। यहाँ तक कि उसका दिवाला निकलने तक का अवसर आ गया। द्वैध शासन के चलते शासन में भी बड़ी गड़बड़ी पैदा हो गई थी। इन सभी कारणों से कंपनी ब्रिटिश सरकार से सहायता के लिए प्रार्थना करने लगी। इसी समय इंगलैंड में बहुत से लोग कंपनी पर ब्रिटिश संसद् के नियंत्रण की माँग करने लगे। अत: विवश होकर 1881 में कंपनी की वास्तविक दशा जानने के लिए सरकार ने 31 सदस्यों की एक विशेष समिति तथा 13 सदस्यों की एक गुप्त समिति बनाई। इन्हीं दोनों समितियों की रिपोर्ट पर 1773 में दो ऐक्ट पास हुए। इन एक्टों के द्वारा कंपनी पर ब्रिटिश पार्लियामेंट का नियंत्रण स्थापित हो गया। पहले ऐक्ट के अनुसार कंपनी को 14

लाख पौंड 4 प्रतिशत ब्याज पर ऋण देना तय हुआ और दूसरे 42 रेगुलेटिंग ऐक्ट के द्वारा कंपनी के शासन की रूपरेखा निश्चित की गई।

रेगुलेटिंग ऐक्ट (1773)

इस ऐक्ट के अनुसार बंगाल का गवर्नर भारत का गवर्नर जनरल बना दिया गया। मद्रास और बंबई के गवर्नर उसके अधीन कर दिए गए। इनकी सहायता के लिए 4 सदस्यों की एक समिति बनाई गई, जिसका निर्णय बहुमत से होता था। गवर्नर जनरल उसका अध्यक्ष था और उसे निर्णायक मत देने का अधिकार था। कलकत्ता में एक सुप्रीम कोर्ट की स्थापना हुई, जिसमें एक प्रधान एवं तीन अन्य न्यायाधीश थे। लेकिन इस ऐक्ट में कई दोष थे। सरकार और दत्त ने लिखा है, 'इस ऐक्ट के द्वारा शासन शस्त्र के प्रारंभिक सिद्धांतों की अवहेलना की गई। उसने ऐसे गवर्नर जनरल की नियुक्ति की, जो अपनी समिति के सामने असमर्थ था। इसके द्वारा ऐसी कार्यकारिणी बनी जो सुप्रीम कोर्ट के सामने असहाय थी तथा सुप्रीम कोर्ट ऐसा था, जिस पर देश की शांति तथा कल्याण का तनिक भी उत्तरदायित्व नहीं था।' फलतः कार्यपालिका और न्यायपालिका के बीच बराबर झगड़ा होता रहा। (विशेष अध्ययन के लिए देखें गत अध्याय)

पिट्स इंडिया ऐक्ट (1784)

रेगुलेटिंग ऐक्ट के दोषों को दूर करने के लिए सन् 1781 ई. में एक संशोधक अधिनियम पारित हुआ। इसके द्वारा राजनीति और व्यापार के क्षेत्र को अलग करने का प्रयास किया गया, लेकिन इस विधेयक को House of lords ने अस्वीकृत कर दिया। अतः पार्लियामेंट ने 1784 में दूसरा अधिनियम पारित किया, जो इंग्लैंड के प्रधानमंत्री पिट के नाम पर 'पिट्स इंडिया ऐक्ट' कहलाया। इस ऐक्ट के अनुसार छह कमिश्नरों की एक नियंत्रण मंडली बनाई गई। यह मंडली संचालक मंडली से अधिक शक्तिशाली थी। इसे विस्तृत पैमाने पर अधिकार दिया गया। गवर्नर जनरल की परिषदों की संख्या घटाकर 4 से 3 कर दी गई। नियंत्रण मंडली (Board of Control) को भारतीय और प्रांतीय शासनों को आदेश देने और संचालक मंडल के आदेशों में परिवर्तन करने का अधिकार दिया गया। इस प्रकार 'पिट्स इंडिया ऐक्ट' के द्वारा भारतीय सरकार का स्वरूप पहले से अधिक एकात्मक कर दिया गया और दोहरे नियंत्रण (Duel Control) की व्यवस्था की गई।

सन् 1813 का चार्टर ऐक्ट

सन् 1813 ई. में कंपनी के आज्ञा-पत्र को नया करने का फिर समय आया। अतः 1813 में पुनः चार्टर ऐक्ट पास हुआ। इस ऐक्ट के अनुसार कंपनी का एकाधिकार केवल चाय के व्यापार पर रह गया। अन्य वस्तुओं के व्यापार पर से उसके एकाधिकार का अंत कर समस्त अंग्रेज जाति के लिए खोल दिया गया। कंपनी के भारतीय प्रदेशों पर ब्रिटिश सम्राट् की प्रभुता मान ली गई। यह निश्चित हुआ कि कंपनी प्रतिवर्ष शिक्षा में एक लाख रुपया व्यय करेगी। कंपनी को व्यापार और शासन के लिए अलग-अलग हिसाब रखने का आदेश दिया गया।

सन् 1833 का चार्टर ऐक्ट

इस ऐक्ट के द्वारा कंपनी के सभी व्यापारिक अधिकारों का अंत हो गया। अतः उसका काम अब केवल शासन प्रबंध करना रह गया। भारत का शासन इंग्लैंड के राजा के अधिकार में हो गया, लेकिन 20 वर्षों के लिए उसे कंपनी को धरोहर के रूप में दिया गया। बंगाल का गवर्नर जनरल भारत का गवर्नर जनरल बना दिया गया और भारतीय शासन का भार उसी पर छोड़ दिया गया। अब उसे ब्रिटिश भारत संबंधी सभी प्रकार के कानून बनाने का अधिकार दिया गया। कौंसिल में पुनः उसके 4 सदस्य हो गए। चौथा सदस्य लॉर्ड मैकाले था जो कानून बनाता था। प्रांतीय सरकार आवश्यक कानून का मसविदा तैयार कर गवर्नर जनरल के पास भेजते थे। भारतीय कानूनों का संग्रह तैयार करने का आदेश दिया गया। इसके लिए एक कानून आयोग की नियुक्ति भी की गई। किसी भी भारतीय को अपने धर्म, जन्मस्थान, रंग या वंश के आधार पर कंपनी के अधीन किसी पद पर अयोग्य नहीं समझा गया।

सन् 1853 का चार्टर ऐक्ट

सन् 1853 में पुनः एक चार्टर ऐक्ट पास हुआ। अपनी तरह का यह अंतिम ऐक्ट था। भारतीयों ने इसका विरोध भी किया। इस ऐक्ट के द्वारा यह तय हुआ कि जब तक दूसरा ऐक्ट नहीं बनता, तब तक कंपनी भारत राज्य को धरोहर के रूप में संचालित करती रहेगी। कंपनी के संचालकों की संख्या 24 से 18 कर दी गई, जिसमें छह की नियुक्ति इंग्लैंड का राजा करता था। नौकरियों के लिए परीक्षा की व्यवस्था कर दी गई। दैनिक काम और कानून निर्माण संबंधी कार्य अलग कर दिए गए, कार्यपालिका और विधायिका को भी अलग कर दिया गया। बंगाल का शासन गवर्नर जनरल के हाथ से लेकर एक अलग गवर्नर के हाथ में दिया गया। इस प्रकार

सन् 1853 ई. तक ब्रिटिश संसद् ने विभिन्न एक्टों द्वारा भारतीय शासन की रूपरेखा तैयार की। यही रूपरेखा हमारे वर्तमान शासन की नींव है।

प्रांतीय शासन

कंपनी राज का शासन पहले तीन स्वतंत्र केंद्रों से होता था। रेगुलेटिंग ऐक्ट से पहले कोई केंद्रीय शक्ति नहीं थी। अत: कलकत्ता, बंबई और मद्रास तीनों केंद्र शासन कार्य में स्वतंत्र थे। प्रथम बार रेगुलेटिंग ऐक्ट के द्वारा बंगाल के गवर्नर जनरल के अधीन कलकत्ता, बंबई कर दिए गए। 1833 के चार्टर ऐक्ट के द्वारा पूरी तरह प्रांतीय सरकार केंद्रीय सरकार के अधीन कर दी गई और उसके शासन का ढाँचा केंद्र के अनुरूप ही रखा गया। सन् 1818 तक प्रांतीय शासन पर केंद्रीय शासन का नियंत्रण बढ़ता गया।

□

आर्थिक परिवर्तन

प्रश्न–1 : कंपनी के शासनकाल में भारत की आर्थिक अवनति का वर्णन करें।

उत्तर : किसी भी देश की सामाजिक, राजनीतिक, सांस्कृतिक उन्नति वहाँ की आर्थिक स्थिति पर निर्भर करती है। मुगल काल में कला और साहित्य की प्रगति हुई थी तो उसका सबसे बड़ा कारण यह था कि उस समय देश धन–धान्य से परिपूर्ण था। जनता का जीवन सुखी और संपन्न था। लेकिन उसके बाद राजनीतिक अव्यवस्था के चलते देश को आर्थिक संकट का सामना करना पड़ा। कंपनी ने जब राजनीति में प्रवेश किया, तब उसका मुख्य उद्देश्य था भारत का अधिक–से–अधिक आर्थिक शोषण करना। फलतः भारत की आर्थिक स्थिति दिन–ब–दिन बिगड़ती ही गई। कृषि और उद्योग–धंधों का ह्रास हो गया।

कृषि

भारत कृषि प्रधान देश है। यहाँ की अधिकांश जनसंख्या खेती पर निर्भर करती है, लेकिन अंग्रेजों ने कृषि की दशा उन्नत करने की ओर कोई प्रयास नहीं किया। उद्योग–धंधों के नष्ट हो जाने से बहुत से लोग बेकार हो गए। इससे भी खेती पर अधिक भार पड़ गया। लगान वसूल करने का कोई निश्चित आधार नहीं था। वारेन हेस्टिंग्स ने सबसे अधिक बोली बोलनेवाले को लगान वसूलने का काम दिया। लेकिन ये ठेकेदार भूमि में सुधार लाने का कोई प्रयत्न नहीं करते थे, उलटे किसानों पर अत्याचार करते थे।

चिरस्थायी प्रबंध

वारेन हेस्टिंग्स ने भूमि की जो व्यवस्था कायम की, वह हानिकारक सिद्ध हुई। अतः इस दोष को दूर करने के लिए सन् 1870 में कार्नवालिस ने दस साला

बंदोबस्त किया। सन् 1773 में उसने हमेशा के लिए जमींदारों को जमीन दे दी। यह प्रबंध 'चिरस्थायी प्रबंध' कहलाया। अब सरकारी लगान सदा के लिए निश्चित कर दिया गया। इस प्रबंध से भूमि पर और भी बुरा असर पड़ा।

उद्योग-धंधों का पतन

इस समय भारतीय उद्योग और व्यापार को बहुत बड़ा आघात पहुँचा। पहले भारत में लोग अपनी आवश्यकता की चीजें खुद बना लेते थे। उद्योग-धंधों में बढ़ई, लुहार, जुलाहे आदि अपने पेशे से संबंधित वस्तुएँ बनाते थे। ढाका में मलमल अच्छी बनती थी। उसी प्रकार जरी के काम के लिए बनारस और मुर्शिदाबाद संसार में प्रसिद्ध थे। सूती और रेशमी दोनों कपड़ों के लिए संसार में भारत की प्रसिद्धि थी। पंजाब और कश्मीर ऊनी दुशाले के लिए प्रसिद्ध थे। पीतल, ताँबे आदि धातुओं की बनी चीजें पूना, अहमदाबाद, बनारस आदि जगहों में बनती थीं। लेकिन 18वीं सदी में भारत में घोर अराजकता की स्थिति आ गई। आर्थिक संकट उत्पन्न होने के फलस्वरूप उद्योग-धंधों का नाश हो गया। कंपनी यहाँ से रुपया लूट-खसोटकर इंग्लैंड भेजने लगी। कंपनी के कर्मचारी निजी व्यापार करने लगे। दस्तक प्रथा के अनुचित प्रयोग से भारतीय व्यापार को गहरा धक्का लगा। विभिन्न प्रकार से 1757 से 1780 तक लगभग 64 करोड़ रुपया भारत से इंग्लैंड चला गया। इस प्रकार भारत के उद्योग नष्ट हो गए।

कंपनी सरकार जब शासन करने लगी, तब इंग्लैंड की बनी वस्तुओं का प्रयोग करने लगी। भारत में राष्ट्रीयता के अभाव के चलते विदेशी वस्तुओं की खपत ज्यादा होने लगी, क्योंकि ये वस्तुएँ आकर्षक थीं। दूसरा बड़ा कारण यह था कि देशी राजाओं का पतन हो गया था। उनके यहाँ विदेशी अधिकारी अधिक संख्या में रहते थे, जो विदेशी वस्तुओं का अधिक प्रयोग करते थे। इससे भी विदेशी वस्तुओं की माँग कम होने लगी। कल-कारखाने में बनी चीजें सुंदर और सस्ती होती थीं। अतः बाजारों में इनकी माँग होने लगी। इसी प्रतियोगिता में हाथ की बनी वस्तुएँ नहीं टिक सकीं। भारत से सस्ते दामों पर कच्चा माल खरीदा जाने लगा और तैयार माल भारत के बाजारों में बेचा जाने लगा। इससे भी भारतीय व्यापार को घाटा पहुँचा। भारतीय कारीगरों पर कई तरह के प्रतिबंध लगा दिए गए। भारतीय वस्तुओं का व्यवहार बंद करा दिया गया। इस प्रकार भारत का बाजार ठप पड़ गया।

अतः इन सभी कारणों से भारतीय व्यापार और उद्योग-धंधे हमेशा के लिए नष्ट हो गए।

□

सिपाही विद्रोह

प्रश्न-1 : सन् 1857 की क्रांति की पृष्ठभूमि क्या थी ? क्या इसे भातीय स्वतंत्रता का पहला युद्ध कहा जा सकता है ? (1755 पू.)

उत्तर : लॉर्ड डलहौजी जब इंग्लैंड वापस गया तो कहता गया कि हिंदुस्तान में अब पूर्ण शांति है और अब कई वर्षों तक तलवार उठाने की जरूरत नहीं पड़ेगी, लेकिन उसकी यह भविष्यवाणी गलत सिद्ध हुई। उसके जाते ही संपूर्ण भारत भयंकर विद्रोह की आग में जलने लगा। बाहर से देखने पर ऐसा लगता था कि पूरे देश ने अंग्रेजी राज को स्वीकार कर लिया है, पर भीतर-ही-भीतर इस राज के प्रति भीषण असंतोष जमा हो रहा था। समय-समय पर कई छोटे-छोटे विद्रोह भी हुए, लेकिन सबसे बड़ा और प्रसिद्ध विद्रोह सन् 1857 ई. में हुआ, जो सिपाही विद्रोह के नाम से प्रसिद्ध है।

इस विद्रोह के स्वरूप के संबंध में विद्वानों में एकमत नहीं है। कुछ इतिहासकारों का विचार है कि यह विद्रोह केवल सैनिक विद्रोह था। इसे न तो भारतीय राजाओं का सहयोग था और न भारतीय जनता का ही सहयोग मिला। केवल सैनिकों ने अपनी माँग के लिए विद्रोह किया था। इस विद्रोह का संचालन भी एक निश्चित और संगठित योजना के अनुसार नहीं हुआ। अंग्रेजी सेना की एक छोटी सी टुकड़ी ने इसका दमन कर दिया। अतः यह पूर्ण रूप से सैनिक विद्रोह था, स्वतंत्रता संग्राम नहीं। एक विद्वान् ने लिखा भी है—The its origin in the army and that.

लेकिन इसके विपरीत विद्वानों का एक दूसरा दल है, जो इसे 'भारतीय स्वतंत्रता का पहला संग्राम' की संज्ञा देते हैं। उनका कहना है कि इस विद्रोह में केवल सैनिकों ने ही भाग नहीं लिया था, वरन् साधारण जनता भी इससे प्रभावित हुई थी। अगर यह पूर्ण रूप से सैनिक विद्रोह ही होता तो अंग्रेजों की तीन सेनाओं में से केवल एक ही सेना क्यों भाग लेती ? अतः यह सैनिक विद्रोह नहीं कहला सकता। जैसा कि जवाहरलाल ने भी लिखा है—'It was much moe than a milatary mutiny and it spread rapidily and assument the charaety of a popular rebellian and a war of Indian independence. यद्यपि इस पक्ष में भी कई तर्क दिए गए हैं और लोगों ने इसे स्वाधीनता संघ नहीं माना है। उनके अनुसार, इस विद्रोह का न तो कोई योग्य नेता था, न सभी जगह पर यह एक साथ हुआ ही।

कुछ विद्वान् तो इसे मुसलमानों का षड्यंत्र कहते थे। वह अपनी गई सत्ता पुनः लौटाना चाहते थे। लेकिन यह मत निराधार है। केवल मुसलमानों का विद्रोह होता तो हिंदू राजा इसमें अपना सहयोग नहीं देते। यह सही है कि बहादुरशाह क्रांति का एक स्तंभ था। उसने 'राजपूत' नामक पत्र लिखकर अंग्रेजों को निकाल बाहर कर एक स्वतंत्र राष्ट्र की स्थापना की थी और इसमें उसने अपना पूर्ण सहयोग देने का वचन दिया था।

इन सभी मतों में कुछ-न-कुछ आंशिक सत्यता है, फिर भी इसे भारतीय स्वतंत्रता का संग्राम कहना ही अधिक जरूरी है।

यह विद्रोह अंग्रेजों की शोषण नीति के विरुद्ध हुआ था। कंपनी के 100 वर्ष के शासन ने भारतीय जनता का राजनीतिक, आर्थिक तथा सांस्कृतिक शोषण करके उसमें राष्ट्रीय भावना का सूत्रपात कर दिया था। कुछ विद्वानों ने बताया है कि इस समय राष्ट्रीयता विद्यमान थी और यह सत्य है कि जनता का सहयोग हर स्थान पर विद्रोहियों को नहीं मिला था, पर फिर भी कई स्थलों पर जनता ने अपना पूरा सहयोग विद्रोहियों को दिया था। इस विद्रोह का संचालन राजाओं ने किया था जिनका राज्य किसी कारण से अंग्रेजों ने छीन लिया था। लेकिन पंडित नेहरू ने लिखा है, 'यद्यपि विद्रोह का वास्तविक स्वरूप सामंतवादी था, पर उसमें कुछ राष्ट्रवादी तत्त्व भी थे।' जो भी हो, इतना निश्चित है कि इस विद्रोह में भारतीयों ने अपनी स्वाधीनता का पहला प्रयास किया था, फिर भी यह सत्य है कि विद्रोह का प्रारंभ सैनिकों ने किया था। अतः इन सभी मतों के निष्कर्ष निकालते हुए हम कह सकते हैं कि, '1857 की क्रांति पूर्णतः तो नहीं पर मुख्यतः सैनिक विद्रोह था, साथ ही सौ वर्षों के शासन के राजनीतिक, सांस्कृतिक तथा आर्थिक शोषण की भयंकर प्रतिक्रिया भी थी।'

प्रश्न-2 : सन् 1857 की क्रांति के कारणों का वर्णन करें! (1754 पू. 1756 वा. 1758 वा. 1762 वा. 1765 वा.)

उत्तर : कोई भी क्रांति एक दिन में आरंभ नहीं हो जाती। उसके लिए वर्षों से कारण इकट्ठे होते रहते हैं। 1857 की क्रांति के भी कई महत्त्वपूर्ण कारण थे,

जो वर्षों से जमा हो रहे थे और 1857 में एकाएक फूट पड़े। इन सभी कारणों को निम्नलिखित भागों में बाँटा गया है—(क) राजनीतिक (ख) सामाजिक (ग) आर्थिक (घ) धार्मिक (ड) सैनिक (च) अन्य कारण।

(क) राजनीतिक कारण

(1) डलहौजी की नीति : इस क्रांति का सबसे बड़ा कारण डलहौजी की साम्राज्यवादी नीति थी। अपने से पूर्व के गवर्नर जनरलों के साथ की गई सभी संधियों को उसने भुला दिया एवं अनुचित एवं अन्यायपूर्ण ढंग से अपने राज्य का सीमा-विस्तार करने लगा। गोद लेने की प्रथा का अंत करके भारतीय राजाओं के राज्य छीनने का उसने अच्छा बहाना ढूँढ़ निकाला। जो राजा इस जाल में न फँसे, उन पर जबरन आक्रमण कर दिया गया। फलस्वरूप भारतीय राजे उसके घोर दुश्मन बन गए।

(2) भारतीय राजाओं के साथ दुर्व्यवहार : डलहौजी ने भारतीय राजाओं के साथ कठोरता की नीति अपनाई। जो राजा हमेशा से अंग्रेजों के मित्र बने थे और उसकी सहायता करते आए थे, उनके राज्य को भी डलहौजी ने बिना कोई खयाल किए अंग्रेजी राज्य में मिला लिया। सतारा, झाँसी, नागपुर आदि राज्यों को अंग्रेजी राज्य में मिलाने का उसके पास कोई नैतिक आधार न था। इन राज्यों की जनता के मौलिक अधिकारों पर भी कुठाराघात किया गया।

(3) कंपनी का दोषपूर्ण शासन : कंपनी का शासन भी दोषपूर्ण था। मालगुजारी वसूल करनेवाला विभाग घूसखोरी और भ्रष्टाचार का केंद्र था। जनता को अपनी जान-माल की रक्षा का कोई साधन न था और न राज्य की ओर से उसकी रक्षा का कोई प्रबंध था। न्याय की व्यवस्था ऐसी थी, जिससे गरीब जनता कोई फायदा नहीं उठा सकती थी। अतः जनता दिन-प्रतिदिन असंतुष्ट होती जाती थी।

(4) अफसरों का दुर्व्यवहार : अंग्रेज अफसरों का व्यवहार भारतीयों के साथ कठोरता का था। भारतीय सताए जाते थे। भारतीय व्यापारियों का माल कम दाम पर जबरन खरीद लिया जाता था। एक अंग्रेज इतिहासकार ने ही लिखा है, 'The condition of many of our young officers twords the native was crues and figrranical.'

(5) सहायक संधि : वेलेस्ली की 'सहायक संधि' के कारण भी भारतीय राजाओं में असंतोष की भावना घर कर गई थी।

(ख) आर्थिक कारण

(1) धन का विदेश जाना : अंग्रेजों ने शोषण की नीति अपनाई। वे भारत से अपार धन लेकर इंग्लैंड चले जाते थे और विलासताप्रिय जीवन बिताते थे। फलतः भारतीयों की आर्थिक दशा गिरती चली गई।

(2) उद्योग-धंधों का ह्रास : औद्योगिकीकरण की नीति अपनाकर भारतीय उद्योगों को नष्ट कर दिया गया। भारतीय उद्योग, कल-कारखानों की प्रतियोगिता में नहीं ठहर सके। साथ ही अंग्रेजों ने भारतीय माल पर इतना अधिक कर लगा दिया कि विदेशी वस्तुओं की तुलना में उनकी बिक्री ठप पड़ गई।

(3) कृषि की हीन दशा : उद्योग को नष्ट होने से खेती पर अधिक भार पड़ गया, लेकिन उपज बढ़ाने की दिशा में कोई कार्य नहीं किया गया। स्थायी प्रबंध के कारण कृषकों की हालत दिन-पर-दिन खराब होती जा रही। बेकारी की समस्या बढ़ती जा रही थी। फलतः लोग जीवन से तंग आकर क्रांति के प्रयास में जुट गए।

(ग) धार्मिक कारण

(1) ईसाई धर्म को प्रोत्साहन : धार्मिक भावना से प्रेरित होकर सभी गवर्नर जनरलों ने ईसाई धर्म को प्रोत्साहन दिया। ईसाई धर्म के प्रचार करनेवालों को आर्थिक एवं अन्य सुविधाएँ दी गईं। शिक्षण संस्थाओं में ईसाई धर्म की शिक्षा दी जाने लगी। फलतः बच्चों के कोमल मस्तिष्क पर इसका असर पड़ने लगा। यहाँ तब के उत्तराधिकार के नियमों में भी परिवर्तन किया गया। अतः जनता भयभीत हो गई कि उसका धर्म खतरे में है।

(2) गोद लेने की प्रथा का अंत : हिंदू धर्म के अनुसार कोई भी शासक जब किसी बालक को गोद लेता था तो वह उसका पुत्र समझा जाता था, लेकिन डलहौजी ने कानून बनाकर इस प्रथा को रोक दिया। इस कारण जो कट्टर हिंदू थे, उन्होंने इसे अपनी धार्मिकता का अपमान समझा और विद्रोह की तैयारी में लग गए।

(3) डलहौजी के सुधार : डलहौजी ने बहुत से ऐसे सुधार किए, जिसे भारतीय जनता नहीं समझ पाई और सशंकित हो गई। रेल, तार आदि के सुधार से जनता इस भ्रम में पड़ गई कि अंग्रेज उनकी सभ्यता, संस्कृति नष्ट कर देना चाहते हैं।

(4) हिंदू ग्रंथों की उपेक्षा : हिंदुओं की धार्मिक भावना पर तो आघात हुआ ही, उनके साहित्य और भाषा की भी उपेक्षा की गई। मैकाले ने लिखा था, 'पाश्चात्य साहित्य की एक अलमारी समस्त एशिया के साहित्य से श्रेष्ठ है।' अतः हिंदू जनता भड़क गई।

(घ) सामाजिक कारण

(1) सामाजिक सुधार : अंग्रेजों ने भारतीय समाज की कई कुप्रथाओं को बंद कर महत्त्वपूर्ण सुधार किए, लेकिन जनता पर इसका उलटा असर पड़ा। सती प्रथा, विधवा विवाह, बाल विवाह आदि कई कुप्रथाओं को कानून बनाकर रोकने का प्रयास किया गया। इससे हिंदू जनता को यह विश्वास होने लगा कि अंग्रेज उनके रीति-रिवाज को भी खत्म कर देना चाहते हैं।

(2) अंग्रेजी सभ्यता का प्रचार : अंग्रेजों ने भारतीय समाज के जीवन स्तर को ऊपर उठाने के लिए विदेशी चीजों के व्यवहार को प्रोत्साहन दिया। इससे समाज में लोगों का रहन-सहन विदेशी ढंग पर होने लगा, लेकिन बहुत से लोग इसे पसंद नहीं करते थे।

(ङ) सैनिक कारण

(1) सैनिकों में विभेद : अंग्रेजों की भेदनीति से सैनिक असंतुष्ट हो गए। भारतीय सैनिकों के साथ दुर्व्यवहार किया जाता था। उन्हें वेतन और भत्ता कम मिलता था। ऊँचे-ऊँचे पद के दरवाजे उनके लिए बंद थे।

(2) अप्रिय सैनिक नियम : सैनिकों में कुछ ऐसे नियम बनाए गए, जो हिंदुओं की प्रतिष्ठा के विरुद्ध थे। भारतीय सैनिकों को भी समुद्र पार जाकर युद्ध करने को कहा गया, लेकिन हिंदू समुद्र की यात्रा करना धर्म विरुद्ध समझते थे। सेना में पगड़ी बाँधने के नियम का भी निषेध कर दिया गया। अतः हिंदू सैनिक असंतुष्ट हो गए।

(3) नया कारतूस : जब संपूर्ण देश के सैनिकों के भीतर विद्रोह की आग सुलग रही थी, तभी एक ऐसी घटना घटी, जिसके कारण एकाएक विद्रोह प्रारंभ हो गया। अंग्रेजों ने एक नए प्रकार के कारतूस का आविष्कार किया, जिसको इस्तेमाल करने के पहले उसे मुँह से खोलना पड़ता था। इसी समय कुछ लोगों ने अफवाह उड़ा दी कि इस कारतूस में गाय और सूअर की चर्बी लगी हुई है। इस घटना से हिंदू और मुसलमान दोनों एकाएक बिगड़ उठे और विद्रोह प्रारंभ हो गया। P.E. Roberts ने लिखा है, 'The Lierible blunder of the greased cartidges fanned into a fierce and devowing flave all this mauldering discontint.' वस्तुतः कारतूस की घटना ने वही काम किया, जो काम सूखी लकड़ी पर आग करती है।

(च) अन्य कारण

(1) भारतीय कैदियों ने अपने बरतनों में खाना बंद कर दिया गया।

(2) कुछ लोगों ने कहा कि 1758 में भविष्यवाणी की गई थी कि सौ वर्षों के बाद अंग्रेजों का राज समाप्त हो जाएगा और 1857 में वह सौ वर्ष पूरे हो रहे थे। इन सभी कारणों से जनता क्रांति के लिए तैयार थी।

प्रश्न-3 : सन् 1857 की क्रांति का विस्तार कैसे हुआ ?

उत्तर : क्रांति का आरंभ बैरकपुर की छावनी से हुआ। वहाँ के सैनिकों ने नए कारतूस का व्यवहार करने से इनकार कर दिया। मंगल पांडे नाम के एक सिपाही ने अंग्रेज अफसरों को गोली का शिकार बना दिया। उसे फाँसी की सजा हो गई। उसकी फाँसी की खबर से सैनिकों के भीतर का क्रोध और भी अधिक बढ़ गया और खुले रूप से विद्रोह प्रारंभ हो गया। बैरकपुर की छावनी का समाचार सबसे पहले मेरठ पहुँचा। वहाँ भी कारतूस को लेकर सैनिकों में विक्षोभ था। 10 मई को रविवार था, अतः उस दिन अंग्रेज निश्चिंत थे। रात के सन्नाटे में सैनिकों ने अंग्रेज अफसरों पर हमला कर दिया। उन्होंने जेल पर भी आक्रमण करके कैदियों को छुड़ा लिया और अंग्रेजों का वध करते हुए वे दिल्ली की ओर चल पड़े। वहाँ पहुँचकर उन्होंने बहादुरशाह को सम्राट् घोषित कर दिया और दिल्ली पर अधिकार कर लिया। दिल्ली की घटना का प्रभाव उसके आसपास के इलाकों पर भी पड़ा। अलीगढ़, इटावा, बरेली, मुरादाबाद, गोरखपुर, इलाहाबाद, आजमगढ़ आदि सभी स्थानों में अंग्रेजों का वध किया गया। बिहार में जगदीशपुर के बाबू कुँवर सिंह ने विद्रोह का झंडा खड़ा किया। नाना साहब ने कानपुर के समीप के सभी प्रदेशों पर अधिकार कर लिया। 30 मई की रात में अवध में भी भीषण रूप से विद्रोह हो गया। क्रांति का सबसे भीषण रूप झाँसी में प्रकट हुआ। वहाँ की रानी लक्ष्मीबाई और तात्या टोपे ने ग्वालियर पर आक्रमण करके उसे अपने अधिकार में कर लिया। इस प्रकार थोड़े ही दिनों में समूचा भारत क्रांति की लपटों में जलने लगा। अंग्रेजों को जब विद्रोह का समाचार विदित हुआ, तब वे बहुत घबराए, लेकिन विद्रोह को दबाने में उन्होंने तत्परता से काम लिया। बंबई और मद्रास से काफी संख्या में सेना बुला ली गई। देशी राजाओं को अपनी ओर मिलाने में भी अंग्रेजों ने कोई कसर न उठा रखी। अंग्रेजों ने पंजाब की ओर अधिक ध्यान दिया, क्योंकि उधर अफगानों के आक्रमण का भय था। सिक्खों को अपनी ओर मिलाकर अंग्रेजों ने बड़ी बुद्धिमानी का परिचय दिया। सिक्खों ने विद्रोह को दबाने में अंग्रेजों का पूरा साथ दिया। गुरखों की सेना की सहायता भी अंग्रेजों को मिली। इन सभी शक्तियों की सहायता पाकर अंग्रेजों ने

विद्रोह को तुरंत दबा दिया। क्रांति के जितने नेता थे, सभी या तो मारे गए अथवा कैद कर लिये गए। झाँसी की रानी लक्ष्मीबाई युद्ध करती हुई मारी गई। तात्याटोपे फाँसी पर चढ़ा दिया गया। नाना साहेब नेपाल के जंगलों में भाग गए। बहादुरशाह को अंग्रेजों ने कैद करके रंगून भेज दिया, जहाँ 1862 में उसकी मृत्यु हो गई। बिहार के बाबू कुँवर सिंह भी घायल होकर मर गए। संक्षेप में, इस विद्रोह को दबाने में अंग्रेजों ने अपनी पाशविक शक्ति का खुलकर परिचय दिया। 'दमन कार्य में उन्होंने सारी शिष्टता, भद्रता एवं मनुष्यता का परित्याग कर दिया। उनकी पाशविक प्रवृत्ति पूर्ण रूप से जाग्रत् हो गई। उनके निर्मम कृत्यों के सामने चंगेज और तैमूर भी फीके पड़ गए। इस प्रकार जिस तेजी से यह विद्रोह प्रारंभ हुआ, उसी तेजी से समाप्त भी हो गया।

प्रश्न-4 : सन् 1857 की क्रांति असफल क्यों हो गई? (1765 वा.)

उत्तर : सन् 1857 की क्रांति जिस तेजी से आरंभ हुई, उसी तेजी से समाप्त भी हो गई। इसकी असफलता के कई महत्त्वपूर्ण कारण थे—

(1) **क्रांति का सीमित क्षेत्र :** यह क्रांति संपूर्ण देश में नहीं प्रारंभ हुई, केवल दिल्ली से कलकत्ता तक ही क्रांति की सरगरमी रही। शेष भाग इसके प्रभाव से अछूते रहे। पंजाब, दक्षिणी भारत, पूर्वी बंगाल, सिंध आदि जगहों में इसके कोई लक्षण नहीं प्रकट हुए।

(2) **योग्य नेता का अभाव :** यद्यपि इस विद्रोह के कई नेता थे। उनमें वीरता की कमी भी नहीं थी, लेकिन उनमें योग्यता का अभाव था। वे क्रांतिकारियों को एकता के सूत्र में नहीं बाँध सके। ऐसा कोई भी नेता न था, जो समस्त देश के सम्मुख राजनीतिक, सामाजिक और आर्थिक आदर्श उपस्थित करता और सभी को एक झंडे के नीचे लाता। लक्ष्मीबाई, नाना साहेब आदि कुछ योग्य नेता थे, लेकिन अधिकांश नेता अयोग्य थे। जो थे, उनमें भी मतैक्य नहीं था।

(3) **समय से पहले हो जाना :** इस क्रांति के आरंभ होने का जो दिन नियत किया गया था, उससे पहले ही यह विद्रोह प्रारंभ हो गया। क्रांति की योजना के अनुसार यह क्रांति सारे देश में 22 जून को होनी चाहिए थी, लेकिन बैरकपुर की घटना के कारण यह समय से पहले आरंभ हो गई। अत: समूचे देश में एक साथ यह विद्रोह नहीं हो सका।

(4) **एक लक्ष्य का न होना :** क्रांतिकारियों में केंद्रीय योजना का अभाव था और उनकी नीति भी स्पष्ट नहीं थी। सभी अपने स्वार्थों की पूर्ति

के लिए लड़ रहे थे। अतः उनमें एकता का अभाव था। झाँसी की रानी गोद लेने की प्रथा कायम रखना चाहती थी। तात्या टोपे लूट-पाट मचाया करता था। इस प्रकार अनिश्चित उद्‌देश्य के कारण भी यह क्रांति असफल हो गई। क्रांतिकारियों में अनुशासन का भी अभाव था।

(5) **साधन का अभाव :** क्रांतिकारियों को धन की कमी थी, जिससे सैनिकों की व्यवस्था नहीं हो सकी। सैनिकों के अस्त्र-शस्त्र भी पुराने थे, तोपखाने का अभाव था। दूसरी ओर अंग्रेजों के पास वैज्ञानिक ढंग के अस्त्र-शस्त्र थे।

(6) **जन सहयोग का अभाव :** उस समय तक भारतीय जनता में राष्ट्रीय भावना का विकास नहीं हो पाया था। अतः जनता ने खुले दिल से इस क्रांति में अपना योगदान नहीं दिया। विद्रोहियों ने लूटपाट मचाकर भी साधारण जनता का विश्वास खो दिया। कुछ गुंडे और बदमाशों ने विद्रोह के नाम पर लूटपाट कर अराजकता फैला दी। फलतः जनता विद्रोहियों के खिलाफ हो गई।

(7) **भारतीयों द्वारा अंग्रेजों की सहायता :** देशी राजाओं ने क्रांति में सहयोग नहीं दिया और अपना राज्य छिन जाने के डर से वे अंग्रेजों के साथ हो गए। नेपाल के गुरखे, सिक्ख, कश्मीर, पटियाला, हैदराबाद आदि के शासकों ने विद्रोह को दबाने में पूरा सहयोग दिया। ऐसी हालत में क्रांतिकारी कब तक टिकते ?

(8) **यातायात की असुविधा :** विद्रोहियों को यातायात की असुविधा का सामना करना पड़ा। उन्हें एक स्थान से दूसरे स्थान तक जाने का समाचार आदि भेजने में काफी परेशानी होती थी। दूसरी ओर अंग्रेज रेल, तार आदि साधनों के द्वारा अपने सैनिक तुरंत भेज देते थे।

(9) **अंग्रेजों की स्थिति :** उस समय अंग्रेजों की स्थिति ऐसी थी, जिस कारण उन्होंने अपनी पूरी शक्ति विद्रोह को कुचलने में लगा दी। क्रिमिया का युद्ध समाप्त हो गया था। अफगानिस्तान के भारत पर आक्रमण का डर भी जा चुका था। फारसवाले भी पराजित हो चुके थे। अतः अंग्रेजों ने अपनी पूरी ताकत इस ओर लगा दी।

अतः इन सभी कारणों से 1857 का विद्रोह असफल हो गया। श्री जवाहरलाल नेहरू ने ठीक ही लिखा है, 'उसने उस पुरानी व्यवस्था के भीतर की सभी कमजोरियों को बाहर ला दिया, जो विदेशी शासन हटाने की अपनी अंतिम कोशिश कर रही थी।

नेताओं में शायद ही राष्ट्रीय भावना थी और सिर्फ विदेशियों के विरुद्ध भावना तथा उनके साथ अपने सामंतशाही विशेषाधिकारों की रक्षा की इच्छा उसका स्थान लेने को उपयुक्त नहीं थी। भारत को, इससे पहले कि वह उस सबक को सीखे, जो सच्ची आजादी दे, अभी बहुत तकलीफ और संघर्ष से होकर गुजरना था।'

प्रश्न-5 : सन् 1857 की क्रांति के कौन-कौन से परिणाम निकले? (1954 पू. 1957 वा., 1962 वा., 1965 वा.)

उत्तर : सन् 1857 की क्रांति भारतीय इतिहास की महत्त्वपूर्ण घटना है। यद्यपि इस क्रांति का असर देश के कुछ ही भागों पर पड़ा, फिर भी इस क्रांति ने अंग्रेजी राज की नींव हिला दी। कुछ लोगों ने इस क्रांति की तुलना एक आँधी से की है, जो आई और विध्वंस करती हुई चली गई और जाने के बाद उसके बहुत कम चिह्न रह गए। लेकिन ऐसी बात थी नहीं। इस क्रांति को अंग्रेजों और भारतीयों ने बहुत दिनों तक याद रखा और इससे कई सबक सीखे। लॉर्ड क्रोमर ने ठीक ही लिखा था, 'मैं चाहता हूँ कि नई पीढ़ी के अंग्रेज भारतीय विद्रोह के इतिहास को पढ़ें, इस पर गौर करें, इसे समझें और इसे पूर्ण रूप से आत्मसात् कर लें। यह सबकों और चेतावनियों से भरा हुआ है।' भारतीयों के भीतर यह क्रांति बहुत दिनों तक प्रेरणा भरती रही। भारतीयों ने इस तथ्य को जान लिया कि पुराने तरीकों से अंग्रेजों को नहीं हटाया जा सकता। यद्यपि क्रांति तुरंत दबा दी गई, पर यह अपना अमिट प्रभाव छोड़ गई।

इस विद्रोह के निम्नलिखित परिणाम निकले—

(1) सबसे पहला परिणाम यह हुआ कि कंपनी का शासन समाप्त हो गया और अब भारत का शासन ब्रिटिश पार्लियामेंट ने सीधे अपने हाथों में ले लिया।

(2) भारतीय शासन कार्यों की देखरेख के लिए इंग्लैंड में एक अलग मंत्री की नियुक्ति की गई। यह 'सेक्रेटरी ऑफ स्टेट फॉर इंडिया' कहलाता था। इसकी सहायता के लिए 15 सदस्यों की एक कौंसिल बनाई गई।

(3) गवर्नर जनरल को वायसराय की उपाधि दी गई।

(4) सन् 1853 ई. में एक नया चार्टर ऐक्ट पास हुआ, जिसके अनुसार नौकरी में भरती के लिए परीक्षा की व्यवस्था की गई।

(5) कंपनी के डायरेक्टरों के हाथ से सभी अधिकार छीन लिये गए।

(6) अब कंपनी के शासन के साथ-साथ द्वैध शासन का भी अंत हो गया।

(7) 1858 में लॉर्ड कैनिंग ने एक दरबार का आयोजन किया, जिसमें महारानी विक्टोरिया का घोषणा-पत्र पढ़कर सुनाया गया। घोषणा में

कहा गया कि अंग्रेजी सरकार भारतीय राजाओं के साथ अच्छा व्यवहार करेगी। भारतीय धार्मिक विश्वासों के साथ किसी प्रकार की छेड़छाड़ नहीं की जाएगी। शासन में जाति या धर्म के आधार पर कोई विभेद नहीं किया जाएगा।

(8) अंग्रेजों ने वादा किया कि वे अपने साम्राज्य की सीमा अधिक नहीं बढ़ाएँगे।

(9) देशी राजाओं के गोद लेने के अधिकार को मान लिया गया तथा जागीरदार, ताल्लुकेदार आदि के साथ सहानुभूति की नीति बरती गई।

(10) अब नौकरियों में भारतीयों को भी स्थान दिया गया। अतः हिंदुस्तानी पदाधिकारी अंग्रेजी राज के भक्त बन गए।

(11) इस क्रांति की विफलता के कारण भारतीयों के स्वतंत्र विचारों को आघात पहुँचा, जिससे बहुत दिनों तक उसके भीतर निराशा व्याप्त रही।

(12) अब तक हिंदू और मुसलमान जिस एकता के साथ कार्य करते आए, वह एकता समाप्त होने लगी।

(13) अब अंग्रेज और भारतीय दोनों एक-दूसरे को घृणा की दृष्टि से देखने लगे।

(14) सेना में भी कई महत्त्वपूर्ण परिवर्तन हुए। भारतीय सैनिकों की संख्या घटा दी गई। उन्हें इस प्रकार अलग रखा गया कि उनमें एकता की भावना न फैले। अंग्रेजी सेना बढ़ा दी गई। जनता को सेना से अलग रखने की कोशिश की गई। अखबार भी सैनिकों तक नहीं पहुँच पाते थे। सेना में बड़े-बड़े पदों पर अंग्रेज ही रहे। अंतरराष्ट्रीय क्षेत्र में अंग्रेजों का प्रभाव पहले से अधिक बढ़ गया, क्योंकि उनकी सैन्य शक्ति का पता संसार को मिल गया। इस प्रकार इस विद्रोह के कई महत्त्वपूर्ण परिणाम निकले। लियेनग्रिफिन ने लिखा है, 'भारत में 1857 की क्रांति से बढ़कर अधिक सौभाग्यशालिनी कोई दूसरी घटना कभी नहीं घटी थी। इसमें अब ध्यान विदेशी नीति की ओर से हटकर आंतरिक उन्नति की ओर हो गया।

□

राष्ट्रीय आंदोलन

प्रश्न–1 : भारतीय राष्ट्रीय जागरण के कौन से कारण थे? संक्षेप में प्रत्येक का वर्णन करें।

उत्तर : अंग्रेजी शासन के खिलाफ जो असंतोष भारतीयों के भीतर वर्षों से जमा हो रहा था, वह 1857 से फूट पड़ा। यद्यपि यह विद्रोह दबा दिया गया, फिर भी भारतीयों के भीतर असंतोष की आग सुलगती ही रही। जवाहरलाल नेहरू के शब्दों में, 'भारत 1857 के विद्रोह के बाद के परिणामों से धीरे–धीरे मुक्त हो गया। ब्रिटिश नीति के बावजूद ताकतवर शक्तियाँ काम कर रही थीं, जिनसे भारत परिवर्तित होता जा रहा था और एक नई सामाजिक चेतना का उदय हो रहा था। भारत का जागरण दोमुखी था। उसने पाश्चात्य जगत् की ओर देखा और साथ–ही–साथ उसने अपने ऊपर और अपने प्राचीन इतिहास पर भी दृष्टि फेरी।' इस राष्ट्रीय जागरण के कई कारण थे—

(1) **राजनीतिक कारण :** 18वीं सदी में भारत में कई महत्त्वपूर्ण परिवर्तन हुए। इससे नई प्रवृत्तियों और नई विचारधाराओं का जन्म हुआ। इस समय अंग्रेजों के शासन में राजनीतिक एकता की स्थापना हुई। संपूर्ण भारत एक शासन के अधीन हो गया। सभी स्थलों के भारतीय एक स्थान पर जुटे। इससे उनमें विचारों का आदान–प्रदान हुआ और एकता की भावना का विकास हुआ। आवागमन के साधनों में भी महत्त्वपूर्ण परिवर्तन हुए। रेल, तार आदि के कारण देश के विभिन्न भागों की दूरी समाप्त हो गई। अतः राष्ट्रीय संगठन कायम हुआ।

(2) **अंग्रेजी भाषा का प्रचार :** अंग्रेजी भाषा के प्रचार से भी एकता की भावना आई। अंग्रेजों से शासन के पहले प्रत्येक प्रांतों की भाषा अलग थी। लेकिन अब समूचे देश के लिए एक भाषा बनी। इससे भाषा की खाई मिट गई। शिक्षा का माध्यम अंग्रेजी ही रखा गया। अब सभी शिक्षित लोग अंग्रेजी

भाषा के माध्यम से अपने विचार व्यक्त करने लगे। यद्यपि अंग्रेजी शिक्षा के बहाने अंग्रेजों ने भारतीय सभ्यता एवं संस्कृति का लोप कर देना चाहा। लॉर्ड मैकाले ने इस आशय का पत्र भी लिखा था। लेकिन यह अभिशाप भारतीयों के लिए वरदान बन गया। एक भाषा हो जाने से अब विचारों के आदान-प्रदान में सहायता मिली। पाश्चात्य विद्वानों के विचारों से भी भारतीय अवगत हुए। नई पीढ़ी के भारतीयों ने बर्क, मिल, स्पेंसर, मैकाले आदि विद्वानों की पुस्तकें पढ़ीं और उनसे प्रभावित हुए। उस समय इंग्लैंड में जिस सुधार की लहर बह रही थी, उससे भी भारतीय परिचित होने लगे। स्वतंत्रता, समानता आदि विचारों से भारतीय प्रभावित हुए।

(3) **भारतीयों का विदेश जाना :** इसी समय बहुत से भारतीय शिक्षा पाने के उद्देश्य से इंग्लैंड गए। वहाँ के विश्वविद्यालयों में उन्होंने स्वतंत्रता का पहला पाठ पढ़ा। फलतः अपने देश की गुलामी उन्हें अखरने लगी। ऐसे छात्र जब अपनी शिक्षा समाप्त कर लौटते थे तो डिग्री के साथ-साथ एक नया दृष्टिकोण भी लाते थे।

(4) **सांस्कृतिक कारण :** अंग्रेजों के शासनकाल में एक लाभ अवश्य हुआ कि देश में शांति व्यवस्था कायम रही। अतः सांस्कृतिक विकास का पूर्ण अवसर मिला। भारतीय इतिहास और संस्कृति का अध्ययन हुआ। प्राचीन ग्रंथों की खोज हुई, नवीन विषयों पर कई पुस्तकें लिखी गईं। इस सबका फल यह हुआ कि भारतीयों के दिल में अपने प्राचीन साहित्य और संस्कृति के प्रति गौरव का भाव उदित हुआ। बहुत से अंग्रेज इतिहासकारों ने भी भारतीय साहित्य के प्रति प्रेम दिखलाया। इस सबसे अब तक भारतीय, जो अपने को हीन समझ रहे थे, उनमें आत्मसम्मान का भाव उदय हुआ।

(5) **धार्मिक और सामाजिक आंदोलन :** इस समय भारत में बहुत से धर्म और समाज सुधारक पैदा हुए। राजा राममोहन राय, स्वामी दयानंद सरस्वती, स्वामी विवेकानंद, रामकृष्ण परमहंस आदि ऐसे ही सुधारक थे। इन लोगों ने धार्मिक अंधविश्वास, सामाजिक कुप्रथाओं को दूर किया और भारतीयों के सामाजिक जीवन में जान डाल दी। इनके लेख और कार्यों से भारतीयों का अज्ञान दूर हो गया और अपने देश और समाज के प्रति वे अपना कर्तव्य समझने लगे। इन सुधारकों ने एकता, स्वतंत्रता, समानता आदि पर जोर दिया।

(6) **अंग्रेजी राज के प्रति असंतोष :** वैसे तो पहले से ही जनता में शासन के खिलाफ असंतोष का भाव था। 1857 की क्रांति के बाद असंतोष और बढ़ गया। इस विद्रोह के बाद से अंग्रेजों ने भारतीयों पर अत्याचार करना प्रारंभ किया। ऊँचे-ऊँचे सरकारी पदों के दरवाजे भारतीयों के लिए बंद कर दिए गए। उद्योग-धंधे नष्ट हो गए। अकाल, बेकारी की समस्या मुँह बाए खड़ी हो गई। दूसरी ओर शोषण का बाजार गरम था। तभी आई.सी.एस. की परीक्षा में भारतीयों के बैठने की उम्र घटा दी गई। अतः सरकार के ऐसे रवैए से भारतीय क्षुब्ध थे।

(7) **साहित्य और समाचार-पत्र :** साहित्य और समाचार-पत्रों ने भी राष्ट्रीय भावना के विकास में सहयोग दिया। राष्ट्रीय भावनाओं से प्रेरित होकर बहुत से लेखकों और कवियों ने अपनी रचना के माध्यम से देशभक्ति की भावना का प्रचार किया। दीनबंधु मिश्र का 'नील दर्पण', बंकिमचंद्र का 'आनंदमठ', भारतेंदु का 'भारत दुर्दशा' आदि ग्रंथों से राष्ट्रीयता का प्रचार हुआ। समाचार-पत्रों में इंडियन मिरर, हिंदू पैट्रियट, अमृत बाजार पत्रिका आदि प्रमुख थे।

(8) **लॉर्ड लिंटन के कार्य :** लॉर्ड लिंटन ने कुछ ऐसे कार्य किए, जिससे भारतीयों के भीतर और ज्यादा क्रोध आ गया। उसने साम्राज्य की सीमा बढ़ानी शुरू की। देश में एक ओर भयंकर अकाल पड़ा था, लेकिन इस ओर से उदासीन होकर मँगाए जानेवाले सूती कपड़े से चुंगी उठा ली गई, जिससे भारत के आर्थिक हित को बहुत बड़ा धक्का लगा। इतना ही नहीं, वर्नाक्यूलर प्रेस ऐक्ट पास करके समाचार-पत्रों पर प्रतिबंध लगा दिया गया। 'आर्म्स ऐक्ट' के अनुसार भारतीय हथियार नहीं रख सकते थे। अतः इस सबकी भीषण प्रतिक्रिया हुई।

(9) **इलबर्ट बिल :** लॉर्ड रिपन ने कई सुधार किए। उसने स्थानीय स्वायत्त शासन को प्रोत्साहन दिया। इसी समय भारत सरकार के कानून विभाग के सदस्य श्री सी.पी. इलबर्ट ने एक बिल पेश किया जिसमें भारतीय जजों और मजिस्ट्रेटों को यूरोपियनों के मुकदमे सुनने का अधिकार था। लेकिन सभी अंग्रेजों ने इस बिल का विरोध किया। अंत में बिल में संशोधन हो गया। इस घटना से असंतोष की आग और भड़क उठी।

(10) **राजनीतिक संस्थाओं की स्थापना :** इसी समय कई राजनीतिक संस्थाओं की स्थापना हुई, जिससे जनता के भीतर राष्ट्रीयता की

भावना बढ़ी। बंबई में 'इंडियन एसोसिएशन' की स्थापना हुई। 1883 में कलकत्ते में राष्ट्रीय सम्मेलन हुआ। पुनः दूसरे वर्ष मद्रास में एक प्रांतीय सम्मेलन हुआ। 1885 में बॉम्बे प्रेसिडेंसी एसोसिएशन स्थापित हुई। इन संस्थाओं ने राष्ट्रीयता का काफी प्रचार किया।

प्रश्न-2 : 1885 से 1919 तक के राष्ट्रीय आंदोलन का इतिहास लिखें। (1936 पू.)

उत्तर : भारतीयों में राष्ट्रीय भावना का उदय होते ही विभिन्न प्रांतों में राजनीतिक संस्थाएँ स्थापित होने लगीं। अब भारतीय एक अखिल भारतीय संगठन की आवश्यकता महसूस करने लगे। कुछ ऐसे अंग्रेज भी थे, जो भारतीयों के साथ सहानुभूति रखते थे। ए.ओ. ह्यूम ऐसे ही अंग्रेज थे। उन्होंने सिविल सर्विस से इस्तीफा देकर सन् 1883 में कलकत्ता विश्वविद्यालय के स्नातकों के नाम एक खुला पत्र लिखा, जिसमें उनसे देश सेवा के कार्य करने की प्रार्थना की, ताकि 'भारतीय राष्ट्र का बौद्धिक, सामाजिक और राजनीतिक पुनर्निर्माण हो सके।' तत्कालीन वायसराय लॉर्ड डफरिन ने इस विचार का स्वागत किया। उन्होंने राय दी कि यह संस्था वही काम करे, जो इंग्लैंड में सरकार का विरोधी दल करता है। अतः 1885 में 25 दिसंबर को बंबई में प्रमुख भारतीयों की एक सभा बुलाई गई। इस सभा का नाम इंडियन नेशनल यूनियन पड़ा। पीछे चलकर इसी सभा ने राष्ट्रीय कांग्रेस का रूप धारण कर लिया, जिसने स्वतंत्रता का संग्राम शुरू किया और इसी के परिणामस्वरूप 1947 में देश स्वतंत्र हुआ। अध्ययन की सुविधा के लिए कांग्रेस के संपूर्ण इतिहास को तीन भागों में बाँटा गया है—प्रथम काल (सन् 1885–1905), दूसरा काल (1905–1917) और तीसरा काल (1919–1947)

कांग्रेस का उद्देश्य

प्रारंभ में कांग्रेस का ब्रिटिश साम्राज्य से कोई विरोध नहीं था। सन् 1885 में कांग्रेस के प्रथम अधिवेशन में बोलते हुए श्री उमेश चंद्र बनर्जी ने कांग्रेस का उद्देश्य स्पष्ट किया। उन्होंने कहा कि कांग्रेस विनम्र शब्दों में सरकर की आलोचना कर उसमें सुधार लाना चाहती है। शुरू में कांग्रेस ने स्वतंत्रता की माँग नहीं रखी, अतः सरकार ने इसे प्रोत्साहन दिया। लॉर्ड डफरिन का भी विचार था कि भारतीयों के पास ऐसी कोई संस्था अवश्य हो, जिसके द्वारा उनकी माँगों और आवश्यकताओं से सरकार परिचित होती रहे। कांग्रेस के दूसरे अधिवेशन के अवसर पर उन्होंने प्रतिनिधियों को भोज भी दिया और उनकी प्रशंसा की। लेकिन बाद में भारतीयों के

संगठन से सरकार डर गई और उसे उत्साहित करना छोड़ दिया। अब सरकार दमन करने पर तुल गई। सरकारी कर्मचारियों को अधिवेशन में भाग लेने से रोक दिया गया। मुसलमानों को इससे अलग रखने का प्रयास किया गया। फलतः सरकार और कांग्रेस के बीच कटुता बढ़ती गई, लेकिन अब तक कांग्रेस की नीति में कोई फर्क नहीं आया।

सरकार के बदलते रुख को देखकर अब कांग्रेसी नेता राष्ट्रीय माँग के लिए प्रस्ताव पास करने लगे। फिर भी उन्हें सरकार पर भरोसा था। कलकत्ता कांग्रेस के सभापति श्री रहमतुल्ला मुठ सयानी ने अपने भाषण में कहा था, 'विश्व में ब्रिटिश राष्ट्र से बढ़कर अधिक ईमानदार राष्ट्र कोई नहीं है।' 1889 में लंदन में भारतीय कांग्रेस की एक ब्रिटिश कमिटी की स्थापना हुई। इस सबका फल यह हुआ कि ब्रिटिश सरकार ने भारतीय धारा सभाओं में सुधार के लिए कई कानून बनाए। ऐसे ही कानूनों में 1972 ई. का इंडियन कौंसिल ऐक्ट प्रसिद्ध है। इस ऐक्ट के द्वारा भारतीय विधानमंडल में बहुत से परिवर्तन किए गए। लेकिन कांग्रेस को इस ऐक्ट से संतोष न हुआ। इधर सरकार बार-बार उसके प्रस्तावों को ठुकराती रही। फलतः कांग्रेस का विरोध दिन-पर-दिन बढ़ता ही गया। अब यह निश्चित हो गया कि केवल प्रस्ताव पास करने से ही कुछ न होगा, वरन् कोई ठोस कदम उठाना होगा।

बालगंगाधर तिलक का आगमन और संघर्ष का आरंभ

बालगंगाधर तिलक के कांग्रेस में आते ही आतंकवाद का जन्म हुआ। उन्होंने देश के युवकों में राष्ट्रीयता की लहर दौड़ा दी। तिलक को अपने उद्देश्य में बहुत बड़ी सफलता मिली थी। इसी समय पूना में दामोदर और बालकृष्ण दो चणेलकर बंधुओं ने दो अंग्रेज अफसरों की हत्या कर दी। हत्यारों को फाँसी की सजा दे दी गई और इस हत्या की जिम्मेवारी तिलक पर ही सौंपी गई। अतः 27 जुलाई, 1917 ई. को उन्हें गिरफ्तार करके डेढ़ वर्ष कड़ी कैद की सजा दी गई। इस घटना से आंदोलन का रूप और उग्र हो गया।

आंदोलन का दूसरा चरण

सन् 1977 में लॉर्ड कर्जन भारत आया। उसके कार्यों से भारतीयों का असंतोष और गहरा हो गया। 'यदि लॉर्ड लिटन की प्रतिक्रियावादी नीति ने भारत की राष्ट्रीयता के जन्म में सहायता की, तो लॉर्ड कर्जन की मूढ़ नीति ने राष्ट्रीय आंदोलन की गति तीव्र कर दी।' उस समय देश अकाल, महामारी आदि की भयंकर स्थिति से गुजर

रहा था, लेकिन इनका खयाल न करके कर्जन ने दिल्ली में शानदार दरबार लगाया, जिसमें लाखों रुपए पानी की तरह बरबाद हुए। इसी समय कई कानून पास हुए। सन् 1877 का कलकत्ता कॉरपोरेशन ऐक्ट, 1904 का यूनियन सिटीज ऐक्ट आदि ऐक्टों द्वारा कांग्रेस पर प्रतिबंध लगा दिया गया। इसी समय रूस जापान से हार गया। इस घटना का बड़ा प्रभाव भारतीयों पर पड़ा।

बंग विभाजन और स्वदेशी आंदोलन

इसी समय कर्जन ने बंगाल को दो भागों में बाँट दिया। उसने खुद कहा था, 'यह विभाजन केवल शासन की सुविधा के लिए ही नहीं किया गया है, वरन् इसके द्वारा एक मुसलिम प्रांत भी बनाया जा रहा है।' इस घटना का भारी विरोध हुआ। अब विदेशी वस्तुओं का बहिष्कार शुरू हुआ। कई जगहों पर विदेशी वस्तुओं को जला दिया गया। विदेशी माल की दुकान पर धरना दिया गया और सरकार के खिलाफ प्रस्ताव पास हुए।

कांग्रेस में फूट

इसी समय कांग्रेस में कुछ ऐसे लोग आए, जो ठोस नीति अपनाने के पक्ष में थे। फलतः कांग्रेस नरम और गरम दो दलों में बँट गई। गरम दल के मुख्य नेता लाला लाजपतराय, बालगंगाधर तिलक और बिपिन चंद्र पाल थे। ये तीनों इतिहास में 'लाल-बाल-पाल' के नाम से प्रसिद्ध थे। नरम दल के नेता गोखले आदि थे। तिलक के नेतृत्व में गरम दल कांग्रेस से अलग हो गया।

क्रांतिकारी आंदोलन

बंगाल के बँटवारे और स्वदेशी आंदोलन के कारण देश में आतंकवाद और क्रांतिकारी आंदोलन बढ़ने लगा। सरकार ने इसे कुचलने के लिए अपना दमनचक्र चलाया। नेताओं को कैद कर लिया गया। लेकिन अब क्रांतिकारियों ने भी सरकार के दमन का जवाब बम से देना शुरू कर दिया। कई क्रांतिकारी संस्थाएँ स्थापित हुईं। पूर्वी बंगाल के गवर्नर पर बम फेंका गया। उसी वर्ष फरीदपुर जिला मजिस्ट्रेट को गोली से उड़ा दिया गया। सबसे अधिक सनसनी किंग्सफोर्ड की हत्या के प्रयास से हुई। किंग्सफोर्ड ने क्रांतिकारियों को बेंत से पिटवाया था, अतः जब वे मुजफ्फरपुर जज होकर आए तो प्रफुल्ल चाकी और खुदीराम बोस ने उनकी कार पर बम फेंककर मारने का प्रयास किया। लेकिन उस दिन कार पर दो अंग्रेज महिला

थीं, जो मारी गईं। इस घटना से इंग्लैंड तक में सनसनी फैल गई। प्रफुल्ल चाकी ने तो अपने को गोली मार ली। खुदीराम बोस पकड़ा गया और उसे फाँसी की सजा हो गई। इस घटना के बाद अलीपुर षड्यंत्र केस का पता लगा। इसमें कनाईलाल और सत्येंद्र को फाँसी दे दी गई। इस घटना से क्रांतिकारी और भी भड़क उठे। नंदलाल पुलिस दरोगा और समसुल आलम पुलिस सुपरिंटेंडेंट को गोली मार दी गई। इंग्लैंड में क्रांतिकारी गुप्त रूप से कार्य कर रहे थे, जिसके नेता विनायक दामोदर सावरकर थे। राजा महेंद्र प्रताप, रासबिहारी बोस आदि कुछ ऐसे नेता थे, जो अंग्रेजों के दुश्मनों से मिलकर अंग्रेजी राज समाप्त करना चाहते थे।

दमन और सुधार

क्रांतिकारियों को नष्ट करने के लिए सरकार ने दमन की नीति अपनाई, लाला लाजपत राय, तिलक आदि सभी प्रमुख नेता गिरफ्तार कर लिये गए। सभाओं, संगठनों, समाचार-पत्रों पर रोक लगा दी गई। लेकिन साथ-साथ सरकार ने सुधार की भी नीति अपनाई। सन् 1909 में मार्ले-मिंटो सुधार पास हुआ। इसके अनुसार केंद्रीय और प्रांतीय विधानमंडलों का विकास हुआ और उसमें भारतीयों के चुने हुए प्रतिनिधि भाग लेने लगे। इनके अधिकार भी पहले से बढ़ा दिए गए। इस सुधार का कांग्रेस ने स्वागत किया और बताया, 'भारत का दावा करने का जो अधिकार है, उसकी यह एक किस्त है।'

सांप्रदायिकता का जन्म

कांग्रेस के मार्ग में बाधा उपस्थित करने के लिए सरकार ने हिंदू और मुसलमानों के बीच खाई खींचने का प्रयास किया और इसमें उसे सफलता भी मिली। लीग के विचार बदल गए। अब लीग भी स्वराज्य की माँग करने लगी। अंग्रेज और लीग में एक समझौता भी हुआ, जिसे 'लखनऊ पैक्ट' कहते हैं। 'इस तरह मुसलिम लीग अब राष्ट्रीयता के बहाव में बह रही थी और कांग्रेस के नजदीक आती जा रही थी।'

प्रथम विश्वयुद्ध और राष्ट्रीय आंदोलन

सन् 1914 में प्रथम युद्ध आरंभ हुआ। इसका प्रभाव भारतीय आंदोलन पर भी पड़ा। भारतीयों को आशा थी कि युद्ध की समाप्ति पर भारत में लोकतंत्र के शासन की स्थापना होगी। लेकिन उनकी आशा पर पानी फिर गया। फलतः वे अब अधिक उग्र हो गए।

होमरूल आंदोलन

1915 में नरम दल के प्रमुख नेता फिरोजशाह मेहता और गोपालकृष्ण गोखले की मृत्यु हो गई। इसी समय लोकमान्य तिलक जेल से छूटकर आ गए। अतः अब राष्ट्रीय आंदोलन का भार उन्हीं के कंधों पर आ गया। उन्होंने महाराष्ट्र में 'होमरूल लीग' की स्थापना की। 1916 में श्रीमती ऐनी बेसेंट ने भी मद्रास में 'होमरूल लीग' की स्थापना की। इसका उद्‌देश्य भारत में लोकतंत्र की स्थापना करना था। सरकार ने यह सब देखकर सुधार की नीति अपनाई।

मोंटेग्यू-चेम्सफोर्ड सुधार

20 अगस्त, 1917 को भारत सचिव मांटेग्यू ने निम्नलिखित घोषणा की, 'ब्रिटिश सरकार की यह नीति है और भारत सरकार इससे पूर्णरूप से सहमत है कि शासन के प्रत्येक विभाग में भारतीयों का संपर्क उत्तरोत्तर बढ़ाया जाए और स्वशासन संबंधी संस्थाओं' का क्रमिक विकास किया जाए, जिससे ब्रिटिश सरकार का अभिन्न अंग रहते हुए भारत में क्रमशः उत्तरदायी शासन की स्थापना हो जाए। इस नीति की प्रगति धीरे-धीरे हो सकती है। प्रत्येक अवसर पर कब और कितना आगे कदम बढ़ाया जाना चाहिए, इसके निर्णय का अधिकार ब्रिटिश सरकार और भारत सरकार के ही हाथों में रहेगा।' इस घोषणा से यह विदित हो गया कि तत्काल भारतीय शासन में कोई परिवर्तन नहीं होने जा रहा है। जो निर्णय होगा भी, वह ब्रिटिश सरकार की इच्छानुसार होगा। भारत को आत्मनिर्णय का भी अधिकार नहीं मिला। फिर भी यह घोषणा भारतीय राष्ट्रीय आंदोलन की सफलता की सूचक थी।

प्रश्न-3 : सन् 1919 से 1947 तक के राष्ट्रीय आंदोलन का इतिहास लिखें।

प्रश्न-4 : महात्मा गांधी के नेतृत्व में राष्ट्रीय आंदोलन की प्रगति का इतिहास लिखें। (1953 पू., 1959 वा., 1959 पू., 1957 वा., 1960 पू., 1964 पू., 1967 वा.)

उत्तर : सन् 1919 में भारत का राजनीतिक वातावरण तनावपूर्ण था। अबतक भारतीयों को यह आशा बँधी थी कि युद्ध की समाप्ति के बाद देश में सुधार आएगा, लेकिन 1917 में युद्ध की समाप्ति पर भारतीयों को भारी निराशा हुई। भारतीय क्षुब्ध थे, पर उन्हें कोई रास्ता नहीं मिलता था। जवाहरलाल नेहरू के शब्दों में, 'हम लोग एक बेबस कौम बन गए थे। ऐसा मालूम पड़ता था, किसी सर्वशक्तिमान राक्षस के चंगुल में हम बेबस हैं, हमारे जिस्म के हिस्से को लकवा मार गया है और हमारे

दिमाग मुर्दा हो गए हैं।' ऐसे ही राजनीतिक वातावरण में महात्मा गांधी ने राजनीति के रंगमंच पर प्रवेश किया। जवाहरलाल के ही शब्दों में, 'गांधीजी ताजी हवा के उस प्रबल प्रवाह की तरह थे, जिसने हमारे लिए पूरी तरह साँस लेना संभव बनाया। वे रोशनी की उस किरण की तरह थे, जो अंधकार में पैठ गई और जिसने हमारी आँखों के सामने से परदे को हटा दिया। वह उस बवंडर की तरह थे, जिसने बहुत सी चीजों को, खास तौर से मजदूरों के दिमाग को उलट-पुलट दिया। तब राजनीतिक आजादी की एक नई शक्ल सामने आई और उसमें एक नया मायना पैदा हुआ।' यहाँ से कांग्रेस के इतिहास का दूसरा युग आरंभ होता है।

रॉलेट ऐक्ट

क्रांतिकारी आंदोलन धीरे-धीरे पुनः जोर पकड़ने लगा। अतः सरकार ने इनके दमन के लिए तीन सदस्यों की एक समिति बनाई। समिति के अध्यक्ष रॉलेट ने दो बिल सुप्रीम लेजिस्लेटिव में उपस्थित किए। पहला बिल (Indian Criminal Law Amendment) 1919 में पास हो गया। इसी को 'रॉलेट ऐक्ट' कहते हैं। इस बिल के अनुसार किसी को भी बिना मुकदमा चलाए नजरबंद किया जा सकता था। गांधीजी ने इस ऐक्ट का घोर विरोध किया। सरकार ने उन्हें गिरफ्तार कर लिया। इस घटना से देश में भारी उत्तेजना फैली। कई जगह हिंसात्मक कार्य भी हुए, सबसे बड़ी घटना पंजाब के जलियाँवाला बाग में घटी।

जलियाँवाला हत्याकांड

13 अप्रैल, 1919 को अमृतसर के जलियाँवाला बाग में सभा हो रही थी, जिसमें लगभग 20000 व्यक्ति उपस्थित थे। यह बगीचा चारों ओर से मकानों से घिरा था। केवल रास्ते के रूप में एक तंग गली थी, जिससे होकर एक ही आदमी आ-जा सकता था। जनरल डायर वहाँ करीब डेढ़ सौ सिपाहियों के साथ पहुँचा और उस निहत्थी भीड़ पर अंधाधुंध गोलियों की वर्षा कर दी। सारे शहर में फौजी कानून लागू कर दिया गया। लोगों की संपत्तियाँ जब्त कर ली गईं। इस सबसे देश में तहलका मच गया। इस घटना ने बाद जनरल डायर ने जो भाषण दिए, उससे और भी जले पर नमक छिड़क गया। उसने कहा, 'मैंने और भी गोली चलाई होती, अगर मेरे पास कारतूस होते; संभव है बिना गोली चलाए हुए भी भीड़ को तितर-बितर कर सकता था, लेकिन वे फिर वापस आ जाते और मेरी हँसी उड़ाते।'

खिलाफत और असहयोग आंदोलन

पंजाब के इस भीषण हत्याकांड की खबर बिजली की तरह सारे देश में फैल गई। इसकी जाँच के लिए सरकार की ओर से हंटर कमीशन की नियुक्ति हुई। कांग्रेस ने भी अपनी कमिटी बनाई, जिसमें महात्मा गांधी, चितरंजन दास, मोतीलाल नेहरू आदि थे। जब इस कमिटी की रिपोर्ट निकली तो लोग और भी क्षुब्ध हो गए। इधर टर्की की हार से भारतीय मुसलमान भी क्षुब्ध थे। अतः मुसलमानों ने असहयोग आंदोलन आरंभ किया जिसे 'खिलाफत आंदोलन' कहते हैं। अब गांधीजी के नेतृत्व में कांग्रेस और मुसलिम लीग का संयुक्त मोरचा कायम हुआ।

गांधीजी के नेतृत्व में कांग्रेस ने पहली बार आंदोलन आरंभ किया, लेकिन कुछ ऐसी घटना घटी जिससे यह आंदोलन बंद कर देना पड़ा। गांधीजी को छह वर्ष की कैद की सजा दे दी गई।

स्वराज्य पार्टी की स्थापना और कार्य

गांधीजी के कैद हो जाने से असहयोग आंदोलन धीमा पड़ गया। कांग्रेस में भी दो दल हो गए। एक दल तो पुराने लोगों का था, जो नया परिवर्तन नहीं चाहते थे। दूसरा दल स्वराज्य पार्टी के नाम से प्रसिद्ध था। इसके मुख्य नेता देशबंधु चितरंजनदास थे। इस पार्टी का उद्‌देश्य था कि कांग्रेस को कौंसिलों के निर्वाचन में भी भाग लेना चाहिए। इसी समय गांधीजी जेल से छूटकर आ गए। इनके आते ही पुनः दोनों दलों का विरोध मिट गया। लेकिन हिंदू-मुसलमान का तनाव बना ही रहा।

साइमन कमीशन

हिंदू-मुसलमान सांप्रदायिक दंगों पर उतर आए थे, जिन्हें रोकने में सरकार असमर्थ थी। अत: 8 नवंबर, 1927 को साइमन कमीशन की नियुक्ति की गई। इस कमीशन को यह भार दिया गया कि वह मांटेग्यू-चेम्सफोर्ड के सुधारों के कार्यान्वित रूप की जाँच करे और अपनी राय दे कि अभी तक उत्तरदायी शासन जिस मात्रा में स्थापित किया गया है, उसे बढ़ाया जाए या कम किया जाए या उसमें और कोई हेर-फेर किया जाए। लेकिन इस कमीशन में एक भी भारतीय नहीं था। अत: भारतीयों ने इस कमीशन के बहिष्कार का निर्णय किया। 3 फरवरी, 1928 को यह कमीशन बंबई पहुँचा। उस दिन उसके विरोध में समूचे देश में हड़ताल की गई। लोगों ने Go back Simon के नारे लगाए। सरकार ने भी दमन चक्र चलाया। लाला

लाजपतराय, जवाहरलाल नेहरू आदि पर प्रहार हुआ। 1930 में जब इस कमीशन की रिपोर्ट निकली, तब सारे देश ने इसकी निंदा की।

दिया गया और सभी राजनीतिक कैदी जेल से रिहा कर दिए गए। सरकार ने गोलमेज कॉन्फ्रेंस में कांग्रेस का सम्मिलित होना स्वीकार कर लिया। 7 सितंबर, 1931 को दूसरी गोलमेज कॉन्फ्रेंस लंदन में हुई, जिसमें महात्मा गांधी कांग्रेस के प्रतिनिधि बनकर गए। लेकिन उन्हें निराश लौटना पड़ा। अतः पुनः सविनय अवज्ञा आंदोलन प्रारंभ हो गया। 1932 में ब्रिटिश प्रधानमंत्री ने अपना फैसला सुनाया। यह फैसला 'सांप्रदायिक पंचाट' के नाम से प्रसिद्ध है। इसके अनुसार असेंबली के निर्वाचन में मुसलमानों की तरह हरिजनों को भी पृथक् निर्वाचन का अधिकार दिया गया। इसका विरोध सभी उच्च वर्ण के हिंदुओं ने किया। अंत में यह तय हुआ कि हरिजनों की जगह सुरक्षित रहेंगी, लेकिन चुनाव सम्मिलित निर्वाचन प्रणाली के अनुसार ही होगा।

प्रांतीय स्वराज्य

1932 में लंदन में गोलमेज की तीसरी बैठक हुई। इसमें सरकार की ओर से एक श्वेत पत्र प्रकाशित हुआ, जिसके आधार पर 1935 का प्रसिद्ध ऐक्ट (The Govt. of India Act of 1935) पास हुआ। इस ऐक्ट के अनुसार केंद्र में एकात्मक शासन की जगह संघीय शासन की व्यवस्था हुई। प्रांत में शासन के विभाग मंत्रियों के जिम्मे कर दिए गए। लेकिन इस ऐक्ट से कांग्रेस संतुष्ट नहीं हुई। अतः प्रांतीय विधानमंडल के लिए निर्वाचन होने के समय कांग्रेस ने भी उसमें जाने का निश्चय किया। इस निर्वाचन में कई कांग्रेसी उम्मीदवार चुने गए और 11 में से 6 प्रांतों में कांग्रेस का ही बहुमत रहा।

दूसरा विश्वयुद्ध

1939 में जब दूसरा महायुद्ध शुरू हुआ तो भारतीयों को भी उसमें जबरन घसीट लिया गया। कांग्रेस ने सरकार के इस कार्य का घोर विरोध किया और जब कोई सुनवाई नहीं हुई तो कांग्रेस मंडिमंडल ने प्रांतीय शासन से त्यागपत्र दे दिया। अब पुनः उसका शासन गवर्नर द्वारा चलने लगा।

मुसलिम लीग और पाकिस्तान की माँग

इधर कांग्रेस के नेतृत्व में राष्ट्रीय आंदोलन प्रगति कर रहा था और उधर जिन्ना के नेतृत्व में लीग पाकिस्तान की माँग कर रही थी। 1940 में लाहौर में वार्षिक

अधिवेशन हुआ तो मुसलिम लीग ने अलग राष्ट्र पाकिस्तान की माँग कर दी। कांग्रेस इस बँटवारे के पक्ष में नहीं थी। लेकिन अब कांग्रेस को यह मौका मिल गया कि पहले कांग्रेस और लीग सुलझ लें, तभी कोई परिवर्तन हो सकता है।

क्रिप्स मिशन योजना

इधर युद्ध की भयंकरता देखकर सरकार के लिए भारतीयों का सहयोग अपेक्षित हो गया। अत: दोनों में समझौते के उद्देश्य से 22 मार्च, 1942 को सर स्टैफोर्ड भारत आए। क्रिप्स के प्रस्ताव में दो योजनाएँ थीं। अंग्रेजी सरकार भारत को ब्रिटिश राष्ट्रमंडल के अन्य देशों की तरह ही डोमिनियन स्टेट बनाना चाहती थी। अत: युद्ध के बाद भारत के लिए संविधान बनाने का निश्चय किया गया। लेकिन अंग्रेजी सरकार प्रांतों को यह अधिकार देना चाहती थी कि वह इस संविधान को मानें या न मानें। भारतीय राजाओं को भी संघ से अलग रहने का अधिकार देने का निश्चय हुआ। केंद्रीय सरकार के सभी विभाग अस्थायी सरकार को सौंप देने की बात हुई, लेकिन सेना और सुरक्षा विभाग पर ब्रिटिश सरकार का कब्जा रहा। संक्षेप में, यही क्रिप्स योजना थी। युद्ध के बाद भारत को स्वतंत्रता देने का वादा किया गया, लेकिन इसमें कई दोष थे। प्रांतों को संविधान मानने या नहीं मानने का अधिकार देना त्रुटिपूर्ण था। देशी राजाओं को अलग रखने से देश टुकड़ों-टुकड़ों में बँट जाता। अत: कांग्रेस ने इस योजना को अस्वीकार कर दिया।

अगस्त क्रांति

'क्रिप्स योजना' की असफलता से कांग्रेस को भारी निराशा हुई। 8 अगस्त, 1942 को बंबई में अखिल भारतीय कांग्रेस कमिटी की एक बैठक हुई, जिसमें 'भारत छोड़ो' का प्रस्ताव पास हुआ। 'इससे देश का मिजाज बदला। काहिली से भरी निष्क्रियता की जगह उसमें उत्तेजना और उम्मीद आ गई। घटनाएँ कांग्रेस के फैसले और प्रस्ताव का इंतजार नहीं कर रही थीं। गांधीजी की बातों से यह आगे बढ़ गई थी और अब उसका खुद का बहाव उन्हें आगे बढ़ाए ले जा रहा था।' लेकिन दूसरे ही दिन गांधीजी अन्य नेतों के साथ गिरफ्तार कर लिये गए। फलत: सारे देश में क्रांति की आग भड़क उठी। रेल उलटा दी गईं, स्टेशन जला दिए गए, तार-टेलीफोन काट दिए गए। समूचे देश में उथल-पुथल मच गई। सरकार ने भी विद्रोह को निर्ममता से दबा दिया।

वैवेल योजना

6 मई, 1944 को गांधीजी जेल से रिहा कर दिए गए। 14 जून, 1945 के दिन सरकार की ओर से एक योजना प्रकाशित हुई, जो 'वैवेल योजना' के नाम से विख्यात है। इस योजना के अनुसार वायसराय की कार्यकारिणी परिषद् का विस्तार हुआ और उसके सभी सदस्य, वायसराय और प्रधान सेनापति को छोड़कर, भारतीय नेता ही रखे गए। सभी प्रमुख राजनीतिक दलों को प्रतिनिधित्व प्रदान करने की व्यवस्था की गई। हिंदू और मुसलमानों के समान अनुपात में प्रतिनिधित्व की व्यवस्था की गई। इस योजना पर विचार करने के लिए सभी प्रमुख राजनीतिक दलों के प्रतिनिधियों का सम्मेलन 25 जून को शिमला में आरंभ हुआ। लेकिन लीग के मतभेद के कारण यह सफल नहीं हो सका।

कैबिनेट मिशन योजना

1945 में दूसरे महायुद्ध का अंत हो जाने पर ब्रिटेन में मजदूर दल की सरकार बनी। इसने भारत की राजनीति का अध्ययन करने के लिए तीन सदस्यों की एक समिति भारत भेजी। इसके अनुसार संपूर्ण देश के लिए एक संघीय शासन की व्यवस्था की गई। देश की रक्षा, परराष्ट्र विभाग और यातायात की व्यवस्था को संघीय सरकार के अधीन रखा गया। शेष विषय प्रांतीय सरकार के अधीन रहे। भारत के लिए एक स्थायी संविधान बनाने के लिए भारत को संविधान सभा के गठन का अधिकार दिया गया। लेकिन केंद्र में अस्थायी सरकार के संबंध में कांग्रेस ने असहमति प्रकट की। पाकिस्तान की माँग लेकर लीग भी असंतुष्ट थी। फलतः संविधान सभा का बहिष्कार कर दिया गया और इसी के परिणामस्वरूप देश में भीषण सांप्रदायिक दंगे हुए।

एटली घोषणा

भारत के राजनीतिक रुख को देखते हुए ब्रिटिश सरकार ने यह घोषणा की कि (20 फरवरी, 1947) वह 1948 ई. तक भारत की सत्ता भारतीयों के हाथ में सौंप देगी। अतः उक्त तिथि तक संविधान का गठन हो जाना आवश्यक कहा गया।

माउंटबेटन योजना

'एटली घोषणा' के आधार पर लॉर्ड माउंटबेटन भारत के वायसराय नियुक्त हुए। वे मार्च 1948 में भारत आए और भारतीय नेताओं से बातचीत की। लीग

पाकिस्तान की माँग पर डटी रही। अंत में 3 जून, 1947 को माउंटबेटन ने अपनी नई योजना प्रकाशित की। यही योजना 'माउंटबेटन योजना' कहलाती है। उन्होंने भारत के विभाजन का सुझाव दिया। बंगाल और पंजाब की विधान सभाएँ दो भागों में बाँटी गईं। एक भाग में मुसलमानों के बहुमत क्षेत्र के प्रतिनिधि रहेंगे और दूसरे भाग में गैर–मुसलिम बहुमत क्षेत्रों के। किसी भी भाग के निर्माण पर प्रांतों का विभाजन किया जाएगा। अंत में इस योजना को कांग्रेस और लीग दोनों ने मान लिया। अंत में जुलाई 1947 में ब्रिटिश पार्लियामेंट ने 'भारतीय स्वतंत्रता अधिनियम' (Indian Independence Act) पास किया। इसके अनुसार भारत और पाकिस्तान दो स्वतंत्र उपनिवेश बने। सीमा कमीशन द्वारा उसकी सीमारेखा निश्चित की गई। यह निश्चित कर दिया गया कि 15 अगस्त, 1947 को दोनों देशों को आजादी मिल जाएगी और इनके संबंध में ब्रिटेन को न कोई अधिकार रहेगा, न कोई जिम्मेदारी। फलतः 15 अगस्त, 1947 को भारत आजाद हो गया।

तीसरे काल (1919 से 1947 तक) की प्रमुख घटनाएँ

1. स्वतंत्रता संग्राम में गांधी का प्रवेश
2. रॉलेट ऐक्ट
3. जलियाँवाला बाग हत्याकांड
4. खिलाफत और असहयोग आंदोलन
5. स्वराज्य पार्टी की स्थापना और कार्य
6. साइमन कमीशन
7. नेहरू रिपोर्ट
8. सविनय अवज्ञा आंदोलन
9. गांधी–इरविन समझौता
10. प्रांतीय स्वराज्य
11. दूसरा विश्वयुद्ध और भारतीय आंदोलन
12. मुसलिम लीग और पाकिस्तान की माँग
13. क्रिप्स मिशन योजना
14. अगस्त क्रांति
15. वैवेल योजना
16. कैबिनेट मिशन योजना
17. एटली घोषणा

18. माउंटबेटन योजना
19. स्वतंत्रता की प्राप्ति
20. देश का विभाजन
21. सांप्रदायिक दंगे

□

भारत में उत्तरदायी शासन का विकास

प्रश्न–1 : 1858 से 1909 ई. तक के भारत के संवैधानिक विकास का वर्णन करें।

उत्तर : सन् 1859 ई. भारत के इतिहास में महत्त्वपूर्ण है। इसी वर्ष भारतीय स्वतंत्रता का पहला संग्राम समाप्त हुआ तथा भारत में कंपनी के शासन का भी अंत हो गया। इसी वर्ष से भारत का शासन ब्रिटिश पार्लियामेंट के द्वारा होने लगा।

1861 का इंडिया कौंसिल ऐक्ट

यद्यपि 1858 से पहले भी भारतीयों के लिए कई कानून पास हो चुके थे, लेकिन भारतीयों को शासन पर अधिकार नहीं दिया गया था। इधर भारतीयों में दिन–प्रतिदिन राष्ट्रीयता की भावना बढ़ती जा रही थी। 1857 की क्रांति से अंग्रेजों ने अच्छी तरह समझ लिया कि शासक और शासित में घनिष्ठ संबंध बनाना आवश्यक है। सरकार भी यह चाह रही थी कि भारतीय जनमत का पता चलता रहे। और इसी सब उद्देश्य से 1861 में इंडिया कौंसिल ऐक्ट पास हुआ।

(1) इस ऐक्ट के अनुसार गवर्नर जनरल के कौंसिल के सदस्यों की संख्या बढ़ा दी गई। पहले छह सदस्य थे, अब 12 कर दिए गए। लेकिन इनकी नियुक्ति गवर्नर ही करता था।

(2) इन सदस्यों में से कम–से–कम आधे गैर–सरकारी होते थे।

(3) यह स्पष्ट कर दिया गया कि परिषद् का काम केवल कानून बनाना है। प्रश्न पूछने, प्रस्ताव पेश करने अथवा सरकार की आलोचना करने का अधिकार उसे नहीं सौंपा गया।

(4) प्रांतों को अपने–अपने क्षेत्रों के लिए कानून बनाने का अधिकार मिला, लेकिन अभी भी उनके लिए गवर्नर जनरल की स्वीकृति आवश्यक थी।

(5) संकटकाल में गवर्नर जनरल को अध्यादेश जारी करने का अधिकार मिला।

(6) कमांडर-इन-चीफ कौंसिल का अतिरिक्त सदस्य बना दिया गया।

1872 का इंडियन कौंसिल ऐक्ट

1861 ई. के ऐक्ट से भारतीयों को संतोष नहीं हुआ। अत: 1872 ई. में सरकार ने दूसरा कानून पास किया।

(1) इसके द्वारा केंद्रीय परिषद् के सदस्यों की संख्या बढ़ाकर कम-से-कम 10 और अधिक-से-अधिक 16 कर दी गई।

(2) गैर-सरकारी सदस्यों की संख्या बढ़ाकर 10 कर दी गई।

(3) विधान परिषद् के अधिकार पहले से बढ़ गए।

(4) प्रांतों में कौंसिल के सदस्यों की संख्या भी बढ़ा दी गई।

(5) बंबई और मद्रास की परिषदों में इनकी संख्या निर्धारित की गई। संयुक्त प्रांत के लिए 15, पंजाब के लिए 4 और बर्मा के लिए 8 की संख्या निश्चित की गई।

(6) अप्रत्यक्ष निर्वाचन प्रणाली का सिद्धांत स्वीकार किया गया और गैर-सरकारी सदस्यों का नामांकन होने लगा।

(7) अब म्यूनिसिपैलिटी, जिला बोर्ड आदि संस्थाएँ भी प्रांतीय कौंसिल में अपने सदस्य भेज सकती थी।

(8) प्रांतीय विधान परिषद् के सदस्यों के अधिकार पहले की अपेक्षा बढ़ गए। शासन के संबंध में वे अब प्रश्न पूछ सकते थे और बजट पर बहस कर सकते थे।

(9) प्रांतीय परिषद् अब गवर्नर जनरल की अनुमति से अपने प्रांत में लागू होनेवाले केंद्रीय परिषद् के एक्टों को संशोधित कर सकती थी। फिर भी कोई पूरक प्रश्न नहीं पूछे जा सकते थे और न बजट पर वोट ही लिया जा सकता था।

1909 का इंडियन कौंसिल ऐक्ट

1892 ई. के सुधार से भारतीयों का असंतोष कम होने की जगह बढ़ता ही गया। इसी समय ऐसी घटनाएँ घटीं, जिससे यह असंतोष अधिक बढ़ गया। बंगाल का विभाजन, स्वदेशी आंदोलन, कर्जन की प्रतिक्रियावादी नीति आदि के चलते

राष्ट्रीय आंदोलन और जोर पकड़ता गया। अंत में 1878 में पुन: सरकार ने कुछ सुधार किए, जिसे 'मार्ले-मिंटो सुधार' कहते हैं। इसके अनुसार—

(1) विधानमंडल में दो सदन हो गए—राज्य परिषद् और विधानसभा।

(2) केंद्रीय और प्रांतीय व्यवस्थापिका सभाओं के अतिरिक्त सदस्यों की संख्या 60, बर्मा और पंजाब की 30 तथा अन्य प्रांतों की 20 निश्चित हुई।

(3) कौंसिल में तीन प्रकार के सदस्य होने लगे। सरकारी, गैर-सरकारी और निर्वाचित।

(4) कौंसिल के अधिकार भी बढ़ा दिए गए। इसके वोट के लिए अब बजट इसके सामने रखा जाने लगा। प्रश्न पूछने, प्रस्ताव पेश करने आदि के अधिकार इसे मिल गए।

(5) गवर्नर जनरल की कार्यकारिणी में पहले-पहल अब एक भारतीय सदस्य की नियुक्ति होने लगी।

(6) मुसलमानों को सांप्रदायिक प्रतिनिधित्व का अधिकार दिया गया।

प्रश्न-2 : सन् 1818 के भारत शासन अधिनियम द्वारा भारतीय शासन में क्या परिवर्तन हुए ?

उत्तर : सन् 1878 ई. के अधिनियम से भारतीयों की इच्छा पूरी न हुई। इसी समय प्रथम महायुद्ध आरंभ हुआ। इस युद्ध में भारतीयों को आशा थी कि युद्ध के बाद सरकार उनकी माँगों पर ध्यान देगी और इसी लोभ से भारतीयों ने इस युद्ध में सहायता भी दी थी। लेकिन जब युद्ध समाप्त हुआ तो भारतीयों को भारी निराशा हुई। सरकार ने भारतीयों के रोष को दूर करने के लिए सन् 1919 में 'मांटेग्यू-चेम्सफोर्ड सुधार' पास किया।

केंद्रीय शासन

इस ऐक्ट के द्वारा केंद्रीय कार्यकारिणी और व्यवस्थापिका में सुधार किए गए। केंद्रीय कार्यकारिणी के सदस्यों की संख्या बढ़ा दी गई। उसमें तीन भारतीय सदस्य चुने जाने लगे। केंद्र और प्रांत के सरकारों के अधिकार क्षेत्र का बँटवारा कर दिया गया। जिन विषयों का संबंध सारे देश से था, वे केंद्रीय सरकार के हाथ में रखे गए और जिन विषयों का संबंध केवल प्रांतों से था, वे प्रांतीय सरकार के हाथ में रखे गए। केंद्र की व्यवस्थापिका को संपूर्ण देश के लिए कानून बनाने का अधिकार मिला। अब विधानमंडल के दो सदन हो गए—राज्य परिषद् और विधान

सभा (कौंसिल ऑफ स्टेट और लेजिस्लेटिव असेंबली)। दोनों सदनों में निर्वाचित सदस्यों का बहुमत हो गया। राज्य परिषद् के कुल सदस्यों की संख्या 60 थी, इसमें 33 निर्वाचित होते थे और 27 राज्य सरकार द्वारा नामजद होते थे। नामजद किए जानेवालों में 20 से अधिक सरकारी सदस्य नहीं हो सकते थे। उसी प्रकार विधान सभा के कुल सदस्यों की संख्या 144 थी, जिसमें 103 निर्वाचित होते थे और 41 नामजद। नामजद होनेवालों में 25 से अधिक सरकारी सदस्य नहीं हो सकते थे। पृथक् निर्वाचन का अधिकार अब मुसलमानों के अतिरिक्त अन्य संप्रदायवालों को भी दिया गया। यद्यपि दोनों सदनों का चुनाव सीधे मतदाताओं के द्वारा होता था, लेकिन मतदान का अधिकार बहुत कम लोगों को प्राप्त था। केंद्रीय विधानमंडल की शक्ति भी पहले से अधिक बढ़ गई। अब बजट पर वोट देने का अधिकार इन्हें मिला। इसके अलावा प्रश्न पूछने, प्रस्ताव पेश करने आदि का भी अधिकार इन्हें मिला।

प्रांतीय शासन

प्रांतों में लेजिस्लेटिव कौंसिलों की स्थापना की गई। प्रांतीय विषयों को दो भागों में बाँट दिया गया—रक्षित और हस्तांतरित विषय। रक्षित विषय को गवर्नर एवं उसकी कार्यकारिणी को दिया गया। हस्तांतरित विषयों के शासन के लिए मंत्रियों की नियुक्ति हुई। ये मंत्री प्रांतीय विधान परिषद् के प्रति उत्तरदायी होते थे। इस प्रकार प्रांतों में द्वैध शासन की स्थापना हुई और उत्तरदायी शासन का सूत्रपात हुआ। शिक्षा, कृषि, स्थानीय शासन आदि विषय मंत्रियों के अधीन रखे गए। प्रांतीय व्यवस्थापिका सभा के स्वरूप और अधिकार में भी परिवर्तन किया गया। कौंसिल को 4 वर्षों के लिए सभापति चुनने और बजट पर वाद-विवाद करने का अधिकार दिया गया।

लेकिन द्वैध शासन का परिणाम अच्छा नहीं हुआ। प्रांतीय कौंसिल के मंत्रियों को अविश्वास के प्रस्ताव द्वारा हटाया भी गया। शासन में गवर्नर का हस्तक्षेप होने लगा। अतः इस सुधार से भी भारतीय संतुष्ट नहीं हुए।

प्रश्न-3 : सन् 1835 के 'भारत शासन अधिनियम' द्वारा भारतीय शासन में क्या परिवर्तन हुए?

उत्तर : सन् 1818 के ऐक्ट में कई दोष रह गए थे। इधर महात्मा गांधी के नेतृत्व में सरकार के खिलाफ जोरदार आंदोलन चल रहा था। फलतः सरकार ने संवैधानिक विकास के लिए साइमन कमीशन की नियुक्ति की। भारत की राजनीतिक समस्याओं के समाधान के लिए लंदन में तीन-तीन बार गोलमेज कॉन्फ्रेंस हुआ। अंत में 1835 ई. में एक ऐक्ट पास हुआ, जो 'भारत शासन अधिनियम' के नाम से प्रसिद्ध है।

संघीय योजना

इस ऐक्ट के आधार पर समूचे देश के लिए एकसंघीय शासन की व्यवस्था की गई। देशी नरेशों को यह स्वतंत्रता दी गई कि वे संघ में सम्मिलित हों। संघ और प्रांतों के अधिकार-क्षेत्र भी अलग-अलग कर दिए गए। संघीय शासन के विषयों को दो भागों में बाँटा गया। एक भाग का शासन गवर्नर जनरल के द्वारा होता था। गवर्नर जनरल अपने कार्यों के लिए ब्रिटिश पार्लियामेंट के प्रति उत्तरदायी था। दूसरे भाग का शासन एक मंत्री परिषद् के द्वारा होता था, जो संघीय व्यवस्थापिका सभा के प्रति उत्तरदायी थी। इस प्रकार शासन का मुख्य विभाग गवर्नर जनरल के जिम्मे था। अन्य विभागों के संबंध में भी गवर्नर जनरल का अधिकार व्यापक था। रक्षा, वैदेशिक नीति, धार्मिक विषय, कबीले के क्षेत्रों आदि रक्षित विषयों का शासन गवर्नर जनरल पर सौंपा गया था। गवर्नर जनरल परामर्श के लिए तीन व्यक्तियों की एक समिति बनाता था। शेष कार्य हस्तांतरित विषय के अंदर थे। इसका शासन गवर्नर जनरल अपने मंत्रिमंडल की सहायता से करता था। मंत्रिमंडल के सदस्यों की नियुक्ति गवर्नर जनरल ही करता था। इसकी संख्या अधिक-से-अधिक 90 थी। बहुत से ऐसे विषय थे, जिनमें गवर्नर जनरल को अपने विवेक से काम करने का अधिकार दिया गया था। गवर्नर जनरल अध्यादेश भी जारी कर सकता था। इस ऐक्ट के अनुसार दो सदनों के विधानमंडल की व्यवस्था की गई, एक का नाम पड़ा राज्य परिषद् और दूसरे का नाम पड़ा विधानसभा। राज्य परिषद् एक स्थायी सदन था। इसके सदस्यों की संख्या 260 थी। 156 ब्रिटिश भारत के और 185 देशी राज्यों के प्रतिनिधि थे। ब्रिटिश भारत के प्रतिनिधियों के लिए अप्रत्यक्ष निर्वाचन की व्यवस्था की गई और वे प्रांतीय विधान सभाओं के सदस्यों द्वारा चुने जाते थे। दोनों सदनों के लिए पृथक् निर्वाचन की व्यवस्था थी। दोनों सदनों में देशी रियासतों से आनेवाले प्रतिनिधि निर्वाचित नहीं होते थे, बल्कि देशी शासकों द्वारा नामजद किए जाते थे।

प्रांतीय शासन

1935 के ऐक्ट द्वारा उस द्वैध शासन की व्यवस्था का अंत कर दिया गया, जिसकी व्यवस्था 1919 के ऐक्ट द्वारा हुई थी। अब राजकीय कार्यों को केंद्र और प्रांत की सरकारों के बीच बाँट दिया गया। कुछ ऐसे विषय थे, जिस पर संघ और प्रांत दोनों की व्यवस्थापिका कानून बना सकती थी। ऐसे विषय समवर्ती सूची में रखे गए थे। अध्यक्ष गवर्नर होता था, जिसकी सहायता के लिए एक मंत्री परिषद्

की व्यवस्था की गई। यह परिषद् प्रांत के लेजिस्लेटिव असेंबली के प्रति उत्तरदायी था। बिहार, बंगाल, आसाम, संयुक्त प्रांत, बंबई, मद्रास आदि व्यवस्थापिकाओं के विधानसभा और विधान परिषद् दो सदन हो गए। लेकिन उत्तरदायी शासन की स्थापना व्यवहार में नहीं हो सकी। अभी भी व्यवस्थापिका पर बहुत से प्रतिबंध थे। व्यवहार में गवर्नर को इतने अधिक अधिकार दे दिए गए कि शासन को उत्तरदायी नहीं कहा जा सकता। गवर्नर किसी भी विधेयक को स्वीकार कर सकता था या उसे पुनः विचार के लिए विधानमंडल को लौटा सकता था अथवा गवर्नर जनरल के विचार के लिए सुरक्षित रख सकता था। बहुत से ऐसे विषय थे, जिसमें गवर्नर मंत्रियों की इच्छा के विरुद्ध भी काम करता था।

1935 के ऐक्ट द्वारा एकसंघीय न्यायालय की स्थापना हुई। इसे प्रारंभिक और अपील संबंधी अधिकार दिए गए। भारत परिषद् समाप्त हो गई और भारत सचिव की सहायता के लिए परामर्शदाताओं की व्यवस्था की गई।

धार्मिक और सामाजिक सुधार

प्रश्न-1 : 19वीं सदी में भारत में किए गए सामाजिक सुधारों का उल्लेख कीजिए। (से.वो. 1957 वा. 1961 पू. 1961 पू. 1967 वा.)

प्रश्न-2 : ब्रिटिश शासनकाल में भारतवर्ष के सामाजिक तथा धार्मिक आंदोलनों का संक्षिप्त विवरण दीजिए। (से.वो. 1858 पू.)

उत्तर : भारत के सामाजिक और धार्मिक जीवन में सुधार लाने के लिए 14वीं सदी से ही आंदोलन चल रहे थे, लेकिन 18वीं सदी तक आते-आते राजनीतिक उथल-पुथल के कारण यह आंदोलन समाप्त हो गया। फलतः भारतीय समाज और धर्म में सती प्रथा, बाल विवाह आदि कई कुरीतियाँ घर कर गईं। 19वीं सदी में कुछ महापुरुषों का ध्यान पुनः इस ओर गया और इसमें सुधार के कई प्रयत्न हुए।

इससे पूर्व भारत के राष्ट्रीय जीवन के साथ-साथ सांस्कृतिक जीवन का भी पतन हो गया था। हिंदू धर्म की सजीवता समाप्त हो गई थी। एक ईश्वर की जगह अनेक देवताओं की पूजा होने लगी थी। 'शिक्षित भारतीयों पर पश्चिमी भौतिकवाद का विशेष प्रभाव पड़ने लगा और इस कारण भारत की सांस्कृतिक तथा आध्यात्मिक उच्चता उनके हृदय से दूर होने लगी।' इसी समय कई सुधारक पैदा हुए, जिन्होंने सुधारवादी संस्थाएँ स्थापित करके लोगों का ध्यान समाज की बुराइयों की ओर आकृष्ट किया।

ब्रह्म समाज

ब्रह्म समाज की स्थापना सुधार आंदोलन की दिशा में पहला प्रयास था। इसकी स्थापना 1828 में राजा राममोहन राय ने इसे रोकने की दिशा में महत्त्वपूर्ण कार्य किए। उन्होंने एक ईश्वर की पूजा प्रचलित की। धार्मिक सुधार के साथ सामाजिक और शिक्षा संबंधी सुधारों की ओर कठिन परिश्रम किया। स्त्री शिक्षा, विधवा विवाह आदि जो समाज में वर्जित थे, उसका इन्होंने विरोध किया। इन्हीं के प्रयत्नों से लॉर्ड बैंटिक ने 1829 में कानून बनाकर सती प्रथा को बंद कर दिया था। शिक्षा के प्रचार के लिए 1817 में हिंदू कॉलेज और 1825 में वेदांत कॉलेज की नींव डाली गई। राममोहन राय ने मातृभाषा को शिक्षा का माध्यम बनाया और कई धर्म ग्रंथों का अनुवाद बांग्ला में करवाया। इस प्रकार ब्रह्म समाज ने धार्मिक और सामाजिक क्षेत्रों में कई महत्त्वपूर्ण कार्य किए।

इसके अनुयायी एक ईश्वर में विश्वास रखते थे और मूर्तिपूजा अनुचित बताते थे। इसक.: आधारशिला एक सृष्टिकर्ता, सृष्टिरक्षक, असीम शक्तिशाली तथा सर्वव्यापी ईश्वर की उपासना है। इसके अनुसार, 'ईश्वर रूपहीन, अनंत, अनादि तथा शाश्वत सत्ता है और यही सत्ता संसार का विनाश तथा निर्माण करती है। संक्षेप में, ब्रह्म समाज के निम्नलिखित सिद्धांत थे—

(1) परमात्मा एक व्यक्ति है, जो संपूर्ण सद्गुणों का केंद्र है।

(2) वह प्रार्थना सुनता है और उसे स्वीकार करता है।

(3) ईश्वर की पूजा सभी वर्ण और जाति के लोग सत्य के द्वारा कर सकते हैं।

(4) जीवात्मा अमर है।

(5) पाप का त्याग और पापकर्म से पश्चात्ताप ही मुक्ति के साधन हैं। इसकी कई शाखाएँ बंगाल के बाहर भी खुलीं। लेकिन राममोहन राय की इस संस्था का ह्रास हो गया। आगे चलकर देवेंद्र नाथ ठाकुर ने इसे संगठित किया और इसकी प्रगति की। जो भी हो, इसने हिंदू धर्म की बड़ी सेवा की। इसने हजारों नवयुवकों के लिए सबसे महत्त्वपूर्ण काम यह किया कि उन तमाम धार्मिक, सामाजिक तथा राजनीतिक प्रारंभ बिंदु बना, जिन्होंने पिछले सौ वर्ष से भी अधिक वर्षों से समस्त भारत को प्रभावित किया।

आर्य समाज

आर्य समाज वर्तमान हिंदू धर्म में सबसे अधिक प्रभावशाली आंदोलन है। इसकी स्थापना दयानंद सरस्वती ने की थी। उन्होंने वेदों की ओर लौटने की सलाह

दी और उसके अर्थ नए ढंग से निकाले। आर्य समाज के धार्मिक कार्यों में सबसे प्रमुख कार्य है हिंदू धर्म को उसके तमाम अंधविश्वासों से मुक्त करना, जो उसके पतनकाल में उसमें प्रविष्ट हो गए थे। आर्य समाज मूर्तिपूजा का विरोध करता था और एक ईश्वर की उपासना पर बल देता था। संक्षेप में, उसके निम्नलिखित सिद्धांत थे—

(1) सब सत्यविद्या और जो पदार्थ विद्या से जाने जाते हैं, उन सबका मूल परमेश्वर है।

(2) ईश्वर सच्चिदानंद स्वरूप, निराकार, सर्वशक्तिमान, अनंत, अगोचर आदि है।

(3) वे सभी सत्य विद्याओं की पुस्तक है आदि।

समाज के क्षेत्र में आर्य समाज ने जाति व्यवस्था तथा कुप्रथाओं का विरोध किया। स्त्रियों की दशा सुधारने के लिए कई स्कूलों-कॉलेजों की स्थापना हुई। अछूतों के लिए 1978 ई. में एक सक्रिय आंदोलन प्रारंभ हुआ। अनाथालयों, विधवा आश्रमों की व्यवस्था हुई। शिक्षा के प्रचार के लिए कई जगहों पर शिक्षण संस्थाएँ खोली गईं। आर्य समाज ने देश के लिए राजनीतिक कार्य भी किया।

प्रार्थना समाज

इसकी स्थापना 1867 में डॉ. आत्माराम पांडुरंग ने की। इसने जाति प्रथा का विरोध किया तथा अंतर्जातीय विवाह, स्त्री शिक्षा आदि का समर्थन किया। इसके दो प्रमुख नेता हुए—सर आर.जी. भंडारकर और जस्टिस गोविंद रानाडे। इन नेताओं के नेतृत्व में इस संस्था ने बड़े महत्त्वपूर्ण कार्य किए। इन्हीं के प्रयासों के फलस्वरूप विवाह-संघ की स्थापना हुई और 'डेक्कन एजुकेशनल सोसाइटी' की नींव पड़ी।

रामकृष्ण मिशन

इसकी स्थापना सन् 1896 ई. में स्वामी विवेकानंद ने की थी। उन्होंने विश्व-धर्मसम्मेलन में भाग लिया और यूरोप, अमेरिका आदि देशों में हिंदू धर्म की महत्ता स्थापित की। मिशन के निम्नलिखित सिद्धांत थे—

(1) प्रत्येक धर्म सच्चा और अच्छा है, अतः प्रत्येक व्यक्ति को अपने ही धर्म में रहना चाहिए।

(2) ईश्वर निराकार है।

(3) हिंदू सभ्यता सबसे प्राचीन तथा सर्वश्रेष्ठ है।

(4) प्रत्येक हिंदू को अपने धर्म तथा सभ्यता की पाश्चात्य सभ्यता तथा विचारों से रक्षा करनी चाहिए।

मिशन ने समाज सेवा के भी कई काम किए। इसने बहुत से स्कूलों और कॉलेजों की स्थापना की। अस्पताल बनवाए। बाढ़, अकाल, महामारी से जनता को बचाया।

थियोसोफिकल सोसाइटी

इसकी स्थापना 1875 ई. में रूसी महिला ब्लैबलट्रस्क तथा अमेरिका सेना के हेनरी स्टील आयलट ने न्यूयॉर्क शहर में की। इसका मुख्य उद्देश्य सृष्टि, मनुष्य तथा उसके अंतिम लक्ष्य के विषय में कुछ तथ्यों तथा उनपर आधारित जीवन पर एक विशिष्ट प्रणाली का प्रचार करना था। भारत में इसके कार्यों को संपादित करने का श्रेय श्रीमती ऐनी बेसेंट को है। यह सोसाइटी सभी धर्म के मौलिक सिद्धांतों में विश्वास करती है। हिंदू धर्म और बौद्ध धर्म को सभी धर्मों से श्रेष्ठ समझती है। इसमें जाति–पाँति का भेदभाव नहीं है। यह कर्मकांड और पुनर्जन्म में विश्वास रखती है। इस संस्था की स्थापना के निम्नलिखित उद्देश्य थे—मानव समाज के बीच भ्रातृभाव पैदा करना, धर्म, वेदांत एवं विज्ञान के अध्ययन के लिए लोगों को उत्साहित करना। (3) रहस्यमय स्वाभाविक नियमों की खोज करना आदि। समाज सुधार की दिशा में भी इसने कार्य किए। बनारस में सेंट्रल हिंदू स्कूल की स्थापना की गई। यही स्कूल आज हिंदू विश्वविद्यालय के नाम से संसार में प्रसिद्ध है।

मुसलिम समाज में सुधार आंदोलन

हिंदुओं में सुधार आंदोलन देखकर मुसलमानों में भी सुधार आंदोलन प्रारंभ हुआ। सबसे पहले सैयद अहमद मौलवी और इस्माइल हाजी मौलवी मुहम्मद ने वहाबी आंदोलन का श्रीगणेश किया। इस आंदोलन में पीर पूजा का विरोध किया गया। सबसे जबरदस्त आंदोलन अलीगढ़ में हुआ। इसके नेता सर सैयद अहमद खाँ थे। उन्होंने पाश्चात्य शिक्षा का समर्थन किया और इसी उद्देश्य से अलीगढ़ में एंग्लो ओरियंटल कॉलेज खोला, जो बाद में मुसलिम विश्वविद्यालय के रूप में परिणत हो गया।

सिक्खों में सुधार आंदोलन

सिक्खों ने चीफ खालसा दीवान आरंभ किया। शिक्षा की प्रगति के लिए अमृतसर खालसा कॉलेज की स्थापना हुई। महंतों और गुरुद्वारे में फैले भ्रष्टाचार को दूर करने के उद्देश्य से शिरोमणि गुरुद्वारा प्रबंध कमिटी की नींव डाली गई।

पारसी संप्रदाय में सुधार आंदोलन

सन् 1851 में पारसियों ने धार्मिक सुधार संघ की स्थापना की। इस संघ का उद्देश्य पारसियों की सामाजिक अवस्था में सुधार लाना था तथा जरथुष्ट्र धर्म की पुनः स्थापना था।

ईसाई समाज में सुधार आंदोलन

17वीं और 18वीं सदी में यूरोपीय देशों से ईसाई धर्म के प्रचारक भारत आए। ये लोग धर्मोपदेश देकर, धार्मिक पुस्तकों को जनता में बाँटकर अपने धर्म का प्रचार करते थे। बाद में इन्होंने मिशनरियों, स्कूलों, कॉलेजों की स्थापना की। इन लोगों का उद्देश्य भारतीयों को ईसाई बनाना था। फलतः इनके विरुद्ध संपूर्ण देश में एक प्रतिक्रिया भी हुई।

प्रश्न-3 : भारत की महिलाओं की सामाजिक और सांस्कृतिक उत्थान के लिए 18वीं और 20वीं सदी में कौन-कौन से कार्य किए गए? उसका उल्लेख कीजिए। (से.वा. 1854 वा. 1857 पू.)

उत्तर-3 : किसी भी स्वतंत्र देश के कल्याण के लिए वहाँ की नारियों का शिक्षित होना जरूरी है। भारत की नारियों की दशा 17वीं और 18वीं सदी में अत्यंत शोचनीय हो गई थी। सती प्रथा, पर्दा प्रथा, बाल विवाह आदि के कारण उनकी दशा दिन-ब-दिन बिगड़ती गई। यह बात सत्य है कि पश्चिमी सभ्यता और संस्कृति के प्रभाव के चलते उनकी दशा में कुछ सुधार भी आया, लेकिन यह बात केवल शिक्षित परिवारों में ही देखने को मिली। साधारणतः नारी भोग-विलास का साधन बनकर रह गई थी। लेकिन 18वीं और 20वीं सदी में सामाजिक सुधार का आंदोलन प्रबल वेग से चला, अतः नारी की दशा में भी सुधार लाने का प्रयत्न हुआ।

इस दिशा में राजा राममोहन राय और उनका ब्रह्म समाज उल्लेखनीय है। इन्होंने सती प्रथा, बाल विवाह, कन्यावध, अशिक्षा आदि का विरोध किया और अपने प्रयत्नों से सती प्रथा को कानून बनवाकर बंद करवा दिया। ब्रह्म समाज के बाद आर्य समाज ने भी इस ओर ध्यान दिया। होमरूल लीग के आंदोलन के प्रारंभ होने पर नारियों में अधिकार की भावना आई। विधवा विवाह की दिशा में ईश्वरचंद्र विद्यासागर का नाम प्रमुख है। आर्य समाज ने प्रायः सभी प्रमुख शहरों में कन्या विद्यालय की स्थापना की। 1857 तक ऐसे सैकड़ों स्कूल खुल गए।

नेहरू रिपोर्ट

भारत मंत्री वर्किन हेड ने भारतीय नेताओं को चुनौती दी कि वे भारत का कोई सर्वमान्य विधान तैयार करें। अतः 1928 में मोतीलाल नेहरू की अध्यक्षता में दिल्ली में सर्वदल सम्मेलन हुआ। इसमें एक कमिटी बनाई गई, जिसने संविधान के सिद्धांतों का मसविदा तैयार किया, जो 'नेहरू रिपोर्ट' के नाम से प्रसिद्ध हुआ। इसमें भारत के लिए औपनिवेशिक स्वराज्य की बात कही, लेकिन सुभाषचंद्र बोस, जवाहरलाल आदि लोगों ने पूर्ण स्वराज्य की माँग की। मुसलिमों ने भी इसकी अवहेलना कर दी। अंत में सरकार ने औपनिवेशिक स्वराज्य की स्थापना के लिए लंदन में गोलमेज कॉन्फ्रेंस का आयोजन किया।

सविनय अवज्ञा आंदोलन

लेकिन जब कांग्रेस के नेता वायसराय से मिले तो उसने साफ शब्दों में कहा कि 'मेरी ऐसी स्थिति नहीं है कि औपनिवेशिक स्वराज्य देने का वादा कर सकूँ। गोलमेज परिषद् में आप लोगों को बुला सकूँ।' इससे उनमें भारी निराशा हुई। फलतः 1930 में 'स्वाधीनता दिवस' मनाने का निश्चय किया गया और सभी जगह पूर्ण स्वाधीनता घोषणा-पत्र पढ़ा गया। सविनय अवज्ञा आंदोलन आरंभ करने से पहले 11 माँगों की सूची बनाई और वायसराय को उसे मान लेने को कहा। लेकिन उसने इनकार कर दिया। अतः आंदोलन आरंभ हो गया। गांधीजी ने डांडी जाकर और समुद्र के पानी से नमक बनाकर कानून को तोड़ दिया। गांधीजी गिरफ्तार हो गए। लेकिन आंदोलन जारी रहा। पिकेटिंग शुरू हुई। विदेशी कपड़े जलाए गए। फलतः कांग्रेस के सभी नेता गिरफ्तार कर लिये गए।

गांधी-इरविन समझौता

25 जनवरी, 1931 को गांधीजी को मुक्त कर दिया तथा इरविन के साथ उनका एक समझौता हुआ। इस समझौते के अनुसार सत्याग्रह समाप्त हुआ।

20वीं सदी में सुधार आंदोलन

20वीं सदी में भी यह सुधार आंदोलन चलता रहा। इस सदी में 'राधास्वामी संप्रदाय' उल्लेखनीय है। इसके संस्थापक श्री शिवदयालु थे। इस संप्रदाय का विश्वास था कि राधास्वामी संसार में मनुष्य रूप धारण करके आए और उन्होंने सद्गुरु की पदवी धारण की। 1887 ई. में पंडित सत्यानंद अग्निहोत्री ने 'देव

समाज' की स्थापना की। मुसलमानों की बढ़ती हुई सांप्रदायिकता के फलस्वरूप हिंदू महासभा, जनसंघ, राष्ट्रीय स्वयंसेवक संघ और जनसंघ आदि कई महत्त्वपूर्ण संस्थाओं का जन्म हुआ।

समाज सेना लीग

इसकी स्थापना सन् 1811 ई. में बंबई में नारायण मल्हार जोशी ने की थी। इस संस्था की ओर से कई स्कूल और कॉलेज, पुस्तकालय, नि:शुल्क औषधालय आदि खोले गए।

भारत सेवक समिति

इसकी स्थापना सन् 1875 में गोपालकृष्ण गोखले ने की थी और तब से यह संस्था गरीबों के हितों की रक्षा करती आई है।

वालयर संस्थाएँ

सन् 1714 ई. में इसकी स्थापना श्रीराम बाजपेयी ने की थी। यह संस्था भी सामाजिक सेवा करती रही है।

गांधीजी के प्रयत्न

सामाजिक सुधार आंदोलन में महात्मा गांधी का महत्त्वपूर्ण योगदान है। हरिजनों के कल्याण के लिए उन्होंने 'हरिजन सेवक संघ' की स्थापना की। जन समाज की सामान्य स्थिति में सुधार लाने के उद्देश्य से 'सर्वोदय समाज' की स्थापना की। उनके मरने के बाद विनोबा भावे सर्वोदय का प्रसार-प्रचार कर रहे हैं।

बाल विवाह का विरोध

हिंदुओं में बपचन में ही शादी कर दी जाती थी। अत: लड़के-लड़कियाँ दोनों का स्वास्थ्य चौपट हो जाता था। अत: केशवचंद्र के प्रयत्नों के फलस्वरूप सन् 1872 ई. में 'नेटिव मैरिज ऐक्ट' पास हुआ। इस ऐक्ट के द्वारा बाल विवाह को रोकने की कोशिश की गई। रामजी मालावारी ने इस ओर सबसे अधिक प्रयास किया। सन् 1892 में बड़ौदा सरकार की ओर से बाल विवाह निषेधक (The Infant Marriage Prevention Act) पास हुआ। इस ऐक्ट के अनुसार विवाह की आयु सीमा 16 और 12 वर्ष निश्चित की गई। 1930 में शारदा ऐक्ट पास हुआ,

जिसके अनुसार विवाह की आयु 18 और 14 वर्ष रखी गई। इस प्रकार बाल विवाह को रोकने, विधवा विवाह, अंतरजातीय विवाह आदि को प्रोत्साहन देने के लिए कई कानून पास हुए। पर हिंदुओं के विरोध के चलते तथा सरकार की उदासीनता के चलते इन कानूनों को कार्य रूप नहीं दिया जा सका।

नारी जागरण

अब पश्चिमी सभ्यता और शिक्षा के प्रचार के फलस्वरूप भारतीय नारी भी राजनीतिक, सामाजिक, आर्थिक, सांस्कृतिक अधिकारों के प्रति सचेष्ट हो गई। इन अधिकारों की प्राप्ति के लिए वे संगठित होने लगीं। इसी उद्देश्य से कई संस्थाएँ भी कायम की गईं। 1918 में 'वीमेंस इंडियन एसोसिएशन', सन् 1925 में 'नेशनल कौंसिल ऑफ वीमेंस इन इंडिया', सन् 1926 में 'अखिल भारतीय महिला सम्मेलन' आदि की स्थापना हुई।

स्वतंत्रता-प्राप्ति के बाद

स्वतंत्रता-प्राप्ति के बाद नारियों के उत्थान की दिशा में विशेष प्रयास किया गया है। उन्हें प्रत्येक क्षेत्र में पुरुषों की तरह अधिकार दिए गए हैं। संविधान में उनकी स्थिति स्पष्ट कर दी गई है। विवाह, तलाक, संपत्ति का स्वामित्व इत्यादि के विषय में हिंदू परिवारों में प्रचलित अनिश्चितता तथा विरोधात्मक विधियों पर सुधार की दृष्टि से भारत सरकार ने एक समिति की स्थापना की और हिंदू कोड बिल के बहुत से अंशों को कानून बनाकर पुत्री को पिता की संपत्ति पर अधिकार दिया गया एवं अन्य कई प्रकार की विशेष सुविधाएँ प्रदान की गई हैं। कानून बनाकर दहेज प्रथा की बुराइयों को दूर करने का प्रयास किया गया है। इन सुविधाओं के फलस्वरूप ही अब नारी भी पुरुषों की तरह प्रत्येक क्षेत्र में प्रगति करती जा रही है। अब तो वह डॉक्टर, शिक्षक, राजदूत, राज्यपाल सबकुछ होती हैं।

प्रश्न-4 : 19वीं और 20वीं सदी में भारत में किए गए शिक्षा संबंधी सुधारों का उल्लेख कीजिए। (से. वो. 1957 वा.)

उत्तर : अंग्रेजों के आगमन से पूर्व भी भारत में शिक्षा की उचित और सुंदर व्यवस्था थी। केवल बंगाल में 80000 स्कूल थे। मुगल शासनकाल के अंतिम चरण में जो अव्यवस्था उत्पन्न हुई, उसका प्रभाव शिक्षा पर भी पड़ा। अत: शिक्षा में कई आवश्यक परिवर्तन आए। बाद में कंपनी के शासनकाल में इस ओर विशेष ध्यान दिया गया।

(1) ईसाई मिशनरियों के कार्य

भारत में शिक्षा के प्रचार की दिशा में ईसाई मिशनरियों ने महत्त्वपूर्ण योगदान दिया। ईसाई मिशनरी भारत में ईसाई धर्म का प्रचार करती थी। इसी धर्म प्रचार के उद्देश्य से उसने देश के प्राय: सभी मुख्य भागों में कई स्कूल खोले। ऐसे स्कूल ईसाई धर्म प्रचार के अड्डे थे, लेकिन इसी बहाने इन स्कूलों में शिक्षा भी दी जाती थी। सन् 1825 ई. तक ऐसे 18 स्कूल खोले गए। कलकत्ता में सन् 1820 में एक मिशनरी कॉलेज भी खुला।

(2) कंपनी के कर्मचारियों के प्रयत्न

कंपनी को अपना शासन कार्य सुचारु रूप से चलाने के लिए पढ़े-लिखे लोगों की जरूरत पड़ी। अत: शिक्षा की ओर उसने अधिक ध्यान दिया। वारेन हेस्टिंग्स ने इसी उद्देश्य से सन् 1871 ई. में फोर्ट विलियम कॉलेज की नींव डाली। बनारस में एक संस्कृत कॉलेज भी इसी उद्देश्य से खोला गया।

(3) भारतीय नेताओं के प्रयत्न

इसी समय कई ऐसे भारतीय नेता और सुधारक सामने आए, जिन्होंने इस ओर विशेष ध्यान दिया। ऐसे नेताओं में राजा राममोहन राय प्रसिद्ध थे। बनारस में इन्हीं के प्रयत्नों से संस्कृत कॉलेज की स्थापना हुई। उन्होंने आधुनिक शिक्षा पद्धति का समर्थन किया। सन् 1816 ई. में उन्होंने काफी प्रयास करके कलकत्ता में हिंदू कॉलेज की स्थापना करवाई। यही कॉलेज बाद में प्रेसीडेंसी कॉलेज कहलाने लगा।

सरकार के कार्य

सन् 1813 ई. में ब्रिटिश पार्लियामेंट ने कंपनी को एक चार्टर दिया। इसमें ऐसी व्यवस्था की गई कि कंपनी सरकार प्रतिवर्ष शिक्षा पर एक लाख रुपया खर्च करे। लेकिन सरकार की उदासीनता के चलते इस धन का उपयोग नहीं हुआ। पुन: 1823 ई. में शिक्षा के प्रश्न पर विचार करने के लिए एक उपसमिति बनी। इस समिति द्वारा काफी प्रयास करके संस्कृत और अरबी की शिक्षा के प्रचार के लिए सरकार की ओर से कलकत्ता, आगरा और दिल्ली में तीन कॉलेज स्थापित हुए।

सन् 1835 ई. में राजा राममोहन के प्रयत्नों के फलस्वरूप पाश्चात्य शिक्षा पद्धति की शुरुआत हुई। सन् 1842 में एक 'बोर्ड ऑफ एजुकेशन' की भी स्थापना हुई।

सर चार्ल्स वुड का आज्ञा-पत्र

सर चार्ल्स वुड बोर्ड ऑफ कंट्रोल के अध्यक्ष थे। उन्होंने सन् 1854 ई. में भारत सरकार को एक आज्ञा-पत्र भेजा। इस पत्र के आधार पर शिक्षा संबंधी योजना के अनुसार तीनों प्रेसीडेंसियों कलकत्ता, बंबई, मद्रास में विश्वविद्यालयों की स्थापना हुई। ये विश्वविद्यालय लंदन विश्वविद्यालय की पद्धति पर खुले। पश्चिमोत्तर प्रांत और पंजाब में भी इसी योजना के अंतर्गत विश्वविद्यालय खुले। प्रत्येक प्रांत में एक शिक्षा संचालक (Director of Public Institution) की नियुक्ति हुई।

लॉर्ड रिपन का शासन कार्य

लॉर्ड रिपन ने शिक्षा में सुधार लाने के उद्देश्य से सन् 1842 ई. में एक कमीशन बिठाया, जिसके सभापति सर डब्ल्यू. हंटर थे। इन्हीं के नाम पर इस कमीशन का नाम 'हंटर कमीशन' पड़ गया। इस कमीशन ने सरकार से सिफारिश की कि प्राथमिक शिक्षा स्थानीय संस्था के जिम्मे दे दी जाए तथा उच्च शिक्षा पर सरकारी नियंत्रण कम कर दिया जाए। मकतबों और देशी पाठशालाओं को सरकारी सहायता देने की सिफारिश भी की गई। साथ-साथ दलित वर्ण एवं स्त्रियों की शिक्षा पर भी ध्यान दिया गया। सन् 1886 ई. में शिक्षा विभाग की सेवाओं को तीन भागों में बाँट दिया गया—इंपीरियल शिक्षा सेवा, प्रांतीय शिक्षा सेवा और निचली शिक्षा सेवा।

लॉर्ड कर्जन का शासनकाल

लॉर्ड कर्जन ने भी शिक्षा में प्रगति लानी चाही। इसी उद्देश्य से उसने 1901 में शिमला में शिक्षा अधिकारियों का एक सम्मेलन बुलवाया, पुनः सन् 1902 में उसने रैले कमीशन की नियुक्ति की। इस कमीशन की सिफारिश पर 1914 ई. में यूनिवर्सिटी ऐक्ट पास किया गया। यद्यपि बहुत से भारतीय नेता इस ऐक्ट के पक्ष में नहीं थे, फिर भी यह कानून बन गया। इस ऐक्ट के द्वारा विश्वविद्यालय के कार्यों को विस्तृत कर दिया गया तथा उसे प्रोफेसरों की बहाली का अधिकार मिला। सीनेट के सदस्यों की संख्या कम कर दी गई और उसकी नियुक्ति का अधिकार सरकार ने ले लिया। कॉलेज और स्कूल की स्वीकृति सरकार पर निर्भर रही।

कर्जन के बाद भारत सरकार की देखरेख में अलग शिक्षा विभाग की स्थापना हुई। धीरे-धीरे पटना, लखनऊ, बनारस आदि जगहों पर भी विश्वविद्यालय खुले।

कलकत्ता यूनिवर्सिटी कमीशन

सन् 1917 ई. में भारत सरकार ने कलकत्ता विश्वविद्यालय की शिक्षा की जाँच के लिए सैडलर कमीशन की स्थापना की। इस कमीशन ने इंटरमीडिएट कक्षाओं को विश्वविद्यालय से अलग कर दिया। बी.ए. का पाठ्यक्रम तीन वर्षों का हो गया। विश्वविद्यालय पर से सरकारी नियंत्रण कम कर दिया गया और प्रत्येक विश्वविद्यालय में एक वाइस चांसलर की नियुक्ति की गई।

सन् 1919 और 1935 के ऐक्ट

सन् 1919 में भारत सरकार ने एक एक्ट पास करके शिक्षा को प्रांतीय विषयों में रख दिया। उसका विभाग एक अलग मंत्री के जिम्मे रखा गया। इससे भी शिक्षा के क्षेत्र में सुधार आया। सन् 1935 के बाद इसमें और भी प्रगति आई। अब टेक्निकल शिक्षा की भी व्यवस्था हुई और दिल्ली में टेक्निकल पॉलिटेक्निक की स्थापना हुई।

स्वतंत्रता-प्राप्ति के बाद

शिक्षा में अधिक प्रगति स्वतंत्रता-प्राप्ति के बाद आई है। सन् 1748 ई. में डॉ. राधाकृष्णन की अध्यक्षता में एक आयोग की नियुक्ति की गई। इस आयोग की सिफारिशें निम्नलिखित थीं—

(1) इंटरमीडिएट क्लास का अंत करके उसकी जगह हायर सेकेंडरी की व्यवस्था हो।

(2) डिग्री कोर्स तीन वर्षों का कर दिया जाए।

(3) छात्रवृत्ति एवं शिक्षकों के वेतन बढ़ने चाहिए।

(4) हिंदी पढ़ना अनिवार्य कर दिया जाए।

(5) ग्राम विश्वविद्यालयों की स्थापना हो एवं विश्वविद्यालयों में केवल मेधावी छात्रों को ही प्रवेश कराया जाए।

पुनः 1952 ई. में लक्ष्मण स्वामी मुदलियार की अध्यक्षता में एक आयोग नियुक्त हुआ। इस आयोग ने भी माध्यमिक शिक्षा के संबंध में अपने सुझाव दिए। उसके अनुसार, माध्यमिक शिक्षा दो भागों में बाँट दी जाए। पहले भाग में 5वीं से 8वीं कक्षा तक और दूसरे भाग में 9वीं कक्षा से 12वीं कक्षा हो। यही सेकेंडरी और हायर सेकेंडरी कहलाता है। सेकेंडरी स्कूलों में मातृभाषा के साथ-साथ अन्य भाषा, विज्ञान, इतिहास, भूगोल आदि सभी विषयों की पढ़ाई हो और हायर सेकेंडरी में आर्ट्स, साइंस और कॉमर्स ग्रुप हों। छात्र इन ग्रुपों में चाहे जिसे चुनें।

शिक्षा में प्रगति लाने के उद्देश्य से विश्वविद्यालय अनुदान आयोग की स्थापना हुई है। देशी भाषा को शिक्षा का माध्यम बनाया गया है तथा बुनियादी और सामाजिक शिक्षा एवं नारी शिक्षा पर विशेष स्थान दिया गया है। विज्ञान की पढ़ाई को विशेष महत्त्व दिया जा रहा है।

प्रश्न-5 : 20वीं सदी में हरिजनों की स्थिति में क्या सुधार हुए हैं? (से.वो. 1854 पू.)

उत्तर-5 :

अछूतों की दशा

हमारे देश में जाति व्यवस्था प्राचीन काल से चली आ रही है। आरंभ में इस व्यवस्था का आधार कर्म था, न कि जन्म। लेकिन धीरे-धीरे जन्म के ही आधार पर इसकी व्यवस्था कायम हो गई। आरंभ में समाज में चार वर्ण प्रचलित थे—ब्राह्मण, क्षत्रिय, वैश्य और शूद्र। इसी वर्ण व्यवस्था ने कालांतर में जाति प्रथा का रूप धारण कर लिया और जिसका भीषण परिणाम छुआछूत के रूप में प्रकट हुआ। अछूतों को कभी-कभी दलित वर्ग के नाम से भी पुकारा जाता है। इसमें ऐसे लोग भी आ जाते हैं, जो अछूत नहीं हैं। अतः महात्मा गांधी ने इन सभी को 'हरिजन' कहना शुरू किया। स्वतंत्रता-प्राप्ति से पहले तक इन अछूतों की दशा बुरी थी। उच्च वर्ग के लोग इनकी छाया तक को अपवित्र मानते थे। न तो उन्हें गाँव में रहने का अधिकार था और न वे किसी कुएँ से पानी ही पी सकते थे। मंदिरों में प्रवेश पाना तो उनके लिए सर्वथा असंभव था। इनके बच्चे पाठशाला में शिक्षा नहीं पा सकते थे। उनकी औरतें गहनों का इस्तेमाल नहीं कर सकती थीं। आर्थिक दृष्टि से भी वे असमर्थ ही रहे थे और न कोई राजनीतिक सुविधा ही उन्हें मिली थी। संक्षेप में, सामाजिक, आर्थिक, धार्मिक, राजनीतिक और सांस्कृतिक सभी दृष्टियों से इनकी दशा दिन-ब-दिन गिरती ही गई।

अछूतों द्वारा आंदोलन

18वीं सदी में समाज के प्रत्येक क्षेत्र में सुधार की नई लहर उठी। फलतः लोगों का ध्यान अछूतों की ओर भी गया। फलतः उनकी दशा सुधारने के लिए उन्होंने कई आंदोलन किए। आर्य समाज, ब्रह्म समाज, रामकृष्ण मिशन आदि संस्थाओं ने इस ओर विशेष कार्य किया। संपूर्ण देश में अछूतोद्धार की संस्थाएँ कायम की गईं। गोपालकृष्ण गोखले ने कहा, 'यह व्यवहार कितना मूर्खतापूर्ण है कि जब तक अछूत

हमारे धर्म में रहते हैं, हम उन्हें अपने घरों में प्रवेश नहीं करने देते हैं, न उनको अपने में मिलने-जुलने ही देते हैं, किंतु जब हमारे धर्म का परित्याग कर वे हैट, कोट, पैंट पहनकर ईसाई बन जाते हैं तो हम उनसे हाथ मिलाते हैं और आदर करते हैं!' लेकिन इन सब आंदोलन का कोई खास परिणाम नहीं निकला।

महात्मा गांधी का अछूतोद्धार आंदोलन

20वीं सदी में महात्मा गांधी के नेतृत्व में अछूतोद्धार का कार्य विशेष रुप से आरंभ हुआ। इसके लिए उन्होंने कई रचनात्मक कार्य भी किए। उनका विश्वास था कि भारत की उन्नति अछूतों की उन्नति पर ही निर्भर है। उन्होंने कहा था, 'जब हिंदू जान-बूझकर सच्चे हृदय से नीति के रूप में ही नहीं, वरन् आत्मशुद्धि की भावना से अस्पृश्यता का अंत करेंगे, तो उनका यह कार्य राष्ट्र को उचित कार्य करने की एक नई शक्ति देगा, जो स्वराज्य की प्राप्ति में सहायक होगा।' महात्मा गांधी ने अछूतों का नाम 'हरिजन' रखा और 'हरिजन सेवा संघ' की स्थापना की। धीरे-धीरे हरिजनों में भी जागरण आया और वे अपना संगठन कायम करके राजनीतिक और सामाजिक अधिकार की माँग करने लगे।

संविधान में सुविधाएँ

स्वतंत्रता-प्राप्ति के बाद संविधान में हरिजनों को विशेष सुविधा देकर उनकी उन्नति का प्रयास किया गया है। इन सुविधाओं के लिए 19 वर्ष का समय नियत किया गया है। संविधान द्वारा छुआछूत का अंत कर दिया गया है और सभी नागरिकों को स्वतंत्रता का अधिकार दिया गया है। अब सभी सार्वजनिक स्थानों पर हरिजन भी बिना किसी रोक-टोक या भेदभाव के आ-जा सकते हैं। वे किसी भी शैक्षणिक संस्था में प्रवेश पा सकते हैं। लोकसभा तथा राज्यों के विधानमंडलों में उनके लिए सुरक्षित स्थान की व्यवस्था की गई है। इन सभाओं में जनसंख्या के आधार पर उन्हें प्रतिनिधित्व का अधिकार दिया गया है।

प्रश्न-6 : स्वतंत्रता-प्राप्ति के बाद से भारत की सामाजिक प्रगति का इतिहास लिखिए। (से.वी. 1861 वा.)

उत्तर-6 : स्वतंत्रता प्रांप्ति के बाद भारत की सभी क्षेत्रों में सामाजिक प्रगति हुई है।

जातीयता

स्वतंत्रता पूर्व भारत के समाज में जाति बंधन बड़े कठोर थे। लेकिन महात्मा गांधी जैसे नेताओं के प्रयत्नों के फलस्वरूप जाति प्रथा की बुराइयों में बहुत सुधार आया। अब तो खान-पान, शादी-ब्याह में भी इसके बंधन ढीले पड़ गए हैं।

अस्पृश्यता

अस्पृश्यता अथवा छुआछूत भारतीय समाज का दूसरा कोढ़ था। लेकिन गांधीजी का ध्यान इस विषमता की ओर भी गया और उन्होंने इसका डटकर विरोध किया। उन्होंने अछूतों को 'हरिजन' कहा और उनके साथ समानता का व्यवहार किया। स्वतंत्रता मिलते ही हरिजनों की दशा में काफी सुधार लाया गया। कानून बनाकर उनकी सुविधाएँ सुरक्षित कर दी गई हैं। यहाँ तक कि संसद् तथा विधानमंडलों में उनके लिए अलग जगह की व्यवस्था की गई है। नौकरी करने, शिक्षा पाने आदि में भी उन्हें कई सुविधाएँ दी गई हैं।

संयुक्त परिवार प्रथा

भारत में अतिप्राचीन काल से संयुक्त परिवार की प्रथा कायम रही है। लेकिन धीरे-धीरे अब ऐसे परिवार का भारत से लोप हो रहा है। पश्चिमी सभ्यता के संपर्क में आनेवाले लोग इस व्यवस्था को पसंद नहीं करते। अतः शहरों में ही नहीं, वरन् देहातों में भी इसका ह्रास होता जा रहा है।

वैवाहिक दुर्गुण

भारत के समाज में कई वैवाहिक दोष व्याप्त थे। लेकिन इधर सरकार ने कानून बनाकर इन दोषों को दूर करने का उपाय किया है। कानून बनाकर बहु विवाह की प्रथा को रोक दिया गया है। 'हिंदू कोड बिल' इस दिशा में एक महत्त्वपूर्ण कदम है।

अशिक्षा

अशिक्षा तो भारतीय समाज का अभिशाप था। फलतः अब सरकार का ध्यान अधिक-से-अधिक लोगों को शिक्षित बनाने की ओर है। इस कार्य के लिए समूचे देश में कई स्कूल, कॉलेज खोले जा रहे हैं। अनिवार्य और निःशुल्क शिक्षा पर बल दिया जा रहा है। फलतः स्वतंत्रता के बाद से शिक्षितों की संख्या में वृद्धि हुई है।

वेश्यावृत्ति

यह भारतीय समाज का कलंक था। अब सरकार ने कानून बनाकर वेश्यावृत्ति को अवैध घोषित कर दिया है।

शराब

मद्यपान से समाज की कितनी हानि होती थी, यह किसी से छिपा नहीं है। लोगों के स्वास्थ्य पर इसका बुरा असर पड़ता था। समाज में कलह होता ही रहता था। अतः सरकार ने इस ओर भी अपना ध्यान दिया है और वह धीरे-धीरे अपने प्रयास में सफल भी होती जा रही है। कुछ राज्यों ने जैसे उड़ीसा, महाराष्ट्र, बिहार, गुजरात आदि ने कानून बनाकर इसके पीने पर रोक लगा दी है।

जुआ

जुए से जनता की आर्थिक क्षति होती थी, अतः कानून के द्वारा इसके खेल को भी रोक दिया है। लेकिन इन सभी सुधारों के बावजूद भी अभी समाज में कई दुर्गुण विद्यमान हैं। अतः सरकार को धैर्य और साहस के साथ प्रत्येक को दूर करना चाहिए।

□

भारतीय देशी राज्य

प्रश्न-1 : देशी राज्यों का भारत में विलय का इतिहास लिखें।

उत्तर : सदियों से चली आती हुई राजनीतिक अव्यवस्था के कारण तथा देश में एक मजबूत केंद्रीय सत्ता के अभाव में देश में छोटे-छोटे स्वतंत्र राज्य कायम होते चले गए। ऐसे ही स्वतंत्र राज्यों ने स्वतंत्र रियासत का रूप धारण कर लिया। मुगल साम्राज्य के पतन के काल में ऐसे कई स्वतंत्र राज्य स्थापित हो गए, जो नाममात्र को मुगल सम्राट् की अधीनता मानते थे। इसी समय अंग्रेज आए और उन्होंने 1857 तक दो-तिहाई देशी राज्यों पर अपना अधिकार जमा लिया। इस प्रकार राजनीतिक दृष्टि से भारत दो भागों में बँट गया—ब्रिटिश भारत और भारतीय देशी राज्य। पीछे वेलेस्ली ने 'सहायक संधि' की नीति द्वारा और डलहौजी ने 'लैप्स की नीति' अपनाकर कई देशी राज्यों को जबरन ब्रिटिश भारत में मिला लिया। लेकिन इतना सबकुछ होते हुए भी कंपनी सरकार ने देशी राज्यों को अपने अधीन घोषित नहीं किया। वैधानिक दृष्टि से ये राज्य स्वतंत्र थे और कंपनी सरकार से समानता की स्थिति बनाए रखते थे।

देशी राज्य और ब्रिटिश सरकार

1857 के बाद भारत की राजनीति में कई महत्त्वपूर्ण परिवर्तन आए। क्रांति के बाद ब्रिटिश सम्राज्ञी महारानी विक्टोरिया ने एक घोषणा द्वारा भारत के शासन को अपने हाथों में ले लिया। देशी राज्यों के प्रति एक नई नीति अपनाई गई, इसे 'अधीनस्थ संघ की नीति' कहते हैं। महारानी विक्टोरिया की घोषणा में स्पष्ट कर दिया गया कि ब्रिटिश सरकार देशी राजाओं के अधिकारों, मान-मर्यादाओं आदि का ध्यान रखेगी। 1860 में लॉर्ड कैनिंग ने उन्हें सनद भी प्रदान किए। हिंदू राजाओं के गोद के अधिकार को मान लिया गया। देशी राजाओं ने जितनी भी संधियाँ अंग्रेजों के साथ की थीं, वे मान ली गईं। फिर भी देशी राजाओं की आंतरिक स्थिति और बाहरी नीति, सैनिक संगठन आदि पर सरकार का पूर्ण नियंत्रण कायम होता गया।

बहुत से देशी राजाओं को जबरन गद्दी से उतार दिया गया। इस सबके फलस्वरूप अब कोई शासक सरकार के खिलाफ जाने का साहस नहीं कर सकता था। लेकिन जब राष्ट्रीय आंदोलन जोर पकड़ने लगा तो सरकार को अपना रुख बदलना पड़ा। उसने अब देशी राजाओं की सहानुभूति चाही और शासन कार्य में उन्हें सहायक बनाने लगी।

भारत संघ में विलयन

कांग्रेस ने जब स्वतंत्रता-प्राप्ति के लिए जोरदार आंदोलन चलाए, तब सरकार को झुकना पड़ा। वह भारत को स्वतंत्र करने को तैयार हो गई। इसी समय यह महत्त्वपूर्ण प्रश्न सामने आया कि देशी राजाओं की स्थिति स्वतंत्र भारत में क्या होगी? 1935 के ऐक्ट में ही देशी राजाओं को संघ में शामिल होने की स्वतंत्रता दे दी गई थी। 1943 में कैबिनेट मिशन ने भी कहा था कि भारत को स्वतंत्रता मिल जाने के बाद देशी राजा भारत की नई सरकार के साथ मिल जाएँगे अथवा अपनी अलग सरकार बनाएँगे, इसकी उन्हें छूट है। 'क्रिप्स योजना' में भी रियासतों को संघ में मिलने या न मिलने की छूट दी गई। 1947 में जब भारतीय स्वतंत्रता अधिनियम (Indian Independence Act) पास हुआ तो उसमें भी स्पष्ट कर दिया गया कि ब्रिटिश सरकार देशी राजाओं से संबंधित सारे अधिकार छोड़ रही है, न कि किसी को सौंप रही है। यह बात उन्हीं राजाओं पर छोड़ दी गई कि या तो वे भारत में मिलें या पाकिस्तान में अथवा स्वतंत्र रहें।

स्वतंत्रता के बाद

स्वतंत्रता मिलते ही भारत के सामने देशी राजाओं की विषम समस्या उपस्थित हुई। कई ऐसे देशी राजा थे, जो स्वतंत्र राज्य की माँग करने लगे। एक तो देश के दो टुकड़े हो ही गए थे, यदि देशी राजाओं की बात रहती तो देश कई टुकड़ों में बँट जाता। अतः देश में इसका घोर विरोध हुआ। फलतः जूनागढ़, हैदराबाद और कश्मीर को छोड़कर शेष रियासतें भारत में मिल गईं। 5 जुलाई, 1947 को रियासतों की समस्या शांतिपूर्ण ढंग से सुलझाने के लिए रियासती विभाग (Indian States Department) कायम हुआ। इसके अध्यक्ष सरदार वल्लभभाई पटेल ने रियासतों से अपील की कि वे भारतीय संघ में मिल जाएँ। उन्होंने आश्वासन दिया कि रक्षा, यातायात, वैदेशिक नीति के अलावा अन्य सभी विषयों में उन्हें स्वतंत्रता रहेगी। 25 जुलाई को माउंटबेटन की अध्यक्षता में देशी

राजाओं की एक बैठक हुई। माउंटबेटन ने राजाओं को सलाह दी कि वे भारत में मिल जाएँ। इस प्रकार लगभग 600 देशी राजाओं ने बिना किसी खून-खराबे के 'प्रवेश पत्र' (Instrument of Accession) पर हस्ताक्षर कर भारत की अधीनता मान ली।

विलयन का तरीका

इन राजाओं को निम्नलिखित तरीके से भारत में मिलाया गया—

(क) बहुत से ऐसे राज्य थे, जो अत्यंत छोटे थे और शासन की स्वावलंबी इकाई नहीं बन सकते थे। ऐसे राज्यों को अपने निकट के प्रांतों में मिला दिया गया। बड़ौदा को इस कारण बंबई में मिला दिया गया।

(ख) बहुत से छोटे-छोटे राज्यों को मिलाकर एक संघ बना दिया गया और उन्हें केंद्रीय सरकार को सौंप दिया गया। त्रिपुरा, कच्छ, मणिपुर, भोपाल, हिमाचल प्रदेश आदि राज्यों का विलयन इसी प्रकार हुआ।

(ग) बहुत से आसपास के इलाके को मिलाकर स्वावलंबी संघ बनाया गया और उन्हें भारतीय संघ का अंग बना दिया गया। सौराष्ट्र, मध्य भारत, कोचीन, त्रावणकोर, पटियाला, पूर्वी पंजाब आदि ऐसे ही राज्य थे। इनमें से जिस संघ में जो रियासतें सम्मिलित थीं, उन्हीं में से एक रियासत के शासक को उस संघ का राजप्रमुख बना दिया गया।

(घ) कुछ बड़े राज्यों को ज्यों-का-त्यों रहने दिया गया और वहाँ के शासक को राजप्रमुख के रूप में स्वीकार कर लिया गया। मैसूर, हैदराबाद, कश्मीर और जूनागढ़ को लेकर कुछ दिक्कत अवश्य हुई। जूनागढ़ और हैदराबाद के शासक मुसलमान थे, लेकिन जनता हिंदू थी। उसका शासक भागकर पाकिस्तान चला गया और जूनागढ़ हिंदुस्तान में मिला लिया गया। हैदराबाद के निजाम ने युद्ध की तैयारी शुरू कर दी, फलतः वल्लभभाई पटेल ने फौज भेजकर हैदराबाद पर अपना अधिकार कर लिया। कश्मीर ने भारतीय संघ में मिलने में अनिच्छा प्रकट की। कश्मीर भौगोलिक दृष्टि से महत्त्वपूर्ण है। चीन, तिब्बत, रूस, अफगानिस्तान के समीप रहने से पाकिस्तान की नजर इस पर लगी थी। अतः उसने सीमा पर रहनेवाली जाति कबायलियों

को भड़काकर वहाँ लूटपाट मचवा दी और खुद आक्रमण करके उसके बहुत बड़े भाग को अधिकार में कर लिया। फलतः वहाँ के राजा भारतीय संघ में मिल गए। लेकिन कश्मीर आज भी अपनी जिद पर अड़ा है। यह प्रश्न आजकल सुरक्षा परिषदों में है और कश्मीर के एक बड़े भाग पर आज भी पाकिस्तान का अधिकार है।

□

भारत का संविधान

प्रश्न-1: स्वतंत्र भारत के संविधान की मुख्य विशेषताएँ क्या हैं? (से.वो. 1961 पू. 1961 पू.)

उत्तर :

संविधान की पृष्ठभूमि

1 जुलाई 1947 ई. को ब्रिटिश पार्लियामेंट ने बिना किसी विरोध के 'भारत स्वतंत्रता ऐक्ट' (Indian Independence Act) पास किया। इस ऐक्ट के अनुसार, ब्रिटिश सरकार ने 15 अगस्त, 1947 को सत्ता हस्तांतरित कर देने की तिथि निश्चित की। अत: 15 अगस्त की रात्रि को दिल्ली में संविधान सभा का अधिवेशन बुलाया गया। इसी अधिवेशन में भारत की स्वतंत्रता की घोषणा की गई। इस संविधान सभा का निर्वाचन कैबिनेट मिशन योजना के आधार पर 1946 ई. में हुआ था। 7 दिसंबर, 1946 को इसका पहला अधिवेशन शुरू हुआ और 23 नवंबर, 1948 तक संविधान निर्माण का कार्य चला। उसी दिन तत्कालीन प्रथम राष्ट्रपति डॉ. राजेंद्र प्रसाद के हस्ताक्षर हुए और इस प्रकार संविधान निर्माण का कार्य पूरा हुआ। इस संविधान के निर्माण में कुल दो वर्ष, ग्यारह महीने और अठारह दिन लगे। अंत में 26 जनवरी, 1950 को यह संविधान लागू किया गया और उसी दिन भारत को 'सार्वभौम स्वतंत्र प्रजातंत्र' (Sovereign Independent Republic) घोषित किया गया।

संविधान की प्रस्तावना में घोषणा की गई है कि भारत 'एक संपूर्ण प्रभुत्व संपन्न लोकतंत्रात्मक गणराज्य है।' पुन: कहा गया है, 'हम भारत के लोग भारत को एक संपूर्ण प्रभुत्व संपन्न लोकतंत्रात्मक गणराज्य बनाने के लिए तथा उसके समस्त नागरिकों को सामाजिक, आर्थिक और राजनीतिक न्याय, विचार अभिव्यक्ति, विश्वास, धर्म, उपासना की स्वतंत्रता, प्रतिष्ठा एवं अवसर की समता प्राप्त करने के लिए तथा उन सबमें व्यक्ति की गरिमा और राष्ट्र की एकता सुनिश्चित करनेवाली

बंधुता बढ़ाने के लिए दृढ़ संकल्प होकर अपनी इस संविधान सभा में एतद् द्वारा संविधान को अंगीकृत, अधिनियमित और आत्मार्पित करते हैं।'

विशेषता

संविधान के अनुसार, भारत में राष्ट्रपति शासन पद्धति अपनाई गई है। फिर भी इसका शासन कार्य संसदीय पद्धति पर होता है। शासन का सारा कार्य यद्यपि राष्ट्रपति के नाम पर होता है, तथापि शासन की वास्तविक सत्ता मंत्री परिषद् के हाथ में रहती है। इस प्रकार भारतीय संविधान की अनेक विशेषताएँ हैं। अपनी विशेषताओं के कारण ही यह निंदा एवं प्रशंसा का पात्र बना है और वकीलों ने इसे 'वकीलों का स्वर्ग' (Lowyer Paradise) कहा है। जस्टिस पी.वी. मुखर्जी के अनुसार, 'हमारा संविधान उस प्रेयसी की तरह है, जो अपने प्रेमियों के मनोवेग के अनुरूप प्रशंसा तथा भर्त्सना का भाजन होती है। जब वह नहीं सुधरती तो उसे सुधार दिया जाता है।' संक्षेप में संविधान की निम्नलिखित विशेषताएँ हैं—

(1) **गणराज्य की स्थापना :** संविधान के अनुसार भारत में एक स्वतंत्र लोकतंत्रात्मक गणराज्य की स्थापना की गई है। इसका अर्थ है कि भारत पूर्ण रूप से स्वतंत्र है। भीतरी या बाहरी किसी शक्ति के नियंत्रण में यह नहीं है। साथ ही यहाँ जनता का शासन है, जो जनता के प्रतिनिधियों द्वारा संचालित होता है। गणराज्य की स्थापना का अर्थ है कि यहाँ किसी वंशानुगत राज्य का शासन नहीं है।

(2) **जनता की प्रधानता :** यह जनता का संविधान है। वास्तविक शक्ति जनता के ही हाथ में है। संविधान के निर्माता जनता के ही प्रतिनिधि हैं और यही प्रतिनिधियों से बनी संसद् इस संविधान में संशोधन भी कर सकती है।

(3) **दोहरी नागरिकता का अभाव :** सैद्धांतिक दृष्टि से संघ में एक नागरिक को दो नागरिकताएँ मिलती हैं, एक संघ की, एक उसके अपने राज्य की। लेकिन भारतीय संविधान ने एक ही नागरिकता प्रदान की है। प्रत्येक व्यक्ति भारत का नागरिक होगा और उसी के प्रति उसकी भक्ति होगी।

(4) **शक्तिशाली केंद्र :** संविधान में संघीय शासन रहते हुए भी एक केंद्रीय शक्ति की स्थापना की गई है। अतः किसी भी संकट के समय यह संविधान एकात्मक हो सकता है। संघ से पृथक् होकर किसी भी राज्य

को संविधान बनाने का अधिकार नहीं दिया गया है।

(5) **संविधान की विशालता :** भारतीय संविधान संसार के सभी लिखित संविधानों से बड़ा है। इसमें 398 अनुच्छेद और 8 अनुसूचियाँ हैं।

(6) **परिवर्तन में सरलता :** यह संविधान न तो अमेरिका की तरह कठोर है और न ग्रेट ब्रिटेन जैसा सुपरिवर्तनशील। इसमें बीच का रास्ता अपनाया गया है। संसद् के किसी भी सदन में इसमें संशोधन का प्रस्ताव लाया जा सकता है और दो-तिहाई बहुमत से प्रत्येक सदन में पास होने पर उसमें संशोधन लाया जा सकता है।

(7) **स्वतंत्र न्यायपालिका :** संविधान के अनुसार स्वतंत्र न्यायपालिका की व्यवस्था की गई है। यह न्यायपालिका शासन के संघात्मक ढाँचे की रक्षा करती है, संविधान का दिशानिर्देश करती है और संघ एवं अंगीभूत इकाइयों के बीच झगड़े का फैसला करती है।

(8) **धर्मनिरपेक्ष राज्य :** संविधान में भारत को धर्मनिरपेक्ष राज्य कहा गया है। भारतीय शासन धर्म में कोई हस्तक्षेप नहीं करेगा।

(9) **संसदीय शासन की व्यवस्था :** स्वतंत्रता-प्राप्ति से पहले संसदीय शासन पद्धति का विकास नहीं हुआ था, लेकिन स्वतंत्रता-प्राप्ति के बाद से भारत में संसदीय शासन पद्धति की स्थापना की गई है। यद्यपि राष्ट्रपति भारतीय संघ का प्रधान होता है, पर वह केवल संवैधानिक प्रधान है। वास्तविकता यह है कि वह मंत्रिमंडल संसद् के प्रति उत्तरदायी होता है। इस प्रकार यहाँ संसदीय शासन व्यवस्था है।

(10) **संघात्मक स्वरूप :** संविधान के अनुसार संघात्मक शासन व्यवस्था की स्थापना की गई है। केंद्र और राज्य सरकार के अधिकार-क्षेत्र अलग-अलग बाँट दिए गए हैं। दोनों अपने-अपने क्षेत्र में स्वतंत्र हें। इसके लिए तीन सूचियों का निर्माण किया गया है। संघीय सूची में संघ सरकार के अधीन के विषय हैं और राज्य सूची में राज्य के अधीन विषयों और समवर्ती सूची में राज्य व संघ का अधिकार है।

(11) **राष्ट्रीय एकता का रक्षक :** भारत जैसे विशाल देश में विभिन्न भाषा, आचार-विचार, सभ्यता-संस्कृति वाले लोग रहते हैं, अत: सभी के बीच राष्ट्रीय एकता स्थापित करने के उद्‌देश्य से एक राष्ट्रभाषा, एक नागरिकता और एक न्यायपालिका की व्यवस्था की गई है।

(12) **न्यायालयों के संगठन में एकता :** संघीय शासन को दृढ़ बनाने के लिए न्यायालयों के संगठन में एकता रखी गई है। भारत के सभी न्यायालय उच्चतम न्यायालय के अधीन रखे गए हैं। संपूर्ण देश में दीवानी और फौजदारी कानून भी समान रखे गए हैं।

(13) **वयस्क मताधिकार :** स्वतंत्रता-प्राप्ति के बाद से नागरिकता के अधिकार के लिए कोई शर्त नहीं है। भारत के प्रत्येक वयस्क को नागरिकता का अधिकार स्वयं प्राप्त है।

(14) **पिछड़ी जाति के हितों की रक्षा :** पिछड़ी और अनुसूचित जातियों के हितों के लिए विशेष प्रबंध किया गया है। उनके लिए संविधान द्वारा संसद् में जगह सुरक्षित रखी गई है। उनकी शिक्षा आदि के लिए उन्हें विशेष सुविधा प्रदान की गई है।

(15) **अस्पृश्यता का अंत :** संविधान में अस्पृश्यता एवं उपाधियों का अंत कर दिया गया है। इससे ऊँच-नीच की भावना दूर हुई है और समाज में समता की स्थापना हुई है।

(16) **स्त्रियों को समान अधिकार :** संविधान में पुरुषों की तरह स्त्रियों को भी सभी सामाजिक तथा राजनीतिक अधिकार दिए गए हैं, जिससे नारी समाज में जागृति आई है।

(17) **ग्राम शासन का समर्थक :** संविधान में गाँव के शासन की व्यवस्था की गई है। भारत हमेशा से गाँवों का देश रहा है। अतः संविधान में स्पष्ट कह दिया गया है, 'राज्य ग्राम पंचायत के संगठनों की व्यवस्था करेगा और उन्हें ऐसी शक्ति एवं सत्ता प्रदान करेगा, जिससे वे स्थानीय शासन की ईकाई की भाँति कार्य कर सकें।'

(18) **सर्वोदय का आदर्श :** संविधान में समाज की व्यवस्था सर्वोदय के सिद्धांत से की गई है। इसके अनुसार, समाज में ऐसी व्यवस्था कायम होगी, जिस व्यवस्था में प्रत्येक व्यक्ति को अपनी उन्नति और प्रगति का साधन और मौका मिलेगा।

(19) **विश्व शांति का समर्थक :** विश्व शांति एवं सुरक्षा पर अधिक ध्यान दिया गया है। संविधान के नीति-निर्देशक तत्त्व में यह स्पष्ट कर दिया गया है कि 'भारतीय सरकार स्वतंत्रता के तथा समानता के आदर्शों का पालन कर विश्व शांति तथा सुरक्षा के कार्य में सहयोग देगी। वह अंतरराष्ट्रीय कानूनों के प्रति आदर भाव रखेगी

तथा अंतरराष्ट्रीय संघर्षों का निपटारा पंच निर्णय के सिद्धांत पर करेगी।'

(20) **निर्वाचन कमीशन की व्यवस्था :** संविधान के अनुसार एक अलग स्वतंत्र निर्वाचन कमीशन की स्थापना की गई है। यह कमीशन सभी प्रकार के निर्वाचन पर नियंत्रण रखती है जिससे किसी के साथ पक्षपात नहीं हो सकता।

(21) **मौलिक अधिकारों का रक्षक :** जनता को संविधान में कुछ मौलिक अधिकार दिए गए हैं। ये अधिकार नागरिकों के विकास के लिए आवश्यक हैं। अतः संविधान में इसकी व्यवस्था कर दी गई है कि इन अधिकारों पर कोई रुकावट न आए। राज्य का कोई भी कानून इस पर आक्षेप नहीं कर सकता। लेकिन विशेष परिस्थिति में ये अधिकार स्थगित हो सकते हैं।

(22) **राज्य के नीति-निर्देशक तत्त्व :** इसका अर्थ यह है कि शासन देश में लोक कल्याणकारी राज्य की स्थापना करे। वह उन सभी ऊँचे आदर्शों को प्राप्त करे, संविधान में जिसकी शुभकामना प्रकट की गई है। यह एक प्रकार से शासन को आदेश दिया गया है।

□

मूल अधिकार

प्रश्न–1 : संविधान के अनुसार भारतीय नागरिक के मूल अधिकार क्या हैं? नीति-निर्देशक सिद्धांत और इसमें क्या फर्क है? (से.वा. 1956 वा. 1964 वा.)

उत्तर : संविधान में नागरिकों को कुछ मौलिक अधिकार प्रदान किए गए हैं। ये अधिकार नागरिकों के पूर्ण विकास के लिए आवश्यक हैं। इन्हीं अधिकारों के द्वारा शासकों की निरंकुशता पर प्रतिबंध लगाया जाता है और नागरिक अधिकारों को मान्यता प्राप्त होती है। इन मूल अधिकारों के अभाव में न तो कोई राष्ट्र अपनी नैतिक प्रगति कर सकता है और न नागरिकों का ही नैतिक, आध्यात्मिक, सामाजिक तथा राजनीतिक विकास हो सकता है। अगर कोई सरकार नागरिकों के इन मौलिक अधिकारों पर आघात करती है तो नागरिकों को अधिकार है कि वह न्यायालय का दरवाजा खटखटा सकें। डॉ. अंबेडकर ने लिखा है, 'मूल अधिकार अवलंबित करने के दो उद्देश्य हैं। पहला तो यह है कि प्रत्येक व्यक्ति इन अधिकारों का दावा कर सके और दूसरा यह है कि प्रत्येक अधिकारी इन्हें मानने के लिए बाध्य हों।' संक्षेप में, संविधान में मौलिक अधिकारों को रखने का उद्देश्य है, नागरिकों को समानता, स्वतंत्रता, न्याय और सुरक्षा प्रदान करना। ये अधिकार निम्नलिखित हैं—

(1) **समता का अधिकार :** भारत का प्रत्येक नागरिक समान है। कानून के सामने प्रत्येक व्यक्ति समान है, चाहे वह किसी जाति, वंश या लिंग का हो। जाति, वंश के आधार पर किसी व्यक्ति के साथ किसी प्रकार का भेदभाव नहीं किया जाएगा। दुकानों, सार्वजनिक भोजनालय, सार्वजनिक स्थानों में सभी नागरिक बेरोक-टोक आ-जा सकते हैं। सरकारी नौकरी प्रत्येक नागरिक एक ही समान पा सकता है। इसमें जाति-वंश आदि को प्रश्रय नहीं दिया जाएगा। लेकिन सरकार ऐसी पिछड़ी जाति के लिए स्थान सुरक्षित रख सकती है, जिनका राज्य

में स्थान सुरक्षित नहीं है। अस्पृश्यता का अंत हो गया है और अब छुआछूत में सहयोग देनेवाले को छह महीने की सजा एवं 500 रुपए तक जुरमाना हो सकता है। अब सभी प्रकार की उपाधियों का अंत कर दिया गया है, लेकिन सेना और विद्या संबंधी उपाधि अपवाद हैं।

(2) **स्वतंत्रता का अधिकार :** संविधान में प्रत्येक नागरिक को कुछ विषयों में स्वतंत्रता प्रदान की गई है। वस्तुतः नागरिकों का यही अधिकार सबसे अधिक महत्त्वपूर्ण है। इसके अभाव में नागरिक किसी प्रकार अपनी उन्नति करने में सफल नहीं होते। स्वतंत्रता का ये अधिकार निम्नलिखित हैं—

(1) प्रत्येक नागरिक को भाषण देने तथा अपनी अभिव्यक्ति प्रकट करने का अधिकार है। लेकिन अपमान, मानहानि आदि संबंधी भाषण अथवा लेख वर्जित हैं।

(2) प्रत्येक नागरिक शांतिपूर्वक और बिना हथियार के सभा कर सकता है।

(3) अपनी पसंद के किसी भी व्यक्ति, संस्था अथवा संघ की स्थापना कर सकता है।

(4) देश के प्रत्येक कोने में कोई भी नागरिक बिना किसी रोक-टोक के आ-जा सकता है।

(5) कोई भी नागरिक देश के किसी भी भाग में बस सकता है।

(6) संपत्ति अर्जन और धारण एवं व्यय की स्वतंत्रता भी प्रत्येक नागरिक हो प्राप्त है।

(7) कोई भी नागरिक कोई वृत्ति, उपजीविका, व्यापार अथवा कारोबार कर सकता है।

(8) किसी भी व्यक्ति को न्यायालय द्वारा किसी अपराध के लिए तब तक सजा नहीं दी जा सकती, जब तक कि यह साबित न हो जाए कि उस समय लागू किसी कानून को उसने तोड़ा है।

(9) पुनः किसी को एक ही अपराध के लिए दो बार सजा नहीं दी जा सकती।

(10) बिना कारण बताए किसी व्यक्ति को जेल में बंद नहीं किया जा सकता। बंदी होने पर 24 घंटे के अंदर मजिस्ट्रेट के सामने वह अवश्य उपस्थित होगा।

(11) साधारणत: किसी व्यक्ति को तीन महीने से अधिक नजरबंद भी नहीं रखा जा सकता। इस प्रकार प्रत्येक नागरिक को ऐसे कई स्वतंत्रता संबंधी अधिकार प्राप्त हैं। लेकिन राज्य की सुरक्षा, सार्वजनिक नैतिकता एवं हित के लिए इन अधिकारों पर रोक लगाई जा सकती है। जैसा कि बर्क ने लिखा है, 'स्वतंत्रता प्राप्त करने के लिए उसका सीमित होना आवश्यक है, क्योंकि स्वतंत्रता का अर्थ स्वच्छंदता नहीं है।

(3) **शोषण के विरुद्ध अधिकार :** संविधान के अनुसार कोई व्यक्ति दूसरे का किसी रूप में शोषण नहीं कर सकता। मनुष्य की खरीद-बिक्री वर्जित मानी गई है। कोई मनुष्य जबरन किसी से काम अथवा बेगार नहीं करवा सकता। ऐसा करनेवाला कानून की नजर में अपराधी होगा। लेकिन राज्य को यह अधिकार प्राप्त है कि वह सार्वजनिक हित के कार्यों के लिए अनिवार्य सेवा का नियम बना सकता है। 14 वर्ष से कम उम्र के किसी बालक को कारखाने या खान में नौकर नहीं रखा जा सकता।

(4) **धार्मिक स्वतंत्रता का अधिकार :** इस अधिकार के अंतर्गत प्रत्येक नागरिक को यह अधिकार है कि अपने विश्वास के अनुसार वह किसी भी धर्म को अपनाए। अपने धर्म के प्रचार के लिए भी कोई नागरिक प्रयत्न कर सकता है, लेकिन उसके ऐसा करने पर सार्वजनिक हित में किसी प्रकार की रुकावट नहीं आनी चाहिए। ऐसा होने पर राज्य उसके विरुद्ध नियम बना सकता है। किसी शिक्षण संस्थान में, जिसका सारा खर्च राज्य देता है, धार्मिक शिक्षा नहीं दी जा सकती। किसी व्यक्ति को किसी को इस तरह का कर देने के लिए बाध्य नहीं किया जा सकता, जिससे होनेवाली आय को किसी खास धर्म की उन्नति में खर्च किया जाता हो। इस प्रकार सभी धर्म के लोगों को धार्मिक आचार-विचार एवं प्रचार के संबंध में पूर्ण स्वतंत्रता है।

(5) **संस्कृति और शिक्षा संबंधी अधिकार :** प्रत्येक नागरिक को, चाहे वह देश के किसी भाग का रहनेवाला हो, अपनी भाषा, लिपि, संस्कृति आदि की रक्षा करने का अधिकार है। प्रत्येक व्यक्ति को किसी भी शिक्षण संस्थान में शिक्षा पाने का अधिकार है। इसमें जाति या धर्म के आधार पर किसी प्रकार का भेदभाव नहीं किया जाएगा। धर्म अथवा भाषा के आधार

पर अल्पसंख्यक वर्गों को यह अधिकार है कि वे अपनी पसंद से शिक्षण संस्थाओं की स्थापना और प्रबंध करें। सरकार ऐसे विद्यालयों को भी बिना किसी भेदभाव के सभी प्रकार की सहायता प्रदान करेगी।

(6) **संपत्ति रखने का अधिकार :** भारत में प्रत्येक नागरिक को संपत्ति कमाने, रखने और उसका उपभोग करने की स्वतंत्रता दी गई है। किसी भी व्यक्ति की संपत्ति कानून के अधिकार बिना नहीं छीनी जा सकती। लेकिन सार्वजनिक हित के लिए राज्य किसी भी व्यक्ति की संपत्ति उचित मुआवजा देकर ले सकता है।

(7) **संवैधानिक उपचारों का अधिकार :** संविधान में केवल नागरिकों को केवल मौलिक अधिकार ही प्रदान नहीं किए गए हैं, वरन् उसकी रक्षा की व्यवस्था भी कर दी गई है। यदि कोई नागरिकों के इन अधिकारों पर कुठाराघात करता है तो नागरिक सर्वोच्च न्यायालय की शरण में जा सकता है। सर्वोच्च न्यायालय इन अधिकारों को लागू करने के लिए किसी प्रकार का आदेश जारी कर सकता है। ऐसे आदेशों तथा लेखों में बंदी प्रत्यक्षीकरण पर आदेश, प्रतिरोध, उत्प्रेक्षण, अधिकार, पृच्छा आदि प्रमुख हैं।

मौलिक अधिकार पर प्रतिबंध

साधारणतः संसद् अथवा राज्यों के विधानमंडलों को मौलिक अधिकार स्थगित करने अथवा समाप्त करने का अधिकार प्राप्त नहीं है, लेकिन कुछ विशेष परिस्थिति उत्पन्न होने पर राज्य इन अधिकारों को स्थगित कर सकता है।

(1) **संविधान में संशोधन करके :** संविधान में संशोधन लाकर मौलिक अधिकार का अंत अथवा उसमें कमी लाई जा सकती है। सन् 1951 ई. में जमींदारी उन्मूलन के अवसर पर इसी प्रकार का संशोधन हुआ था।

(2) **सेनाओं के संबंध में :** संसद् को यह अधिकार प्राप्त है कि सेना या सुरक्षा तथा शांति रखनेवाली शक्तियों से संबंधित मौलिक अधिकारों को सीमित अथवा स्थगित कर सकती है, जिससे उनमें अनुशासन बनाए रखने तथा उनसे कर्तव्यपालन करवाने में किसी प्रकार की कठिनाई न हो।

(3) **फौजी कानून लगे हुए क्षेत्र में :** फौजी कानून लगे हुए क्षेत्र में नागरिकों को मौलिक अधिकार के उपयोग करने का अधिकार प्राप्त

नहीं है। ऐसे क्षेत्रों में फौजी शासकों द्वार किए गए प्रत्येक कार्यों को कानून के द्वारा उचित ठहराया जाएगा।

(4) **संकटकालीन घोषणा होने पर :** राष्ट्रपति द्वारा संकटकालीन स्थिति की घोषणा होने पर भाषण, लेखन, सभा आदि करने की स्वतंत्रता समाप्त हो जाती है। साथ-साथ अन्य अधिकारों पर भी रोक लग जाती है। लेकिन इस घोषणा की समाप्ति के बाद फिर सारे अधिकार प्राप्त हो जाते हैं।

मौलिक अधिकार और निर्देशक तत्त्व में अंतर

भारतीय संविधान की प्रस्तावना में यह कहा गया है कि नागरिकों के जीवन में सामाजिक, आर्थिक तथा राजनीतिक न्याय प्राप्त करने के लिए संविधान द्वारा लोकतंत्रात्मक गणराज्य की स्थापना हो रही है। इसके लिए नागरिकों को कुछ मूल अधिकार भी दिए गए हैं। लेकिन लोककल्याणकारी राज्य की स्थापना की सफलता के लिए राज्य की नीति, प्रशासन पद्धति, आर्थिक तथा सामाजिक सुंदर व्यवस्था पर निर्भर करती है। अत: राज्यों के लिए कुछ निर्देशक तत्त्वों का उल्लेख किया गया है। यह संविधान की ओर से व्यवस्थापिका तथा कार्यपालिका के समक्ष दिया गया आदेश है और इन्हें किसी न्यायालय का संरक्षण प्राप्त नहीं है। कुछ आलोचकों ने इसे व्यर्थ सिद्ध किया है। उनके अनुसार निर्देशक तत्त्व 'लक्ष्य और आकांक्षाओं की सूची है, जो पालन की अपेक्षा उल्लंघन द्वारा ही अधिक सम्मानित होगी।' लेकिन डॉ. आंबेडकर ने इसकी उपयोगिता बताते हुए लिखा था, 'हमें राजनीतिक और आर्थिक प्रजातंत्र की स्थापना करनी है और उसके लिए निर्देशक तत्त्व हमारे आदर्श हैं। पूरे संविधान का उद्‌देश्य इन आदर्शों का पालन करना है।' संक्षेप में, निर्देशक तत्त्व और मौलिक अधिकारों में निम्नलिखित अंतर हैं—

(1) मूल अधिकारों को न्यायालय से संरक्षण प्राप्त है। यदि राज्य इस पर आक्षेप करता है तो नागरिक न्यायालय का दरवाजा खटखटा सकता है, लेकिन निर्देशक सिद्धांतों का कानूनी आधार नहीं है। यदि कोई राज्य उसका पालन नहीं करता है तो कोई नागरिक उसके विरुद्ध न्यायालय में नहीं जा सकता।

(2) मूल अधिकार निलंबित या स्थगित किए जा सकते हैं, लेकिन निर्देशक तत्त्व के साथ यह बात नहीं है।

(3) मूल अधिकार का संबंध केवल राज्य और नागरिक से है, लेकिन निर्देशक तत्त्व की सीमा अंतरराष्ट्रीय क्षेत्र तक है।

□

राष्ट्रपति

प्रश्न : भारत के राष्ट्रपति के अधिकार और कार्य क्या हैं? (से.वो. 156 पू. 1958 वा. 1960 पू. 1962 पू. 1966 वा.)

उत्तर : संसार के प्राय: सभी संघ शासन प्रणालीवाले देशों के प्रधान से लेकर भारत के राष्ट्रपति के कार्य और अधिकार विशाल हैं। साधारणत: उसके अधिकार दो तरह के हैं, एक का प्रयोग वह दैनिक शासन में करता है और दूसरे का प्रयोग संकटकाल में करता है। साधारणत: उसके कार्यों और अधिकारों को निम्नलिखित भागों में बाँटा गया है—

(1) कार्यपालिका संबंधी अधिकार

(1) वह कार्यपालिका का प्रधान होता है और शासन की सारी शक्ति उसमें सन्निहित है। इन शक्तियों का प्रयोग वह खुद अथवा अधीनस्थ कर्मचारियों से करवाता है।

(2) वह किसी देश से युद्ध अथवा संधि कर सकता है।

(3) विदेशों में राजदूत एवं अन्य राज्य प्रतिबंधियों को नियुक्त करता है।

(4) वह प्रधानमंत्री को नियुक्त करता है और फिर उसकी सलाह से अन्य मंत्रियों की नियुक्ति करता है।

(5) राज्यपाल, सर्वोच्च न्यायालय और उच्च न्यायालय के न्यायाधीशों, लोकसेवा आयोग के सदस्यों, निर्वाचन आयुक्त, ऑडिटर जनरल, एटार्नी जनरल आदि बड़े-बड़े पदाधिकारियों की नियुक्ति राष्ट्रपति ही करता है।

(2) विधायिका संबंधी अधिकार

(1) राष्ट्रपति संसद् के अधिवेशन को बुला सकता है। उसे भंग कर सकता है अथवा उसकी अवधि बढ़ा-घटा सकता है।

(2) वह राज्य परिषद् के 12 सदस्यों को मनोनीत करता है।

(3) वह संसद् के सदनों में भाषण देता है, अपने संदेश भेजता है, जिस पर सदन को विचार करना आवश्यक हो जाता है।

(4) बिना राष्ट्रपति की स्वीकृति के कोई बिल ऐक्ट नहीं बन सकता। वह आर्थिक विधेयक को छोड़कर किसी विधेयक पर अपनी स्वीकृति रोक सकता है।

(5) आर्थिक तथा राजस्व विधेयक राष्ट्रपति की सिफारिश पर ही संसद् में पेश किए जा सकते हैं।

(6) यदि संसद् का अधिवेशन नहीं चल रहा है तो राष्ट्रपति अध्यादेश जारी कर सकता है।

(7) उसको राज्यों के विधानमंडलों के संबंध में भी कुछ अधिकार प्राप्त हैं।

(3) न्यायपालिका संबंधी अधिकार

(1) राष्ट्रपति न्याय का भी प्रधान है। वह सजा को कम कर सकता है, उसे बढ़ा सकता है अथवा बिल्कुल माफ कर सकता है। मृत्युदंड पाए हुए व्यक्तियों को मुक्त कर सकता है।

(4) अर्थ संबंधी अधिकार

(1) राष्ट्रपति प्रत्येक वित्तीय वर्ष के आरंभ में वार्षिक आय तथा व्यय का विवरण संसद् के सामने उपस्थित करता है।

(2) उसकी स्वीकृति के बिना धन विधेयक या वित्त विधेयक लोकसभा में प्रस्तावित नहीं किया जा सकता।

(3) देश की आकस्मिक निधि पर राष्ट्रपति का ही अधिकार रहता है। उसकी सिफारिश पर ही अनुदान की माँग की जा सकती है।

(4) राष्ट्रपति आयकर से प्राप्त होनेवाली आय को संघ तथा राज्यों के बीच बाँट देता है।

(5) वह वित्त आयोग की भी नियुक्ति करता है।

(5) संकटकालीन अधिकार

(1) राष्ट्रपति के संकटकालीन अधिकार अधिक व्यापक हैं। वह संकटकालीन उद्घोषणा के द्वारा संकटकालीन स्थिति की घोषणा कर

सकता है। यह घोषणा दो महीने तक लागू रहेगी, लेकिन संसद् उसकी घोषणा से सहमत हो जाए तो घोषणा की अवधि बढ़ाई जा सकती है। इस अवधि में शासन पर राष्ट्रपति का पूर्ण अधिकार हो जाता है।

(2) जनता के मूल अधिकार स्थगित हो जाते हैं और जनता न्यायालय की शरण भी नहीं ले सकती।

(3) राष्ट्रपति उस अवधि में किसी भी राज्य के विधान को समाप्त कर सकता है।

(4) संसद् का अधिवेशन अगर नहीं हो रहा हो तो वह किसी भी व्यय की स्वीकृति दे सकता है तथा अध्यादेश जारी कर सकता है।

विशेषाधिकार

राष्ट्रपति को कुछ विशेषाधिकार भी दिए गए हैं—

(1) वह अपने शासकीय कार्यों के लिए न्यायालय के प्रति उत्तरदायी नहीं हो सकता।

(2) उसके कार्यकाल में उसके विरुद्ध किसी न्यायालय में कोई मुकदमा नहीं चल सकता।

(3) कोई न्यायालय उसकी गिरफ्तारी का वारंट नहीं निकाल सकता।

(4) दीवानी मुकदमा उस पर चल सकता है, लेकिन इसकी सूचना उसे दो महीने पहले देनी होती है।

राष्ट्रपति की स्थिति

राष्ट्रपति के विशाल अधिकारों को देखते हुए कुछ विद्वानों ने यह आरोप लगाया है कि यदि राष्ट्रपति अपने अधिकारों का दुरुपयोग करे तो वह तानाशाह बन सकता है। अमरनंदी ने लिखा है कि 'केंद्रीय कार्यपालिका का यह अधिकार एक भरी हुई बंदूक की तरह है, जिसका प्रयोग नागरिकों की स्वतंत्रता की रक्षा तथा नाश दोनों के लिए हो सकता है।' राष्ट्रपति वास्तविक रूप से केवल संवैधानिक प्रधान है। वह अन्य संसदीय व्यवस्थावाले राज्यों के अध्यक्षों की तरह मंत्री परिषद् के परामर्शानुसार ही शासन कार्य कर सकता है। संविधान में कहा गया है कि उसकी सहायता एवं मंत्रणा के लिए एक मंत्रिमंडल होगा, जिसका प्रधान प्रधानमंत्री होगा। लेकिन संविधान में यह नहीं कहा गया है कि राष्ट्रपति मंत्रिमंडल की मंत्रणा स्वीकार ही करे, फिर भी वह मंत्रिमंडल की इच्छा के खिलाफ नहीं जा सकता, क्योंकि वह

भी संसद् के प्रति उत्तरादायी होता है और संसद् को बहुमत का विश्वास प्राप्त रहता है। डॉ. आंबेडकर ने भी लिखा है, "भारतीय संविधान में राष्ट्रपति का वही स्थान है, जो इंग्लैंड में राजा का है। वह राज्य का प्रधान है, कार्यपालिका का नहीं। वह राष्ट्र का प्रतिनिधित्व करता है, उस पर शासन नहीं। प्रशासन में उसका स्थान मुद्रा पर एक शोभायमान चित्रकारी की तरह है, जिससे राष्ट्र का निर्णय ज्ञात होता है।'

□

प्रधानमंत्री

प्रश्न–1 : भारत के प्रधानमंत्री के अधिकारों एवं कार्यों का वर्णन करें। (1963 वा. 1966 पू.)

उत्तर : संविधान की धारा 74 में कहा गया है कि राष्ट्रपति के शासन कार्य में सहायता के लिए एक मंत्रिपरिषद् की व्यवस्था रहेगी, जिसका प्रधान प्रधानमंत्री होगा। यद्यपि प्रधानमंत्री की नियुक्ति का अधिकार राष्ट्रपति को दिया गया है, लेकिन राष्ट्रपति जिसे चाहे प्रधानमंत्री नियुक्त नहीं कर सकता है। जब कभी लोकसभा में किसी खास दल का बहुमत नहीं रहता, उस समय राष्ट्रपति किसी ऐसे व्यक्ति को प्रधानमंत्री नियुक्त करता है, जो स्थायी सरकार बना सके।

प्रधानमंत्री के कार्य निम्नलिखित हैं—

(1) वे मंत्रिपरिषद् के निर्माता होते हैं। सिद्धांत में तो मंत्रियों की नियुक्ति राष्ट्रपति करते हैं। पर व्यवहार में प्रधानमंत्री की ही इच्छा सर्वोपरि होती है। वे अपने मंत्रियों की सूची बनाकर राष्ट्रपति को देते हैं, जिसे राष्ट्रपति को स्वीकृत करना ही पड़ता है।

(2) मंत्रियों के बीच कार्यों का बँटवारा प्रधानमंत्री की करते हैं।

(3) सभी मंत्रियों को उसकी इच्छानुसार चलना पड़ता है। यदि कोई मंत्री उसका कहा नहीं मानता है तो प्रधानमंत्री उसे त्यागपत्र देने को कह सकता है और यदि वह मंत्री त्यागपत्र नहीं दे तो ऐसी हालत में प्रधानमंत्री ही त्यागपत्र देकर मंत्री परिषद् को भंग कर देता है और पुनः हुए चुनाव में वह उन मंत्रियों को सम्मिलित नहीं करता है। लास्की ने सही लिखा है कि 'प्रधानमंत्री ही मंत्रिपरिषद् का निर्माण करते हैं। उनकी इच्छा से ही वह जीवित रहती है और उनकी इच्छा से ही मर जाती है।'

(4) प्रधानमंत्री राष्ट्रपति और मंत्रिपरिषद् के बीच की कड़ी का काम करते हैं। वे मंत्री परिषद् के निर्णयों से राष्ट्रपति को अवगत कराते हैं और राष्ट्रपति के विचारों से मंत्रिपरिषद् को अवगत कराते हैं।

(5) प्रधानमंत्री मंत्रिपरिषद् की बैठक बुलाता है तथा बैठक में सभापति का पद ग्रहण करता है।

(6) वे अपने मंत्रिपरिषद् के किसी भी मंत्री से उसके विभाग की सूचना माँगकर उसे उचित परामर्श दे सकते हैं, जो उनके परामर्श को नहीं मानता, उसे प्रधानमंत्री के कोप का भाजन बनना पड़ता है। जेनिग्स ने लिखा है—'He is the sun round which reamess Revolve.'

(7) देश के महत्त्वपूर्ण पदों पर जितनी भी नियुक्तियाँ होती हैं जैसे राज्यपाल, राजदूत, न्यायाधीश आदि की नियुक्ति में राष्ट्रपति प्रधानमंत्री की सलाह लेते हैं।

(8) सैनिक और विद्या संबंधी उपाधियों में भी प्रधानमंत्री का ही निर्णय प्रधान होता है।

(9) संकटकालीन स्थिति की घोषणा होने पर राष्ट्रपति के आवरण के पीछे प्रधानमंत्री ही शासन के सूत्रधार हो जाते हैं।

(10) अंतरराष्ट्रीय क्षेत्र में प्रधानमंत्री का महत्त्वपूर्ण सहयोग रहता है। विदेशों में अपने देश का वही प्रतिनिधित्व करते हैं तथा अपनी राजनीतिक कुशलता का परिचय देकर विदेशों में अपने देश का गौरव मस्तक ऊँचा करते हैं।

प्रधानमंत्री की स्थिति

संघीय शासन व्यवस्था में वास्तविक शक्ति प्रधानमंत्री में ही रहती है। यही कारण है कि इंग्लैंड की तरह हमारे देश में भी शासन की वास्तविक शक्ति प्रधानमंत्री के हाथ में है। राष्ट्रपति केवल संवैधानिक प्रधान है। मार्ले ने लिखा है, 'प्रधानमंत्री मंत्रिपरिषद् रूपी वृत्तखंड का भव्य प्रस्तार है (The Prime Minister is the Key Stone of the Caliente arch) प्रधानमंत्री की तुलना कुछ लोगों ने सूर्य से की है, जिसके चारों ओर अन्य मंत्रीरूपी ग्रह चक्कर लगाते हैं।' He is not only a moon in the midet of stars, but sun round which plants towored' संक्षेप में प्रधानमंत्री मंत्रिपरिषद् का निर्माण करता है। उसकी कृपा पर ही वह परिषद् जिंदा रहती है और उसकी इच्छा से काम करती

है। लेकिन यह सबकुछ होते हुए भी प्रधानमंत्री अन्य मंत्रियों के नेता होते हैं, उनके मालिक नहीं।'

प्रश्न-2 : भारतीय संसद् के गठन एवं कार्यों का वर्णन कीजिए। (1959 पू.)

उत्तर : भारतीय व्यवस्थापिका को संसद् कहा गया है। यह राष्ट्रपति तथा दो सदनों राज्यसभा और लोकसभा से मिलकर बना है। यद्यपि राष्ट्रपति संसद् के किसी सदन का सदस्य नहीं होता, फिर भी वह संसद् का अभिन्न अंग होता है। यह व्यवस्था अन्य संघीय व्यवस्थाओं से प्रभावित होकर ही अपनाई गई है। सन् 1919 और 1935 के अधिनियमों का भी इसमें अनुकरण किया गया है। ब्रिटिश पद्धति भी इसी प्रकार की है। लेकिन अमेरिकी संविधान इसके प्रतिकूल है।

राज्यसभा का गठन

यह एक स्थायी सदन है और राज्यों का प्रतिनिधित्व करती है। इसका न तो कभी विघटन होता है और न कभी नए सिरे से निर्माण होता है। इसके एक-तिहाई सदस्य हर दो वर्ष पर रिटायर होते रहते हैं और उसकी पूर्ति नए सदस्यों से होती रहती है। इस सदन में सदस्यों की अधिकतम संख्या 250 निर्धारित की गई है। इसमें 238 सदस्य निर्वाचित होते हैं और 12 सदस्यों को राष्ट्रपति मनोनीत करते हैं। ये सदस्य साहित्य, कला, विज्ञान आदि के ज्ञाता होते हैं।

सदस्यों की योग्यता

इसके सदस्यों की निम्नलिखित योग्यताएँ निर्धारित की गई हैं—

(1) वह भारत का नागरिक हो।

(2) कम-से-कम 30 वर्ष का हो।

(3) वह अन्य सभी योग्यताएँ रखता हो, जो संसद् कानून द्वारा निश्चित करे।

पदाधिकारी

राज्यसभा का एक सभापति होता है। यह पद भारत के उपराष्ट्रपति ग्रहण करते हैं। सभा के सदस्य अपने में से एक उपसभापति का चुनाव कर लेते हैं। सभापति को प्रतिमास 2250 रुपए वेतन तथा 500 रुपए भत्ता मिलता है। उपसभापति को 2000 रुपए प्रतिमास वेतन मिलता है। इसके अलावा मुफ्त आवास भी दिया जाता है।

लोकसभा का संगठन

लोकसभा संसद् का निम्न अथवा प्रथम सदन है। इसमें अधिक-से-अधिक 500 सदस्य होते हैं। सदस्यों का निर्वाचन वयस्क मताधिकार के आधार पर प्रत्यक्ष रूप से जन साधारण द्वारा होता है। निर्वाचन के लिए राज्य प्रादेशिक निर्वाचन क्षेत्र में इस तरह बाँटा जाता है कि कम-से-कम 5 लाख और अधिक-से-अधिक 7.5 लाख की आबादी पर एक सदस्य निर्वाचित हो। परिगणित जातियों तथा आदिम जातियों के लोकसभा में कुछ स्थान सुरक्षित रखे गए हैं। एंग्लो-इंडियन समुदाय के लिए भी कुछ स्थान सुरक्षित हैं। बिहार के 53 प्रतिनिधि लोकसभा में भेजने का अधिकार है।

सदस्यों की योग्यता

(1) भारत का नागरिक हो (2) कम-से-कम 25 वर्ष की उम्र का हो। (3) संसद् द्वार निर्धारित योग्यताएँ हों। कोई एक ही व्यक्ति संसद् और विधानमंडल दोनों का सदस्य नहीं हो सकता। साधारणतः लोकसभा का कार्यकाल 5 वर्षों के लिए होता है, लेकिन उसकी अवधि राष्ट्रपति बढ़ा-घटा सकता है अथवा उसे भंग भी कर सकता है।

लोकसभा के पदाधिकारी

लोकसभा का एक अध्यक्ष होता है, इसे स्पीकर कहते हैं। यह सभा में सभापति का कार्य करता है और सभा के कार्य को सुचारु ढंग से चलाता है। यह सदस्यों से सभा के नियमों का पालन करवाता है। 'जो सदस्य सभा के अनुशासन को भंग करता है, उसके विरुद्ध वह उचित काररवाई करता है। अध्यक्ष के अनुपस्थित रहने पर उपाध्यक्ष इसके कार्यभार को ग्रहण करता है। अध्यक्ष को 2250 और उपाध्यक्ष को 2000 रुपए मासिक वेतन मिलता है।

संसद् के अधिकार और कार्य

संसद् के अधिकार विशाल हैं। यद्यपि सुप्रीम कोर्ट को यह अधिकार प्राप्त है कि यदि संसद् कोई गलत कानून बनाती है तो वह उसे अवैध घोषित कर सकता है फिर भी संसद् के अधिकार विस्तृत हैं। संक्षेप में उसके अधिकारों को निम्नलिखित भागों में बाँटा गया है—

(1) **कार्यपालिका संबंधी अधिकार :** ससंद का प्रधान कार्य मंत्रिमंडल का संगठन करना है। राष्ट्रपति के निर्वाचन में भी संसद् का हाथ होता है। मंत्रिमंडल अपने प्रत्येक कार्यों के लिए संसद् के सामने उत्तरदायी होता है। यदि संसद् का विश्वास कोई मंत्री खोता है तो उसे त्यागपत्र देना पड़ता है। संसद् मंत्रिमंडल पर अपना नियंत्रण निम्नलिखित तरीकों से स्थापित करता है—

(1) **सरकार से प्रश्न पूछकर :** इसके द्वारा सरकार की स्वेच्छाचारिता पर अंकुश रखा जाता है।

(2) **प्रस्ताव पास कर :** संसद् कार्यकारिणी को नियंत्रण में रखने के लिए प्रस्ताव पास करती है। यह प्रस्ताव निम्नलिखित प्रकार के होते हैं—

(1) साधारण प्रस्ताव

(2) काम रोको प्रस्ताव

(3) कटौती का प्रस्ताव

(4) और अविश्वास का प्रस्ताव। शासन की नीति निर्धारित करने में तथा युद्ध-संधि आदि के संबंध में भी संसद् को व्यापक अधिकार प्राप्त हैं।

(2) **कानून संबंधी कार्य :** संघ सूची और समवर्ती सूची में जितने भी विषय दिए गए हैं, उन पर कानून बनाने का अधिकार संसद् को ही है। कोई भी विधेयक बिना संसद् के दोनों सदनों की स्वीकृति के कानून नहीं बन सकता। संकटकालीन स्थिति उत्पन्न हो जाने पर संसद् राज्यसूची के अंतर्गत दिए गए विषयों में भी कानून बना सकती है। उसके बनाए गए कानूनों की वैधानिकता पर सर्वोच्च न्यायालय विचार कर सकता है।

(3) **वित्त संबंधी अधिकार :** सरकार के आय-व्यय पर संसद् का पूर्ण नियंत्रण रहता है। इसके लिए संसद् नए-नए कर लगाता है अथवा लगे हुए कर में कमी या वृद्धि करता है। प्रत्येक वित्तीय वर्ष के प्रारंभ में राष्ट्रपति संसद् के दोनों सदनों के सामने बजट उपस्थित करता है, जिसे संसद् पास करता है। संसद् को अधिकार है कि बजट में किसी भी रकम को कम कर दे। बजट में दी गई राशि को संसद् स्वीकृत अथवा अस्वीकृत कर सकती है।

(4) **न्याय संबंधी कार्य :** संसद् को न्याय के क्षेत्र में भी कई प्रकार के अधिकार प्राप्त हैं। यदि उसे विश्वास हो जाए कि राष्ट्रपति संविधान के नियमों का उल्लंघन कर रहा है तो वह उसके ऊपर महाभियोग लगा सकती है। यदि संसद् किसी न्यायाधीश के कार्यों से संतुष्ट नहीं है तो वह राष्ट्रपति को उसे पदच्युत करने को कह सकती है। उच्चतम न्यायालय तथा अन्य न्यायालयों के अधिकार क्षेत्र भी संसद् बढ़ा या घटा सकती है।

(5) **संविधान में संशोधन का अधिकार :** संसद् को संविधान में संशोधन करने का पूरा अधिकार प्राप्त है। संविधान के संशोधन का प्रस्ताव किसी एक ही सदन में उपस्थित किया जाता है, लेकिन यह आवश्यक है कि प्रत्येक सदन में संपूर्ण सदस्य संख्या के बहुमत से वह पास हो जाए तभी वह प्रस्ताव पारित हो सकता है।

प्रश्न–3 : राज्यपाल के अधिकारों और कार्यों का वर्णन करें। (1955 वा., 1957 वा., 1959 वा.)

उत्तर :

राज्यपाल की नियुक्ति

राज्यपाल की नियुक्ति राष्ट्रपति द्वारा होती है और राज्यपाल उसके प्रति उत्तरादायी होता है। लेकिन कश्मीर के राज्यपाल को, जिसे वह सदरे रियासत कहते हैं, वहाँ का विधानमंडल निर्वाचित करता है। राज्यपाल का कार्यकाल 5 वर्षों का है, लेकिन इस अवधि के भीतर भी राष्ट्रपति उसे पदच्युत कर सकते हैं।

राज्यपाल की योग्यता, वेतन आदि

राज्यपाल के पद के लिए निम्नलिखित योग्यताएँ निर्धारित की गई हैं—

(1) वह भारत का नागरिक हो।

(2) उसकी उम्र कम–से–कम 35 वर्ष की हो।

(3) वह संसद् अथवा विधानमंडल के किसी भी सदन का सदस्य न हो।

(4) वह कोई भी लाभ का पद न ग्रहण करता हो। उसे 5500 रुपए प्रतिमाह वेतन तथा कई प्रकार के भत्ते एवं मुफ्त आवास मिलता है।

अधिकार और कार्य

(1) **कार्यपालिका संबंधी अधिकार :** राज्य की कार्यपालिका शक्ति राज्यपाल में निहित है। इसका प्रयोग वह अपने अधिनस्थ कर्मचारियों द्वारा करता है। वह विधानसभा में बहुमत दल के नेता को मुख्यमंत्री नियुक्त करता है, फिर मुख्यमंत्री के परामर्श से अन्य मंत्रियों की नियुक्ति करता है। जब विधानसभा में किसी खास दल का बहुमत नहीं रहता है तो राज्यपाल को मुख्यमंत्री के चुनाव में अधिक स्वतंत्रता रहती है। राज्य के कई उच्च पदाधिकारियों जैसे एडवोकेट, जनरल, लोकसेवा आयोग के चेयरमैन आदि की नियुक्ति राज्यपाल ही करते हैं। राज्यपाल को राज्य सूची के अंतर्गत सभी विषयों पर पूरा अधिकार है। इतना ही नहीं, यदि राज्यपाल को यह विश्वास हो जाए कि राज्य का शासन संविधान के अनुसार नहीं चल रहा है तो वे इसकी सूचना राष्ट्रपति को देकर राष्ट्रपति से संकटकालीन अधिकार की घोषणा करवा सकते हैं। संकटकाल की स्थिति घोषित हो जाने पर राज्यपाल राष्ट्रपति अथवा केंद्रीय सरकार के प्रतिनिधि के रूप में शासन चलाते हैं।

व्यवस्थापिका संबंधी कार्य

राज्यपाल विधानमंडल को बुलाता है, उसे स्थगित अथवा भंग कर सकता है। विधानमंडल की बैठकों में भाषण देता है तथा संदेश भेज सकता है। विधानमंडल द्वारा पास किया गया कोई बिल तब तक कानून नहीं बन सकता, जब तक राज्यपाल की स्वीकृति नहीं मिल जाए। राज्यपाल को अधिकार है कि वह उस पर अपनी स्वीकृति दे अथवा उसे राष्ट्रपति के विचार के लिए उसके पास भेज दे। राज्यपाल विधान परिषद् के 12 सदस्यों को मनोनीत करता है। यदि विधानमंडल की बैठक नहीं हो रही हो तो राज्यपाल राष्ट्रपति से स्वीकृति लेकर अध्यादेश भी जारी कर सकता है, जो विधानमंडल की बैठक प्रारंभ होने के बाद छह सप्ताह तक लागू रहता है।

वित्त संबंधी कार्य

कोई भी धन संबंधी विधेयक राज्यपाल की स्वीकृति के बाद ही विधानसभा में उपस्थित हो सकते हैं। प्रत्येक आर्थिक वर्ष के आरंभ में राज्यपाल उस वर्ष के

अनुमानित आय-व्यय का लेखा-जोखा उपस्थित करवाते हैं। कोई भी मंत्री बिना राज्यपाल की सिफारिश के राज्य के राजस्व में कुछ उलट-फेर नहीं कर सकता। राज्यपाल विधानसभा से अनुपूरक अनुदान की भी माँग करता है। यदि आवश्यकता पड़े तो कोई मंत्री राज्यपाल की सिफारिश पर बजट में उसके विभाग के लिए जितना रुपया मंजूर किया गया है, उससे अधिक माँग सकता है।

न्याय संबंधी अधिकार

उच्च न्यायालय के न्यायाधीशों की नियुक्ति के समय राष्ट्रपति राज्यपाल से ही परामर्श लेते हैं। न्याय विभाग के कर्मचारियों की नियुक्ति भी राज्यपाल एवं उच्च न्यायालय के परामर्श से करते हैं। राज्य के भीतर किसी अपराधी के अपराध को राज्यपाल क्षमा कर सकते हैं अथवा उसके दंड को घटा-बढ़ा सकते हैं।

राज्यपाल की स्थिति

राज्यपाल की शक्ति को देखते हुए ऐसा लगता है कि उसके अधिकार विशाल हैं, लेकिन फिर भी राज्यपाल तानाशाह नहीं बन सकता। सच्चे अर्थों में वह राज्य का संवैधानिक अध्यक्ष भर है। शासन की बागडोर असल में मंत्रिपरिषद् के हाथ में रहती है। राज्यपाल की सारी शक्तियों का प्रयोग मुख्यमंत्री करता है, जो मंत्री परिषद् का नेता होता है। पलाएडे ने लिखा है, 'राज्यपाल वास्तव में शक्तिहीन और सदैव मंत्रियों की सलाह के अनुसार कार्य करनेवाला है। वह केवल संवैधानिक और प्रतीकात्मक प्रधान है।' मध्य प्रदेश के राज्यपाल श्री पट्टाभि सीतारमैया ने कहा था, 'राज्यपाल का कार्य मेहमानों की इज्जत करने, उनको चाय-भोजन तथा दावत देने के अतिरिक्त और कुछ नहीं है।'

प्रश्न- मुख्यमंत्री के अधिकारों और कार्यों का वर्णन करें? (1959 वा.)

उत्तर- संविधान के अनुसार राज्यपाल को शासन कार्य में सहायता देने के लिए एक मंत्रिमंडल की व्यवस्था की गई है, जिसका प्रधान मुख्यमंत्री होता है। राज्य के शासन में मुख्यमंत्री का वही स्थान है, जो केंद्रीय शासन में प्रधानमंत्री का है। मुख्यमंत्री की नियुक्ति राज्यपाल करता है, लेकिन उसे विधानसभा में बहुमत दल के नेता को ही मुख्यमंत्री बनाना होता है। फिर मुख्यमंत्री की सलाह से वह अन्य मंत्रियों की नियुक्ति करता है—

(1) मुख्यमंत्री मंत्रिमंडल का नेता होता है। इस नाते वह मंत्रिमंडल की बैठकों में भाग लेता है, उसमें सभापति का आसन ग्रहण करता है।

(2) वे मंत्रिमंडल को जिंदा रखते हैं अथवा नष्ट कर देते हैं। इस अर्थ में मुख्यमंत्री मंत्रिमंडल का निर्माता होता है।

(3) अपने मंत्रियों के बीच वे ही कार्यों का बँटवारा करते हैं।

(4) वे प्रत्येक मंत्री एवं उसके विभागों पर निगरानी रखते हैं तथा उन्हें उचित परामर्श देते हैं। यदि किसी मंत्री के कार्य से उसे संतोष नहीं होता तो उस मंत्री को त्यागपत्र देना पड़ता है।

(5) राज्य की नीति का निर्धारण मुख्यमंत्री का ही कार्य है और बिना उनकी अनुमति के कोई भी कार्य नहीं किया जा सकता।

(6) साधारणतः मुख्यमंत्री मंत्रिमंडल और राज्यपाल के बीच कड़ी का काम करते हैं। मंत्रिमंडल और राज्यपाल के बीच संपर्क स्थापित करते हैं। यदि कोई मंत्री राज्यपाल से संपर्क बनाना चाहता है तो वह ऐसा मुख्यमंत्री द्वारा ही कर सकता है।

(7) मंत्रिमंडल के निर्णयों और नीतियों से वे राज्यपाल को परिचित कराते हैं और राज्यपाल के विचारों से मंत्रिमंडल को।

(8) शासन कार्यों में राज्यपाल को मुख्यमंत्री सलाह देते हैं।

(9) यदि मंत्रिमंडल के किन्हीं दो मंत्रियों या उससे अधिक मंत्रियों के बीच कोई विवाद खड़ा होता है तो मुख्यमंत्री ऐसे विवाद में मध्यस्थ का कार्य करते हैं।

(10) राज्य के सभी प्रमुख पदाधिकारियों की नियुक्ति में राज्यपाल को मुख्यमंत्री ही परामर्श देते हैं।

प्रश्न-4 : बिहार के विधानमंडल के संगठन और अधिकारों का वर्णन कीजिए।

उत्तर : राज्यों में एक विधानमंडल की व्यवस्था की गई है। यह राज्यपाल और कुछ राज्यों में दो सदन तथा कुछ राज्यों में एक सदन मिलाकर बनता है। जिन राज्यों में दो सदन की व्यवस्था है, वहाँ विधान परिषद् को उच्च सदन तथा विधान सभा को निम्न सदन कहते हैं। जहाँ एक ही सदन की व्यवस्था है, वहाँ उसे विधान सभा कहते हैं। बिहार राज्य में विधानसभा और विधान परिषद् दो सदन हैं।

विधानसभा का संगठन

यह विधानमंडल का प्रथम सदन कहलाता है। इसमें अधिक-से-अधिक 500 और कम-से-कम 60 सदस्य होते हैं। सदस्यों का चुनाव वयस्क

मताधिकार के आधार पर प्रत्यक्ष निर्वाचन द्वारा होता है और मतदान गुप्त रहता है। सदस्यों का निर्वाचन क्षेत्र भूमि के आधार पर और प्रतिनिधित्व जनसंख्या के आधार पर निश्चित किया जाता है। 1856 से पूर्व प्रत्येक 75000 की जनसंख्या पर एक प्रतिनिधि चुना जाता था। लेकिन अब निर्वाचन क्षेत्र की संख्या और प्रतिनिधित्व का अनुपात संपूर्ण राज्य में एक-सा होगा। अनुसूचित जातियों, अनुसूचित जनजातियों और आँग्ल समुदाय के लिए विधानसभा में कुछ स्थान सुरक्षित रखे गए हैं। विधानसभा के सदस्यों के लिए आवश्यक है कि वे भारत के नागरिक हों, कम-से-कम 25 वर्ष की उम्र के हों तथा विधानमंडल द्वारा निर्धारित योग्यता उनमें हो। इसके सदस्य अपने में से ही एक स्पीकर और डिप्टी स्पीकर का चुनाव करते हैं। विधानसभा का कार्यकाल साधारणत: 5 वर्ष है, लेकिन इसके अंदर भी राज्यपाल इसका विघटन कर सकता है अथवा इसकी अवधि बढ़ा सकता है।

विधान परिषद् का संगठन

यह एक स्थायी सदन है। इसका विघटन नहीं होता है, लेकिन इसके एक-तिहाई सदस्य प्रति दो वर्ष पर अपना स्थान खाली करते हैं और उसकी पूर्ति नए सदस्यों द्वारा होती रहती है। इसमें कम-से-कम 40 सदस्य अवश्य रहते हैं। इसके सदस्यों का निर्वाचन एकल हस्तांतरित मत के द्वारा होता है। निर्वाचन गुप्त रूप से एक निर्वाचक मंडल के द्वारा होता है।

एक-तिहाई सदस्य जिला बोर्ड तथा अन्य अधिकारियों के सदस्यों से बने हुए निर्वाचक मंडल के मतदान से, जहाँ तक संभव हो, एक-तिहाई सदस्य का निर्वाचन होगा। विधान परिषद् के सदस्यों का 12वाँ भाग उन निर्वाचकों द्वारा चुना जाता है, जो भारत के नागरिक हों और कम-से-कम तीन वर्ष से किसी भारतीय विश्वविद्यालय के ग्रेजुएट हों। सदस्यों का 12वाँ भाग विश्वविद्यालय के उन शिक्षकों द्वारा निर्वाचित किया जाता है, जो माध्यमिक पाठशाला में कम-से-कम तीन साल से शिक्षक का काम कर रहे हों। एक-तिहाई सदस्य विधानसभा के सदस्यों द्वारा चुने जाते हैं। शेष सदस्य राज्यपाल द्वारा मनोनीत किए जाते हैं। ये सदस्य राजनीति से दूर रहकर साहित्य, कला, विज्ञान आदि के विकास के लिए प्रयत्नशील होते हैं।

विधान परिषद् की सदस्यता के लिए आवश्यक है कि सदस्य भारत के नागरिक हों, उनकी उम्र कम-से-कम 30 वर्ष की हो तथा उनमें विधानमंडल द्वारा

निश्चित की गई अन्य योग्यताएँ हों। यह सदन अपने सदस्यों में से एक सभापति और एक उपसभापति चुनता है। विधानमंडल के सदस्य सदन में भाषण दे सकते हैं। विधानमंडल में कही हुई बात के लिए उन्हें किसी न्यायालय के सामने खड़ा नहीं होना पड़ेगा।

विधानमंडल के अधिकार और कार्य

विधानमंडल के निम्नलिखित मुख्य कार्य हैं—

(1) **कानून बनाने का अधिकार :** राज्य विषयों पर राज्य सूची में दी गई सभी बातों पर विधानमंडल कानून बना सकता है। धन तथा अन्य वित्त संबंधी विधेयक विधानसभा में ही उपस्थित किए जा सकते हैं। विधानसभा से पास किया गया विधेयक विधान परिषद् में उसकी स्वीकृति के लिए रखा जाता है। विधान परिषद् को अधिकार है कि वह उसे स्वीकृत करे या पुनर्विचार के लिए विधानसभा के पास लौटा दे अथवा उसे बिल्कुल अस्वीकृत कर दे। लेकिन यदि तीन महीने तक विधान परिषद् कोई निर्णय न ले तो वह विधेयक दोनों सदनों द्वारा पास समझा जाता है। वित्त संबंधी विधेयक पर 14 दिन के अंदर ही विधान परिषद् अपना निर्णय देती है।

विधानमंडल का मुख्य काम कार्यपालिका पर नियंत्रण रखना भी है। मंत्रिपरिषद् विधानसभा के प्रति उत्तरदायी होती है। विधानमंडल निम्नलिखित उपायों द्वारा मंत्रिपरिषद् के कार्यों पर नियंत्रण रखता है—

(1) अविश्वास का प्रस्ताव पास कर।

(2) काम रोको का प्रस्ताव कर।

(3) वाद-विवाद कर।

(4) प्रश्न और पूरक प्रश्न पूछकर।

(5) सरकार के कार्यों की जाँच करने के लिए समिति नियुक्त कर।

(6) बजट में कटौती का प्रस्ताव कर।

(7) सरकारी विधेयकों को अस्वीकार कर विधानमंडल राज्य की आर्थिक नीति पर नियंत्रण रखती है। विधानमंडल के सामने आय-व्यय का विवरण राज्यपाल उपस्थित करते हैं। विधानमंडल उस माँग को स्वीकार अथवा अस्वीकार कर सकता है।

प्रश्न-5 : आपका राज्य आजकल किस प्रकार शासित होता है? (1961 वा.)

उत्तर : हमारे राज्य का शासन कई विभागों में बँटा है और प्रत्येक विभाग को एक-एक मंत्री के जिम्मे दे दिया गया है। मंत्रियों की सहायता के लिए अनेक स्थायी पदाधिकारी होते हैं, जिनमें सचिव, उपसचिव आदि प्रमुख हैं। वास्तविक शासन चलाने की जवाबदेही इन्हीं पदाधिकारियों पर रहती है। लेकिन ये पदाधिकारी एक साथ ही संपूर्ण राज्य के शासन को नहीं चला सकते, अत: संपूर्ण राज्य को चार कमिश्नरियों में, कमिश्नरियों को जिले में, जिलों को सबडिविजन में और सबडिविजन को थाने में बाँट दिया गया है।

कमिश्नरी

बिहार राज्य में चार कमिश्नरियाँ हैं—पटना, तिरहुत, भागलपुर और छोटा नागपुर। इन चारों कमिश्नरियों में एक-एक कमिश्नर रहता है।

जिला

संपूर्ण बिहार में 18 जिले हैं। इसके प्रधान शासक को जिलाधीश कहते हैं। छोटा नागपुर कमिश्नरी में जिलाधीश को डिप्टी कमिश्नर कहा जाता है। जिलाधीश का मुख्य कार्य राजस्व की वसूली करना है। इसके अलावा वह जिले में राजस्व संबंधी मामले का फैसला करता है, जमीन का उचित बँटवारा करता है। जिले के सरकारी खजाने पर उसका पूर्ण अधिकार माना जाता है। वह किसानों को सरकारी कर्ज देता है तथा अकाल, महामारी आदि के समय वह लोगों की सहायता करता है। राजस्व संबंधी कार्यों के अलावा वह जिले में शांति, सुरक्षा और सुव्यवस्था बनाए रखता है। पुलिस एवं अन्य मजिस्ट्रेटों को वह आवश्यक निर्देश देता है एवं उनके कार्यों का निरीक्षण करता है। कई फौजदारी मुकदमों को भी देखता है तथा अपने अधीनस्थ मजिस्ट्रेटों के फैसले की अपील भी सुनता है। संक्षेप में, कलेक्टर का पद काफी उत्तरदायित्व का पद है।

सबडिविजन

शासन की सुविधा के लिए जिले को भी कई भागों में बाँटा गया है। प्रत्येक को सबडिवीजन कहते हैं। प्रत्येक सबडिविजन में एक-एक सबडिविजनल ऑफिसर होता है। यह जिलाधीश के अधीन रहता है। इसका मुख्य कार्य सबडिविजन में

शांति और सुरक्षा बनाए रखना है। इस कार्य के लिए उसे सहायता देने के लिए कई मजिस्ट्रेट एवं पुलिस अधिकारी होते हैं।

थाना

राज्य के शासन की यह सबसे छोटी इकाई है। इसका प्रधान थानेदार कहलाता है। आजकल गाँव में ग्राम पंचायत की स्थापना हो रही है, जिसके जिम्मे गाँव की सुरक्षा का प्रबंध रहता है।

पुलिस प्रबंध

राज्य में सुरक्षा एवं शांति की स्थापना के लिए पुलिस की व्यवस्था की गई है। इसका सबसे बड़ा अधिकारी इंस्पेक्टर जनरल ऑफ पुलिस होता है। इसके अधीन पुलिस के साधारण और गुप्त दोनों विभाग रहते हैं। सुरक्षा की दृष्टि से राज्य को कई भागों में (Range) बाँट दिया जाता है। जिला में पुलिस के बड़े पदाधिकारी को पुलिस सुपरिंटेंडेंट (SP) कहते हैं। सबडिविजन में डिप्टी पुलिस सुपरिंटेंडेंट (DSR) रहता है। थाने के अधिकारी को सब इंस्पेक्टर कहते हैं। फिर कई थानों को मिलाकर एक सर्किल होता है। सर्किल के प्रधान को इंस्पेक्टर कहते हैं। गाँव में चौकीदार पर सुरक्षा का भार रहता है। कई चौकीदार पर उनके कार्यों का निरीक्षण करने के लिए एक दफादार होता है और इनके ऊपर एक दारोगा होता है।

□

भारत की वैदेशिक नीति

प्रश्न-1 : स्वतंत्र भारत की वैदेशिक नीति का संक्षेप में वर्णन करें। (से.बो. 1944 पू., 1957 वा., 1958 पू. 1965 पू.)

उत्तर : स्वतंत्रता से पूर्व भारत की अपनी कोई विदेश नीति नहीं थी। इसकी वैदेशिक नीति का निर्माण लंदन के व्हाइट हाउस में होता था। लेकिन 1947 में भारत डेढ़ सौ वर्षों की गुलामी के बाद मुक्त हुआ और यह अपनी वैदेशिक नीति संचालित करने के लिए स्वतंत्र हो गया।

प्रत्येक देश की वैदेशिक नीति वहाँ की भौगोलिक स्थिति तथा ऐतिहासिक परंपरा पर निर्भर करती है। भारत भी इसका अपवाद नहीं है। अति प्राचीन काल से ही भारत विश्व बंधुत्व का प्रचारक रहा है, अत: आज वह अपने इस आदर्श की अवहेलना नहीं कर सकता। संक्षेप में, भारत की वैदेशिक नीति के निम्नलिखित मुख्य सिद्धांत हैं—

(1) **संसार की गुटबंदी से दूर रहना :** आज संपूर्ण विश्व दो गुटों में विभाजित है और इन दोनों गुटों में शीतयुद्ध का वातावरण कायम है। एक का नेतृत्व अमेरिका कर रहा है और दूसरे का रूस। भारत इन गुटों से अलग रहकर अपनी तटस्थता की नीति पर कायम है। लेकिन इसका अर्थ यह नहीं है कि भारत विश्व राजनीति में शिथिलता का परिचय देता है। वह प्रत्येक अंतरराष्ट्रीय प्रश्नों पर विचार करता है और न्याय का पक्ष ग्रहण करता है। यही कारण है कि उसने इराक, लेबनान और जॉर्डन में यदि अमेरिका की आलोचना की तो हंगरी में रूस के आक्रमण का विरोध भी किया। आज के विश्व में भारत की इस तटस्थता नीति के कारण ही उसकी इज्जत बनी हुई है।

(2) **साम्राज्यवाद का विरोध :** भारत विश्व में साम्राज्यवाद की नीति का विरोधी है। खुद यह डेढ़ सौ वर्षों तक साम्राज्यवाद का शिकार रह

चुका है, अतः इसे अनुभव है कि इस नीति के कितने भीषण परिणाम होते हैं। अपनी इस नीति को कार्यान्वित करने के उद्देश्य से ही उसने हिंदेशिया को डचों के प्रभुत्व से मुक्त होने में सहायता की और मिस्र को स्वेज नहर के राष्ट्रीयकरण में सहयोग दिया।

(3) **प्रजातीय विभेद का विरोध :** भारत जाति या रंग के आधर पर विभेद करना अन्यायपूर्ण समझता है। संयुक्त राष्ट्र संघ में वह इस अन्याय के खिलाफ बराबर आवाज उठाता रहा है।

(4) **सभी राष्ट्रों के साथ भाईचारा :** भारत की वैदेशिक नीति की दूसरी विशेषता है भाईचारे की भावना का प्रचार। अपने इस पवित्र उद्देश्य से उसने सभी देशों में अपने राजदूत भेजे हैं और विदेशों के राजदूतों का अपने यहाँ सम्मान किया है। वह सभी देशों के सुख-दुःख में हाथ बँटाने को तैयार है।

(5) **संयुक्त राष्ट्र संघ का समर्थन :** भारत संयुक्त राष्ट्र संघ में विश्वास रखता है और इसके विचारों का समर्थन करता है।

(6) **एशियाई और अफ्रीकी देशों की उन्नति में सहयोग :** भारत की सहानुभूति हमेशा से इन देशों के साथ रही है, क्योंकि ये देश भारत की तरह ही साम्राज्यवाद के शिकार रहे हैं। हिंदेशिया के स्वतंत्रता आंदोलन में इसने महत्त्वपूर्ण सहयोग दिया। बांडुंग में इन राष्ट्रों का एक सम्मेलन हुआ, जिसमें पंचशील के सिद्धांतों को अपनाया गया।

(7) **सभी देशों के साथ शांतिपूर्ण सह जीवन का प्रयास :** सभी देशों के साथ मित्रता की नीति कायम करने के उद्देश्य से भारत ने पंचशील के सिद्धांतों का प्रचार किया है। पंचशील का प्रतिपादन सन् 1954 में चीन और भारत के प्रधानमंत्री ने तिब्बत के संबंध में समझौता करते समय किया था। इसके पाँच निम्नलिखित सिद्धांत हैं—

(क) सभी देश एक-दूसरे का सम्मान करें।

(ख) कोई देश किसी दूसरे के घरेलू मामले में हस्तक्षेप न करे।

(ग) कोई राष्ट्र दूसरे पर आक्रमण न करे।

(घ) प्रत्येक देश दूसरे के पारस्परिक हितों में सहयोग दे।

(ङ) और सभी देश शांतिपूर्ण सह जीवन व्यतीत करें।

संक्षेप में भारत की वैदेशिक नीति के ये ही प्रमुख सिद्धांत हैं और इन सिद्धांतों का पालन वह पूरी ईमानदारी से करता आ रहा है। उसी के प्रयत्न से कोरिया में युद्ध

बंद हो सका है। हिंद चीन में युद्ध बंद कराने का श्रेय भारत को ही है। च्यांगकाई शेक और चीन की साम्यवादी सरकार के बीच फारमोसा को लेकर तो तनाव बढ़ा, उसे भारत ने ही कम किया है। उसने एशियाई देशों का पथ-प्रदर्शन किया है और उसका नेतृत्व किया है। इसी उद्देश्य से दिल्ली में 1947 में उसने सभी एशियाई देशों का सम्मेलन बुलाया। इंडोनेशिया के स्वतंत्रता आंदोलन में अपना समर्थन जताया। 1955 में बांडुग में एशियाई और अफ्रीकी देशों का एक सम्मेलन हुआ, जिसमें भारत के तत्कालीन प्रधानमंत्री जवाहरलाल नेहरू ने पंचशील के सिद्धांतों की स्थापना की।

भारत पाकिस्तान के साथ भी मैत्री का संबंध बनाए रखना चाहता है, लेकिन कश्मीर के प्रश्न को लेकर दोनों देशों की कटुता बढ़ती ही जा रही है। 1965 में उसने भारतीय इलाकों पर आक्रमण भी कर दिया, लेकिन उसे इसमें मुँह की खानी पड़ी है। चीन के साथ भी भारत का मैत्रीपूर्ण संबंध रहा है। लेकिन 1962 में उसने भी अपनी साम्राज्यवादी नीति के फलस्वरूप भारत के बहुत बड़े भू-भाग पर अधिकार कर लिया। लाचार होकर भारत को भी सैनिक तैयारी करनी पड़ी। संसार के सभी अन्य देशों ने चीन के इस कार्य की निंदा की है। श्रीलंका अंग्रेजों के जमाने में भारत का ही अंग था, लेकिन स्वतंत्रता के बाद श्रीलंका भारत से अलग हो गया। इसके साथ भी भारत के संबंध दोस्तीपूर्ण रहे हैं। इधर दोनों देशों में कुछ मन-मुटाव बढ़ गया है। श्रीलंका में 9 लाख भारतीय प्रवासी हैं। इन्हें श्रीलंका की नागरिकता नहीं मिली है और अब श्रीलंका उन्हें भारत लौटने को विवश कर रहा है। श्रीलंका के भूतपूर्व प्रधानमंत्री चंदा नायक तथा भारत के भूतपूर्व प्रधानमंत्री लाल बहादुर शास्त्री के बीच एक समझौता हुआ, जिसमें भारत ने छह लाख प्रवासियों को धीरे-धीरे भारत में ले लेना स्वीकार कर लिया है और तब से यह मन-मुटाव कम है।

□

पंचवर्षीय योजना

प्रश्न : पंचवर्षीय योजना का क्या तात्पर्य है ? प्रथम पंचवर्षीय योजना में भारत द्वारा की गई उन्नति पर प्रकाश डालिए।

उत्तर : जिस समय भारत में राजनीतिक स्वतंत्रता के आंदोलन हो रहे थे, उसी समय देश की आर्थिक उन्नति की ओर भी बहुत से नेताओं का ध्यान आकृष्ट हुआ। दादाभाई नौरोजी ने कहा था, 'तीन बड़े उद्‌देश्य—राजनीतिक, सामाजिक और औद्योगिक—साथ-साथ चालू रहने चाहिए।' स्वतंत्रता-प्राप्ति के बाद इस ओर विशेष ध्यान दिया गया।

प्रथम पंचवर्षीय योजना

26 जनवरी, 1950 को नवीन संविधान के लागू होने पर सरकार ने देश के आर्थिक विकास के लिए पंचवर्षीय योजना की सिफारिश की। फलतः 1951 में प्रथम पंचवर्षीय योजना का आरंभ हुआ। आरंभ में इस योजना के तीन लक्ष्य थे—

(क) जनता के जीवन स्तर को उठाना और उसे दूसरे महायुद्ध से पहले की स्थिति में लाना।

(ख) सामाजिक और आर्थिक क्षेत्र में देश के विकास के आधार के लिए उन्नति और प्रगति करना।

(ग) विकास के साथ-साथ स्थिरता पर ध्यान रखना। संक्षेप में, प्रथम पंचवर्षीय योजना का मुख्य लक्ष्य था—प्रत्येक क्षेत्र में भारत का विकास। इस योजना में 1960 करोड़ रुपए खर्च हुए। सबसे बड़ी राशि कृषि पर व्यय की गई। कृषि में विकास के लिए 23 करोड़ रुपए की लागत से सिंदरी में खाद का कारखाना खोला गया। सिंचाई एवं बिजली उत्पादन के लिए नदी घाटी योजनाएँ शुरू की गईं। ऐसी योजना में पंजाब में भाखड़ा नांगल योजना, उड़ीसा की

हीराकुंड योजना, बिहार में दामोदर घाटी योजना, कोशी योजना आदि मुख्य हैं।

कृषि के अतिरिक्त अन्य वस्तुओं पर भी ध्यान दिया गया। 14 करोड़ रुपए की लागत से चितरंजन में रेलवे का कारखाना खोला गया। इसी प्रकार बंगलौर में हवाई जहाज तथा विशाखापट्टम में जलयान का कारखाना खुला। दिल्ली में डी.टी.सी. का कारखाना खुला है। जमींदारी प्रथा का अंत कर दिया गया है। शिक्षा के क्षेत्र में भी पर्याप्त कार्य हुए हैं।

दूसरी पंचवर्षीय योजना

पहली पंचवर्षीय योजना पूरी तरह सफल रही और प्रत्येक क्षेत्र में आशातीत प्रगति आई। फलतः 1956 में सरकार ने दूसरी पंचवर्षीय योजना चालू की। जहाँ पहली योजना में कृषि को प्राथमिकता दी गई थी, वहीं दूसरी योजना में उद्योग को महत्त्व दिया गया। इस योजना के उद्देश्य थे—

(क) देश की आय में वृद्धि।

(ख) औद्योगिक विकास।

(ग) बेरोजगारी का अंत।

(घ) असमानता को दूर करना।

(ङ) गृह उद्योग को प्रोत्साहन आदि।

इस योजना में 4800 करोड़ रुपए खर्च करने का अनुमान था। इसमें उद्योग के क्षेत्र में विशाल प्रगति हुई है। दुर्गापुर, भिलाई, राउरकेला—इन तीन स्थानों में लोहा और इस्पात के बड़े-बड़े कारखाने खोले गए। रेल, जहाज तथा इंजीनियरिंग के सामान बनाने के क्षेत्र में भी प्रगति आई। बंगलौर में टेलीफोन का कारखाना खोला गया। इस योजना में 2400 करोड़ रुपए निर्माण कार्य में लगे हैं, जिनमें स्कूल, कॉलेज और अस्पतालों का भी निर्माण कार्य है।

तृतीय पंचवर्षीय योजना

1961 से देश में तीसरी पंचवर्षीय योजना लागू की गई। इसके निम्नलिखित उद्देश्य थे—

(क) राष्ट्रीय आय में 5 प्रतिशत वृद्धि।

(ख) कृषि में आत्मनिर्भरता।

(ग) बिजली, लोहा, तेल आदि के उत्पादन में वृद्धि।

(घ) धन का न्यायोचित वितरण करना आदि।

इस योजना में 10,200 करोड़ रुपए लगाने का विचार सरकार ने किया। इसमें 4000 करोड़ रुपए निजी क्षेत्र में लगाए जाने का प्रावधान था। इस योजना में पुनः कृषि को प्राथमिकता मिली है। उद्योग के क्षेत्र में कच्चे माल की आपूर्ति में आत्मनिर्भर बनना भी इस योजना का उद्देश्य है। अंडा, मांस, मछली, नारियल, सुपारी, तंबाकू, लकड़ी आदि की पैदावार पर बल दिया गया। देश के संपूर्ण ग्रामीण इलाके को सामुदायिक योजना के अंदर लाने का आयोजन किया गया था। कृषि कार्य अधिकतर सहकारी सहयोग समितियों द्वारा कराया गया। बरौनी में तेल साफ करने के कारखाने खोले गए।

इस प्रकार तीसरी पंचवर्षीय योजना में प्रत्येक क्षेत्र में उन्नति की आशा की गई।

□

महत्त्वपूर्ण टिप्पणियाँ

कबीर (ए.वो. 1957 पू.)

महात्मा कबीरदास का आविर्भाव 15वीं शताब्दी में हुआ था। ये बहुत बड़े समाज सुधारक थे। ये निर्गुण ब्रह्म के उपासक थे, यद्यपि इनकी शिक्षा-दीक्षा नहीं हुई थी, पर इनका अनुभव बड़ा विशाल था। इन्होंने धर्म में फैले बाह्याडंबर की आलोचना की और मन की शुद्धता पर बल दिया। हिंदू-मुसलिम के भेदभाव को दूर करने के लिए इन्होंने अथक प्रयास किया। अलग-अलग संप्रदायों के बीच एकता लाने एवं मनुष्यों के बीच समानता लाने का इनका प्रयास स्तुत्य है। इनकी मृत्यु के बाद इनके शिष्य इनके उपदेशों का प्रचार करते रहे। इनका पंथ 'कबीर पंथ' कहलाया।

नानक (1958 वा.)

गुरु नानक सिक्ख संप्रदाय के प्रवर्तक थे। इनका जन्म सन् 1467 ई. में पंजाब के तालवंडी नामक गाँव में हुआ था। इनके पिता कालू खत्री जाति के थे। नानक ने एक ऐसे धर्म की स्थापना की, जो जाति-पाँति, बहुदेववाद तथा धार्मिक आडंबर से बहुत दूर था। उनका सिद्धांत था—'जाति-पाँति पूछे ना कोई, हरि को भजै सो हरि का होई।' उन्होंने एक ईश्वर की पूजा पर बल दिया। इनके उपदेशों का तत्कालीन जनता पर बहुत बड़ा असर पड़ा। लगभग 30 वर्षों तक ये उपदेश देने के लिए घूमते रहे। 1538 ई. में इनका देहांत हो गया।

राणा सांगा (से.वो. 1958 वा., 1960 पू., 1962 पू.)

राणा सांगा राजपूतों का अंतिम नेता था। यह मेवाड़ का शासक था। राणा सांगा बड़ा प्रतापी और वीर राजा था। उसकी वीरता का प्रमाण तो इसी से मिल

जाता है कि उसने अपने जीवन में 80 लड़ाइयाँ लड़ी थीं। उसका संपूर्ण शरीर युद्ध के घावों से भरा पड़ा था। एक पैर और एक आँख भी उसकी फूट चुकी थी। फिर भी युद्ध में वह काल था। ग्वालियर, चंदेरी आदि के शासक उसे कर देते थे और जयपुर, जोधपुर के शासक उसकी अधीनता मानते थे। वह इब्राहिम लोदी की लड़खड़ाती शक्ति को समाप्त कर पुनः भारत में राजपूतों के राज्य की कल्पना कर रहा था। इसी उद्देश्य से उसने बाबर को दिल्ली पर आक्रमण करने का निमंत्रण भी दिया था। उसने सोचा था कि चंगेज, तैमूर की औलाद बाबर भी उन्हीं की तरह लूटपाट कर चला जाएगा, लेकिन जब बाबर ने यहाँ राज्य स्थापित किया तो राणा सांगा के लिए उससे लड़ना अनिवार्य हो गया। दोनों के बीच मार्च, 1927 में कनबाहा का युद्ध हुआ। इस युद्ध में राणा सांगा की हार हो गई।

पानीपत की पहली लड़ाई (1959 वा., 1960 पू. 1962 वा.)

पानीपत की पहली लड़ाई 29 अप्रैल, 1536 ई. को हुई थी। बाबर ने कई बार हिंदुस्तान की सीमा पर आक्रमण किया था, लेकिन हर बार उसे निराश होकर वापस लौट जाना पड़ा था। उस समय दिल्ली की गद्दी पर इब्राहिम लोदी बैठा था, जिससे प्रजा असंतुष्ट थी। उसी समय राणा सांगा ने बाबर को भारत पर आक्रमण करने का निमंत्रण दिया। बाबर ने एक विशाल सेना लेकर दिल्ली पर आक्रमण कर दिया। इस प्रकार बाबर और इब्राहिम लोदी के बीच 21 अप्रैल, 1526 को पानीपत के मैदान में युद्ध हुआ। युद्ध में बाबर की जीत हुई। पानीपत का पहला युद्ध इतिहास में निर्णायक युद्ध कहलाता है। इस युद्ध ने दिल्ली के साम्राज्य को बाबर के हाथों में सौंप दिया।

दीन-ए-इलाही (1959 वा., 1962 वा., 1965 वा., 1966 पू.)

दीन–ए–इलाही अकबर का चलाया हुआ धर्म था। अकबर ने पहली बार दीन–ए–इलाही के रूप में राज्य की ओर से जाति–पाँति के भेदभाव को दूर करने का प्रयास किया था। यद्यपि वह स्वयं पढ़ा–लिखा नहीं था, पर उसके दरबार में सभी धर्मों के विद्वान् रहते थे। उन विद्वानों से वह सभी धर्मों की बातें सुनता था और सभी धर्मों की अच्छी–अच्छी बातें लेकर उसने एक नया धर्म चलाया, जिसे 'दीन–ए–इलाही' कहते हैं। प्रत्येक व्यक्ति चाहे वह किसी भी धर्म का हो, जाति का हो, इसका अनुयायी हो सकता था। इस धर्म में सूर्य और अग्नि की पूजा अनिवार्य

थी। इसका सिद्धांत था—ईश्वर एक है और सम्राट् उसका प्रतिनिधि है। लेकिन यह धर्म प्रचलित नहीं हुआ और अकबर के जीवनकाल में ही इसका पतन हो गया। इस धर्म के केवल 18 अनुयायी थे। इसीलिए डॉ. स्मिथ ने लिखा है, 'दीन-ए-इलाही अकबर की मूर्खता का स्मारक है।'

अबुल फजल (1957 पू. 1965 पू.)

यह अकबर के नवरत्नों में से एक था। यह बहुत बड़ा कवि, इतिहासकार और विद्वान् था। 'आईने अकबरी' और 'अकबर नामा' की रचना इसी ने की थी। अकबर इसे बहुत चाहता था। सलीम ने षड्यंत्र रचकर इसे मरवा डाला था। इसकी मृत्यु से अकबर को गहरा आघात लगा।

तानसेन : (1959 पू., 1961 वा.) यह अकबर के दरबार के नवरत्नों में दूसरा रत्न था। यह प्रसिद्ध गायक और संगीतज्ञ था।

टोडरमल : (1858 पू., 1860 वा. 1862 पू.) टोडरमल अकबर का तीसरा रत्न था। पहले यह शेरशाह का मंत्री था। यह बहुत बड़ा गणितज्ञ था। शेरशाह ने इसी के द्वारा भूमि की पैमाइश कराई थी। बाद में अकबर ने इसे अपना अर्थ सचिव नियुक्त किया और इसकी सहायता से राज्य की भूमि की माप कराई थी।

चाँद बीबी : (1957 पू.) यह अहमदनगर की रानी थी। अकबर ने जब दक्षिण में अहमदनगर पर आक्रमण किया था तो चाँद बीवी ने बहादुरी के साथ उसका सामना किया था।

हल्दीघाटी और महाराणा प्रताप (1957 वा, 1959 पू., 1960 वा.)

महाराणा प्रताप मेवाड़ का शासक था। जिस समय अकबर उत्तरी भारत के राज्यों को एक-एक कर जीत रहा था, उस समय बहुत से राजपूत राजाओं ने डरकर उससे संधि कर ली और शादी-ब्याह का रिश्ता भी जोड़ लिया। लेकिन मेवाड़ का शासक महाराणा प्रताप डटा रहा। प्रताप को झुकाने के लिए अकबर ने कई प्रयास किए, लेकिन उसे सफलता नहीं मिली। अंत में 1597 ई. में दोनों के बीच हल्दीघाटी के मैदान में युद्ध हुआ। इस युद्ध में महाराणा की हार हो गई। वे जंगलों में चले गए, लेकिन जीवनभर उन्होंने मुगलों की अधीनता नहीं मानी।

पानीपत की दूसरी लड़ाई (1957 पू., 1961 वा., 1963 वा., 1965 पू.)

पानीपत की दूसरी लड़ाई अकबर और हेमू के बीच हुई थी। हेमू आरंभ में एक मामूली बनिया था। बाद में आदिलशाह की सेना में भरती हो गया और अपनी योग्यता से उसका मंत्री बन बैठा। उसकी बढ़ती हुई ताकत से बैरम खाँ घबरा गया और अकबर और हेमू के बीच पानीपत के मैदान में भीषण युद्ध हुआ। इस युद्ध में अकबर की जीत हुई और इस प्रकार इस युद्ध ने दूसरी बार भारत के भाग्य का फैसला किया।

नूरजहाँ (1956 पू., 1959 पू., 1963 वा., 1964 पू., 1966 वा., 1966 पू.)

नूरजहाँ इतिहास में सबसे प्रसिद्ध औरत है। इसके प्रारंभिक जीवन के संबंध में कई तरह की कहानियाँ प्रचलित हैं, अतः असलियत का पता नहीं चलता है। इसके बचपन का नाम मेहरून्निसा था। इसका बाप गयासबेग नौकरी की खोज में फारस से हिंदुस्तान आ रहा था, तभी रास्ते में नूरजहाँ का जन्म हुआ। गयासबेग को अकबर के दरबार में नौकरी मिल गई। नूरजहाँ भी कभी-कभी अपने पिता के साथ दरबार जाया करती थी। तभी उसपर सलीम की नजर पड़ी और वह उससे शादी करने की सोचने लगा। लेकिन अकबर ने नूरजहाँ की शादी शेर अफगान से कर दी। बाद में सलीम जब गद्दी पर बैठा तो उसने शेर अफगान को मरवाकर नूरजहाँ से शादी कर ली। नूरजहाँ अपने जमाने की सबसे खूबसूरत औरत थी, साथ ही वह महत्त्वाकांक्षी और दूरदर्शी भी थी। उसने अपने रूप के जाल में जहाँगीर को फाँसकर शासन पर अपना अधिकार कर लिया। जिसका फल जहाँगीर के शासन पर बुरा पड़ा।

महाबत खाँ (1960 पू. 1962 पू.)

महाबत खाँ जहाँगीर का प्रधान सेनापति था। वह नूरजहाँ के शासन को पसंद नहीं करता था। अतः उसने शाहजहाँ के साथ मिलकर जहाँगीर के खिलाफ विद्रोह कर दिया और जहाँगीर तथा नूरजहाँ को कैद कर लिया। लेकिन बाद में उसकी हार हो गई और अपनी जान बचाने के लिए वह दक्षिण भाग गया।

गुरु अर्जुन (1959 वा. 1965 वा.)

गुरु अर्जुन गुरु रामदास के पुत्र थे। इनके समय में सिक्खों के लिए एक विशाल तालाब खुदवाया गया। 'मसनद प्रथा' इन्हीं की चलाई हुई है। व्यापार को प्रोत्साहन देकर अर्जुन ने इसे सिक्खों का मुख्य पेशा बना दिया। सबसे बड़ा कार्य इन्होंने 'आदि ग्रंथ' का संकलन करवाया तथा साधुओं की वेशभूषा त्यागकर राजसी पोशाक धारण की और भारत की राजनीति में भाग लेना शुरू किया। जिस समय खुसरो ने जहाँगीर के खिलाफ विद्रोह किया था, उस समय गुरु अर्जुन ने उसका साथ दिया था। लेकिन युद्ध में खुसरो की हार हो गई। जहाँगीर ने उसे तो माफ कर दिया, लेकिन गुरु अर्जुन की सारी संपत्ति जब्त कर ली और उसे मरवा डाला। यहीं से सिक्ख मुगलों के कट्टर दुश्मन बन गए।

गुरु गोबिंद सिंह (1959 पू., 1964 पू. 1966 पू.)

ये सिक्खों के अंतिम गुरु हुए। इनकी सेना 'खालसा' कहलाती थी। इन्होंने कई आदेश निकाले, जिनका पालन करना प्रत्येक सिक्ख के लिए आवश्यक था। (1) केश, कंघा, कच्छा, कृपाण और कड़ा प्रत्येक सिक्ख को धारण करना चाहिए। (2) प्रत्येक सिक्ख को सैनिक शिक्षा लेनी चाहिए। (3) शत्रु से मित्रतापूर्ण व्यवहार नहीं करना चाहिए। (4) गुरु की आज्ञा पर सर्वस्व लुटा देना चाहिए। इन्होंने मुगलों से खुला युद्ध आरंभ कर दिया। इनके दो पुत्र युद्ध में काम आए और दो जिंदा ही दीवार में चिन दिए गए, फिर भी गुरु ने साहस नहीं छोड़ा। (विशेष अध्ययन के लिए देखें—मुगल और सिक्ख प्रश्न-1)

वास्को डी गामा

(1956 पू.) यह पुर्तगाल का नाविक था। 1698 ई. में तीन जहाजों के साथ उत्तमाशा अंतरीप का चक्कर लगाकर कालीकट पहुँचा। वहाँ के राजा जमोरिन ने इसका बड़ा स्वागत किया था।

डुप्ले (1959 वा.)

डुप्ले फ्रांसीसियों का पहला गवर्नर था। वह एक योग्य सेनानायक, दूरदर्शी, राजनीतिज्ञ और निस्स्वार्थ देशभक्त था। वह पहला विदेशी था, जिसने भारतीय खोखलेपन को लक्ष्य किया था और विदेशी शासन का स्वप्न देखा था। उसने ही आगे आनेवाले अंग्रेज गवर्नरों को एक नई सीख दी थी।

क्लाइव (1958 पू.)

भारत के इतिहास में क्लाइव एक महान् पुरुष समझा जाता है। इसका जन्म 1825 ई. में हुआ था। बचपन में यह बड़ा ही ऊधमी और बदमाश था। पढ़ने-लिखने में इसका जी कभी नहीं लगा। तंग आकर पिता ने इसे घर से निकाल दिया। अंत में इसने ईस्ट इंडिया कंपनी में किरानी की मामूली नौकरी कर ली और अपनी योग्यता तथा प्रतिभा से किरानी से बढ़कर गवर्नर के पद पर जा पहुँचा। कर्नाटक और प्लासी तथा बक्सर में इसने अपनी राजनीतिक कुशलता का परिचय देकर भारत में अंग्रेजी राज्य की नींव हमेशा के लिए डाल दी।

पानीपत का तीसरा युद्ध (1958 वा., 1960 वा. 1963 पू. 1964 पू. 1966 पू.)

(देखें—पेशवाओं का उदय, प्रश्न-4)

द्वैध शासन (1959 वा.)

द्वैध शासन क्लाइव ने बंगाल में लागू किया था। चूँकि कंपनी के कर्मचारियों को शासन कार्य का ज्ञान नहीं था। अतः भारतीय कर्मचारियों के हाथ में मालगुजारी वसूलने तथा न्याय करने का भार दिया गया। इनकी देख-रेख के लिए अंग्रेज निरीक्षकों की बहाली हुई। इससे बंगाल में दोहरा शासन लागू हो गया, इससे कंपनी के कार्य में सुविधा मिली।

चिरस्थायी प्रबंध (1956 पू. 1959 पू. 1964 वा.)

(देखें—कार्नवालिस, प्रश्न-2)

सहायक संधि (1957 पू.)

(देखें—वेलेस्ली, प्रश्न-2)

रेगुलेटिंग ऐक्ट (1957 वा, 1960 वा)

(देखें—वारेन हेस्टिंग्स, प्रश्न-5)

बाबू कुँअर सिंह (1957 पू. 1959 पू. 1964 पू.)

बाबू कुँअर सिंह बिहार के जगदीशपुर के रहनेवाले थे और 1857 के सिपाही विद्रोह के बड़े सेनानी थे। उन्होंने इस विद्रोह में बिहार का नेतृत्व किया था। उन्होंने कई स्थानों पर अंग्रेजों को गहरी शिकस्त दी। आजमगढ़ और जगदीशपुर में अंग्रेजों के साथ इनका भीषण युद्ध हुआ, लेकिन वे हार गए। कुँअर सिंह की वीरता और साहस की कहानी आज भी गाई जाती है। 80 वर्ष की उम्र में उन्होंने जो वीरता दिखलाई, वह इतिहास में अमर है। एक बार गंगा पार करते हुए अंग्रेजों ने इनपर गोली चला दी। गोली बाँह में लगी और कुँअर सिंह ने तुरंत तलवार से बाँह काटकर गंगा मैया को भेंट चढ़ा दी।

नाना फड़नवीस (1962 पू. 1964 वा.)

1857 की क्रांति के नाना फड़नवीस मुख्य संचालक थे। ये बहुत बड़े राजनीतिज्ञ और कूटनीतिज्ञ थे। अपनी दूरदर्शिता एवं योग्यता की ही बदौलत ये जब तक जिंदा रहे, मराठों को एक सूत्र में बाँधे रखा। इनके मरते ही मराठे आपसी फूट के शिकार हो गए। नाना साहेब मराठा संघ के मंत्री भी थे। पेशवा उनके हाथों की कठपुतली था। अंग्रेज भी उसकी दूरदर्शिता का लोहा मानते थे। जब तक वह जिंदा रहे, अंग्रेज मराठों की राजनीति में हस्तक्षेप नहीं कर सके। मार्च 1800 ई. में नाना साहेब की मृत्यु हो गई।

रानी लक्ष्मीबाई (1957 वा., 1960 वा., 1963 वा.)

रानी लक्ष्मीबाई झाँसी की रानी थी। यह विधवा थी और अंग्रेजों ने गोद लेने के अधिकार पर रोक लगा दी थी। फलतः रानी लक्ष्मीबाई ने 1857 की क्रांति में खुलकर हिस्सा लिया था। उत्तर भारत में इस क्रांति की वही मुख्य संचालिका थी। उसकी वीरता, साहस की कहानी काफी प्रसिद्ध है। तात्या टोपे उसका मुख्य सहायक था। अंग्रेजों के साथ युद्ध में वह मारी गई।

क्रिप्स योजना (1964 वा.)

(देखें—राष्ट्रीय आंदोलन, प्रश्न–3–4)

साइमन कमीशन

(देखें—राष्ट्रीय आंदोलन, प्रश्न–3–4)

कैबिनेट मिशन (1963 वा.)

(देखें—राष्ट्रीय आंदोलन, प्रश्न–3–4)

जलियाँवाला बाग हत्याकांड (1756 पू. 1766 पू.)

(देखें—राष्ट्रीय आंदोलन, प्रश्न 3–4)

राजा राममोहन राय (1957 वा. 1958 पू. 1962 पू. 1963 वा., 1965 पू.)

राजा राममोहन राय भारतीय नवजागरण के अग्रदूत माने जाते हैं। इनका जन्म 1774 ई. में बंगाल में हुआ था। आरंभ में इन्होंने ईस्ट इंडिया कंपनी में नौकरी कर ली। ये बहुत बड़े विद्वान् भी थे। अरबी, फारसी, संस्कृत, बांग्ला, अंग्रेजी तथा उर्दू का काफी ज्ञान प्राप्त कर लिया था। राममोहन का सबसे बड़ा महत्त्व समाज सुधारक के रूप में है। उन्होंने पहली बार हिंदू धर्म में फैली दूषित प्रथाओं की ओर लोगों का ध्यान आकृष्ट किया। बाल विवाह, वैधव्य जीवन, परदे की प्रथा, छुआछूत आदि का घोर विरोध किया। तत्कालीन गवर्नर जनरल बेंटिक की सहायता से उन्होंने सती प्रथा को कानून बनवाकर बंद करवा दिया। वे अंग्रेजी शिक्षा के समर्थक थे और भारत में उसके प्रचार का श्रेय उन्हीं को है। लेकिन हिंदू संस्कृति के वे विरोधी नहीं थे। भारत में शिक्षा के स्तर को ऊपर उठाने के लिए उन्होंने 1817 ई. में हिंदू कॉलेज और 1825 ई. में वेदांत कॉलेज की स्थापना की। धर्मग्रंथों, उपनिषदों और वेदांतों का बांग्ला में अनुवाद किया। राममोहन राय की सबसे बड़ी देन है ब्रह्म समाज। बंगाल में आज भी इसकी शाखाएँ फैली हुई हैं। सन् 1833 ई. में इंग्लैंड में उनकी मृत्यु हो गई।

डॉ. एनी बेसेंट (1957 पू. 1766 वा.)

एनी बेसेंट का जन्म अक्तूबर, 1847 ई. में लंदन में हुआ था। बचपन से ही इनका स्वभाव उदार था। बाद में वे भारत चली आईं और यहाँ से प्रभावित होकर यहीं बस गईं। ऐनी बेसेंट ने राष्ट्रीय शिक्षा और स्त्री शिक्षा को प्रोत्साहन दिया। ये थियोसोफिकल समाज की प्रमुख सदस्या थीं। बनारस के सेंट्रल हिंदू कॉलेज की स्थापना का श्रेय ऐनी बेसेंट को ही है। 1815 ई. में इन्होंने भारत के राष्ट्रीय आंदोलन में भाग लिया और आंदोलन को आगे बढ़ाने में 1916 ई. में इन्होंने 'होमरूल लीग' की स्थापना की।

पंडित मदन मोहन मालवीय (1958 पू. 1963 पू. 1964 वा.)

मालवीयजी बहुत बड़े देशभक्त और समाज सुधारक थे। इनका जन्म इलाहाबाद में 1861 ई. में हुआ था। इन्होंने वकालत का पेशा आरंभ किया और वकालत करते हुए देश की बड़ी सेवा की। इन्होंने अनेक पत्र-पत्रिकाओं का संपादन किया और उन पत्रों के द्वारा भारतीय संस्कृति को ऊपर उठाने का प्रयास किया। इनकी सबसे बड़ी देन है काशी का हिंदू विश्वविद्यालय। इस विद्यालय का मकसद था—प्राचीन हिंदू सभ्यता और संस्कृति का पुनरुत्थान। भारत की सक्रिय राजनीति में भी उन्होंने भाग लिया। गोलमेज कॉन्फ्रेंस में भाग लेने ये महात्मा गांधी के साथ लंदन गए थे। 1956 में इनकी मृत्यु हो गई।

अगस्त क्रांति (1959 वा., 1960 वा., 1961 वा., 1966 पू.)

(देखें—राष्ट्रीय आंदोलन, प्रश्न-3-4)

स्वामी विवेकानंद (1958 वा.)

स्वामी विवेकानंद का जन्म 1862 ई. में हुआ था। ये रामकृष्ण परमहंस के शिष्य थे। 1907 ई. में इन्होंने 'रामकृष्ण मिशन' की स्थापना भी की। इस संस्था ने छुआछूत और धर्म भेद को मिटाने की दिशा में महत्त्वपूर्ण कार्य किया। विवेकानंद बहुत बड़े विद्वान् थे। संस्कृत, बांग्ला और अंग्रेजी भाषा के महान् पंडित थे। 1873 ई. में अमेरिका में होनेवाले विश्वधर्म सम्मेलन में इन्होंने भाग लिया था और अपनी विद्वत्ता की धाक जमाकर भारत का नाम ऊँचा किया था।

सरदार वल्लभभाई पटेल (1958 वा.,1960 वा., 1962 वा.)

पटेल का जन्म 1875 ई. में गुजरात के करमसद गाँव में हुआ था। इन्होंने इंग्लैंड जाकर बैरिस्टरी की परीक्षा पास की। लेकिन कुछ समय बाद महात्मा गांधी के संपर्क में आए और बैरिस्टरी छोड़कर देश की राजनीति में कूद पड़े। भारत में जब अंतरिम सरकार बनी तो वे उसमें गृहमंत्री थे। स्वतंत्रता-प्राप्ति के बाद जिस कुशलता से इन्होंने देशी राजाओं की समस्या का समाधान किया, वह उनकी दूरदर्शिता का प्रमाण है। ये असाधारण व्यक्तित्ववाले, कर्मठ और अपने निश्चय में दृढ़ थे। इसी कारण इन्हें 'लौह पुरुष' कहा गया है।

रवींद्रनाथ ठाकुर (1956 पू., 1960 पू., 1963 वा., 1965 वा.)

रवींद्रनाथ ठाकुर का जन्म 1861 ई. में बंगाल के एक प्रतिष्ठित परिवार में हुआ था। इनके परिवार का धन और विद्या दोनों में नाम था। इनके पिता देवेंद्रनाथ थे।

□□□